本教材获得以下项目资助：

. 长沙理工大学规划教材出版资助项目
. 国家自然科学基金项目(52078060)
. 湖南省自然科学基金项目(2020JJ4606)
. 长沙理工大学"双一流"科学研究国际合作拓展项目(2018IC19)
. 湖南省普通高等学校教学改革研究项目（HNJG-2020-0462 、HNJG-2022-0614）

U0747810

城市轨道交通

主　编：黄　戡　肖　丹　傅　敏

副主编：章求才　陈宪麦　段靓靓　邓　喜

主　审：陈湘生　匡希龙　罗志坚

中南大学出版社
www.csupress.com.cn

内容提要

　　本书是由长沙理工大学与中南大学、中南林业科技大学、南华大学、湖南城市学院、长沙学院等高校教师团结协作、共同努力编著而成的。本书共分十章，内容丰富、系统全面，不仅反映了当前国内外理论研究的最新成果，还吸纳了世界各国城市轨道交通的实际工程案例。本书主要介绍了城市轨道交通的系统构成、线网规划、车站与线路设计、工程建设、安全防护设计和运营规划等研究内容，为城市轨道交通工程规划、设计和运营等方面的研究提供了新思路和新方法。

　　本书适合作为高等院校城市轨道交通和交通运输相关专业的本科生和研究生的教材或教学参考资料，也可供从事城市轨道交通工程、隧道与地下工程、土木工程、交通运输工程、道路和铁道工程等方面工作的科技工作者、政府决策与管理人员、交通规划与设计咨询人员和企业经营管理人员参考使用。

前　言
PREFACE

　　随着我国经济社会的持续发展和城镇化的进程加速，城市基础设施建设得到了前所未有的迅猛发展。近年来，由于城市人口的急剧增长，地面交通拥堵已成为遏制城市发展和降低居民出行效率的重要因素。城市轨道交通具有安全、准时、快捷、运量高、碳排放量小等特点，对于优化城市空间布局、引导城市多维度发展、提升交通运输综合效率具有重大推动作用。截至 2021 年 12 月 31 日，中国内地累计有 50 个城市投入运营轨道交通线路 9192.62 km，其中地下铁道 7253.73 km，占总运营里程的 78.9%。为了替城市轨道交通行业培养更多的专业人才，同时，也为了满足日益增加的城市轨道交通行业从业人员的技术需求，编者联合国内多所大学的专业教师和企事业单位的从业人员共同编写了《城市轨道交通》教材，期待为城市轨道交通工程专业的师生提供良好的教学参考。

　　本书是由长沙理工大学与中南大学、中南林业科技大学、南华大学、湖南城市学院、长沙学院等高校教师团结协作、共同努力编著而成的。本书共分十章，内容丰富、系统全面，不仅反映了当前国内外理论研究的最新成果，还吸纳了世界各国城市轨道交通的实际工程案例。本书主要介绍了城市轨道交通的系统构成、线网规划、车站与线路设计、工程建设、安全防护设计和运营规划等研究内容，为城市轨道交通工程规划、设计和运营等方面的研究提供了新思路和新方法。本书适合作为高等院校城市轨道交通和交通运输相关专业的本科生和研究生的教材或教学参考资料，也可供从事城市轨道交通工程、隧道与地下工程、土木工程、交通运输工程、道路和铁道工程等方面工作的科技工作者、政府决策与管理人员、交通规划与设计咨询人员和企业经营管理人员参考使用。

本教材的主要特点如下：

(1)本教材由一批经验丰富、年富力强并具有多专业背景的教学一线教师集体构思，且在吸取同类教材的精华后精编而成，本书系统全面、内容丰富。

(2)针对我国城市轨道交通系统的具体问题，本教材参考了国内外大量相关文献和工程实例，吸收了当前国内外最新理论研究成果。

(3)针对本科教学特点，本教材突出了城市轨道交通工程规划设计和施工运营等实用性内容，为学生将来从事相关工作提供充分的知识储备。

(4)本教材内容丰富，推荐采用64学时，各学校也可根据具体情况选择适合本校学生培养方案所需的内容讲授。

本书由长沙理工大学黄戡、长沙理工大学肖丹、湖南城市学院傅敏担任主编，南华大学章求才、中南大学陈宪麦、中南林业科技大学段靓靓、长沙理工大学邓喜担任副主编，深圳大学陈湘生院士、长沙学院匡希龙教授和中铁十六局集团有限公司罗志坚高级工程师担任主审。本书由黄戡负责统稿，黄戡参与第1~3章和第7~10章的编写，肖丹参与第5~8章的编写，傅敏参与第4~7章的编写，章求才参与第7~9章的编写，陈宪麦参与第1、3、10章的编写，段靓靓参与第5、9章的编写，邓喜参与第8、9章的编写。本书在编写过程中得到长沙理工大学、长沙学院、深圳大学、东南大学、中南大学、同济大学、西南交通大学和北京交通大学等许多老师的指导以及国内很多城市轨道交通行业专家提出的宝贵意见，研究生蒋萌、张文杰、黄先强、刘汝宁、周京、傅铁军、吴奇江、刘挺、陆小峰等参加了本书的资料整理工作；本书引用了国内外很多作者发表的相关文献和国内许多城市轨道交通工程的文件资料；本书还获得了长沙理工大学规划教材的出版资助和国家自然科学基金、湖南省自然科学基金等多项纵、横向科研项目和普通高等学校教学改革研究项目的出版资助。在此谨向各位专家、学者和相关部门领导、同仁致以衷心感谢！由于编者时间和水平有限，不足之处，敬请批评指正！

黄　戡

2022年4月

目　录
CONTENTS

第1章 绪论

　　《易经》有云："日中为市，致天下之民，聚天下之货，交易而退，各得其所。"随之出现了人类社会的第二次劳动大分工，一些具有商业和手工业职能的居民点慢慢演化成了"城市"。可以说，城市是生产发展和人类第二次劳动大分工的产物，伴随着私有制和阶级分化，出现于原始社会向奴隶社会的过渡时期。

　　现代城市的含义，主要包括三方面的因素：人口数量、产业结构及行政管辖的意义。我国1955年曾规定市、县人民政府的所在地，常住人口数大于2000人，非农业人口超过50%，即为城市型居民点。工况点常住人口如不足2000人，在1000人以上，非农业人口超过75%，也可定义为城市型居民点。城市型居民点，按其行政区划的意义，可以有直辖市、市、镇等。其是按一定的人口规模、国民经济产值并经过一定的审批手续而加以划分的。建制市及建制镇只是行政管辖意义的不同，不应只把有市建制的才称为城市。城市按行政管辖也可划分为地级市、县级市等。它们在性质上并无本质的区别。

　　城市的产生、发展和建设都受到社会、经济、文化、科技等多方面因素的影响。城市是由人类在集居中对防御、生产、生活等方面的要求而产生，并随着这些要求的变化而发展。人们集居形成社会，城市建设要适应和满足社会的需求，同时也受到科学技术发展的促进和制约。

　　城市化是工业革命后的重要现象，城市化速度的加快已成为历史的趋势，城市化有其一定的规律，城市化进程的表现特征体现在城市人口占总人口的比重不断上升；产业结构中，农业、工业及其他行业的比重此消彼长，不断变化；城市化水平与人均国民生产总值的增长成正比；城市化水平高，不仅是建立在二、三产业发展的基础上，也是农业现代化的结果。城市化的标志可以归结为城市人口数量不断增加；城市用地规模不断扩大；城市人口占总人口的比重不断上升。因此，城市人口在总人口的比重被定义为衡量城市化水平的指标，图1-1给出了联合国一项城市人口占比的统计及发展预测数据。

　　中国城市化的进程比西方晚，在19世纪后半期开始，速度很慢，发展也不平衡，东南沿海地区速度较快，而内地大部分地区仍处于农业社会；新中国成立后，城市化速度加快，但是由于经济发展及政策上的某些波动，与同时期一些国家比较仍比较慢；21世纪我国城市化进程将会加快，农村大量的人口要转入城镇，是城市化的动力，也是压力，图1-2给出了我国城市化率的发展情况。由此可以看出，我国城市化率的发展大概可以划分为四个阶段：(1)1949—1957，新中国初期，缓慢发展期，属于起步阶段，城市人口比例仅仅为10.64%~15.39%；(2)1958—1965，有升有降阶段；(3)1966—1978，属于停滞阶段，城市化毫无进展，城市化率在17%内徘徊；(4)1979年至今，属于恢复与发展阶段，到2019年，城市化率已经达到了60.6%。

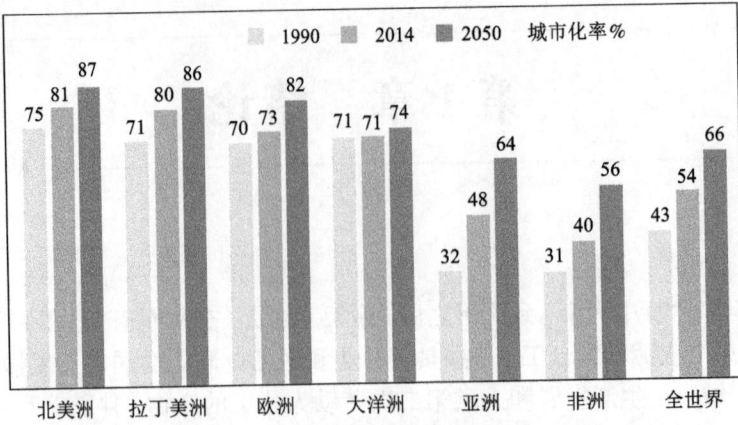

图 1-1 世界各洲城市化率的发展及预测

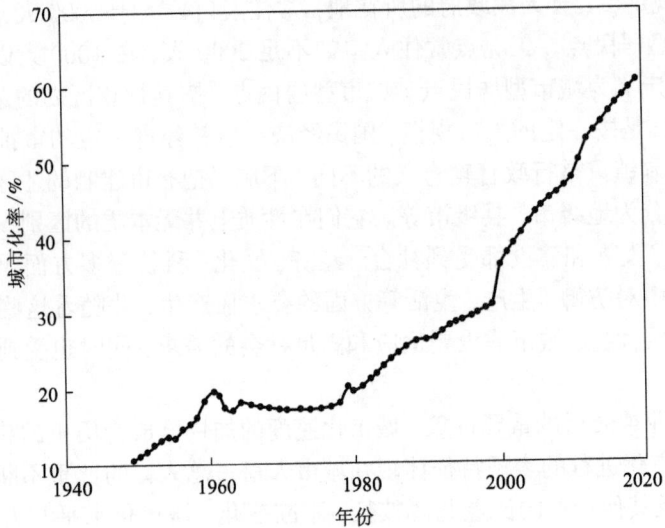

图 1-2 中国城市化率

随着社会经济的发展，人口向城市迁移成为世界性的趋势，城市化水平也在不断提高。同时城市化进程中会遇到诸多的交通问题。

1.1 城市中的交通问题

近几十年来，人口向城市迁移成为世界性趋势，其直接后果是城市化水平提高。截至2020 年，新加坡、科威特、摩纳哥、瑙鲁已经完全城市化了，居世界之最，联合国五常国家城市化发展依次是英国 83.90%，美国 82.66%，法国 80.97%，俄罗斯 74.75%，中国63.89%。

农村人口向城市的这种迅速集聚引起了多种问题,其中交通是最严重的问题之一。城市交通之所以受到越来越多的重视,是因为它不仅与交通系统内部的许多因素有关,也直接涉及其他部门和行业的问题。具体来说,包括以下几个方面:

1. 交通事故

世界卫生组织提供的数据显示,全球道路交通每年死亡 100 多万人,另有约 2000 万至 5000 万人遭受非致命伤害,许多人因伤致残。表 1-1 汇总给出了我国 2000—2020 年间交通事故统计数据,其中图 1-3 给出了其中的死亡人数情况。

表 1-1 中国 2000—2020 年交通事故统计数据

年份	交通事故数量/起	死亡人数/万人	受伤人数/万人
2000	616971	9.4	41.8721
2001	754919	10.6	54.6485
2002	773137	10.9	56.2074
2003	667507	10.4	49.4174
2004	517889	9.4	48.0864
2005	450254	9.8738	46.9911
2006	378781	8.9455	43.1139
2007	327209	8.1649	38.0442
2008	265204	7.3484	30.4919
2009	238351	6.7759	27.5125
2010	396164	6.5225	25.4075
2011	210812	6.2387	23.7421
2012	204196	7.0759	22.4327
2013	198394	5.8539	21.3724
2014	196812	5.808	21.1882
2015	187781	7.2387	19.988
2016	212846	6.3093	22.643
2017	203049	6.3772	20.9654
2018	244937	6.3194	25.8532
2019	247646	6.2763	25.6101
2020	244674	6.1703	25.0723

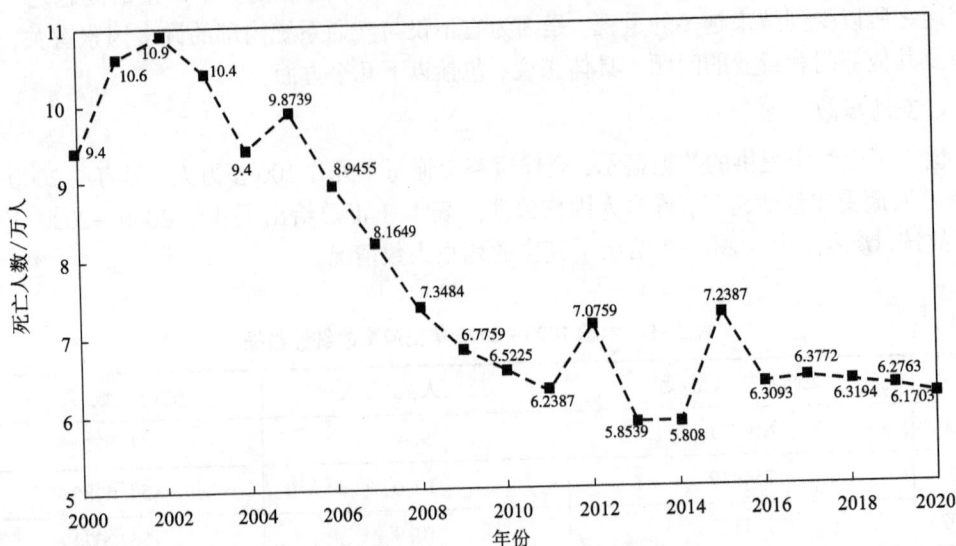

图 1-3 2000—2020 年我国交通事故死亡人数

2. 能量消耗

运输业的能源消耗已经成为世界能源消耗的重要组成部分。在大多数发达国家，如美国、日本、加拿大与西欧各国，运输部门能耗占国家各行业总能耗的 25% 以上。此外，从各种运输方式来看，道路运输几乎全部依赖石油。以美国为例，运输业消耗的石油占总消耗量的 65%。在节约石油消耗方面，运输业具有较大的潜力。

3. 环保问题

这主要是指空气、水、固体和噪声污染。目前空气质量虽有所改善，但烟雾仍困扰着世界上 100 多个城市。机动车是构成烟雾的两种主要污染物——CO 和臭氧的主要来源。在许多城市超过了世界卫生组织（WHO）推荐的标准。另外据经合组织（OECD）估计，发达国家有 15% 的人口生活在 65 dB 以上的高噪声环境下，这些噪声主要来自交通，还有重型货车及夜间装卸引起的震动。表 1-2~表 1-5 分别给出了城市中大气、水、固体和噪声等污染源及其危害。

表 1-2 大气污染源

项目	大气污染
来源	烟尘、烟气、尾气
危害	使城市空气污浊，危害人体健康
举例	光化学烟雾、酸雨

表1-3　城市水污染源

项目	城市水污染
来源	城市工业废水、生活污水
危害	污染江河湖海和地下水,危害人体健康和动植物
举例	水体富营养化导致鱼类死亡,某些金属导致"公害病"

表1-4　固体垃圾污染源

项目	固体垃圾污染
来源	工业生产、城市建设、居民消费
危害	危害人体健康和环境
举例	工业废渣、城市垃圾、塑料袋、易拉罐、废电池等

表1-5　噪声污染源

项目	噪声污染
来源	交通运输、工业生产、建筑施工和社会活动
危害	妨碍人们休息、工作和交谈,甚至人体健康
举例	工厂、施工场地的机器声,车辆的噪声、商店中的音响发出的噪声等

4. 土地消耗

发达国家的许多城市,运输用地约占总开发用地的30%,在中心商业区,街道和停车场占60%~70%的空间。机动车停车场的建设方便了机动车使用者,但对其他行人、非机动车用户来说则是障碍。

5. 城市美学

交通对空间的占用在城市范围内产生了相当大的视觉破坏。无论停车场还是快车道,甚至商业街都难以令人产生美感。机动车,静的或动的,随处可见,主宰着城市景观,新增交通设施的建设,会损坏历史建筑以及减少空地,这些均会破坏城市景观。

6. 城市建筑物的破坏

运输干线既需要占用土地,也直接造成了土地与人口的分隔。这种对资源配置的不利影响是20世纪60年代以来人们对公路反感的重要原因,一些城市因而取消了快车道的建设计划。可见,城市交通实际上是一个复杂的、多因素问题。

7. 城市分散化

机动车运输的发展导致了居民出行距离与出行时间的增加,从而使出行时间和空间更为分散;它反过来又增加了人们对轿车的依赖;减少了公共交通发展的可能性。

8. 交通拥挤

研究表明,城区交通流的速度每10年降低5%,拥挤的严重性随城市规模增加而增加。

1.2 交通拥挤

在交通系统中，延误是交通流速低于正常速度时导致的客、货流运输所损失的时间。拥挤是对延误超过人们容忍水平的一种刻画。准确来说，指交通需求超过道路的交通容量时，超过部分的交通量滞留在道路上的交通现象。

由过大的交通需求造成道路设施超载所引起的交通拥挤称为常发性交通拥挤。通过长期的观察、分析可以比较准确地掌握固定瓶颈的具体位置，甚至可以估计出拥挤发生的可能时间段，因此，一般采用预案管理和现场指挥相结合的方式对这类交通拥挤进行管理。

由道路上的随机事件，如交通事故、车辆停驻、恶劣的天气(雨、雪、冰、雾)、大宗货物掉落或道路设施临时维护，所引起的延误和危险构成的交通拥挤，称为偶发性交通拥挤。这种交通拥挤产生的时间和地点都是随机的，因此，只能依靠现场的组织、协调、指挥等手段对其进行管理。

根据拥挤形成的先后次序，可以将交通拥挤分为初始交通拥挤和后续交通拥挤。初始交通拥挤是指在一个道路瓶颈处首先产生的交通拥挤。后续交通拥挤是指由初始交通拥挤的回流和蔓延而形成的交通拥挤。

拥挤的影响：使客货运输的费用增加，时间延长；导致交通事故增加、驾驶员心理负担加重。拥挤不仅包括街道与公路上的拥挤，也包括高峰期车辆上的拥挤、闹市区人行道上的拥挤、自行车道上的拥挤等。

拥挤的原因：

(1)城市化，即人口与经济活动在城市区的集聚。农村和小城市的拥挤是不多见的。在城市居住的目的是减少出行，但实际上，出行距离虽然减少了，但是速度却变慢了。

(2)城市内部的专门化。反映在人们为了分散在不同地区(如工作地和生活地、娱乐场所分离的地区，尤其是生活地与工作地分离的地区)的不同活动而出行。这些活动尽管是相互独立的，但人们必须要为之而出行。

(3)供需的时间匹配问题。城市中运输设备的供给能力是一定的，需求是变化的——高峰期问题。

(4)供给对需求的刺激。运输能力的增长具有自败性，即能力富裕所产生的交通服务的改善将导致更多的需求，从而使得系统重新处于拥挤状态。

缓解交通拥挤的方法：筑路、交通控制、改善交通管理、城市规划、鼓励交通替代物、停车收费、拥挤道路使用收费、燃油税、公共交通津贴、牌照费。

交通拥挤的评价指标体系：根据《城市道路交通运行评价指标体系 DB11/T 785—2011》，可选取道路交通运行指数、道路交通拥堵率、拥堵里程比例、拥堵持续时间、常发拥堵路段数和行程时间可靠性指数等指标对城市道路网交通运行状况进行评价。

(1)道路交通运行指数：是综合反映道路网交通运行状况的指标(也称道路交通拥堵指数)，可以按照时段设定道路交通运行指数，如日道路交通运行指数等。日道路交通运行指数可采用一日高峰时段道路交通运行指数的平均值。

(2)道路交通拥堵率：特定时段内道路网处于中度拥堵和严重拥堵等级的道路交通运

行指数之和,与该时段内所有道路交通运行指数之和的比值,综合反映特定时段内的交通拥堵程度,值越大拥堵越严重。

(3)拥堵持续时间:道路网分别处于中度拥堵、严重拥堵等级的持续时间(小时),从时间分布的角度反映道路网交通拥堵状况和变化趋势。

1.3　常见城市交通方式及其作用

城市交通有许多方式(如图1-4),在解决城市交通问题中起到了重要作用。

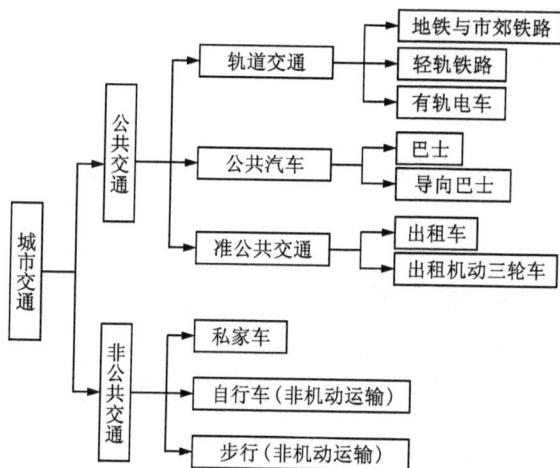

图 1-4　城市交通系统

不同交通方式的使用距离范围大致如图1-5所示。

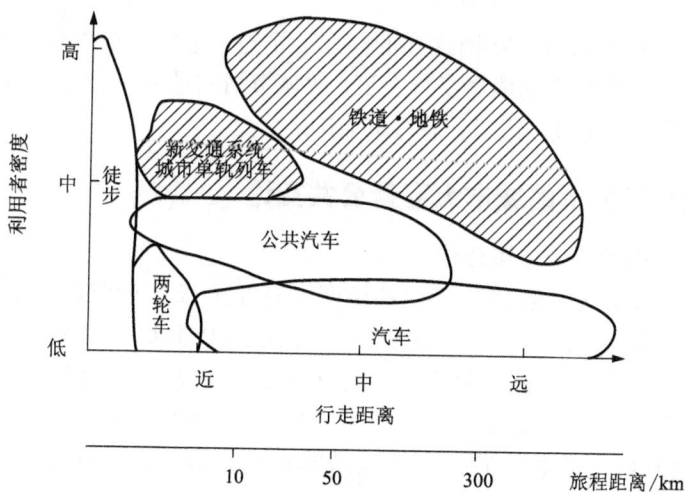

图 1-5　不同城市交通方式的适用范围

不难看出，不同交通方式各有其自身的优势范围。然而，在大多数公共交通系统的设计中，有许多方案可以选择。例如，巴士与轨道交通均适合大容量的运输通道，在规划巴士还是轨道交通系统时经常存在一些争论。资料表明，自1986年放松公交管制以来，欧洲城市巴士的运输量仍然降低了16%。巴士在取代私人交通方式方面收效甚微，轨道交通反而受到人们的重视，尤其是在我国得到了大力的发展，其原因在于：

（1）经济的发展需求使人们对交通需求的内容发生了重要变化，其中最关键的是生活节奏的变化。生活节奏的加快使得人们对延误的忍耐力下降，延误少且准时的交通方式成为需求的重要特点，而与道路隔离的轨道交通越来越受到人们的青睐也就不足为奇了。

（2）轨道交通具有较好的可持续发展性。轨道交通完成单位运输量所排放的污染物以及所消耗的能源远低于其他交通方式，尤其是私人交通方式。

（3）轨道交通能提供更舒适的乘车环境，更安全。

1.4　城市交通发展概况

1.4.1　早期的城市公共交通

历史上最早的城市公共交通可以追溯到罗马时代，那时建立了一个地区性的车辆出租系统。这种两轮或四轮车在每隔 5~6 mile（1 mile＝1609.344 m）就有一个旅馆停车，在当时很有名。

欧洲在16世纪出现了两个城镇间定期开行的车辆，17世纪引入了马车，但当时道路差，费用高，速度慢，舒适性差。例如从伦敦到约克的马车每周一、三、五发，175 mile（282 km）的路程要走4天。

最早能单独在城市道路上行驶的公共交通形式是1625年左右在伦敦和巴黎出现的马车（hackney carriage），即出租车的前身。

到1700年，伦敦大概有600辆这样的马车。不过，这些马车主要是为贵族阶层服务的。到19世纪初，大多数人仍依靠步行上班，故城市结构是密集而紧凑的，城市半径在步行距离以内。有钱人住在城区边缘，乘马车上班。

1.4.2　现代意义上的城市大容量公共交通

1819年开始于巴黎的一条运行线。

美国的第一条公交线路是1827年纽约城产生的可载12人的改良马车。

我国的城市交通经历了步行、人/畜力车时代。20世纪初以来，机动车运输也有了较大发展。不过，城市范围内机动车运输的迅速发展却是20世纪30年代以来的事情，其具体标志就是机动车数量的迅猛增长，它直接导致了城市中心区的交通拥挤与污染等问题。我国城市交通的另一个特点是非机动车运输，即自行车与三轮车在很多城市是居民在中、短距离内出行的最主要工具。这一状况为解决城市道路路面交通带来了极大困难。

1.4.3　轨道交通发展概况

交通发展历史与人类文明发展历史相依相随。

1. 轨道交通的萌芽与产生

法国维希留教授说过：20世纪欧洲的哲学史，基本上可以视为回应速度变迁冲击的历史，更简单地说，就是一部交通史。

人类的起源和水有关，两河流域文明、尼罗河文明、黄河文明……早期的人类，在进入文明时代之前，就有了木筏、独木舟(公元前1万年)。

陆上交通的困难：其原因在于早期的人类无法解决陆上交通的最根本困难——运载物体与地面的摩擦力。滚动摩擦远小于滑动摩擦，轮子的出现带来了陆上交通的革命。图1-6给出了美索布达米亚(即底格里斯河和幼发拉底河流域)有关轮子最早记录的壁画(公元前2600)。

图1-6　两河流域有关轮子的壁画记载

轨道交通最早的概念萌生于古罗马人、古埃及人、古希腊人在战争中作战使用的战车，图1-7给出了罗马帝国时期战车模型(公元前8世纪雅典几何形花瓶上的战车)；图1-8给出了古埃及人使用的战车；图1-9给出了古希腊武士跃下战车进行战斗的情形，注意连接马和车轿的挽绳(出自约公元前500年的一只希腊花瓶)。在长期的作战中，有一天有一名非常疲惫的战士偶然将战车驶入了以前的战车留下的车辙中，非常惊奇地发现，好像战车的驾驶非常轻松起来了，于是"轨道"的概念就诞生了，后来，如图1-10所示，人们就有意地在路上按车辆的形式挖出车辙("轨道")，方便车辆的通行。

图1-7　古罗马人战车

图1-8　古埃及人战车

图 1-9　古希腊人战车

图 1-10　"轨道"概念的萌芽

第一条真正意义上的轨道诞生于中世纪的矿山中，由木头铺设而成，轨道固定在横列的木材（枕木）上，如图 1-11 所示。公元 1600 年左右，第一批矿山轨道在英国出现。

图 1-11　矿山中的轨道

1825 年 9 月 27 日史蒂芬孙亲自在达林敦和斯托克顿（32 km）之间首次驾驶自己同别人合作制造的"旅行者号"进行铁路运输，并获得成功，这时情况已有了相当大的改善。"旅行者号"牵引着 6 节煤车，20 节挤满乘客的车厢，载重达 90 吨，时速 15 英里（1 英里＝1.6 公里）。这一壮观场面吸引了众多的人前来观看。铁路两旁人山人海：还有人骑着马，打着彩旗走在火车前面开道。随着一声鸣叫，它向全世界宣告了铁路时代的到来。

2. 世界各国轨道交通的发展过程

1829 年建成曼彻斯特—利物浦铁路，用一种命名为"火箭"（Rocket）的机车，以每小时 36 英里的速度行驶。此后成为欧美各国设计和建筑铁路的顾问。这列火车能以每小时 6 千米的速度牵引 8 辆装有 30 吨煤的货车，这是世界上最早当时最先进的火车。

史蒂芬孙也因而被誉为"铁路机车之父"，又由于达林敦和斯托克顿铁路是世界上第一条铁路，史蒂芬孙也被称为"铁路之父"。

第一条市郊铁路诞生于 1838 年的伦敦市郊。

第一条地铁线诞生于伦敦，于 1863 年元月开通，长 6 公里，蒸汽机车驱动。

第一条城市高架铁路诞生于 1868 年，建造于纽约的格林尼治街，蒸汽驱动。

第一条电力驱动地铁诞生于 1890 年的伦敦。

第一条电力高架线诞生于芝加哥，于 1895 年 5 月 6 日运营，它用一台带电机车牵引 1~2 台无动力拖车。美国第一个拥有电驱动地下铁道系统的城市是波士顿——1897 年 9 月特里蒙特街上的电车线运营，该街隧道现仍使用。第二条电驱动地下铁道是在华盛顿。

1897 年，芝加哥南部当局决定将高架铁路电气化，并与当时的工程技术专家斯卜拉格（Sprague）签订了合同。斯卜拉格做出的一个重要贡献就是发明了多单元动车系统。在这种系统中，每辆车均有电机，但全部由第一辆车的驾驶员操纵。斯卜拉格在纽约的通用电气试验线上致力于这项工作。1897 年 7 月，他在南部官员和工程师之前示范了由 6 辆车编组的列车。1898 年 8 月，南部线淘汰掉了所有的蒸汽机车。

多单元列车的重要性体现为可以在不减少列车牵引力的条件下增大列车编组，因为每辆车具有动力。牵引力是重量与驱动轮数量的函数，在多单元系统，整个列车（而不是机车）的重量都施加于驱动轮对，故对每辆车来说，它可以有更大的加速度，从而可以增加列车平均速度，减少运营费用。动车组的出现对于城市铁路的发展具有非凡的意义，目前世界上几乎所有的地铁均采用了这种驱动系统。

纵观现代城市公共交通的发展历史，城市轨道交通经历了兴盛、衰退和复兴这样一个螺旋式的发展过程：

（1）诞生和初始发展阶段（1863—1924 年）；

（2）停滞萎缩阶段（1924—1949 年）；

（3）再发展阶段（1949—1969 年）；

（4）高速发展阶段（1969 年至今）。

1.4.4　我国城市轨道交通发展概况

我国城市轨道交通建设自 20 世纪 60 年代初起步，1969 年 10 月北京地铁第一期工程投入运营，开创了我国城市轨道交通新篇章。进入 21 世纪以来，各大城市的轨道交通进入一个新的快速发展时期，以北京、上海、广州为代表的一批特大城市先后规划了较大规模的远景线网并相继建设与投入运营。2010 年底，北京、上海、广州等 12 个城市已经开通轨道交通运营线路长度近 1400 公里。2015 年建成 87 条、约 2495 公里城市轨道交通线路。根据《国务院办公厅关于加强城市快速轨道交通建设管理的通知》（国办发〔2003〕81 号）提出的建设地铁的 3 个指标，即城市人口超 300 万、GDP 超 1000 亿元、地方财政一般预算收入超 100 亿元，全国已有近 50 个城市符合条件，我国轨道交通发展潜力巨大。伴随着北京奥运会、上海世博会、广州亚运会的筹备与承办，这三个城市已经成为我国内地城市轨道交通网络建设的先驱，2010 年底运营里程均突破了 200 公里。截至 2022 年 2 月，内地已开通运营城市轨道交通的城市，总数达到 51 个，运营里程 8819 公里。城市轨道交通运营里程前 10 名，依次为上海、北京、广州、成都、武汉、深圳、南京、重庆、杭州、青岛。由此可见，我国城市轨道交通的建设已经颇具规模，极大地方便了人民群众的出行。

1.4.5　现代城市交通的目标

（1）使人与货物到商业区、学校、工作地等地点的可达性最大化，即实现客、货的位移需要，它也是交通运输的最基本目标。

（2）减少交通事故。事故除了直接损失外，还存在许多难以估计的外部费用。因此降低交通事故率成为所有发达国家与发展中国家关心的问题。

（3）使交通对环境的不利影响最小化。随着人口密度的增加，交通引起的环境问题也越来越尖锐。

（4）有助于规划目标的实现。规划一般考虑了城市或地区的长期效益，具有较好的可持续性。遵循科学的发展规划是避免因随意发展、无序管理而造成不良后果的重要举措。

（5）保存稀缺资源，尤其是土地和石油。要考虑人类生存和发展的长期后果。

（6）在实现上述目标时使公众的代价最小化。这一目标反映了优化的观点，它也是所有城市问题应当考虑的目标。

1.5　城市轨道交通概念与类别

1.5.1　城市轨道交通的定义和作用

城市轨道交通是指服务于城市客运交通，通常以电力为动力，在固定导轨上以轮轨运行方式为特征的车辆或列车与轨道等各种相关设施的总和。

城市轨道交通系统作为城市综合交通体系中的一个组成部分，也是城市最大规模的基础设施，其对城市发展有三方面的作用。首先，显著提高了城市交通系统的供给水平，缓解日益拥挤的地面道路交通；其次，引导城市格局按规划意图发展，支持大型新区建设；最后，通过城市轨道交通的巨大投入，从源头为城市经济链注入活力，并通过巨大的社会效益提高整个城市的综合价值。

1.5.2　城市轨道交通的特点

与传统铁路相比，城市轨道交通的特点包括以下几点。

（1）以解决城市通勤等短距离交通为主；这些出行需求出行时间短，出行过程中能更大地容忍站立比例，也要求列车运行过程中有更好的稳定性，更低的启动加速度和停车减速度。

（2）车站间距较短，绝大多数在 3 km 以内；它决定着列车起停更加频繁，要达到高的运行速度更加困难。

（3）列车运行速度较低，最高速度一般在 80 km/h；因为更高的速度实际上没有机会实现。

（4）列车编组较小，一般为 1~6 节。

（5）列车发车（追踪）间隔小，一般在 2~15 min；这也意味着列车停站时间短。

（6）由于在市内运行，线路全长较短，牵引多数采用直流或内燃模式，可以减少附属供、变电设施及其规模，利于系统在地下或高架运行。

（7）出行者随到随乘，无须事先预定（固定）座席。

（8）系统不全天营业，设备维修可以安排在夜间进行。

1.5.3 城市轨道交通的类别

城市轨道交通可据多方面的特点来分类，如敷设方式、运营范围、路权、运输能力、外形特点、车辆特征、采用的技术等。主要包括有轨电车、轻轨铁路、单轨系统、自动导向系统（AGT）、地下铁路、市郊铁路、橡胶轮胎铁路、磁悬浮铁路等。

1. 有轨电车

有轨电车是使用电车牵引、轻轨导向、3~7辆编组运行在城市路面线路上的低运量轨道交通系统，即利用街道上的轨道运行的电力车辆或列车系统。有轨电车单向运输能力一般在3万人/时以下，通常采用地面路线，路权混用或部分路权独立，与其他车辆混合运行，运行速度一般在10~20 km/h。

有轨电车是最早发展的城市轨道交通之一，一般在城市中心穿街走巷运行，具有上下车方便的特点。与地铁、轻轨等轨道交通系统相比，有轨电车具有工程量小、投资少、运营成本低等优点，同时具有速度慢、通行能力低、平交道口多、极易与地面道路车辆冲突、引起道路交通堵塞等缺点。

目前有轨电车已经比较少见，多数被改良为轻轨系统。例如：我国早在20世纪30年代，北京、上海、天津、沈阳、大连、鞍山等城市出现过有轨电车但随后相继废止，所剩无几。不过，最近又有一些城市在计划建设，如南京、佛山等。

2. 轻轨铁路

轻轨铁路的概念：轻轨交通车辆轴重较轻，施加在轨道上的荷载相对于市郊铁路或地铁的荷载来说比较轻，故称轻轨，是一种介于有轨电车和地铁之间的中运量的轨道交通工具。图1-12给出了武汉市的轻轨列车示例。

图1-12 武汉市的轻轨列车

欧洲与北美对地铁的投资热潮到 20 世纪 80 年代后让位于轻轨系统。电气化的轻轨系统有许多优于地铁和市郊铁路的地方，且造价低廉。线路工程量小，车辆轻，可以在更大的坡道上、更小的曲线上行驶。轻轨要求有至少 40% 的股道与道路完全隔离，以避免拥挤（例如，London 的 Dockland 轻轨：全隔离；Manchester 的 Metrolink：部分隔离）。这使得它与有轨电车不同。

轻轨系统主要有三种类型：

（1）由有轨电车改造而成，如德国的斯图加特轻轨。

（2）作为一个独立系统开发，大部分为新建的系统，如英国的 Dockland 轻轨。

（3）利用原有旧铁路线路修建比较经济的系统，如英国 Manchester 的 Metrolink 轻轨。

轻轨有五大优点：（1）比地铁安全。由于动力来自车顶部而非地铁系统的第三轨，也无需防护栏杆，因而它可在街道上行驶。（2）在建设上比地铁更灵活。由于土地昂贵，尤其在闹市区，轻轨系统可以放在街道路面上，旅客可以在人行道上下车。（3）更适合低运量场合。在中等规模城市用以补充巴士运输。（4）大部分线路按右行规则隔离时，混合交通条件下的平均行车速度可以更高，比巴士更具吸引力。（5）轻轨铁路技术成熟，并已有丰富经验，不存在机械风险或大的费用过载问题。

轻轨的主要参数：

（1）最小运行时间间隔：2 分钟；

（2）每节车厢的乘客人数：225 人（按 0.14 米²/人计算，2 节/组）；

（3）每列车编组车厢节数：2~4 节（1~2 组）；

（4）每小时单向最大运送能力：6750~13500 人；

（5）时刻表速度：20~25 km/h；

（6）最低经济运输量：2100 人/（千米·天）

3. 单轨系统

单轨系统又称独轨系统（图 1-13），可分为跨座式和悬挂式两种。一般使用在道路上部空间，需要的专用空间较少，可以适应急弯及大坡度，其投资小于地铁系统。

(a) 跨座式   (b) 悬挂式

图 1-13　单轨系统

单轨电车一般均采用橡胶轮胎，具有占地小、投资费用少、噪声低、振动小、乘坐舒适、对城市的景观及日照等影响小、通过小半径曲线能力和爬坡能力强等优点，同时具有运能较小、速度低、能耗大、粉尘污染、道岔等结构复杂、发生事故时疏散和救援工作比较困难等不足之处。

主要技术特性指标：

(1)最小运行时间间隔：2分钟；

(2)每节车厢乘客人数：140人（按0.14米²/人计算）；

(3)每列车编组车厢节数：2~6节；

(4)每小时单向最大运送能力：8400~25200人；

(5)时刻表速度：30 km/h；

(6)最低经济运输量：4000人/(千米·天)。

4. 自动导向系统(AGT)

自动导向系统(Automatic Guideway Transit, AGT)是一种通过非驱动的专用轨道引导列车运行的轨道交通方式。主要技术特征：轨道采用混凝土道床、车辆采用橡胶轮胎，有一组导向轮引导车辆运行，列车运行自动控制，可实现无人驾驶，自动化程度较高。

AGT具有工程造价低、运行噪声小、占地面积少、乘客乘坐舒适、能适应陡坡急弯等特征。

较早的AGT系统是日本1981年开通的两条线路：一是神户新交通公司开通的三宫—中公园线路(如图1-14)，全长6.4公里；二是大阪市住之江公园—中埠头间的6.6公里线路。目前这两条线路均采用无人驾驶的ATO(Automatic Train Operation)系统，运营速度22~27 km/h，最大速度达到60 km/h；高峰期最小间隔达到了3分钟左右。

图1-14　日本神户的无人驾驶列车

AGT主要技术特性指标：

(1)最小运行时间间隔：2分钟；

(2)每节车厢乘客人数：70人；

(3)每列车编组车厢节数：4~12节；

(4)每小时单向最大运送能力：8400~25200人；

(5)时刻表速度：30 km/h。

5. 地下铁路

地下铁路(简称地铁)是轴重相对较重，单方向输送能力在3万人次/时以上的城市轨道交通系统，适用于出行距离较长、客运量需求大的城市中心区域。有地下、地面和高架三种形式。一般线路全封闭，在市中心区全部或大部分位于地下隧道内，因而可实现信号控制的自动化。

地铁具有容量大、速度快、安全、准时、舒适、运输成本低、节省能源、不污染环境、不占城市用地等特点，但其建设成本高、周期长、见效慢。

市中心地铁车站间距通常在 0.5 km 至 1.0 km 之间，郊区可达 4 km 左右。

受城市规模的限制，50 万人口以下的城市很少建设地铁。

地铁一般可分为重型、轻型和微型三种，其中重型地铁即为传统的普通地铁，轨道基本采用干线铁路技术标准，运量最大；轻型地铁是一种在轻轨线路、车辆等技术设备工艺基础上发展起来的地铁类型，运量较大；微型地铁又称线性地铁、小断面地铁，隧道断面、车辆轮径和电动机尺寸均小于普通地铁，运量中等，其优点在于行车自动化程度较高，建设成本较小（60%~80%），但其运营成本与一般地铁差不多。

地铁的主要技术特性指标：

(1) 最小运行时间间隔：2 分钟；

(2) 每节车厢的乘客人数：280 人（按 0.14 米^2/人计算）；

(3) 每列车编组车厢节数：6~10 节；

(4) 每小时单向最大运送能力：50400~84400 人；

(5) 时刻表速度：30~60 km/h；

(6) 最低经济运输量：12200 人/（千米·天）。

6. 市郊铁路

市郊铁路是沟通城市边缘与远郊区的手段，它与城市间的长距离铁路相同。由于服务于人口密度相对稀疏的郊区，站间距比较大，它使得列车的运行速度可以提高许多。

目前城市间高速铁路的速度已达到 250 km/h 以上，一般地，市郊铁路线路的最高速度可达到 100 km/h 以上。

市郊铁路主要为通勤者提供服务，故有时也称通勤铁路（commuter rail）或地区铁路（regional rail）。

7. 橡胶轮胎铁路

橡胶轮胎铁路是采用轮胎车辆的铁路系统。线路采用钢轨或混凝土路面，多节轮胎电车铰接在一起形成列车，电力驱动，能力小于钢轨铁路系统，结构更复杂。其优点是噪声较低。不足之处在于：轮胎承重不如钢轨，不适合运量太大的系统；高速运营时会导致轮胎过热，实际速度不高，目前最大速度一般在 60~70 km/h；轮胎运行阻力大于钢轨系统，能耗较大；股道干燥时，轮胎摩擦系数高于钢轨；由于轮胎车辆由股道引导，其技术较钢轨铁路更复杂；股道交叉与折返较钢轨系统更复杂，所需时间也更多；轮胎车辆由于需要一个导向轨，其车辆结构更复杂。

8. 磁悬浮铁路

磁悬浮列车是利用电磁系统产生的吸引或排斥力将车辆托起，使之悬浮于线路上，利用电磁力导向，使用直线电机将电能直接转换成推进力，推动列车前进。

与传统的铁路相比，磁悬浮铁路去除了轮轨接触，因而无刚体直接摩擦阻力，可获得比一般高速铁路更高的速度，目前试验速度已达 500 km/h 以上；无机械振动与噪声；无环境污染；可获得高舒适度和平稳性；由于没有钢轨、车轮、机械传动和接触导电轨等摩擦部件，维修费用大为降低。

由于磁悬浮列车运行中所需电功率主要用来克服空气动力学阻力，其每公里能耗为一般高速列车的 21.4%~64.3%，另外，磁悬浮列车还有爬坡、越障能力强，更有利于实现全自动化控制等优点。所以，磁悬浮铁路将成为未来客运交通中最具竞争力的一种交通工具。

从 1981 年英国伯明翰机场到火车站的第一条磁悬浮线开通，1986 年西柏林 M-Bahn 磁悬浮试验线投入运营，日本的 HSST 系列磁悬浮列车的开发，以德、美、日等所研制的试验样车为先导，实用的磁悬浮列车已经进入了国际市场。图 1-15 给出了我国上海的磁浮线路。

图 1-15　上海磁浮线路

1.6　城市轨道交通系统规划与设计的主要内容

一般认为，城市轨道交通系统规划与设计的主要内容包括以下几方面：

（1）特定城市社会与经济环境下城市轨道交通系统的功能定位。主要包括城市经济地理特征分析、城市规划总体目标与城市交通结构的协调性分析、城市轨道交通的功能评估等。

（2）城市轨道交通线网远景规划与分阶段建设规划方案。主要包括线网规模确定、线网构架方案选择和方案评估等，线网规划是城市轨道交通线路设计和建设的基础。

（3）城市轨道交通系统客流预测。在城市规划与综合交通规划基础上对轨道交通各线路、车站及其他设施处的客流进行预测，这是城市轨道交通网络及线路规模、能力设计的依据。

（4）城市轨道交通工程可实施规划。主要包括车站、车辆段、换乘点的选址与规模、线路敷设方式规划，线网建设顺序与运营以及城市轨道交通与地面交通的衔接设计等内容。

（5）城市轨道交通系统的线路和车站设计。包括线路的走向、平纵断面设计、车站的数量及分布、车站的站型设计以及换乘站的设计等。

（6）城市轨道交通的枢纽设计与规划。主要包括城市地区枢纽点规划、枢纽客流分析、枢纽换乘设计、枢纽用地分析、枢纽不同方式间的协调等。

（7）城市轨道交通系统与其他交通方式的衔接设计。研究城市轨道交通系统与其他方式的衔接，包括地面交通、城市间交通等，具体包括车站周边其他交通方式站点布局及设计。

（8）城市轨道交通系统的安全防护设计。安全防护的内容包括地震防护、火灾防护、水灾防护以及杂散电流防护等设施的设计，需要考虑城市轨道交通运营中的安全要求与应急需要。

（9）系统运营规划。在规划与设计阶段就着手考虑运营问题是城市轨道交通线路建设成功与否的前提条件，包括不同时期列车运行组织方案、车站设施能力负荷分析等。这些内容也可以作为工程可实施规划的内容。

1.7 我国城市轨道交通系统建设程序

与一般建设项目相比，城市轨道交通建设工程项目具有以下几方面的特点：

1. 投资大

一项城市轨道交通建设项目投资动辄几十亿、几百亿元，京、沪、穗近年来修建地铁的综合平均造价已高达 6 亿~8 亿元人民币每千米。巨大的投资增大了工程的资金风险。

2. 工期长

一个城市轨道交通建设项目从筹划运作开始到运营使用，一般需要 3~5 年的时间。如受政府审批和资金筹措等方面的因素影响，时间会更长。

3. 涉及面广

城市轨道交通项目是城市的生命线工程之一，直接关系到居民的生产、生活，关系到城市的国民经济发展，它除了能解决沿线及周边地区的交通外，还能促进房地产市场、旅游市场的开发，带动整个地区乃至城市的繁荣和发展。在建设过程中，会涉及城市交通、建筑、市政、环保等方面，甚至带动相关产业的发展，它涉及的方方面面及建设的意义，是一般建设项目远不能比拟的。

4. 系统、专业多，接口繁杂

城市轨道交通项目包括土建、机电、运营管理和投资经济四大系统，下有二十几个子系统三十多个专业，有多个单独的分项分部工程，各系统、专业多，接口复杂。

由于城市轨道交通的上述特点,有必要对轨道交通建设项目进行科学管理,以确保工程质量和投资效益。

一个项目从提出项目设想、立项、决策、开发、建设、施工到开始生产活动这个过程,一般称为项目建设周期。该周期主要可以分为三个阶段:投资前阶段、投资阶段和生产阶段。

一个城市轨道交通项目周期的各个阶段及其主要的活动如图 1-16 所示。

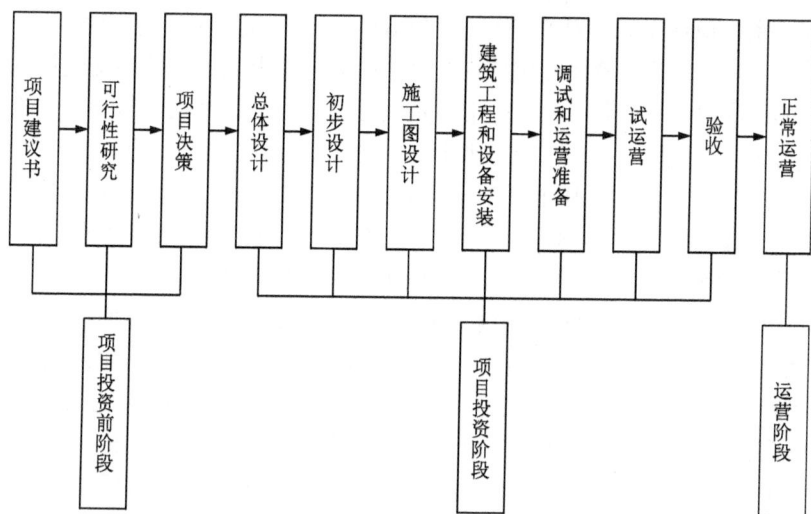

图 1-16　城市轨道交通项目周期的各个阶段及其主要的活动

按照我国现行的投资建设程序,投资前期工作主要包括轨道线网规划、需求预测、机会研究、预可行性研究及可行性研究,这是提出项目建议书、开展可行性研究以及进行项目决策的基本依据。

城市轨道交通项目是重大的基础设施项目,按我国目前基本的建设程序规定,需要国家有关部门(国家发展改革委和住建部)进行审批,主要的审批程序有:轨道线网的审批,项目建议书(预可行性研究报告)的审批,可行性报告的审批,初步设计的审批。

分析近几年国内各个城市的城市轨道交通建设的实践,并参考国外的建设模式,可以将轨道交通建设模式总结归纳为以下几种。

第一种方式:政府作为投资的主体,委托项目法人代行政府控制的职能。这种模式在我国部分已建成的地铁线路中成功应用,典型的如北京地铁复八线、城市铁路,上海地铁1、2 号线,广州地铁 1 号线等。

第二种方式:采用多元投资体制,促进城市轨道交通商业化运作。这种模式包括北京地铁 5 号线和上海的几条线路。

第三种方式:交钥匙工程,即由工程总承包商负责整个项目的融资、设计咨询、施工及运营。由于目前国内轨道交通建设部门资金实力方面的因素,应用较少。

1.8 关于我国城市轨道交通建设的目标

现代社会的特点是高度流动化，因而需要高质量、安全、舒适、准点和快速的交通工具来为城市提供交通服务。传统的公共汽、电车方式不能很好满足现代城市不同规模的运输需求，必须利用不同量级和服务水平的工具来完成不同类型需求的运输任务。因此，大城市公共交通系统应该是以包括轨道交通和 BRT 等大、中运能的快速交通为骨干，辅以其他传统公共汽、电车方式，最终形成结构合理、运能与需求匹配的公共交通网络体系。

资料表明，我国的部分地铁建设项目，造价很高，如广州地铁 1 号线平均造价 6.89 亿元/千米、2 号线 4.75 亿元/千米，北京地铁 5 号线概算 4.43 亿元/千米，南京地铁南北线一期工程 3.91 亿元/千米，上海地铁 2 号线为 6.54 亿元/千米，深圳地铁一期工程 5.44 亿元/千米，西安地铁 1 号线为 4.84 亿元/千米。轻轨交通造价相对要便宜些，为地铁造价的 1/5~1/2。因此，城市轨道交通形式选择对城市投资有较大影响。

未来一段时间我国城市轨道交通建设的主要目标体现在以下几方面：

首先，轨道交通建设是调整城市交通结构的需要。随着城市机动化发展，大城市道路交通资源严重不足，轨道交通已经成为大城市交通发展的重要出路。北京、上海、广州等城市均提出了通过公共交通主导中心城区交通模式的发展规划，2015—2020 年这些大城市公共交通份额占 50%以上，而轨道交通在其中占 40%~50%。这从根本上改变了中心城区交通结构模式，显著改善中心城区的交通运行效率和综合交通服务质量。

其次，轨道交通建设利于增强城市发展的公平性。城市轨道交通建设投入大，运行需要补贴，这些资金来自政府税收，因此，城市轨道交通属于公益性设施。同时，轨道交通运行准时性好，能力大，不受天气与其他因素影响，速度也均较其他出行方式高，总体服务水平较传统公共交通高，尤其是资源不足的中心城区。轨道交通的建设与运营可以为中、低收入出行者提供更加满意的出行选择。

最后，城市轨道交通可以引导城市的可持续发展。从轨道交通本身的特性来看，轨道交通能力大，单位排放低、运行安全性好，有轨道交通服务的地区沿线易于形成大的综合交通走廊和城市发展轴线。城市轨道交通在改善中心城区空间利用状况、引导城市土地利用方面具有显著效果。因此，在许多城市，规划专家与决策者已经将轨道交通建设作为城市发展的新的增长点。

原则上，城区人口一百五十万以上的大城市可以建设以城市轨道交通为骨干的公共交通网络。由于不同城市所处的地理位置、自然条件和经济发达程度都不尽相同，公共交通网络规划的编制，要结合城市的具体情况来分析。

不少城市制订的公共交通发展目标中，城市轨道交通已经成为一个重要内涵。一般来说，城市越大，越利于城市轨道交通的发展。不过，需要引起注意的是，就目前来看，我国城市轨道交通主要还是面向中、低收入出行者，因此，在轨道交通沿线地产开发时，应特别注重开发廉价房，否则，就会形成离城市轨道交通近的不是轨道交通的用户，而真正用户则远离轨道交通的尴尬局面。

思考题

1. 简述城市中常见的交通问题。
2. 简述延误和交通拥挤的概念。
3. 城市中产生交通拥挤的原因是什么?
4. 简述城市交通的分类及各自的大致适用范围。
5. 城市交通的目标是什么?
6. 简述城市轨道交通的概念和分类。
7. 简述轻轨铁路的概念和特点。
8. 简述地铁的概念、类别和特征。

第2章　城市轨道交通体系的组成

　　城市轨道交通是一个非常复杂的技术系统，其系统构成所涵盖的专业主要有土木工程、机械工程、电气工程、电子信息工程、环境工程和控制工程等各个专业门类。轨道交通系统主要由车站建筑、区间线路、车辆及车辆段、通信信号、环控系统以及给排水系统等一系列相关设施组成，它们的协调工作是保证城市轨道交通安全运营的前提。本章主要介绍以下几个城市轨道交通系统：土建系统、机电系统、通信系统和环控系统以及新轨道交通系统。

2.1　城市轨道交通的分类

　　城市轨道交通分类有很多种。按轨道空间位置划分，可分为地下铁路、地面铁路和高架铁路；按轨道形式划分，可分为重轨铁路、轻轨铁路和独轨铁路；按支撑导向制式划分，可分为钢轮双轨、胶轮单轨和胶轮导轨系统；按小时单向运能划分，可分为大运量系统、中运量系统和小运量系统；按路权专用程度划分，可分为线路全封闭型、线路半封闭型和线路不封闭型；按服务区域分类划分，可分为市郊铁路、市内铁路和区域快速铁路；等等。

　　目前，城市轨道交通方式主要有地铁、轻轨、磁悬浮、独轨铁道、有轨电车及市郊铁路等几种形式。广泛投入运营的多见于地铁和轻轨两种形式。

1. 地下铁道(地铁)

　　地下铁道(地铁)泛指高峰时单向客运量在3~7万人次每小时的大容量轨道交通系统。该系统作为最常见的轨道交通方式在市区内多为地下隧道线路设计。其特点主要有：采用完全专用车道封闭运行；平均运行速度为32~40 km/h；自动控制模式，但非无人驾驶；发车时间间隔为2~6 min；运量高、载客量大。

2. 轻轨铁路(轻轨)

　　轻轨泛指高峰时单向客运量在1~3万人次每小时的中等客运量轨道交通系统。因其车辆轴重较轻和对轨道施加的载荷轻而得名。轻轨的建设成本仅为地铁的1/3，运营成本只有公共汽车的50%，适应性强，安全舒适，节能环保；尤其适用于城市边远区和居民密集区，它是一种对地铁和公共汽车的有力补充的城市轨道交通工具。

3. 磁悬浮

　　磁悬浮交通系统是指一种非黏着、用直线电机驱动列车运行的新型轨道交通系统。其高峰时单向客运量在1~1.5万人次每小时，平均运行速度为350~500 km/h，最少发车时间间隔为 2.5～4 min，最大爬坡度 30‰；适用于地势平坦以及城市内部、旅游景区和近距离城市间的交通连接，同时也适用于长距离运输。

4. 独轨铁道

独轨铁道是指车辆在一根轨道上运行的一种城市轨道交通系统。通常分为跨座式和悬挂式两种。其高峰时单向客运量在 1～2 万人次每小时，平均运行速度为 25～45 km/h，最少发车时间间隔为 2.5～4 min，最大爬坡度 80‰；适宜布置在城市观光线、公园以及大型展览会场附近，尤其适合旅游城市，对于高陡坡、道路曲折的山城，单轨交通是较好的选择。

5. 有轨电车

有轨电车是一个由电力牵引、轮轨导向、单车或两辆铰接运行在城市路面线路上的低运量城市轨道交通系统。其高峰时单向客运量在 1.5～4 万人次每小时，平均运行速度为 30～70 km/h，最少发车时间间隔为 1～3 min，最大爬坡度 100‰；适合市内和市郊的中等运量运输，对线路纵断面大坡度、横截面小隧道、水平断面小曲线的选线条件和大运量、高密度、小编组的运营条件具有很强的适应性。

6. 市郊铁路

市郊铁路是指把城市市区与郊区尤其是远郊区联系起来的城市轨道交通系统。

2.2　土建系统

城市轨道交通土建系统按功能、使用要求、设置位置划分为车站、区间和车辆段。其中车站与乘客的关系极为密切，对保证地铁安全运行起着很关键的作用；区间连接相邻两个车站的行车通道，它直接关系到列车的安全运行；车辆段为列车停放和进行日常检修维修的场所，它又是技术培训的基地。

2.2.1　车站

城市轨道交通系统中车站既是乘客乘降的场所，也是系统运营过程不可缺少的组成部分。轨道交通系统车站的选址、布置、规模等对运营效果具有决定性的意义。

城市轨道交通系统中按结构形式，车站可分为地面站、高架站和地下站；根据运营性质，可分为中间站、换乘站、中间折返站和尽端折返站；按站台形式，可分为岛式站台、侧式站台和岛侧混合站台，如图 2-1 所示。

车站建筑的设计原则如下：城市轨道交通车站的总体设计应充分考虑妥善处理与城市规划、城市交通、地面建筑、地下管线、地下建筑物之间的关系。车站设计要保证乘客使用安全、方便，并具有良好的内部和外部环境条件。车站建筑设计应简洁、明快、大方，易于识别，并体现现代交通建筑的特点。

根据车站限界的要求，在车站站台有效范围内靠近站台一侧，站台边缘至线路中心线的距离应根据车厢宽度来确定。在我国，一般站台边缘与车厢外侧之间的空隙设置 100 mm 为宜，站台面的高度应低于车厢地板面 50～100 mm 较为合适。这个数值与车辆质量及运营水平有关，也与线路和车站工程的施工质量有关。

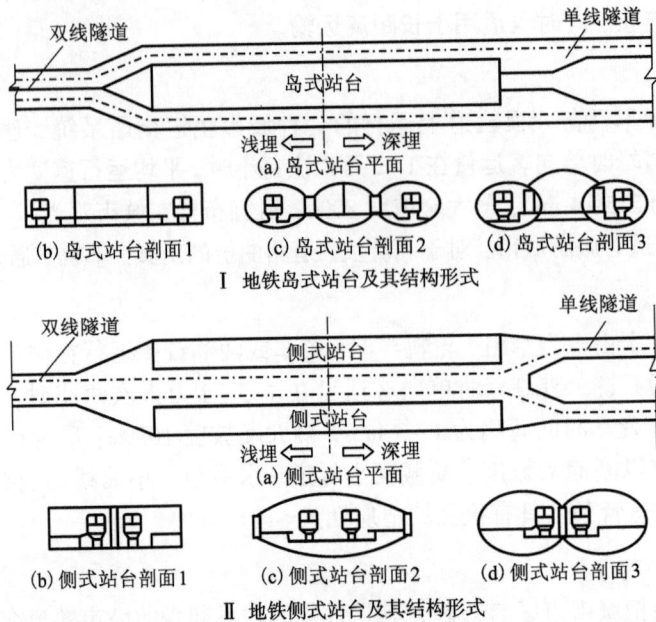

（a）岛式站台平面

（b）岛式站台剖面1　　（c）岛式站台剖面2　　（d）岛式站台剖面3

Ⅰ 地铁岛式站台及其结构形式

（a）侧式站台平面

（b）侧式站台剖面1　　（c）侧式站台剖面2　　（d）侧式站台剖面3

Ⅱ 地铁侧式站台及其结构形式

图2-1　不同形式的站台

2.2.2　区间

城市轨道交通的区间是指城市轨道交通的两个站点之间的线路部分。比如地铁区间就是地铁相邻两个车站之间的隧道，按区间隧道断面形状可以分为矩形、拱形、圆形和椭圆形等断面形式。矩形断面可分为单跨、双跨及多跨等种类。城市轨道交通隧道混凝土不仅要满足强度需要，同时要考虑抗冻、抗渗和抗侵蚀的要求。

城市轨道交通的区间设计的关键是控制区间的限界。

为保证列车在线路上运行安全，防止车辆与沿线建筑物（设备）发生碰撞，限定车辆运行及轨道区周围构筑物超越的轮廓线称为限界。轨道交通工程地下隧道的断面尺寸及高架桥梁的宽度的设计都是根据限界确定的。限界越大，安全度越高，但工程量及工程投资也随之增加。因此，合理限界的确定既要考虑对列车运行安全的保证，又要考虑系统建设成本。

根据轨道交通系统的构成和设备运营要求，限界可以分为车辆限界、设备限界、建筑限界和接触轨或接触网限界。它们是根据车辆外轮廓尺寸及技术参数、轨道特性、各种误差及变形，并考虑列车在运动中的状态等因素，经过科学的分析计算后确定的。

1.车辆限界

（1）定义。车辆轮廓线是指设定车辆所有横断面的包络线。

车辆限界是指车辆在平直线上正常运行状态下所形成的最大动态包络线，用以控制车辆制造，以及制定站台和站台门的定位尺寸。

（2）分类。车辆限界按所处地段分为直线车辆限界和曲线车辆限界；按隧道内外区域分为隧道内车辆限界和隧道外车辆限界；按列车运行区域分为区间车辆限界、站台计算长度内车辆限界和车辆基地内车辆限界。

（3）车辆限界的确定。车辆限界应根据车辆的轮廓尺寸和技术参数，并考虑其静态和动态情况下所能达到的横向和竖向偏移量，按可能产生的最不利情况进行组合计算确定。

2. 设备限界

设备限界是为保证轨道交通系统的列车等移动设备在运营过程中的安全所需要的限界。一般说来，设备限界要在车辆限界的基础上，考虑轨道出现状态不良而引起的车辆偏移和倾斜；此外，还要考虑适当的安全预留量。设备限界是一条轮廓线，所有固定设备以及土木工程的任何部分都不得侵入此轮廓线内。

3. 建筑限界

建筑限界是指在设备限界基础上满足设备和管线安装尺寸后的最小有效断面。建筑限界与设备限界之间的空间必须满足设备和管线安装的需要。区间直线区段矩形隧道限界如图 2-2 所示。

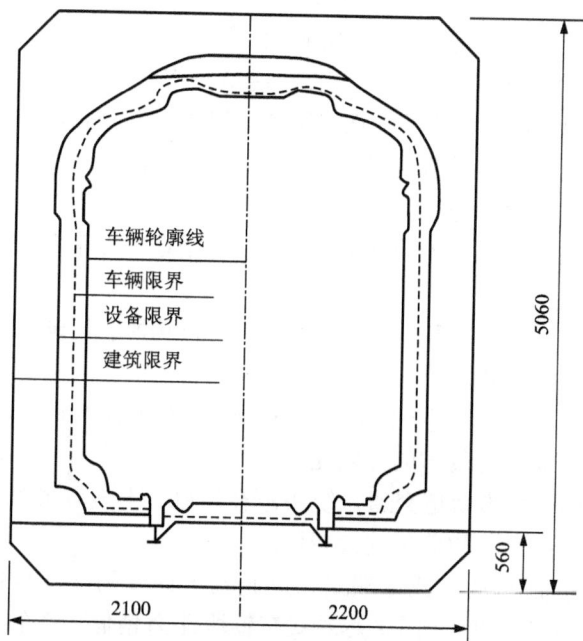

图 2-2　区间直线区段矩形隧道限界图（单位：mm）

（1）高度。当采用顶部架空接触网授电时，建筑限界高度应按受电弓工作高度和接触网系统结构高度计算确定；当采用侧向接触网或接触轨授电时，建筑限界高度应按设备限界高度加不小于 200 mm 的安全间隙计算确定。

受电弓工作高度在隧道内的标称高度为 4040 mm，露天线路上的安装高度为 4400 ~ 5000 mm，特殊要求除外，不能超过受电弓最大工作高度。

接触网设备结构高度根据采用柔性架空接触网还是刚性架空接触网来确定。采用侧向接触网或接触轨授电时，建筑限界高度由设备限界控制；而采用架空接触网时，建筑限界高度由受电弓工作高度和接触网设备结构高度确定。

（2）宽度。对双线地下区间，当两线间无建（构）筑物时，两条线设备限界之间的安全间隙不应小于 100 mm。对单线地下区间，当无构筑物或设备时，隧道结构与设备限界之间的距离不应小于 100 mm；当有构筑物或设备时，设备限界与构筑物或设备之间的安全间隙不应小于 50 mm。

对高架区间，设备限界与建（构）筑物之间的安全间隙不应小于 50 mm；当采用接触轨授电时，还应满足受流器与轨旁设备之间电气安全距离的要求。当地面线外侧设置防护栏杆、接触网支柱等构筑物时，应保证与设备限界之间有足够的设备安装空间。人防隔断门、防淹门的建筑限界与设备限界在宽度方向的安全间隙不应小于 100 mm。

2.2.3 车辆段

车辆段是车辆维修、保养、停放、运用、检查和整备的场所。车辆段按其功能可分为检修使用的车辆段和停车使用的停车场。一般地，一条线路可设一个车辆段，也可多条线路共用一个车辆段；当一条线路长度超过 20 km 时，可以考虑设一个车辆段和一个停车场。车辆段可分为平面式与多层式两种布局方式。平面式工程费用少、技术难度低，但用地比较大；多层式工程费用比较大、技术复杂，但用地节省。

车辆段主要承担的任务有列车的运用及定期检修作业。车辆修程可根据车辆的质量及管理水平确定，目前国内各城市的地铁采用的修程基本上分四种——厂修、架修、定修、月修，但各城市所采用的检修周期不同。如北京地铁车辆达到 90 万千米进行厂修，而上海地铁车辆需达到 100 万千米进行厂修。

车辆段的线路布置要根据车辆段作业要求，结合用地特点来布置。一般的车辆段设计原则包括以下三方面：

（1）收发车顺畅。车辆段是列车运营的起始与终止场所，其设计要根据线路特点保证列车出入的流畅，满足能力要求。

（2）停车检修分区合理。在部分线路较长的场合，车辆段与停车场的确定需要考虑其位置分布，以保证运营组织与管理的方便性。

（3）用地布置紧凑。城市轨道交通系统一般在市区，土地资源稀缺，且价格昂贵，车辆段与停车场的设计要紧凑，以降低建设费用。

车辆段一般可布置成贯通式或尽端式。贯通式车辆段两端均可以收发列车，能力较大，停车列检库每股道可以停 3 列车；尽端式车辆段能力稍低，停车列检库每股道一般可以停 2 列车。车辆段根据其布局还可分为多层式与平面式两种。多层式用地节省，但技术复杂，工程费用比较大，欧洲不少城市有采用这种方式的车辆段；我国北京的古城、太平湖及八王坟和上海的新龙华均采用平面式。

车辆段的主要设施如下：

（1）出入段（场）线：车辆段或停车场与正线的结合部，是段（场）与正线过渡线路，供列车出入场使用。其有效长度至少保证一列车的停放。

（2）停车库线：停车库线要满足线路所有运用车辆的停放需要，线路长度根据车辆编组的需求进行设计，一般为列车长加 8 m，可设计为一线一列位或一线二列位，线路间隔通常为 3.8 m，通常设检修坑道。

（3）试车线：用作列车调试、项目试验的线路，有效长度应保证列车最高时速和全制动的需求。试车线一般为平直线路。

（4）交接线或联络线：是一条运营线路与另一条运营线路或运营线路与国铁连接的专用线路，主要用于车辆与生产物资的周转、调送。

（5）洗车线：一般安装自动洗车机，用于车辆自动清洗，列车以低于 5 km/h 的速度通过洗车设备，完成车体清洗作业。目前较高级洗车设备有喷淋、去污、上蜡、吹干等功能，减少了人力。

（6）维修线：是指用于车辆各种不同修程的专用线路，包括架修线、定修线、临修线、月检作业线、列检作业线、静调线等，这些线路设有 1.4 m 至 1.6 m 深的检修坑道，中间设维修平台。根据需求配有架车机、悬挂式起重机、转向架转向盘等设备。

（7）办公及生活设施：由办公室、值班室、会议室、食堂、浴室及司机公寓等组成，一般设在作业区附近。

车辆段的功能主要有：①车辆修理——月修、定修、架修与临修；②车辆技术改造或厂修；③车辆停放、调车编组、日常检查、一般故障处理和清洗、消毒。车辆段还应为乘务员的换班作业提供必要条件。在很多情况下，乘务计划的编制和乘务人员的组织管理工作也在车辆段进行。

2.3　机电系统

城市轨道交通体系中的机电系统主要包括车辆、轨道和供电系统。

2.3.1　车辆

城市轨道交通车辆主要是指地铁车辆和轻轨车辆，它们是城市轨道交通工程最重要的设备，也是技术含量较高的机电设备。车辆主要由以下部分组成：

1. 车体

主要包括底架、端墙、侧墙及车顶等部分，是容纳乘客和司机（如有司机室）的地方，多采用整体承载的钢结构、轻金属结构或复合材料结构。一般为电动车组，有单节、双节和三节式等，有头车（即带司机室车辆）和中间车，以及动车与拖车之分。其特点为：

（1）座位少，车门多且开度大，内部服务于乘客的设备较简单；

（2）重量的限制较严格，特别是高架轻轨车和独轨车，要求轴重小，以降低线路的工程投资；

（3）为使车体轻量化，车体承载结构和其他辅助设施尽量采用轻型化材料；

（4）对车体的防火要求严格，在车体的结构及选材上采用防火设计和阻燃处理；

（5）对车辆的隔音和减噪有严格要求；

（6）由于用于市内交通，对车辆的外观造型和色彩都有美化和与城市景观相协调的要求。

2. 转向架

转向架装设于车辆与轨道之间，是车辆的走行部分。可分动力转向架和非动力转向架。动力转向架装设有牵引电机、减速箱以及集电器(受电靴)装置等。

3. 牵引缓冲装置

车辆的连接是通过车钩实现的，车钩后部一般需要装设缓冲装置，以缓和列车运动中的冲击力。

4. 制动装置

这是保证列车运行安全的装置，无论动车或拖车均需设摩擦制动装置，常见的制动形式：①摩擦制动，包括闸瓦制动和盘式制动；②电气制动，包括电阻制动和再生制动；③电磁制动，包括磁轨制动和涡流制动。

5. 受流装置

这是从接触导线(接触网)或导电轨(第三轨)将电流引入动车的装置，也称为受流器。一般有杆形受流器(多用于城市无轨电车)、弓形受流器(多用于城市有轨电车)、侧面受流器(多用于矿山货车)、轨道式受流器(第三轨受流)、受电弓受流器(适用于高速干线)。

6. 内部设备

内部设备是指服务于乘客的车体内部固定附属装置(如车灯、广播、空调、座椅等)和服务于车辆运行的设备装置(如蓄电池箱、继电器箱、主控制箱、风缸、电源变压器等)。

7. 电器系统

各种电气设备及其控制电路，包括主电路系统、辅助电路系统、电子控制电路系统。城市轨道交通车辆的电气部分主要是按功能和系统以屏、柜及箱体的形式安装在车厢内及悬挂固定在车体底部车架上。为了使车厢用于载客部分的空间尽量多，电气箱柜绝大部分安装在车体底下的空间。

城市轨道交通车辆应具有先进性、可靠性和实用性，应满足容量大、安全、快速、舒适、美观和节能的要求。

2.3.2　轨道

轨道是列车运行的基础，它直接承受列车荷载，并引导列车运行。路基面或结构面以上的线路部分称为轨道结构，一般由钢轨、扣件、轨枕、道床、道岔及其他附属设备组成，如图2-3所示。为保证列车运行的安全，轨道结构应具有足够强度和稳定性、耐久性、绝缘性及适量弹性，且养护维修量小，以确保列车安全运行和乘客舒适。

1. 钢轨

钢轨是轨道结构的重要组成部分，是轨道的基本承重结构，它用来引导城市轨道交通车辆的行驶，并将所承受荷载传到轨枕、道床及路基上去，也为车轮滚动提供最小阻力的接触面。为了使钢轨具有最佳的抗弯性能，钢轨的断面形状采用"工"字形，钢轨由轨头、轨腰和轨底组成。

在我国钢轨的类型或强度以每米长度的大致质量(kg/m)表示，现行的标准钢轨类型为：正线及配线宜采用 60 kg/m 钢轨，车场线宜采用 50 kg/m 钢轨；钢轨的标准长度有 25 m 和 12.5 m 两种，另有用于曲线的厂制缩短轨。

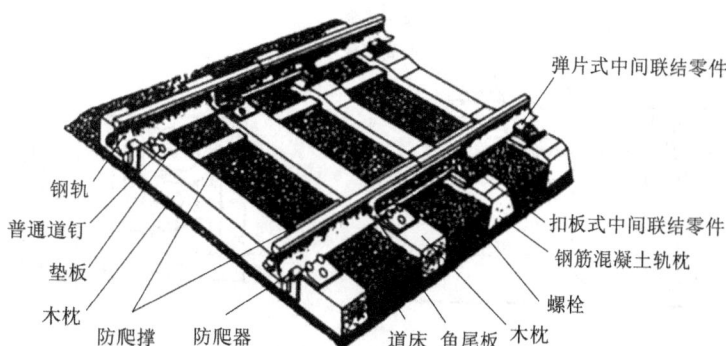

图 2-3　轨道基本组成

2. 轨枕

轨枕的作用是支撑钢轨，并将钢轨传来的压力传递给道床，保持钢轨位置和轨距。轨枕应具有必要的坚固性、弹性和耐久性，并且造价低、制作简单、铺设及养护方便。

轨枕分为木枕和钢筋混凝土轨枕，城市轨道交通中现均采用钢筋混凝土轨枕。无砟道床地段应采用预制钢筋混凝土轨枕，有砟道床地段宜采用预应力混凝土轨枕。

我国普通轨枕的长度为 2.5 m，道岔用的岔枕和钢桥上用的桥枕，其长度为 2.60～4.85 m。每公里线路上铺设轨枕的数量，应根据运量及行车速度等运营条件确定，一般为 1600～1680 根。轨枕根数越多，轨道强度越大。

3. 联结零件

联结零件分为接头联结零件和中间联结零件。

（1）接头联结零件。

接头联结零件由夹板、螺栓和垫圈等组成。通过它们把钢轨联结起来，使钢轨接头部分具有和钢轨一样的整体性，以抵抗弯曲和移位，并满足热胀冷缩的要求。

夹板是用来夹紧钢轨的。每块夹板都要用 4 枚或 6 枚螺栓上紧，且为防止车轮万一在接头部位脱轨时切割全部螺栓，螺栓帽的位置在钢轨的内外侧相互交错。

在城市轨道交通中已大量采用无缝线路结构，钢轨接头联结零件数量大大减少，但在无缝线路的缓冲区、轨道电路的绝缘区、有道岔的线路区段中，接头联结零件还是不能少的。不同类型的钢轨应采用异型钢轨连接。

（2）中间联结零件。

钢轨与轨枕或其他轨下基础的联结是通过中间联结零件实现的，这种联结零件称为扣件。其作用是将钢轨固定在轨枕上，保持轨距和阻止钢轨相对于轨枕的纵、横向移动。

钢筋混凝土用的扣件有扣板式、弹片式和弹条式三种。弹条式扣件不仅比前两种使用的零件少、结构简单，而且弹性好、扣压力大，隧道内地面线的正线扣件尽量采用无螺栓弹条，可减少零部件、减少施工和维修的工作量。弹条式扣件有多种型号，图 2-4 为弹条 I 形扣件。

4. 道床

道床铺设在路基之上、轨枕之下，一般分为有砟道床和无砟道床。其主要作用是支撑

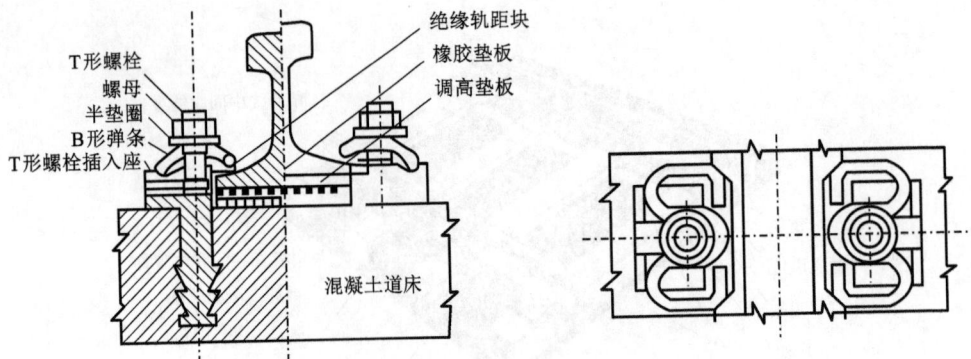

图2-4 弹条 I 形扣件

轨枕，把从轨枕上部的压力均匀地传递给路基；并固定轨枕的位置，阻止轨枕纵向或横向移动；缓和城市轨道交通车辆轮对对钢轨的冲击。城市轨道交通线路多采用无砟的整体道床结构。

(1) 有砟道床。

道床是铺设在路基面上的石砟(道砟)垫层。道床的材料应当具有坚硬、不易风化、富有弹性、有利于排水的特点。

道床的断面呈梯形，其顶面宽度、边坡坡度及道床厚度等均按轨道的类型而定。正线无缝线路地段有砟道床的肩宽不应小于 400 mm，有缝线路地段道床肩宽不应小于 300 mm。无缝线路曲线半径小于 800 m，有缝线路曲线半径小于 600 m 的地段，曲线外侧道床肩宽应加宽 100 mm，砟肩应堆高 150 mm，道床边坡均应采用 1 : 1.75；车场线有砟道床的道床肩宽不应小于 200 mm，曲线半径不大于 300 m 的曲线地段，曲线外侧道床肩宽应加宽 100 mm，道床边坡均应采用 1 : 1.5；有砟道床顶面应与混凝土轨枕中部顶面平齐，应低于木枕顶面 30 mm。

(2) 无砟道床。

无砟道床也称混凝土整体道床，就是用碎石加水泥浆或者用混凝土、钢筋加混凝土直接在路基面上筑成坚固的轨道基础，用以代替通常的碎石道床。这是一种刚性轨下基础，平顺稳定、坚固耐久，线路的强度高、维修工作量少。

整体道床按无砟轨道与基床的连接形式主要分为整体灌注式、轨枕式、支撑块式等。整体灌注式是就地连续灌注混凝土基床或纵向承轨台。轨枕式是把预制好的混凝土枕与混凝土道床浇筑成一个整体。支撑块式是把预制好的混凝土支撑块与混凝土道床浇筑成一个整体。

5. 道岔

道岔是线路上供列车安全转线的设备，它用来使车辆从一股道转向或越过另一股道。

道岔有线路连接、线路交叉以及线路连接与交叉三种形式。常见的线路连接有单开道岔、单式对称道岔和三开道岔。线路交叉有直角交叉及菱形交叉。线路连接与交叉有交分道岔和各种交叉渡线。运用这些道岔可以把不同位置和方向的轨道相互连接起来。

城市轨道交通中间站通常不设配线，很少有道岔存在。有渡线和折返线的车站设有道岔，用于车辆的转线。在车辆段(停车场)内设有较多道岔，通过道岔将停车线、检车线等与走行线连接。

2.3.3　供电系统

1. 供电系统的组成

城市轨道交通的供电系统负责提供车辆及设备运行的动力能源，一般包括高压供电系统、牵引供电系统和动力照明供电系统。

高压供电系统即是城市电网对轨道交通系统内部的变电所的供电方式，一般视各城市的情况而定。牵引供电系统供给电动车辆运行的电能，它是由牵引变电所和牵引网组成的。动力照明供电系统提供车站和区间各类照明、扶梯、风机、水泵等动力机械设备电源和通信、信号、自动化等设备电源。它是由降压变电所和动力照明配电线路组成的。

2. 高压供电方式

高压供电方式一般有三种：集中式供电、分散式供电和混合式供电。

（1）集中式供电。

沿城市轨道交通线路，根据用电容量和线路的长短设置专用的主变电所。主变电所一般为 110 kV，由主变电所变压为内部供电系统所需的电压级，一般为 10 kV 或 35 kV。由主变电所构成的供电方案为集中式供电。主变电所应有两路独立的 110 kV 电源。上海、广州、香港地铁即为此种供电方式。

（2）分散式供电。

沿城市轨道交通线路沿线直接由城市电网引入多路电源，电源电压等级一般为 10 kV，供给各牵引变电所，这种方式为分散式供电。分散式供电应保证每座牵引变电所和降压变电所皆能获得双路电源。

（3）混合式供电。

即前两种供电方式的结合，以集中式供电为主，个别地段引入城市电网电源作为集中式供电的补充，使供电系统更加完善和可靠。北京地铁 1 号线和环线即为此种供电方式。

3. 牵引供电系统

（1）电压等级。

目前世界上城市轨道交通系统的牵引网均采用直流牵引，牵引电压等级较多，有 600 V、750 V、825 V、1000 V、1200 V 和 1500 V 等，其发展趋向是国际 IEC 电压标准：600 V、750 V、1500 V，而我国国标电压标准为 750 V 和 1500 V 两种。这两种电压等级均有各自的优势，1500 V 的供电距离较长，可减少牵引变电所的数量，但提高了牵引变电所及车辆电机、电器设备的电压绝缘水平。目前国内正在运行的轨道交通系统中广州、上海采用了 1500 V 电压制，其 1500 V 系列的直流电器设备及 1500 V 电动车辆均为国外进口，造价较高。今后，随着我们国家城市轨道交通工程项目的不断建设，1500 V 系列的直流电器设备及 1500 V 的电动车辆将逐步实现设备的国产化。采用 750 V 的电压制，变电所数量增加，但国内有比较成熟的 750 V 的直流电器设备及电动车辆，造价较低。北京地铁即采用了 750 V 的电压制。

（2）牵引网。

城市轨道交通系统的牵引网是沿线路敷设的专为电动车辆供给电源的装置。它由两部分组成：正极接触网(供电)和负极走行轨(回流)。接触网可分为接触轨和架空接触网两种形式。接触轨的主要优点是：使用寿命长，维修量小，在地面对城市景观没有影响，适应于电压较低的制式。接触网的主要优点是：安全性较好，适应于电压较高的制式。接触轨和接触网两种供电方式目前在世界上许多国家同时并存，究竟采用何种方式，各城市应根据自己的特点，进行车辆和供电系统的综合比较。

(3)牵引变电所设置。

牵引变电所的位置和容量，应根据运行高峰小时的车流密度、车辆编组及车辆形式通过牵引供电计算，经过多方案比较确定。

牵引变电所应尽可能地设在地面，因为地面变电所投资小，运行费用低，运行管理方便。牵引变电所可沿线路均匀布置，也可结合车站与降压变电所合建于车站站端。均匀布置可减少变电所数量，馈电质量较好，但管理不方便；设在车站可与降压变电所合建，同时管理比较方便。

牵引变电所的设置距离应保证高峰时最大运营负荷的需要，同时应保证系统中任何相隔的两座牵引变电所发生故障解列时，靠其相邻变电所的过负荷能力仍能保证列车的正常运行。

牵引变电所内应留有大型设备的进出口和运输通道，同时考虑通风、散热、防火、防雷电的要求。

4.动力照明供电系统

动力照明供电系统由降压变电所及动力照明组成。

每个车站应设降压变电所，地下车站负荷较大，一般设于站台两端，其中一端可以和牵引变电所合建为混合变电所；地面车站负荷较小，可设一个降压变电所。

车站动力照明采用 380/220 V 三相五线制系统配电，其车站设备负荷可分为三大类。一类负荷：事故风机、消防泵、主排水站、售检票机、防灾报警、通信信号、事故照明；二类负荷：自动扶梯、普通风机、排污泵、工作照明；三类负荷：空调、冷冻机、广告照明、维修电源。对于一、二类负荷一般由两路电源供电，当一台变压器发生故障解列时，另一台变压器可承担全部一、二类负荷。三类负荷由一路电源供电，当一台变压器发生故障解列时，可根据运营需要自动切除。

5.电力监控系统

电力监控系统(SCADA)的作用是保证在控制中心对供电系统的主变电所、牵引变电所、降压变电所的供电设备的运行状态进行监视、控制及数据采集。它由三部分组成：即设在控制中心的主机，设在各变电所的远程控制终端以及连接终端与中心的通信网络。

2.4　通信系统

轨道交通的通信系统是指挥列车运行、组织运输生产及进行公务联络的重要手段。轨道交通的特点是客流密集、运输繁忙，为了保证行车安全和实现快速、高效、准时的优质服务，必须设置功能完善、可靠的内部专用通信系统。通信系统是城市轨道交通正常运营的神经,它的主要任务是及时传递轨道交通运营各系统、各部门和指挥中心间及其相互间的信息,以便及时采取行动确保整个系统正常运营。

在工程中应优先考虑数字通信,为逐步建成能传输语言、文字、数据、图像等信息的综合数字通信网创造条件。

轨道交通的通信系统一般由下列分系统组成:调度指挥通信、无线通信、公务通信、广播、电视监视和传输网络。

2.4.1 调度指挥通信系统

调度指挥通信系统包括有线调度电话、站间行车电话、区间电话。

1. 有线调度电话

根据城市轨道交通列车运行组织和业务管理的要求,一般设置三种调度电话系统:列车调度电话、电力调度电话、防灾环控调度电话。系统由中心设备、车站设备和传输通道三部分构成。中心设备设于调度中心;车站设备设于各车站、变电所、防灾、车场值班员处;传输通道是介于中心设备和车站设备之间的传输媒介,由光缆数字复用传输系统提供。

2. 站间行车电话

站间行车电话又称闭塞电话,是相邻车站值班员间行车业务用的直通电话。

系统由专用电话总机、分机及传输通道三部分组成。总机设于车站值班员处;分机设于站长室、公安值班室、变电所值班室、环控(防灾)值班室、站台两侧的室外电话箱等处;站间传输通道由光缆数字复用传输系统提供,或采用电缆实回线,站内采用电缆实回线。

为提高通话效率,防止差错,在其回路上禁止接入其他业务性质的电话。

3. 区间电话

区间电话是供区间列车司机和维修人员与相邻行车值班员及相关部门紧急联系或通话使用的专用通信设备。系统由电话机箱、便携式电话机和传输线路组成。在信号机、道岔、接触轨(网)开关柜、通风机房、隔断门等处附近应设置电话机箱。一般区段每隔150~200 m 设一台电话机,1~3 台电话机并联使用一个用户号码。

2.4.2 无线通信系统

无线通信系统一般供在移动状态下工作人员(司机、检修人员及公安人员等)在工作中与调度及指挥机关取得联系时通话使用,必要时可以使用无线通信发布调度口头命令。

城市轨道交通无线通信系统按其工作区域不同分为运行线上的调度无线通信系统和车辆段内的无线通信系统。

1. 运行线上的调度无线通信系统

系统由位于调度中心的控制设备(包括控制台、PC 计算机、录音设备等)和基地台,以及列车上设置的列车台、维修人员使用的携带台,加上有线传输网络和自动电话或专用电话组成。如有隧道,还需设置隧道基地台或隧道中继器,以及沿隧道敷设的泄漏同轴电缆。

2. 车辆段内的无线通信系统

满足车辆段值班员、列车台司机、携带台流动人员三者之间的通话。系统由位于车辆段值班室的控制设备和基地台，以及列车设置的列车台、流动人员使用的携带台三部分组成。

2.4.3 公务通信系统

列车运营组织中，公务通信系统是必不可少的，供轨道交通系统内部工作人员间和对外部的公务联络用，正逐步建成能传输语言、文字、数据、图像各种信息的综合数字通信网。一般应采用数字式程控用户交换机，组成独立的用户电话交换方式，包括自动电话和会议电话两部分。

2.4.4 广播系统

广播系统是大众化的运营管理工具，其用途和服务范围应包括：向旅客预报列车信息，对上下车旅客进行安全提示和向导，对车站工作人员播发通知或公开广播会议，发生故障、灾害等紧急情况时，发出警报、指挥救援和疏导乘客。

广播系统由中心广播控制台和车站广播设备以及传输通道三部分组成。

车站播音台配有区域选择键盘，车站有关区域及隧道均装有两个带扩大器的扬声器。正常情况下车站广播可采用自动广播，必要时改为人工通报有关信息。

2.4.5 电视监视系统

电视监视系统是运营管理自动化的配套设备，主要用于车站值班员及控制中心调度员监视站厅站台情况，辅助列车调度员指挥行车以及协助列车司机安全发车，在发生灾害时，可随时监视灾害及乘客疏散情况。监视区域包括上下行站台、售检票厅和主要出入口，另外，公安系统需要对车站进行选择性监控。系统由车站设备、中心设备及传输通道三部分组成。每个车站的视频信号均需传至控制中心。

为了传输各子系统所需话音、数据、图像等信息，需建立一个多功能、高可靠和集中维护管理的综合传输网。

2.4.6 信号系统

信号系统的作用是确保行车安全，提高运输效率，改善行车有关人员的劳动条件。

信号系统与行车密度有着密切关系，不同的行车密度应选择不同的信号系统，以保证工程设计技术经济合理，满足运营要求。目前国内轨道交通系统的信号设备可分为两大类：传统信号系统和现代信号系统。

1. 传统信号系统

传统信号系统由信号、联锁、闭塞、机车信号与自动停车、调度集中等设备组成，以地面信号为主，司机根据地面信号显示操纵列车运行。

2. 现代信号系统

目前在一些发达国家的城市轨道交通中，依赖信号技术的进步，最小行车间隔已缩短至 100 s 以下。采用先进的信号技术,还将大大提高行车的安全性,使得由人为的疏忽(如司机忽视信号显示)、设备的故障而产生的事故率降至最低。此外,采用先进的信号技术可以避免不必要的突然减速和加速,这不仅可提高行车的稳定度,还对节能具有重要的作用。据文献报道,采用先进的 ATC(列车自动控制)技术,使列车始终处于最佳速度状态,可节省电能 15%以上。

2.5　环控系统

城市轨道交通的地下车站和地下区间隧道除车站出入口和通风道口等极少部分与外界相连通外,可以认为基本上与外界隔绝。由于列车运行、乘客交换等会散发大量热量,空气湿度大,且有有害气体产生,若不及时排除,乘客将无法忍受,只有用人工气候环境才能给乘客创造一个舒适的环境。

通风、空调的任务是采用人工的方法,创造和维持满足一定要求的空气环境,它包括空气的温度、湿度、空气流动速度和空气质量。

当列车因非火灾事故阻塞在区间隧道时,因为没有活塞效应,停留在车厢内的乘客及向安全地点疏散的乘客,会因为没有足够的新鲜空气而难以忍受,需要通风系统为出事地点送排风,维持乘客短时间能接受的环境条件。当发生火灾事故时,能提供有效的排烟手段,给乘客和消防人员输送足够的新鲜空气,形成一定的风速,引导乘客迅速地撤离现场。

2.5.1　通风系统

地下车站及区间的通风系统一般分为开式系统、闭式系统和屏蔽门式系统。根据使用场所不同、标准不同,又分为车站通风空调系统、区间隧道通风系统和车站设备管理用房通风空调系统。

1. 开式系统

开式系统即应用机械或"活塞效应"的原理使轨道交通内部与外界交换空气,利用外界空气冷却车站和隧道。这种系统多用于当地最热月份的平均温度低于 25℃且运量较少的轨道交通系统。

(1)活塞通风。

当列车的正面与隧道断面面积之比(称为阻塞比)大于 0.4 时,由于列车在隧道中高速行驶如同活塞作用,使列车正面的空气受压形成正压,列车后面的空气稀薄形成负压,由此产生空气流动。利用这种原理通风称为"活塞效应"通风,活塞风的大小与列车在隧道内的阻塞比、列车行驶速度、列车行驶空气阻力系数、空气流经隧道的阻力等因素有关。利用活塞风来冷却隧道,需与外界进行有效的空气交换,因此需要设置较密的风井以满足有效换气量的设计要求。

(2)机械通风。

当活塞通风不能满足要求时,要设置机械通风系统,可采用活塞通风与机械通风的联合系统。一般情况下车站与区间分别设置独立的通风系统。车站通风采用横向的送排风系统,区间采用纵向的送排风系统,这些系统应同时具备排烟功能。

2. 闭式系统

闭式系统即轨道交通内部基本上与大气隔断，仅供给满足乘客所需的新鲜空气量的系统。车站一般采用空调系统，而区间隧道的冷却是借助列车运行的"活塞效应"携带一部分车站空调冷风来实现的。这种系统多用于当地最热月份的月平均气温高于25℃且运量较大，高峰时间内每小时的列车运行对数和每列车车辆数的乘积大于180的轨道交通系统。

3. 屏蔽门式系统

即在车站的站台与行车隧道间安装屏蔽门将其分隔开，车站安装空调系统，隧道用通风系统(机械通风、活塞通风或两者兼用)。若通风系统不能将区间隧道的温度控制在允许值以内时，应采用空调或其他有效的降温方法。安装屏蔽门后，由于车站与行车隧道隔开，车站空调冷负荷只需计算车站本身设备、乘客、广告等照明发热体的散热及区间隧道与车站间通过屏蔽门开启时的对流换热。此时屏蔽门系统的车站空调冷负荷仅为闭式系统的22%~28%。

地下轨道交通系统发生火灾时，人员的伤亡绝大多数是被烟气熏倒、中毒、窒息所致，因此，防排烟系统是环控系统的重要组成部分。

轨道交通系统地下车站及区间对外连通的口部相对来说比较少，一旦发生火灾，浓烟很难自然排除，必须设置机械排烟系统。防排烟系统按车站站台和站厅、区间隧道以及设备用房和管理用房三大区域分别设置：

(1)站台和站厅的排烟系统。一般是与正常通风的排风系统兼用的。该系统应满足正常排风和火灾时排烟的要求。

(2)区间隧道的排烟系统。宜采用纵向一送一排的推拉式系统。排烟设施最好与平时的隧道通风兼顾。

(3)设备用房和管理用房的排烟系统。一般与平时排风系统兼用。

2.5.2 给排水系统

1. 给水系统

按照我国地下铁道设计规范的相关规定，城市轨道交通宜采用生产、生活和消防共用的给水系统，这样不仅可以节省给水管道，降低工程造价，而且使用管理也比较方便，如北京地铁、天津地铁、青岛地铁和南京地铁。根据技术经济比较，也可采用生产、生活和消防用水分开的给水系统，如上海地铁1号线的地铁消火栓给水系统就是单独设置的。给水水源选择应优先选用城市自来水。

2. 排水系统

轨道交通系统的排水主要处理系统的结构渗漏水、消防及冲洗废水、粪便及生活污水、车站露天出入口及隧道洞口的雨水等。它一般包括主排水泵站、辅助排水泵站、污水泵房、局部排水泵房和临时排水泵房。排水方式应优先利用城市排水系统。

排水系统采用分流制，分为污水、废水、雨水系统。原则上采用分类集中的方式经泵提升至压力窨井后，除污水需要经化粪池处理外，均就近排入市政下水道。

2.5.3　环境监控系统

环境监控系统(BAS)的作用是对车站、区间的通风、空调、给排水、照明、自动扶梯等设备进行自动化管理。它一般包括中央控制室、车站控制室和就地控制装置三部分。一旦发生事故，由控制中心统一指挥及时采取救护控制措施，及时疏散乘客，排除事故，尽快恢复列车运行。

2.6　新轨道交通系统

新交通系统(new transport system)是指新开发的具有高速、准点、舒适和污染小的交通方式及其运行服务系统的总体，是 20 世纪 60 年代出现的不同于传统运输方式的新型交通工具，为克服现有交通方式在环境和经营上的缺陷，或为满足现有运输方式难以适应的运输需求而开发的新交通方式和新运营服务的总称。它由电气牵引，具有特殊导向、操纵和转折方式的胶轮车辆、单车或数辆编组运行在专用轨道梁上的中运量轨道运输系统。这种轨道运输系统多数设置在道路及公共建筑物的上部空间，具有中等运量，能自动行驶。新交通系统从系统运行特征上分析，也可以称为导轨式交通系统。

2.6.1　新轨道交通系统分类

新轨道交通系统可以分为：自动导轨交通系统、新型无轨交通系统或复合交通系统、步行者援助系统和公共汽车运营自动控制系统。本章重点介绍自动导轨交通系统：自动导轨交通(Automated Guideway Transit，简称 AGT)系统，一般泛指以无人驾驶的车厢在专用路权及自动化控制条件下运行的新型运输系统。AGT 系统可依其服务容量与路径形式分成下列三种：

穿梭/环路式捷运(Shuttle/Loop Transit，SLT)：这是 AGT 系统中最简单的一种，分穿梭与环路两种。穿梭式使用较大型车厢(容量约 100 人)，通常具有站位，沿着固定路线行驶；从甲地驶到乙地，再从乙地驶回甲地，如此来回输运，其作用如同高楼中的自动电梯，故又称水平电梯。除可做两点间直接输运外，中途亦可设站。环路式则沿环状路径绕圈行驶，中途设站停留。

群体捷运(GRT)：这种系统的主要服务对象为具相同出发地点与目的地的群体乘客，通常使用载运量为 12 至 70 人之中型车厢，故可视为一种自动行驶的公共汽车(automated bus)。其与 SLT 不同之处：因容量较小，除可有较密的班次外，还可设置分岔路线，以便选择性地绕行主线，收集支线的乘客。运行班次间隔可从 3 秒至 1 分钟，服务方式可分定时排班或中途不停留的区间捷运。1974 年 1 月启用的得克萨斯州达拉斯机场的 Airtrans 以及 1975 年通车的西弗吉尼亚大学摩根镇(Morgantown)运人系统均属 GRT 的应用例子。

个人捷运(PRT)：从技术层次及载运形态而言，这种系统才是真正的运人捷运系统。其主要特色为使用具 2 至 6 人容量的小型车厢，于精密电脑自动化控制系统管制下，在复杂的路网中运行，并经由道岔转出/进主干线运载乘客。

从上面的分析，可看出穿梭/环路式捷运(SLT)虽然在技术应用层面上较简单，但它可提供机场或都市特定区内的环流交通功能，也可以在各种活动中心(如购物中心、运输中心、娱乐园区等)间作串联式的联络服务，因此其运载容量不但高于群体捷运(GRT)与个人捷运(PRT)，而且可以单节或联挂成列车方式满足中运量系统范围内的旅运需求，故在美国地区称为运人系统。

自动导轨交通系统的特点是：

(1)采用高新技术：各类新交通系统几乎都使用微电子技术和计算机技术，从而实现对车辆或列车的集中自动控制和无人驾驶，以保证车辆运行的安全性与准确性。

(2)应用范围广阔：各类新交通系统可用于城市中的各公共场所。较理想的应用场所是有较大的客流量，并且客流量均衡的短途客运。例如：大型机场中，从总候机大楼到登机的卫星候机楼；大型展览馆中，各场馆的联系；游乐场中，各景点的来往；大学校园，各校区之间的短途交通；等等。

(3)车辆性能上乘：许多新交通系统的车辆采用直线电机驱动，具有轴重小、高度低、转弯半径小(70 m 以下)、爬坡能力强(70‰)、噪声低等优点，可用于小断面地铁、结构轻巧美观的高架，选线自由度大，可减少工程量和拆迁费用，从而降低造价。

(4)形式多种多样：各种新交通客运系统，为了适应各种用途需要，形式多样，其中有自动化的 People Mover 系统(APMS)、法国的 VAL 系统、日本的新交通系统、加拿大的 ICTS、德国的 H-Bahn。

自动导轨系统的缺陷：为了沿导轨运行，前后车轮运行轨迹必须完全一致；几乎所有的新交通系统都是双向运行，所以，前后轴必须都能转向；橡胶车轮黏着系数高，爬坡能力强，但不利于节能；混凝土轨道有时会发生波浪磨耗，恶化舒适度，补修困难，作为对策，有时会铺上钢板，混凝土轨道不能用于信号回路和回流回路，必须另外设置；有载荷限制。

2.6.2　新轨道交通系统车辆结构的特点

新轨道交通系统车辆与其他城市轨道交通车辆最基本的区别就是其走行装置。这种被称为导轨式电动车是运行在混凝土专用轨道上、使用橡胶车轮的自动运行公共交通工具。电动车由走行车轮和导向车轮承担载荷，沿导轨运行，导向系统有设置在轨道侧面的，也有设置在轨道中央的。日本新轨道交通系统车辆车体采用普通钢、铝合金和不锈钢三种材料。目前，新造的车体大部分采用轻量化不锈钢，既减轻了车辆重量，又提高了耐腐性，延长了使用寿命，减少了维修量。因此，轻量化不锈钢车体已成为新交通车辆的发展方向。当前，新交通车辆也可采用100%低地板，地板面距轨面 260 mm，满足无障碍通行要求。全车 70%采用大型透明玻璃窗，开阔乘客视野，车辆行驶在街道上构成一道流动的城市风景线。

2.6.3　新轨道交通系统的各种形式

1. APMS(Auto People Mover System)

APMS 意即自动化的人行系统，酷似小型列车或有轨电车，全自动控制，无人驾驶。第一个用作公共交通的新交通系统，于 1971 年在美国佛罗里达州的坦帕机场投入运营。APMS 系统有若干分支形式，其中之一称作自动化导轨交通系统简称 AGT，德国的法兰克福机场应用该系统;另一种形式的 APMS 是美国的辛辛那提机场和日本的成田机场采用的新交通系统。该系统车辆移动不靠车轮而是用气垫系统托起,在专门的隧道内光滑的混凝土地面上靠隧道末端的绳索牵引。为满足 2008 年北京奥运会和日益增长的旅客流量需求,2007 年首都机场在 T3 航站楼 A 座、B 座和 C 座之间修建了无人驾驶的全自动旅客运输系统——捷运系统,即 APMS。该系统采用加拿大庞巴迪公司的设计方案,曾成功应用于美国亚特兰大、西班牙马德里等国际主要枢纽航空港。

2. KRT、KNT 和 BTM 系统

KRT 系统于 1975 年在冲绳国际海洋博览会开始运行,但最有代表性的是 KNT 系统,意即神户新交通系统。

KNT 系统于 1981 年 2 月开始运营,把神户港人造岛和神户市连接起来,全长 6.4 km,列车 6 辆编组,列车运行间隔 2 min 30 s,1 列车载客 450 人,高峰输送能力为每小时 1 万人次。

2000 年 4 月,日本山梨县大月市,又有一种新交通系统正式投入运营,它叫作 BTM,意即磁石轻便轨道。在 BTM 的车辆上装置着履带状的磁石块,每辆车上有 8 组(一侧 4 组),每组 106 块,它吸引着由角型钢架构成的轨道的两个侧面。这种车辆利用电动机转动履带式磁石块而行走。它利用磁石的强大磁力,可以在大坡度与小半径弯曲线路上行驶,在大雨天气也不会发生滑行。

3. VAL 系统

VAL 意即轻型自动车辆。该系统于 1983 年 5 月在法国里尔正式投入运营。它实际上是世界上第一条无人驾驶的全自动地下铁道,采用橡胶车轮,侧轨导向,直线电机驱动,最高速度 80 km/h。为适应不同类型城镇需要,根据客流量的大小,可有四种基本系统可供选择即 U-NIVAL,载客量为 3000~6000 人次/时(1 节车独立开行);VAL 256,载客量为 5000~30000 人次/时;METRO VAL,载客量为 11000~40000 人次/时;PANTO VAL,载客量为 3000~12000 人次/时,均为 2 节一列。

4. ICTS

意即中等运量交通系统。该系统采用钢制车轮,由直线电机驱动,无人操纵,自动控制。

具有代表性的 ICTS 是分别在 1985 年 3 月和 1986 年 1 月正式开始营业的多伦多与温哥华市的新交通系统。

温哥华架空列车(Vancouver skytrain)是加拿大卑诗省大温哥华地区的捷运系统。此系统的大部分路段都是采用高架桥运行,因而得名。共有两条路线,分别名为博览线(Expo Line)和千禧线(Millennium Line)。系统全长 49.5 km,是全球最长的无人驾驶捷运系统。系统共有 33 个车站,每天运载超过 220000 名乘客。自通车至今,未发生过出轨或撞车意外。

5. H-Bahn 系统

H-Bahn 意即悬挂铁道,德语空中轨道的意思。很像悬挂式的独轨铁路。它于 1985 年在多特蒙德大学校园内建成,长 11 km,凌空 5~11 m。车辆采用直线电机驱动,集中控制,无人操纵。每列车载客 40 人,车辆运行间隔 40 s,每小时最大输送能力 2100 人次。

6. PRT 2000 系统

美国于 1996 年在马尔博罗建成一种完全新型、全自动、无人驾驶的私人快运系统。该系统是 APMS 的变种，是对中运量系统的突破，它应用小型电动有轨车辆，最多可乘坐 4 人或一个坐轮椅的残疾人及其陪同人。

美国摩根顿市建了世界上最早的个人快速公交的交通运输系统，它跨越摩根顿市区、西弗吉尼亚大学校园和医学中心等地，为这里的大学城服务。这条交通系统在 1975 年建成。它比自动电梯更快，比过山车更安全，比小汽车更有秩序，比火车更小。

2.6.4　新轨道交通方式的发展前景

城市交通中需要关注的对象是"人"而不是"车"，解决人的位置移动才是交通服务的真正目的。考虑到越来越拥堵的交通，小汽车绝对不是未来交通方式的首要选择。北京西郊门头沟区将出现的一种沿轨道行驶的"立体快巴"，这种快巴可载客 1400 人，悬空的下方可让高 2 m 以下的汽车照常通过。

对于公共交通来说，要有竞争力就必须从交通工具的舒适性与便捷性，美观，环境友好，低耗环保这些方面入手。新交通系统正朝着这些方向大跨步发展，所以它将成为未来交通发展的终极方向。

思考题

1. 简述城市轨道交通系统的构成部分有哪些。
2. 试述城市轨道交通供电系统的组成和供电方式。
3. 根据我国城市轨道交通系统构成的现状，对于如何提高系统效率，谈谈您的看法。
4. 请介绍一种国内外先进的城市轨道交通工程及系统构成。

第 3 章 轨道交通线网规划

城市轨道交通线网规划是城市轨道交通线路建设的基本依据与长期计划，需要体现城市总体发展战略。本章介绍了城市轨道交通线网规划编制的主要内容，讨论了编制城市轨道交通线网规划方案的主要原则与基本方法，重点分析了城市轨道交通线网发展远景规模的确定、网络框架结构的分析及其形成、不同线网方案的评价与选择等关键问题。结合实例给出了城市轨道交通线网规划确定的具体操作过程。

3.1 规划的内容与步骤

3.1.1 规划的内容

交通、通信、电力、给排水等基础设施是城市和区域社会运行与居民生活的生命线。作为城市最主要的基础设施之一，城市交通是城市发展规划和城市增长的基本要素。由于地面道路资源的不足，城市发展到一定人口规模与经济水平后，通过建设快速、大容量的轨道交通系统来满足不断增长的出行需求，借以缓解道路交通拥挤与环境污染，已成为一种必然趋势。

城市轨道交通的兴起是城市化加剧、城市迅速膨胀的客观必然。城市轨道交通作为大城市重要的客运交通方式，是城市中建设周期最长、投资最大的交通基础设施。城市轨道交通线网系统直接影响到城市发展的总体布局形态，改变城市社会经济和人们的生活方式。

1. 前提与基础研究

主要是对城市的人文背景和自然背景进行研究，从中总结指导城市轨道交通线网规划的技术政策和规划原则。主要研究依据是城市总体规划和综合交通规划等。具体的研究内容包括城市现状与发展规划、城市交通现状和规划、城市工程地质分析、既有铁路利用分析和建设必要性论证等。

2. 远景线网规模及其架构

远景线网规模及其架构是线网规划的核心，它要回答城市到底需要一个什么样的网络的问题。通过多规模控制—方案构思—评价—优化的研究过程，规划较优的方案。

这部分工作的重点内容包括：线网合理规模、线网架构方案的构思、线网方案客流测试、线网方案分析与综合评价。

3. 分阶段实施规划

规划方案不是一蹴而就的,而是逐步实施的。分阶段实施规划是城市轨道交通规划可操作性的关键,集中体现了城市轨道交通的专业性。

分阶段实施规划的主要研究内容包括工程条件、建设顺序、附属设施规划。具体内容包括车辆段及其他基地的选址与规模研究、线路敷设方式及主要换乘节点方案研究、修建顺序规划研究、城市轨道交通线网的运营规划、联络线分布研究、城市轨道交通线网与城市的协调发展及环境要求、城市轨道交通和地面交通的衔接等。

20 世纪 90 年代以来,我国不少大城市开展了轨道交通线网规划工作,获得了一定的经验和成果。定性、定量分析相结合的线网规划主体思路已经形成,但就某些关键环节来说,依旧众说纷呈,缺乏有效的分析工具及方法。例如,在线网架构过程中,初始线网方案集的生成还主要是以定性分析为主,掺杂规划者与决策者较多的主观意图,缺乏定量分析的辅助工具。国外则偏重基于市场导向的规划设计。

3.1.2 规划步骤

城市轨道交通线网规划的过程可以划分为以下工作步骤。

1. 城市轨道交通需求分析和预测

(1)收集、分析城市现状、历史的社会经济(GDP、人均收入)、土地利用(居住人口及岗位分布、流动人口)、综合交通网络等基础资料,对城市交通现状进行诊断分析,并为客流预测提供基础数据。

(2)对城市发展战略进行研究,重点对远景的城市人口、就业岗位的数量及分布,城市发展形态与结构布局,中心区以及市区范围的人口密度及岗位密度等战略目标进行分析论证。

(3)分析未来城市的人口(包括常住人口、流动人口)总量,出行特征(频率、距离、方式),交通结构等方面的情况,对轨道交通客运需求进行预测。

2. 线网规模分析和估算

在现状诊断和需求预测的基础上,结合城市综合交通战略、轨道交通建设资金供给等因素确定未来(可分为若干规划期)的轨道交通线网发展规模。

3. 线网方案设计和分析

根据轨道交通线网规模,结合客流流向和重要集散点编制线网方案。对各线网方案,利用预测的客流分布结果进行客流测试,得到各条规划线路各断面、各站点的客流量、换乘量以及周转量等指标,为方案评价提供基础数据。

4. 线网方案评价和选择

建立线网评价指标体系,对各线网方案进行比较和筛选。选择较优方案,并结合线路最大断面客流量等因素确定轨道交通的系统模式。

上述各步骤都是相互作用的,都可能反复循环,一个好的规划方案是在不断反复的过程中逐步完善的,通过这种反复循环的过程使得规划方案更加切合实际。

3.2　线网规划的原则和基本思路

城市轨道交通线网规划具有如下特点：

(1)线网规划是综合的专业交通规划之一，同时也是全市综合交通规划的延续和补充，由于城市轨道交通的特点，规划和建设均对全市规划格局产生相当程度的影响，因此线网规划既要有相对的独立性，又要与城市的总体规划有机地融为一体。

(2)线网规划的研究工作涉及城市规划、交通工程、建筑工程及社会经济等多项专业。各专业既相互联系紧密又彼此独立，因此整体研究方法是一个包含多项子方法的集合体系。

(3)线网规划作为一项复杂的系统工程，除本身各子系统具有复杂的关系外，各种外界的影响因素和边界条件对线网规划也有不同程度的影响。因此，不能把线网规划作为一个孤立的系统来进行规划，既要重视其自身的建设运行机制，又要注重与外部环境及各影响因素的协调关系。

线网规划是涉及多专业、多系统集成化过程，要依靠某一项理论来指导整个研究过程是不现实的。线网规划是一个探索性很强的工作，关键在于探索一条技术路线，将各子系统的研究有机地结为一个整体。

3.2.1　线网规划的范围和年限

线网规划的研究范围一般需要根据规划目的来确定，一般的远景规划应涵盖整个城市地区，线网建设规划则侧重城市建成区。在研究范围内，还应进一步明确重点研究范围，即城市轨道交通线路最为集中、规划难点也最为集中的区域，一般指城市中心区域。

城市轨道交通线网规划编制的具体期限一般涉及三个时间节点：

(1)初期，应以城市总体规划为指导，明确线网规划的依据，以满足城市发展需求为出发点，推动城市发展目标形态的形成。按线路来说，初期一般指开通后第三年。

(2)近期，要支持城市总体规划实施，包括支持城市(中心区)人口转移和(外围区)土地开发要求，实现与总体规划的互动发展。以线路为例，近期一般指开通后第十年。

(3)远期，应体现出引导城市总体规划发展的思想，即远期规划应具有超前性，有利于将城市发展导向合理布局。一般地，城市轨道交通线路的远期规划年限为开通后 25 年，大于城市规划远期规划年限。

3.2.2　规划原则

线网规划是一项专业规划，其编制应以城市总体规划为依据，充分考虑城市内诸多因素的约束与支持。规划编制的原则可以概括为以下几个方面：

(1)以所在城市总体规划为指导；

(2)体现城市社会经济发展目标和战略要求；

(3)符合城市综合交通规划的发展目标和总体思想；

（4）以城市社会、经济与地理特征为基础。

轨道交通网布局和建设时序的确定，应与城市规划协调，适应城市总体规划；当城市总体规划发生变化时，还需要及时做出调整，即回归城市总体规划。

城市轨道交通线网规划工作一般可分三个阶段：

第一阶段是形成初始报告，这一阶段重点要解决"做什么？怎么做？"的方法和目标问题。具体来说，就是要确定线网规划范围，落实总体规划和基本参数，拟定原则、方法、政策和技术路线，提出规模和层次的基本目标。

第二阶段是中期论证阶段，主要任务是解决基本线网的总体布局问题，包括线网的规模与形态，初、近期线网的规模控制等；重点研究线网的覆盖范围、总体结构形态、分布密度、总体规模、换乘节点、车辆基地选址及其联络线分布等。通过采用定性、定量分析，经客流预测和多方案评比，确定远景线网规划总图。

第三阶段是形成最终规划报告，主要包括论证线网规划的分阶段实施方案，论证近期启动项目，落实规划用地。重点研究线网的近期项目选择、建设规模、建设时序、运行组织、工程实施、换乘接驳以及建设用地控制；明确不同时期轨道交通在城市发展及整个综合交通系统中的功能定位，支持远景线网规划的可实施性。

3.2.3　技术路线

技术路线是指开展规划编制工作的基本程序和各阶段的主要技术关键，如图 3-1 所示。它体现了各阶段工作的逻辑，反映不同层次工作间的时序、研究内容、技术手段及其成果。

背景研究

| 城市总体规划 | 城市交通规划 | 经济发展规划 | 补充交通调查 | 城市相关政策 | 原规划线网 |

城市特征分析　城市规划理念分析　国内外线网研究

确定规划城市　确定研究内容　确定规划原则　建立交通预测模型

线网构架研究

"面""点""线"层次分析

合理规模匡算　线网结构分析　客流分析
线网可行的整体形态　初步的实施性分析　相关指标计算
线网服务水平分析　方案形成和调整

线网评价

方案调整和规划　形成推荐方案　评审确认

城市轨道交通线网方案

线网实施规划

线路和车站　车辆检修基地

| 线路走向 | 敷设方式 | 换乘节点 | 其他 | | 选址 | 功能分布 | 规模研究 | 出入线 |

可行性判断　N　局部调整

Y

修建顺序规划

运营可行性

联络线分布

后续规划接口

土地规划协调　与其他交通方式衔接

最终报告

审批程序

纳入城市总体规划

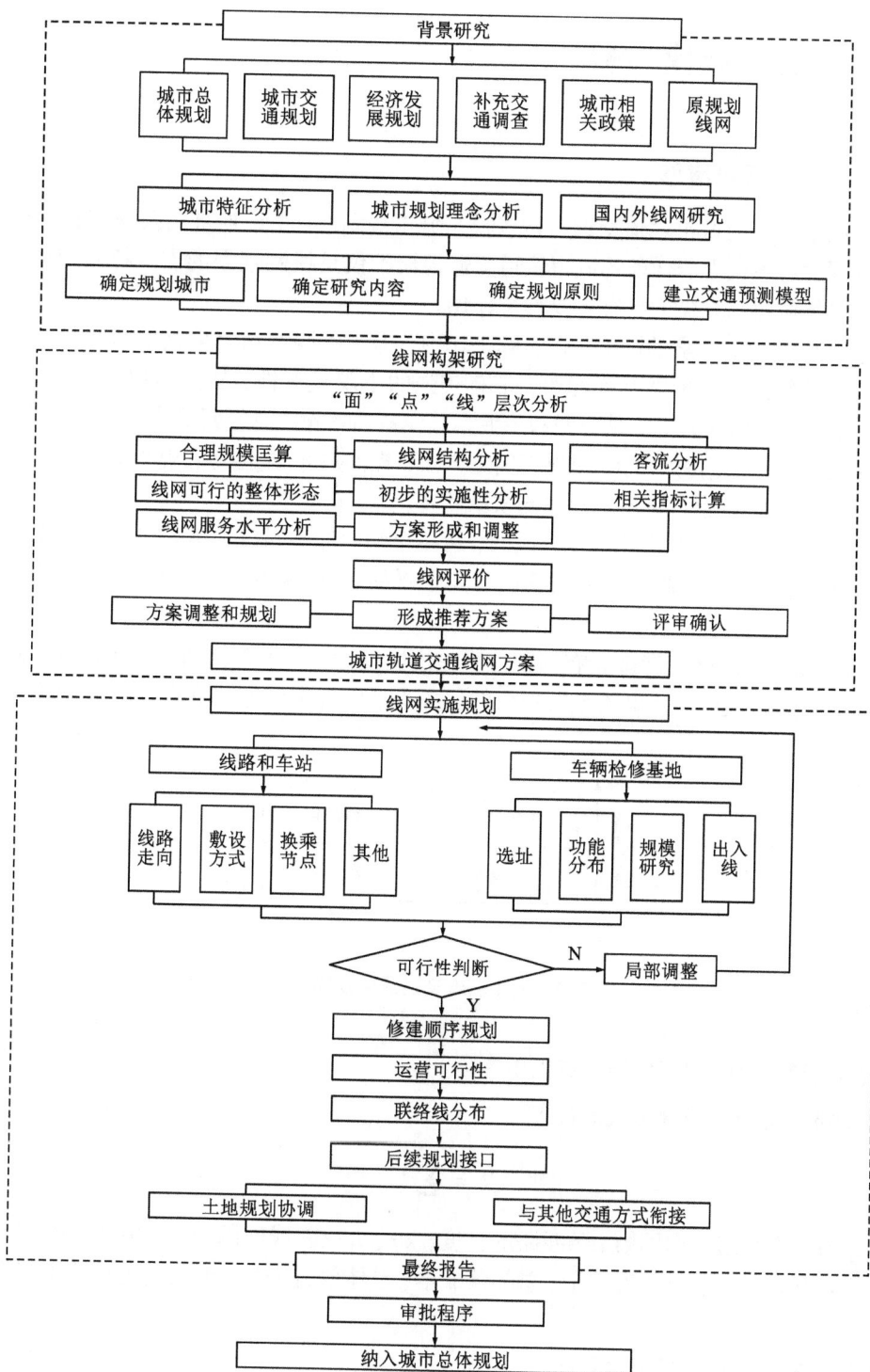

图 3-1　城市轨道交通线网规划技术路线

3.3 线网规模估算

3.3.1 负荷强度法

如何确定合理的城市轨道交通线网规模是城市规划部门、政府部门及城市轨道交通运营公司共同关心的问题，合理的城市轨道交通规模不仅是线网规划的宏观控制依据，也是一项资金筹措依据，对决策具有重要参考作用。

由于各种不确定因素的影响，在实际工作中，由于不同城市具体情况差异性大，合理规模的确定往往过多地依靠专家经验，带有较强的主观随意性，从而影响后续工作(确定线路布局、网络结构及优化，估算总投资量、总设备需求量、总经营成本、总体效益等)的开展。因此，研究采用科学的线网规模确定方法，提高城市轨道交通规划的稳定性，对轨道交通线网规划的编制具有重要理论与实践价值。

规模是从交通系统供给的角度来说的，从一个侧面体现系统所能提供的服务水平。它主要以线网密度和系统能力输出来反映，其中系统能力输出又与系统的运营管理密切相关。

从系统能力和线网密度来看有四种性质的规模度量，如图 3-2 所示。规模的合理性关系到建设投资、客流强度，也关系到理想的服务水平的设定、建设用地的长远控制。

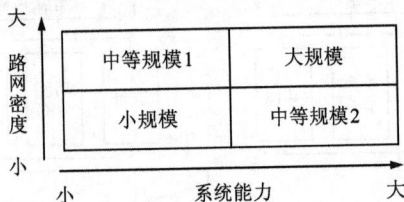

图 3-2 城市轨道交通线网规模构成

城市轨道交通线网规模指标有以下三种：

1.城市轨道交通线网总长度(L)

$$L = \sum_{i=1}^{n} l_i \tag{3-1}$$

式中：l_i 为城市轨道交通网第 i 条线路的长度，km；L 反映线网的规模，由此可以估算总投资量、总输送能力、总设备需求量、总经营成本、总体效益等，并据此决定管理体制与运作机制。

2.城市轨道交通线网密度(σ)

城市轨道交通线网密度是指单位人口拥有的线路规模或单位面积上分布的线路规模，它是衡量城市轨道交通服务水平的一个主要因素，对形成城市轨道交通车站合理交通区的接运交通组织有重要影响。

由于城市不同区域开发强度不同，交通需求强度也不均等。一般来说，由市中心区向外围区呈现需求强度的逐步递减，因此线网密度也应相应递减。城市轨道交通网的合理密度应按不同区域(城市中心区、城市边缘区、城市郊区)分别计算和取值。

$$\sigma = L/S \text{ 或 } \sigma = L/Q \tag{3-2}$$

式中：S 为城市轨道交通线网规划区面积，km^2；Q 为城市轨道交通线网规划区的总人口，万人；σ 为一个总的城市轨道交通线网密度，km/km^2 或千米/万人。

3. 城市轨道交通线网日客运周转量(P)

城市轨道交通线网日客运周转量是评估城市轨道交通系统能力输出的指标。P 表达了城市轨道交通在城市客运交通中的地位与作用、占有的份额与满足程度。它涉及城市轨道交通企业的经营管理，是轨道线路长度、电力能源消耗、人力、轨道和车站设备维修及投资等生产投入因子的函数。因此，在一定程度上，城市轨道交通网的规模还可用能源总消耗量、产业总需求量、人力总需求量等反映生产投入规模的指标来表示，可根据需要选择使用。

$$P = \sum_{i=1}^{n} p_i l_i \tag{3-3}$$

式中：p_i 为第 i 条城市轨道交通线路的日客运量，人/日；l_i 为城市轨道交通网第 i 条线路的长度，km。

城市轨道交通网的规模在规划实施期内，往往要根据城市发展的需求进行适当调整。相对而言，总长度的调整幅度不应很大。因此，城市轨道交通网的总长度是一个必须确定也是可以确定的基础数据。

3.3.2　线网密度法

1. 线网规模与其影响因素

(1)城市交通需求规模。

城市交通需求是居民对交通基础设施的需要程度。交通需求的大小，尤其是城市居民公共交通需求的大小，是决定城市轨道交通线网规模最直接和最具决定意义的因素。表征城市交通需求的指标有城市居民的出行强度、城市公共交通总出行量等。

(2)城市发展形态和土地使用格局。

城市发展形态包括城市人口规模、城市用地规模、城市经济规模、城市基础设施规模四个方面。人口规模决定了城市交通出行的总量，城市用地规模(面积)影响了居民出行时间和距离，即城市规模决定了城市的交通需求，也就影响到城市轨道交通的规模。

一般来说，城市社会经济发展水平是实现城市轨道交通建设的经济基础，仅以城市人口和面积规模为拟合因子建立回归模型可能缺乏说服力。城市轨道交通建设资金需求量很大，因此，城市轨道交通单公里造价和城市市政府的财政承受能力是制约城市轨道交通规模的关键要素，对城市轨道交通系统的选择、建设速度等目标有重大影响。建设轨道交通系统一定要和城市自身的经济实力相符合，不能盲目参照其他城市的经验与规模水平。

城市形态和土地布局也是影响城市轨道交通规模的因素。城市的形态有多种形式，分为带状、中心组团式、分散组团式等。不同的城市形态和用地布局决定了居民出行的空间分布，也就决定了城市轨道交通的几何空间形态、长度以及规模。带状城市的城市主客流方向比较单一，主要沿着狭长带的方向，城市轨道交通也主要沿着城市狭长带的方向布设；分散组团式城市要求城市轨道交通将其各个组团紧密连接，以缩短组团之间的出行时间，使其成为一个整体。中心组团式城市轨道交通多为放射状，如莫斯科就是典型的中心组团式城市，其城市轨道交通形式为环形加放射状。

(3) 国家与地方政府的发展扶持政策。

我国人多地少，能源短缺，大规模的基础设施建设项目都是由国家和当地政府共同出资兴建，因此国家的政策导向对城市轨道交通规模有直接影响。西方国家以小汽车为主的发展模式不适合我国国情。

图 3-3 反映了轨道交通系统发展涉及的各要素的相互连接关系。

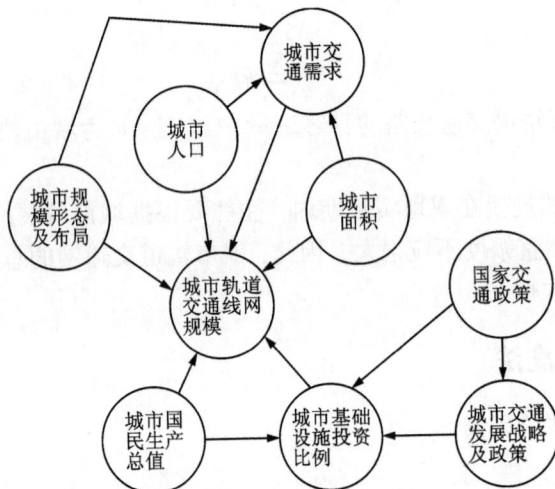

图 3-3　线网规模与其影响因素的有向连接图

可以看出，线网规模一方面受城市规模形态及布局、城市人口、城市面积、城市交通需求、城市国民生产总值、城市基础设施投资比例的直接影响，另一方面，这些影响因素相互之间有可能相互影响制约，如城市人口、城市面积、城市规模形态及布局对城市交通需求有决定性作用；国家交通政策、城市交通发展战略及政策、城市国民生产总值又对城市基础设施投资比例造成影响；各城市交通发展战略及政策又受国家交通政策大环境的影响。这种相互影响和复杂的关联关系构成了一个大系统。

2. 线网合理规模的主要标志

线网合理规模的主要标志是线网长度或线网密度，这两方面的指标可以通过对系统能力的要求来推算。

1) 系统能力规模指标的确定

国外对系统能力的研究多从估计城市轨道交通企业的成本函数出发，分析城市轨道交通系统的规模经济性，作为制定票价的参考依据，进而对新服务项目的增设或已有服务项目的终止做出判断，最终确定系统的合理能力。

具体方法是：从生产函数对应的成本函数出发，研究系统输出（客运量或客运周转量）与系统（线路轨道长度、牵引电力电耗、劳力、轨道和车站设备维修和投资等）输入因子之间的关系，通过对各类系统分类进行回归拟合，评价各系统的规模经济性，以路网规模经济考查路网的经济效益是否随着路网内线路里程的增加而增加，以线路密度经济来分析某一线路的效益是否随着线路上运输密度的提高而递增。

上述方法的关键是成本函数的估计，因为适用的成本函数模型可以反映运输生产的各种经济特性，在了解系统的成本结构后，才可进一步确定最优车队规模、定价、平均和边际成本。一般多用柯布-道格拉斯函数或转换对数函数形式进行估计。

这些研究成果对我国的城市轨道交通企业有启发性意义，但由于国内外经济体制、管理模式等的不同，应具体问题具体分析。

2）线网长度、线网密度规模指标的确定

主要有四类方法：

（1）服务水平法。该法先将规划区分为几大类，例如分为中心区、中心外围区及边缘区，然后或类比其他城市轨道交通系统发展比较成熟的城市的线网密度，或通过线网形状、吸引范围和线路间距确定线网密度，来确定城市的线网规模，其技术路线见图 3-4。"高密度低运量"与"低密度大运量"两种选择决定了我们对服务水平的取舍，从现实的经济实力，倾向于投资较少的方案，而线网建设的长期性，又必须考虑乘客要求不断提高服务水平的需求。

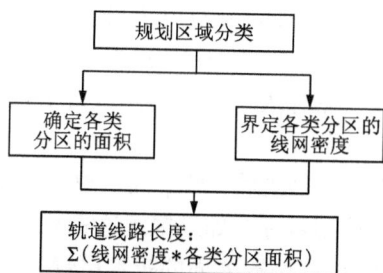

图 3-4　服务水平法技术路线

（2）交通需求分析法。规模体现为实现交通供给。从供给满足需求的角度自然产生了出行需求法。因此，客运需求预测不仅成为布置站场及布设路线的依据，也成为确定城市轨道交通发展规模的重要依据。

按分析角度的不同出行需求分析法又可分为两种。一种是先预测规划年限的全方式出行总量，然后根据拟订的线路客运密度确定所需的城市轨道交通线网规模。这种方法是按城市轨道交通承担出行的比例来确定的，故通常又称之为分担率法。它遵从图 3-5 所示的技术路线。具体公式如下：

$$L = Q \cdot \alpha \cdot \beta \cdot k / \gamma \qquad (3-4)$$

式中：L—线网长度，km；Q—城市出行总量；α—公交出行比例；β—城市轨道交通出行占公交出行的比例；k—城市轨道交通换乘系数；γ—轨道交通线路负荷强度，万人次/（千米·日）。

以下着重说明各指标参数的标定方法。

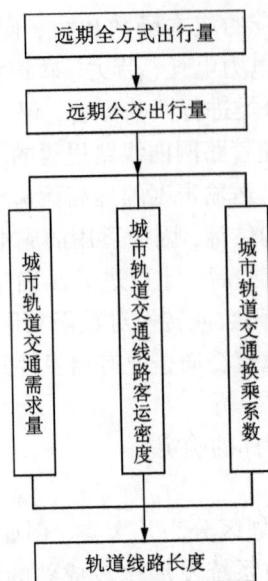

图 3-5 交通需求分担率分析法技术路线

①未来居民出行总量分析。

由于线网规划的远景年限往往超越城市综合交通规划远景年限,因此线网规划往往无法得到所需远景年限的出行总量,但却能从远景人口和出行强度的关系去推算:

$$Q = m \cdot \tau \tag{3-5}$$

式中:m—城市远景人口规模(含常住人口和流动人口);τ—人口出行强度,次/(人·日)。

a. 城市人口规模。

根据我国的人口政策和人口发展现状,城市人口规模是政策控制影响下的规模,各城市往往有对于城市远景人口的控制目标。如果缺乏这一数据,也可由当地权威部门根据城市特点和人口发展规律进行确定(我国这方面的技术比较成熟)。

b. 出行强度的分析预测。

出行强度的影响因素主要有城市结构、经济发展水平、交通设施的完善程度等。一般来说,居民出行强度相对比较稳定。例如东京 1968 年的人均出行强度为 2.48 次,1978 年为 2.53 次,十年内增加 0.05 次。根据 1984 年广州市居民出行调查,人均出行次数为 2.09 次/(人·日),1996 年进行的一次小规模的家访调查结果表明,人均出行次数为 2.3 次/(人·日),略有增长。长远来看,大部分城市出行强度也不会有很大增长。

②交通方式结构分析。

交通方式结构的影响因素主要是居民出行的特征、未来交通发展战略以及可能提供的交通方式。目前特大城市的交通发展战略基本都是逐步建立以公交为主体,城市轨道交通为骨干,各种交通方式相结合的多层次、多功能、多类型的城市综合交通运输体系。

a. 公交方式出行占全方式出行的比例。

由于公共交通客运效率比私人交通高得多,公共交通在城市综合交通运输中占有明显的优势。像纽约公共交通年客运量占全市总客运量的 86.0%，东京公共交通年客运量占城市总客运量的 70.6%，莫斯科公共交通年客运量占城市总客运量的 91.6%。

城市远景公交方式出行比例应根据城市未来出行的需求与供给平衡关系，通过适合城市特点的数学模型来测算。合理规模研究的目的是匡算城市轨道交通的合理规模，事先给出一个公交的供给能力，科学预测就失去了基础。比较可行的办法是从分析城市居民出行特征入手，类比其他城市的情况，考虑到城市未来交通发展政策，以定性分析的手段进行估计。

与国外城市相比，我国大城市道路面积率低、人口密度大，交通结构优化是根本出路。目前我国多数城市交通结构不尽合理，最主要的反映就是公交比例过低。公交优先就是大力发展以城市轨道交通为骨干，常规公交为主体的公共交通系统，大城市公共交通的合理出行比例应在 50% 以上。

b. 城市轨道交通占城市公交客运量的比重。

城市轨道交通占城市公交客运量的比重，与城市道路网状况、常规公交网密度、常规公交服务水平、城市轨道交通线网密度、运送速度及车站分布有关。纽约的城市轨道交通所承担的客运量占城市公交客运总量的 54.9%，墨西哥城的城市轨道交通所承担的客运量占城市公交客运总量的 42.9%，巴黎的城市轨道交通线网密度大，服务水平非常高，吸引了大量的客流，其中也包括许多短途的乘客，平均运距只有 5.3 km。线路平均负荷强度较低，约为 1.64 万人次/（千米·日）。巴黎的城市轨道交通所承担的客运量占城市公交客运总量的 65%。

莫斯科城市轨道交通的运量基本上已经饱和，近几年其他地面交通客运方式的积极发展，城市轨道交通所承担的客运量占城市公交总客运量的比例呈下降趋势，说明莫斯科的线网能力已不能满足城市日益增长的客运需求。莫斯科的城市轨道交通所承担的客运量占城市公交客运总量的 40%，在 20 世纪 80 年代初，曾达到 45%。

经验表明，国际化大城市远景年轨道交通承担的客运量占全市公交总运量的比例应在 50%~55%。初、近期因线网处于建设中，其所占公交客运量的比例目标可根据实际情况来设定。

③ 线网负荷强度。

a. 远景线网负荷强度。

线网负荷强度的影响因素有社会的经济发展水平、城市结构和线路布局。世界各大城市的线网负荷强度的指标如表 3-1 所示。

表 3-1　线网负荷强度

	地铁线总长/km	年客运量/亿人次	负荷强度/[万人次/（千米·日）]
莫斯科	239	29	3.32
巴黎	199	11.94	1.64
墨西哥	175	15.9	2.5
伦敦	423	8.03	0.52

从统计资料上看，国外城市轨道交通建设有两种模式：一种是采用高运量、低密度的线网，负荷强度高；第二种是采用低运量、高密度的线网，负荷强度低。像巴黎和伦敦这样的发达国家的城市着重于提高城市轨道交通的舒适和方便程度，以吸引私人交通，减少私人交通工具泛滥带来的城市交通阻塞。后者城市轨道交通的服务水平很高，效率较低。莫斯科、墨西哥采用的是高运量、低密度的线网，它注重的是提高城市轨道交通的运输能力和运输效率。

经验表明：要取得较好的经济效益，应该建设高运量的线网，提高负荷强度。

我国各大城市刚刚开始建设城市轨道交通，城市轨道交通的建设投资还很有限，在这种情况下，要求用最少的投资来最有效地解决城市交通的问题，同时要求城市轨道交通能取得较好的经济效益，使得运营和建设能达到一个良性的循环。因此，城市轨道交通建设初期适宜选择高运量、低密度的模式。

b. 近期线路负载强度。

表 3-2 给出了莫斯科地铁运营指标。莫斯科地铁 1935 年建成通车，1940 年日平均线路负荷强度达到 4.43 万人次/千米，随着线网的不断延长，线路负荷强度变化不大，并略有减少。从 1960 年至 1991 年 31 年间线路从 75.6 km 增加到 239 km，日平均负荷强度保持在 3.2~3.8 万人次/千米的范围内。

表 3-2 莫斯科地铁运营指标

年度	1935	1940	1945	1950	1955	1960	1965	1970	1975	1980	1991
线路长度 /km	13	23.3	36.6	43	61.2	75.6	109.8	138.2	164.5	184	239
年运量 /百万人次	40.9	377.1	616.5	628.9	927.0	1037.9	1328.7	1628.1	1966.4	2318.2	2900
日平均负载强度 /(万人次/千米)	0.86	4.43	4.62	4	4.15	3.76	3.32	3.23	3.28	3.45	3.32

可以看出：一个城市线网负荷强度往往不会有很大变化，这个规律在采用低密度、高负荷强度的城市反映尤其明显。

（3）吸引范围几何分析法。

吸引范围几何分析法是根据城市轨道交通线路或车站的合理吸引范围，在不考虑城市轨道交通运量并保证合理吸引范围覆盖整个城市用地的前提下，利用几何方法来确定城市轨道交通线网规模的方法。

具体做法是：在分析选择合适的轨道线网结构形态和线间距的基础上，将城市规划区简化为较为规则的图形或者规则图形组合，然后通过合理吸引范围来确定线间距，最后在图形上按线间距布线再计算线网规模。

（4）回归分析法。

这种方法先找出影响城市轨道交通网络规模的主要因素（如人口、面积、国内生产总值、私人交通工具拥有率等），然后利用其他轨道交通发展成熟的城市的有关资料，对线网规模及各主要影响因素进行数据拟合，找出线网规模与各主要相关因素的函数关系式，再根据各相关因素在规划年限的预测值，利用此函数关系式确定本城市到规划年限所需的线网规模。

回归分析法有较成熟的理论基础，孙有望对城市轨道交通线路长度与城市人口、面积进行过线性回归分析：

$$L = b_0 \cdot P^{b_1} \cdot S^{b_2} \tag{3-6}$$

式中：L 为城市轨道交通线路长度，km；P 为城市人口，万人；S 为城市面积，km^2；b_0，b_1，b_2 为回归系数，对 48 个城市轨道交通系统的分析表明：$b_0 = 1.839$，$b_1 = 0.64013$，$b_2 = 0.09966$。

3）线网长度、线网密度规模指标计算方法的特点

服务水平法的优点是借鉴了其他城市的经验，计算简单。不过，由于影响一个城市的城市轨道交通线网规模的因素很多，要借鉴其他城市的网络密度来进行类比，两个城市中影响网络规模的许多因素至少基本相同才具有可比性。在现实中，很难找到两个在多方面都相近的城市。因此，该方法可能存在类比依据不足、令人难以信服的缺陷。不过，这种方法的结果可以作为一种参考。

交通需求分析法从交通需求满足供给的角度出发匡算线网规模，易于理解，但是计算数据中涉及一些主观推算和假设。

吸引范围几何分析法的特点是根据城市用地规模和城市轨道交通服务水平来确定城市轨道交通线网规模，因此能够保证一定的服务水平；同时，由于城市规模比交通流量容易控制，规划线网规模受不确定因素干扰少，可以用来确定规模范围。其缺陷是没有考虑城市轨道交通运量的限制，而且假定将合理吸引范围覆盖整个城市用地也会导致规划线网规模偏大。

回归分析法有较强的理论根据，所得结果容易被大家所接受；不过，在具体应用中存在着难以寻找合适的拟合样本等问题。

总之，以上四种方法各有特点和局限性，它们是对同一事物不同侧面的反映，在实际工作中可共同使用，相互印证，重点是在把握所规划城市或地区的特点和发展趋势的基础上来对线网规模进行匡算。对各模型的差异性结果应经多方面定性分析及综合协调后加以判定。

3.4　线网方案设计

3.4.1　影响线网方案设计的因素

轨道交通网络的形式主要决定于城市地理形态（河流、山川等）、规划年城市用地布局、人口流向分布，另外主观决策因素也发挥着重要作用。由于土地利用的控制与其他因素的影响，网络结构在发展演变过程中，可以体现出城市交通发展的历史特征。典型的结构形态有网格式、无环放射式及有环放射式三种。

日本学者曾总结了 18 种不同类型的城市轨道交通线型模式，如图 3-6。图中第二行

第二、三列的线网结构有利于形成卫星城镇，第二行第四列的线网结构在利于中心城区发展的同时以向外放射形式引导城市向外围发展，第三行第三列则是受地形限制而形成的线网结构类型。

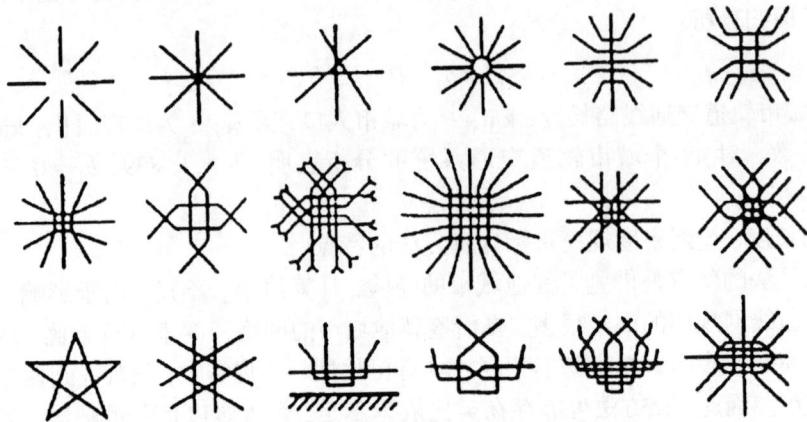

图 3-6　城市轨道交通线网类型

3.4.2　线网的基本形态结构特征分析

主要技术参数包括站间距、速度目标值等。

1. 站间距

鉴于上述功能定位，不同类型轨道交通线路可根据经过的各级城市、城镇的分布及其功能定位设站。一般而言，国有铁路特别是客运专线基本在地市一级的中心城市设置站点；城际铁路的站点设置还包括县、镇一级的城镇，且一般采用城市轨道交通的模式运行，开行站站停列车；同时适当开行越行快速列车予以协调，与国铁线路配合运营。

以珠三角为例，国铁客运专线线路平均设站间距为 20~60 km，城际轨道交通线路的平均设站间距大致为 3~15 km，城市轨道交通站间距一般在 1~3 km。原则上，城际轨道交通线路平均站间距应大于 5 km，最小站间距不应小于 3 km。考虑到城际轨道交通主要服务于区、县、镇与街道一级地区的中、短途客流，在规划的中心城镇应设置城际轨道交通车站，并优先考虑在人口稠密、经济发达的城镇地区、民航机场、铁路客运专线站点设置城际轨道交通以及城市轨道交通车站。

2. 速度目标值

研究表明：不同范围的速度目标值的投入产出效果不一。以平均站间距 6.73 km 的某城际轨道交通为例，速度为 160~200 km/h 时，实际运行时间改善明显，速度选择值区间为 200~250 km/h，运行时间节省效果已不显著。当超过 250 km/h 的限速时，限速的提高对运行时间的影响很小。

因此，我国城际轨道交通线路的列车运行速度可以在 80 km/h、120 km/h、160 km/h 中选择，最高运行速度建议不超过 200 km/h。

城市轨道交通由于站间距更短，其速度目标值在 80 km/h 已可满足需求。个别站间距大的郊区线路可提高到 100~120 km/h。

3. 服务频率

主要指列车发车间隔。客运专线与城际轨道线路的最小发车间隔应根据需求水平和功能定位确定，而不是盲目比照城市轨道交通线路的间隔。

研究表明，鉴于城际铁路列车的功能定位，其追踪间隔应介于客运专线和地铁的追踪间隔之间，一般最小追踪间隔为 5~10 min 即可，城市轨道交通类车的最小追踪间隔可缩短到 2~3 min，甚至更短。高速铁路与客运专线主要服务对外长距离交通，最小间隔在 10 min 即可满足需求。

3.5　线网方案评价

好的城市轨道交通线网发展方案已经成为影响特大城市的结构与功能发展的重要因素，具体体现在：

（1）城市轨道交通线网的形成已成为整个城市客运交通系统的效率基础和能力骨架。

（2）城市轨道交通线路的布局问题已经成为城市土地利用规划和交通规划的双重核心。

（3）城市轨道交通车站分布实际上已经成为吸引大量居民的中心、社会活动的中心，以及文化、商业聚集的中心，在城市规划中占有重要地位。

综上所述，城市轨道交通的建设和规划与城市建设和发展紧密相关，城市轨道交通线网规划与建设已经成为大城市规划和建设的立足点。

3.5.1　线网评价的目的

对规划获得的城市轨道交通路网规划方案集，决策者必须从中选择最优方案，做出决策。任何规划的决策最终都归结为方案评价，评价是对路网规划过程和结果的鉴定，评价的好坏直接影响着决策的正确性。

方案与项目评价是现代交通规划与管理中的重要组成部分。在交通评价中，各类交通举措（项目、投资、政策）的评价方法有多种，通常分为两大类：单一准则型（货币方法）和多准则型（非货币方法），前者将所有影响转化为单一的货币价值，后者则使用定性与定量的多个准则。过去几十年间，单准则评价是以各种多准则评价方法进行补充的。人们逐渐认识到传统的成本效益分析法和多准则分析方法是相互补充的而非相互竞争的。

交通评价是从技术、社会经济、环境和政治上进行价值判断的冲突分析过程。在规划过程中，很难得到唯一直接而明确的解决方案。因此，这意味着涉及多因素的规划决策需要寻求可接受的折中方案，必须选用适当的评价方法进行方案选择。多准则评价方法则能够提供灵活方式处理含定性因素的多属性决策问题。通观有代表性的多准则评价方法，最为适合交通评价的方法有如下五种：来吉姆法（REGIME）、优劣系数法（ELECTRE）、层次分析法（AHP）、多属性效用法（MAUA）、理想解法（ADAM）。

3.5.2 线网评价的指标

线网评价应首先建立评价指标体系，以此为基础计算各线网方案的广义效用函数值，然后进行排序和选优。

1. 线网综合评价递阶层次结构构造

线网评价的关键是建立指标体系递阶层次结构。

（1）准则层的确立。

确立准则层应考虑四个要素：

①与城市发展的协调性，即从宏观层次上考察不同方案与城市发展战略规划、城市总体规划之间的吻合程度；

②对居民出行条件的改善作用，即体现不同方案对居民出行条件的改善程度；

③运营效果，体现线网运营特征；

④建设实施性，这是从工程施工、投资角度考察规划方案实施的难易程度，并对方案分期建设的合理性进行考察。

该准则层从宏观、中观、微观三个层面上反映出随着城市社会经济的发展、规模的扩大，对其交通系统的要求；另一方面，此准则从规划者、出行者、运营者、工程实施者四方利益出发，体现出线网规划方案决策是权衡多方利益进行价值判断的冲突分析过程。

（2）指标的筛选原则。

在确定了准则层后，对于指标的选取遵从实用性、非重叠性、可行性的原则，换句话说就是：目的性强、可量测、具有一定的灵敏度、合理公正、容易处理。图3-7给出了一个由4个准则（B）、19项指标（C）构成的综合评价递阶层次结构实例。

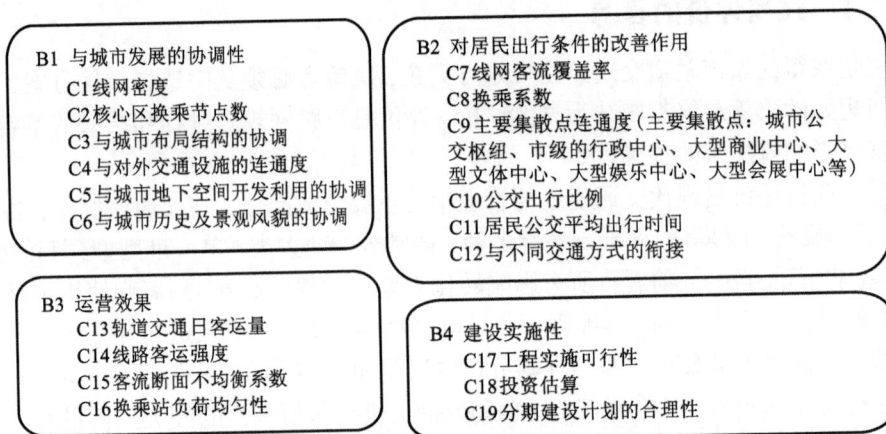

B1 与城市发展的协调性
C1 线网密度
C2 核心区换乘节点数
C3 与城市布局结构的协调
C4 与对外交通设施的连通度
C5 与城市地下空间开发利用的协调
C6 与城市历史及景观风貌的协调

B2 对居民出行条件的改善作用
C7 线网客流覆盖率
C8 换乘系数
C9 主要集散点连通度（主要集散点：城市公交枢纽、市级的行政中心、大型商业中心、大型文体中心、大型娱乐中心、大型会展中心等）
C10 公交出行比例
C11 居民公交平均出行时间
C12 与不同交通方式的衔接

B3 运营效果
C13 轨道交通日客运量
C14 线路客运强度
C15 客流断面不均衡系数
C16 换乘站负荷均匀性

B4 建设实施性
C17 工程实施可行性
C18 投资估算
C19 分期建设计划的合理性

图3-7 一个由4个准则19项指标构成的综合评价体系

（3）专家咨询意见及指标体系的分析与调整。

①专家意见反馈。在初步确立城市轨道交通线网规划方案评价指标体系的基础上，设计出专家调查材料（包括指标体系说明、评分表、意向调查及意见反馈），以信函方式向专家咨询。对专家咨询结果进行统计分析，基本满足要求时，可以不进行下

一轮咨询。

②指标体系的分析与调整。在分析专家反馈意见的基础上，吸取专家有益的建议并考虑操纵的可行性，调整相关指标。图3-8给出了上例中经过调整优化的指标体系（4个准则，11项指标）。

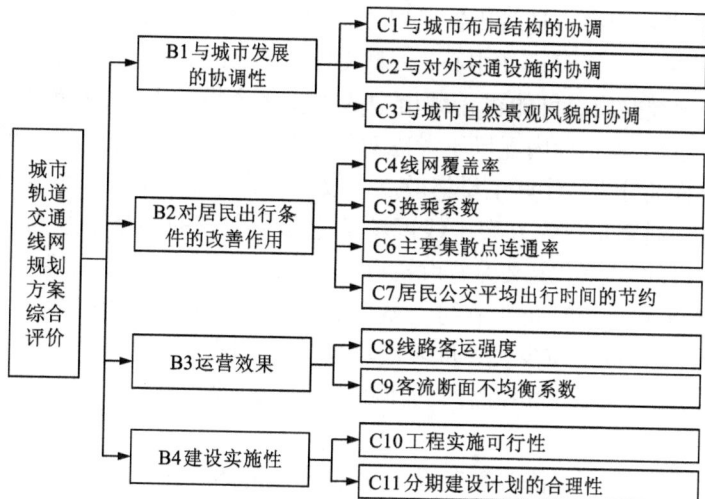

图3-8 某城市轨道交通线网规划综合评价指标体系

指标含义及说明如下：

C1 与城市布局结构的协调 定性指标，考察与城镇体系发展的配合、串联城市中心组团与各功能组团的个数、线网形态与城市规模形态的吻合，以及线网是否对远景规划发展的各种可能性具有适应性和灵活性等因素。

C2 与对外交通设施的协调 定性指标，城市轨道交通线网应尽量衔接对外交通设施（火车站、机场、长途汽车客运站、港口码头等），此指标体现与对外交通设施的衔接程度。考察城市轨道交通线网与对外交通方式换乘节点布局的合理程度（城市轨道交通站点与对外交通设施相互衔接的距离，衔接效率，是否形成一体化的综合换乘枢纽等），城市轨道交通线网规划是否考虑对接驳用地予以控制等因素。

C3 与城市自然景观风貌的协调 定性指标，分析线网布设是否与城市景观协调，分析是否对历史文物古迹有影响，对不同性质的城市应有所区别，对不同制式的系统分别考虑。

C4 线网覆盖率 效益型指标，指标越大越好。线网覆盖率有线网人口覆盖率、线网就业覆盖率、线网面积覆盖率、线网客流覆盖率，此处推荐使用线网客流覆盖率。线网客流覆盖率是指线路的直接吸引面积内的出行量与规划区内总出行量之比。它反映了线网承担规划区内总出行量的比例，从整体上表征线网的结构性能。

$$D = \frac{\sum\limits_{i=1}^{n} B_i C_i}{Q_{总}} \tag{3-7}$$

式中：D——线网覆盖率；B_i——i小区的直接吸引面积，其宽度为线路两侧各700 m；C_i——i小区的出行发生密度，万人次/千米²，其值等于小区出行量与小区面积之比；$Q_\text{总}$—规划年该市的总出行量；n—线路行经的交通小区数。

C5 换乘系数　衡量乘客直达程度的指标，其值为城市轨道交通线网出行人次与换乘人次之和除以城市轨道交通线网出行人次。衡量乘客出行直达程度及线网布线、布站合理性的指标。是成本型指标，换乘系数越小，表明直达程度越好。

C6 主要集散点连通率　是对比各规划方案的一个重要指标。主要集散点指城市公交枢纽、市级的行政中心、大型商业中心、大型文体中心、大型娱乐中心、大型会展中心六大类。城市轨道交通线路应尽可能覆盖城市中的主要客流集散点(为避免与指标"与对外交通设施的协调"重叠，本指标内涵已不考虑对外交通客流集散点)，在实际应用时，可对主要集散点按重要程度分类，计算主要集散点个数及总数时通过加权折算为当量值。

主要集散点连通率是指各方案中线网覆盖主要集散点的当量个数与主要集散点当量总数的比值。这里的"覆盖"定义为城市轨道交通车站与主要集散点相距 300 m 范围之内。

C7 居民公交平均出行时间的节约　城市居民以公交方式(含常规公交与城市轨道交通)出行的平均消耗时间的减少。评价城市轨道交通线网的修建对居民公交出行时间的改善程度，同时也反映了整个城市综合交通网的效率，是效益型指标，指标越大越好。单位为分。

C8 线路客运强度　城市轨道交通日客运周转量与线网总长之比，反映城市轨道交通线网单位线路长度承担的客运周转量，以评价线网的运营效率和经济性。单位为(万人·千米/日)/千米。

C9 客流断面不均衡系数　城市轨道交通线网各线全日客流断面最大值与平均值之比。反映城市轨道交通线网承担客流的均衡程度，以评价线网的客运效率。

在客流预测结果的基础上，利用下列公式计算：

$$P=\frac{Q_1/K_1+Q_2/K_2+\cdots+Q_n/K_n}{n} \tag{3-8}$$

式中：P—线网客流断面不均衡系数；Q_1，Q_2，$\cdots$，Q_n—各线全日双向最大断面流量之和；K_1，K_2，$\cdots$，K_n—各线流量平均值，为各全日断面流量之和除以断面数量；n—线路条数。

C10 工程实施可行性　定性指标。从工程实施角度考察各方案近、远期方案具体施工条件的难易程度(如是否跨越各类工程难点)，现有设施(既有铁路)利用的可能性，动迁居民及单位数量等。在一定程度上也涵盖了投资总额的估计值。

C11 分期建设计划的合理性　定性指标，考察各方案分期建设的线路，线网与城市分期发展重点、目标的吻合性及参考分期能达到的城市轨道交通客运量和城市轨道交通客运周转量来评判连续建设的合理性。

2. 指标值归一化处理

(1)定量指标的归一化。

定量指标一般不外乎下列几种类型：成本型(越小越好型)、效益型(越大越好型)、适中型(即不能太大又不能太小为好型)、区间型(属性值在某一固定区间内为好型)。对于 U 中的 N_1 个指标来说，一般可分解为下列四个子集：

$$U=\sum_{j=1}^{4} U_j, \ U_r\cap U_s=\phi, \ r\neq s, \ r, \ s\in\{1, \ 2, \ 3, \ 4\} \tag{3-9}$$

式中：U_1—成本型指标子集；U_2—效益型指标子集；U_3—适中型指标子集；U_4—区间型指标子集。

对于指标 $u_i \in U$，设其论域为 $d_i = [m_i, M_i]$，其中 m_i 和 M_i 分别表示评价指标 u_i 的最小、最大值。定义

$$r_{pi} = \mu d_i(x_{pi}), \quad i = 1, 2, \cdots, n_1 \tag{3-10}$$

为决策者对样本模式 p 的评价指标 u_i 的属性值 x_{pi} 的满意度，且 $r_{pi} \in [0, 1]$，其中 $\mu d_i(\cdot)$ 是定义在论域 d_i 上的指标 u_i 量化的隶属函数。城市轨道交通规划方案评价的指标主要有成本型和效益型两类，其隶属函数如下：

①成本型指标量化的隶属函数（$u_i \in U_1$）：

$$r_{pi} = \mu d_i(x_{pi}) = \begin{cases} 1, & x_{pi} \leq m_i \\ \dfrac{M_i - x_{pi}}{M_i - m_i}, & x_{pi} \in d_i \\ 0, & x_{pi} \geq M_i \end{cases} \tag{3-11}$$

②效益型指标量化的隶属函数（$u_i \in U_2$）：

$$r_{pi} = \mu d_i(x_{pi}) = \begin{cases} 0, & x_{pi} \leq m_i \\ \dfrac{x_{pi} - m_i}{M_i - m_i}, & x_{pi} \in d_i \\ 1, & x_{pi} \geq M_i \end{cases} \tag{3-12}$$

（2）定性指标的量化。

在城市轨道交通线网方案评价指标体系中，定性指标占一定的比例，这类指标具有一定的随机性和模糊性，而且涉及评判个体的心理因素。用基于普通概率统计的评判打分其结果已不能令人满意，集值统计原理提供了处理定性指标量化的合适方法。集值统计是经典统计和模糊统计的一种拓广。经典统计在每次实验中得到相空间中的一个点，而集值统计得到相空间的一个区间估计值。

通过上述方法对城市轨道交通规划方案评价中的定量指标和定性指标处理，可将属性值矩阵转换成下述归一化评价矩阵：

$$R = \begin{bmatrix} \hat{r}_1 \\ \hat{r}_2 \\ \vdots \\ \hat{r}_n \end{bmatrix} = \begin{bmatrix} r_{11} & r_{12} & \cdots & r_{1m} \\ r_{21} & r_{22} & \cdots & r_{2m} \\ \vdots & \vdots & & \vdots \\ r_{n1} & r_{n2} & \cdots & r_{nm} \end{bmatrix} = [r_{pi}]_{n \times m} \tag{3-13}$$

3. 权重及综合评价选优

（1）权重的确定。

权重是指对于评价目标，评价系统或评价指标之间的相对重要程度。权重的确定对方案比较评价的意义重大，所以需仔细分析、慎重进行。

在北京城市轨道交通线网优化调整中，曾广泛征求国内城市轨道交通和城市规划行业的权威意见，所构造的权重对类似项目有一定参考价值，如表3-3。

表 3-3 北京市城市轨道交通线网评价指标体系权重

系统层及权重		指标层		指标权重
A	城市发展（30）	A1	边缘集团、卫星城与中心区的可达性、直达性	6
		A2	重点地区的可达性、直达性	6
		A3	对外交通枢纽的可达性、直达性	6
		A4	主要客流集散点的可达性、直达性	6
		A5	环境保护与历史文化名城的保护	6
B	线网结构与网络服务水平（30）	B1	不同区域的线网密度	4
		B2	不同区域的覆盖率	4
		B3	出行直达性和换乘的方便程度	10
		B4	客运效果	6
		B5	居民公交出行总时间	6
C	近期建设与可实施性（30）	C1	与现有线网的衔接	7
		C2	有利于近期奥运交通组织与奥运后网络的利用	8
		C3	近期客运效果	5
		C4	工程的难易程度	5
		C5	建设成本与投资	5
D	运营效率与成本（10）	D1	线路负荷强度	3
		D2	客流断面不均匀系数	3
		D3	运营成本	4

（2）综合评价选优。

在计算出各评价指标分级指数和确定出系统及指标权重的基础上，以线性加权求和法求出待评价各方案的综合效用值，选择具有最大效用值的方案为最优方案。

若指标权向量为 $W = [w_1, w_2, \cdots, w_m]^T$，归一化矩阵为 $R = [r_{ij}]_{n \times m}$，则方案 i 的效用 U_i 为：

$$U_i = \sum w_j r_{ij} \tag{3-14}$$

按最大效用准则确定的最优方案 x^* 满足

$$x^* = \{x_i / \max_i U_i\} \quad (x_i \in R) \tag{3-15}$$

其中 x_i 表示方案 i。

3.5.3 评价方法

经过以上过程，可以从预选方案中推选出 2~3 个（不宜过多）候选方案，对其进行综合比较和评价，这部分评价以定性分析为主。以广州城市轨道交通线网方案评价为例，主要进行以下的综合评价，详见表 3-4。

1. 线网结构

（1）基本特征：该项主要比较线网特征与城市结构特点的符合程度。

（2）线网的覆盖性和密度：线网在城市特定区域面积覆盖率应大于某一值。

（3）对外延伸和接口条件：城市主要出入口应有城市轨道交通线路衔接。

表 3-4 某线网规划方案评价指标体现

子系统	子系统权重	指标名称		指标权重	指标分值	子系统评价	总评价
线网结构	0.24	C1	线网长度	0.2	0.6	A	U
		C2	中心区线网密度	0.17	0.92		
		C3	非直线系数	0.04	0.86		
		C4	换乘节点数	0.19	0.87		
		C5	覆盖面积率	0.2	0.74		
		C6	与大型客流集散点衔接数量	0.2	0.56		
客运效果	0.23	C7	日客运总量	0.32	0.63	B	
		C8	客流断面不均衡系数	0.16	0.68		
		C9	换乘系数	0.22	0.975		
		C10	线网负荷强度	0.3	0.57		
实施	0.2	C11	工程难易度	0.3	0.8	C	
		C12	远景线网运营水平	0.35	0.85		
		C13	基本线网的可实施性	0.35	0.8		
社会效益	0.19	C14	公交平均出行时间	0.41	0.739	D	
		C15	公交出行比例	0.3	0.74		
		C16	平均机动速度	0.29	0.75		
战略发展	0.14	C17	与土地利用吻合程度	0.25	0.8	E	
		C18	沿线土地开发价值	0.24	0.8		
		C19	线网发展适应性	0.28	0.84		
		C20	环境影响和古城保护	0.23	0.8		

2. 运营效果

（1）承担的客运量。从城市轨道交通本身而言，其线路是否可行，实施后能否取得较高的运营效率和较好的经济效益，主要取决于线路未来客流量和线路负荷强度。

（2）客流的直达性和均衡性。城市轨道交通线网的客流直达性可由线网客流的平均换乘系数反映，换乘系数越低，说明客流的直达性越高。线网客流的不均衡系数反映出线网各条线客流的均衡情况，不均衡系数越小，说明线路承担的客流越均衡，运营也就容易组织，运营效率也就更容易发挥，从另一个角度说，线网线路的选线就越合理。反之，运营组织就不太有利。

（3）平均乘距和在乘时间。城市轨道交通线网的修建必然使城市交通的可达性提高，出行距离加长，从城市轨道交通本身而言，平均乘距和在乘时间的增长意味着城市轨道交通服务水平的提高和城市交通的改善。

3. 实施

（1）近期线网的实施性。形成与城市近期发展规模相适应的基本线网的条件是衡量整个线网方案的重要指标。近期线网的优劣可以从以下几个角度分析：①与远期线网的实施是否存在矛盾。②各条线路是否具备独立运营，并建成一段、运营一段的条件。③各线之间是否具备良好的换乘关系。④是否与城市建设发展的近期要求相适应。

（2）工程难易度。

4. 社会效益

主要体现在提高旅客出行质量，对城市道路交通压力的缓解，对交通安全、交通环境保护的贡献等方面。

5. 战略发展

重点涉及与土地利用吻合程度、沿线土地开发价值以及发展适应性等方面。在城市的外围区，由于存在一些不可预见因素和城市建设过程的加快，土地利用的性质和规模都可能起变化，城市轨道交通线网在这些地区要保持一定的灵活性和适应性。

思考题

1. 简述轨道交通客流预测的基本概念。

2. 简述四阶段交通需求预测方法。

3. 简述线网规划的含义、主要内容、层次和方法。

4. 简述线网规划中常常强调的"三性合一"。

5. 简述线网构架的类型、特点和一般方法。

6. 简述线网规模的指标及计算方法。

7. 简述线网预选方案评价中指标值的归一化处理方法。

8. 已知某一城市远景常住人口规模为 390 万，出行强度为 2.6 人次/日，流动人口为 80 万，出行强度为 3.2 人次/日，公交出行比例为 51%，城市轨道交通占公交比例为 46%，线路负荷强度为 2 万~2.5 万人次/（千米·日），城市面积为 311 km²，请分别用出行需求分析法和回归分析法确定线网的合理规模并进行比较分析。

9. 根据你的理解说明三类网络协调的技术与制度难点。

第 4 章 城市轨道交通线路设计

线路设计是城市轨道交通规划设计的"龙头"，其主要任务是在规划线网的基础上，按不同的设计阶段，结合城市规划、现状和发展需要，对拟建的轨道交通线路走向，逐步由浅入深进行研究与设计，最终确定线路在城市三维空间中的具体位置，包括线位、站位、敷设方式等。本章介绍城市轨道交通线路设计基本知识和方法，主要包括综合选线、线路平面设计、线路纵断面设计和横断面设计等。

4.1 轨道交通综合选线

4.1.1 选线的内容和特点

线路选线工作贯穿城市轨道交通项目规划与设计的全过程，是城市轨道交通工程建设的基础，具有牵涉面广、政策性强、综合性强、责任重大等特点。

在线网规划阶段，综合选线的主要任务是确定轨道交通线网的规划布局，确定各条线路的大致走向和线路起讫点位置，研究线网换乘点和交通枢纽衔接点，落实车辆基地的功能定位和用地规划，研究联络线的分布位置，初步确定各条线路的建设时序等。

在建设规划和预可行性研究阶段，其主要任务是初步确定各条线路的敷设方式、车站分布和形式，明确线路起讫点延伸要求和分期建设情况，进行重点、困难地段设计方案的深入比选，保证方案的可行性。

可行性研究阶段主要提出设计指导思想、主要技术标准，通过线路方案比选，完善线路走向、车站分布、线路敷设方式及过渡段位置等，初步确定线路平面位置、车站位置、配线形式及位置、平面总图布置方案、地下车站埋深、高架车站高程以及线路纵断面坡度方案等。

总体设计阶段是根据可行性研究报告及审批意见，落实外部条件，稳定线路站位，进一步论证线路平面总图布置方案，提出线路纵断面的初步标高位置等。

初步设计阶段是根据总体设计文件及审查意见，完成对线路设计原则、技术标准等的确定，进行线路车站和平纵断面(包括正线和配线)的优化设计。

施工图设计阶段是根据初步设计文件及审查意见，有关专业对线路平纵剖面提出的要求，对部分车站位置及个别曲线半径等进行微调，对线路平面及纵断面进行精确计算和详细设计，提供施工图纸说明文件。

通过上述不同设计阶段逐步由浅入深的研究与设计，最终确定轨道交通线路最合理的三维空间位置。

与城市间铁路比较，城市轨道交通线路选线有如下特点：

（1）应依据城市轨道交通线网规划进行。起讫点和必经点即线路走向需要体现城市轨道交通线网规划中所确定的线路功能定位。线路应结合大型公共设施、成熟社区、客流集散地等，沿着主客流方向布置。

（2）一般为地下线或高架线。城市轨道交通线路一般为全封闭系统，为减少对地面道路交通的干扰，综合利用城市的立体空间，城市轨道交通一般选择地下线或高架线。

（3）受建筑物及市政管线干扰大。城市轨道交通一般建在市中心区或郊区，市内高层建筑、保护建筑及地下市政管线较多，线路选线应充分考虑规划的地面建筑物及地下管线对施工的干扰及线路条件的影响，尽量选择施工条件好的城市主干道铺设，合理选择线路基本走向。

（4）应充分考虑城市轨道交通线路与其他交通方式及规划的其他线路换乘衔接。同时根据需要和具体条件细致地考虑联络线和共用设备的设置。

（5）运距短，站点密。线路沿线的车站及站位确定后，站间距基本确定，但车站及站位的选择必须考虑到线路设计的可行性。

（6）线路允许的设计坡度较大。城市轨道交通线路主要用于客运，列车质量较小，基本不受机车牵引力的限制。

4.1.2　选线的基本原则与影响因素

1. 基本原则

（1）符合城市总体规划。

城市轨道交通是为城市繁荣和经济发展服务，为市民的出行提供快速便利的交通工具，减轻日趋严重的城市交通拥堵问题和促进城市建设可持续发展，因此线路选线设计必须符合城市总体发展及改造规划。

轨道交通是低污染的交通设施，有利于构建宜居城市，但是其高速运行也会产生振动与噪声。轨道交通线路规划要考虑其振动与噪声对周边的影响，应根据建设城市的历史、人文、地理、经济等多方面因素，认真研究、权衡轨道交通投资、社会效益、经济效益、环境景观等多种因素，以确定其最佳建设形式（地下、高架、地面建设形式）。

（2）符合城市轨道交通线网规划。

城市轨道交通选线应依据城市轨道交通线网规划，确定线路走向，拟定车站位置，注意与相邻线路平行间距和相交换乘关系，稳定线路起讫点、接轨点和换乘节点。周边为待开发用地的车站应尽量考虑与对外交通场站结合，并预留相应的规划用地。

根据线网规划中线路走向，重点分段研究线路平面位置及敷设方式，并进行了多方案的比选，初步确认线路路由的走向及与其他轨道交通线、道路、桥梁、河流及地下管线的空间布局关系，同时结合路由方案优化站点分布。

（3）节约城市土地资源。

城市轨道交通线路必须为节约土地及空间进行精心设计，尽可能与城市道路共用通道。隧道、车站、出入口等尽量与道路规划红线及城市主要建筑物协调。有条件与城市建筑结合的，应尽量结合。通过对沿线土地的现状利用情况、现行规划情况进行统计，分析站点影响范围内(站点周边半径 750 m 范围)的土地利用情况；在此基础上，经与相关部门协作，对站点影响范围内的可储备土地进行筛选统计，提出规划优化调整的原则建议，为确定线路走向、车站位置等提供规划依据，为轨道交通与土地利用的互动协调创造条件。

（4）减少城市拆迁工程。

城市轨道交通不同于城市间一般铁路，它往往受城市道路和建筑物限制，线位选择自由度小，选定线位必须仔细勘测、设计，多方案比选确定，尽量避免或减少建筑物拆迁和沿线各类管道迁改工程。

（5）合理衔接其他交通方式。

研究沿线及相交道路市政管线规划条件，考虑与其他交通方式换乘衔接。换乘站点应结合沿线相交的在建及建成轨道交通线路条件，设计换乘方案并考虑预留换乘条件。

（6）便利运营组织。

根据初步客流预测结果考虑运营交路、旅行速度及车辆配置等。应根据运营组织、行车交路，结合线路条件优化折返线、渡线、联络线及出入段线的配置方案，达到方便折返停车、灵活调度、有利运营、缩短折返时间及折返线长度的目的。

（7）注重环境与文物保护。

研究沿线文物保护方案，综合考虑地质环境、生态环境保护、城市防洪规划等控制因素。

（8）考虑施工建设条件。

应根据城市地形、道路、高压走廊、地下管线、重要建筑、环境景观、地质水文条件、施工方法与交通疏解等条件为将来的施工提供便利。地下段尽量避开不良地层，如果是盾构法施工的区段，不强调必须形成出车站的动力坡，以免增加区间排水泵站，排水泵站尽量与车站结合。地下车站尽量采用明挖或盖挖法施工。

2. 影响因素

（1）所需资料。

选线工作开展之前及其过程中，一般由建设单位向设计单位提供下列资料，作为开展线路设计工作的依据。

①城市快速轨道交通路网规划(研究)报告；

②轨道工程项目建议书(或预可行性研究报告)及其审批文件；

③市政府及其上级部门或领导对地铁项目建设的指示；

④客流资料；

⑤城市总体发展规划资料；

⑥城市的经济统计资料；

⑦水文气象资料；

⑧工程地质及水文地质资料；

⑨地形图资料；

⑩线路可能经过区域内的文物保护场地及建筑物等资料；

⑪线路可能穿越的街坊建筑区内主要房屋及其基础资料；

⑫线路可能经由区域内的市政及人防设施资料等。

（2）影响线路的走向与路由确定的因素。

①线路的性质、作用及地位。

主要包括线路在城市轨道交通线网中的作用及地位、所承担的客流性质以及工程建设规模和线路等级等。

②客流集散点和主客流方向。

主要包括设计年限内，线路所经过的大型集散点的建设状况，可能形成的客流走廊状况以及主客流方向等。

③城市道路网及建设状况。

城市轨道交通线路必须与城市的规划道路网建设密切配合，在未建成规划道路的地段建设城市轨道交通时，要注意城市轨道交通线路与规划道路的关系，在能力运用上要配套、合理。

④线路的敷设方式和技术条件。

线路的敷设方式以及采用的技术条件对线路的走向及路由也会产生很大影响，在不满足线路技术要求的地段，需采用绕行或另选路由。

⑤与城市发展的近远期结合。

城市建设的近远期发展条件对线路走向和路由的选择也非常重要，轨道交通建设要与城市建设发展时序相协调，发挥城市轨道交通建设对城市建设的牵引作用。

此外，某些场合下，还有一些其他因素有时也会对线路路由产生决定性影响。如某一时期的战备要求、与一些重要设施的衔接要求等。

线路路由方案的研究要在分析上述因素的基础上进行。线路走向和路由方案的研究一般在 1∶50000～1∶10000 地形图上进行，特殊地段可采用 1∶2000 地形图。一般说来，根据线路技术条件和地形地貌，可提出 2～3 个方案作为比选和论证的基础。

4.1.3 综合选线方法

1. 线路的走向与路由

(1)线路方向与路由的确定。

①根据线路的功能定位对线路进行总体布局。

依据城市轨道交通线网规划进行选线布站，明确线路性质、运量等级和速度目标。一般线路长度不宜大于 35 km，超长线路的长度应以最长交路运行 1 h 为目标进行确定。

②确定线路的必经控制点。

线路起讫点和必经点(即线路走向)体现了线网规划报告或项目建议书中提出的功能定位。线路基本走向确定后，利用大型客流集散点(大型住宅区、商业中心、娱乐中心等)、交通枢纽(公交枢纽、火车站、长途汽车站等)和换乘站点进行线路锚固，这些重要节点为线路走向深化提供了依据和基础。如上海轨道交通 1 号线一期工程将铁路上海南站、徐家汇、人民广场、上海火车站等大型客流集散点作为其必经的控制点，如图 4-1 所示。

③调整控制点之间的路由最大限度地吸引客流。

城市轨道交通系统应最大限度地吸引客流，线路应覆盖大的客流集散点，有时需要放弃控制点间的最短路由方向。例如广州地铁 1 号线一期工程，杨箕至广州火车东站，长约 4 km，中间有天河体育场为控制点，路由有体育西路、体育东路、东莞路三种方案，体育西路方案线路最短，客流方向最顺，最后选取线路长度增加 500 m，能吸引天河小区客流的体育东路方案，如图 4-2 所示。

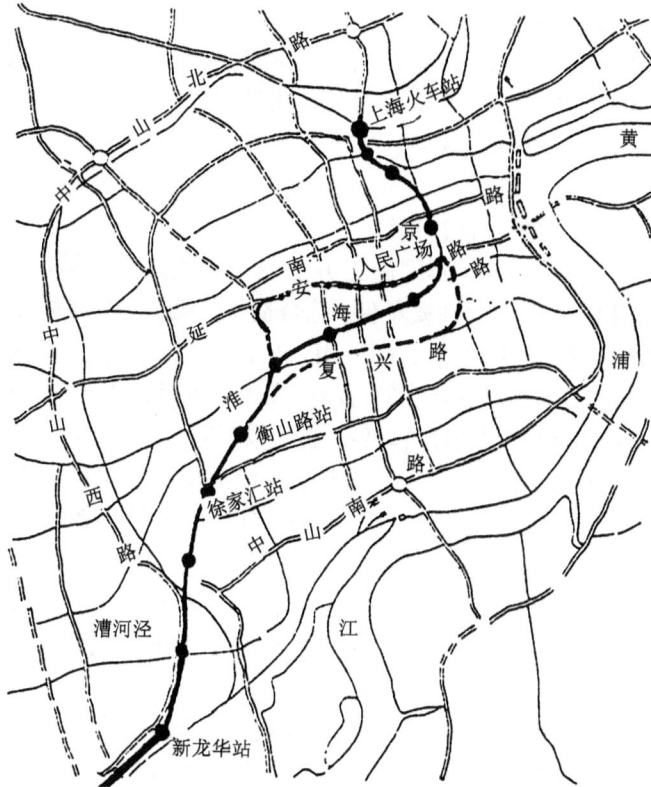

图4-1 上海地铁1号线控制点示意图

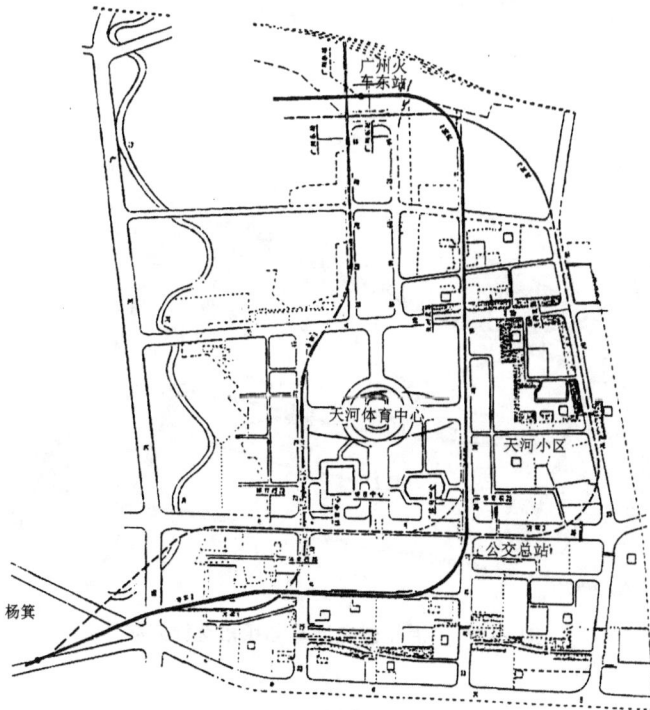

图4-2 广州地铁天河体育场路段选线方案

④结合地质、地形现状进行选线。

选线应充分考虑地质、地形现状，尽可能沿城市主干道并在道路规划红线范围内布置，减少征地拆迁和施工难度，尽可能布设在地质较好的地层，减少工程难度，要充分考虑市政管线、河道等控制性因素的影响，高架桥要满足桥下道路净空要求，保证工程的可实施性。

⑤根据施工方案和施工条件进行选线。

隧道主体结构施工方法很多，不同施工方法的土建费用和对城市的干扰程度差别很大。明挖法经济、快捷，适用各种地质条件，综合造价较低，但对周边环境、市政管线和道路交通有很大影响，不适宜在城市中心区应用。矿山法施工工艺简单灵活、适应性较强，施工时对道路交通及市政管线干扰小，但可能引发地面沉降，且存在工期较长、造价较高、风险较大等问题，一般适用于结构埋置较深、覆土层较厚、岩层具有一定的自稳能力的地层。盾构法利用盾构机切削土体在地层中推进，一般为单圆形结构。盾构法工艺先进、安全快速、结构及防水质量好、对地面交通干扰小、对地层沉降控制好，在地铁区间隧道施工中得到了广泛应用。

选线时要结合施工方法和施工条件，进行综合的技术经济比较，从施工难度、工程造价、施工对周边环境及道路交通的影响等方面进行综合比选。

⑥结合土地利用进行选线。

城市轨道交通选线要支持城市和区域发展规划，减少对地块开发的不利影响。例如上海轨道交通马陆镇段选线方案，如图4-3所示，三个方案都能很好地服务地区客流，其中，方案三不利于马陆镇南片地区开发；方案二虽然线路较短，但斜穿地块，对其日后开发影响较大；方案一较好地结合了现状与规划，带动了区域发展，与周边矛盾小，故作为推荐方案。

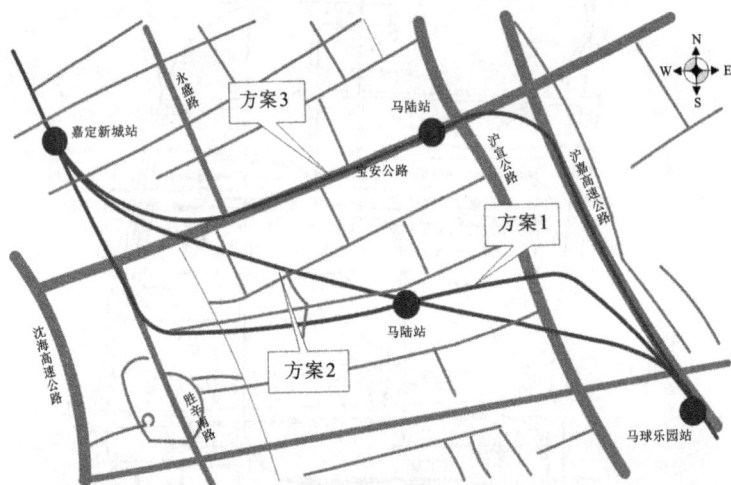

图4-3 上海轨道交通马陆镇段选线方案

⑦根据城市经济实力进行选线，减少拆迁工程。

为了降低造价，除有计划地与旧城改建结合之外，还要尽量避免或减少建筑物拆迁和沿线各类管道迁改工程。此外，各城市根据经济状况需要有计划分期、分批建设。

⑧尽量避让保护建筑。

线路应充分重视历史保护建筑的价值，尽最大可能进行避让，绝不能影响历史保护建筑的安全。在满足线路技术条件下尽量避让，需穿越的应进行穿越可行性和可实施性分析，进行必要的安全保护设计。

除了根据以上方法进行选线以外，在轨道交通选线过程中，还需要结合实际情况具体研究，综合分析，以选用最佳方案。

（2）通过特大型客流集散点的路由选择。

一般来说，每小时上、下车达 3 万人次及以上，或每天上、下车达 20 万人次及以上客流量的地点，称为特大型客流集散点。城市的对外交通枢纽（铁路客运站、航空港、客运码头、长途汽车总站）、市内公交总站、大型商业中心、大型公园广场、大型展览中心、大型体育中心等都有可能成为特大型客流集散点。

线路应当经过特大型客流集散点，并在乘客方便的地点设站。当特大型客流集散点不在线路上时，线路路由有下列方式可供选择。

①路由绕向特大型客流集散点。这是一种主要的选择方式，能为特大型客流集散点提供两个方向的服务，给乘客提供较大的方便，宜尽量选用。例如，北京地铁环线，为照顾北京火车站，线路在崇文门至建国门之间，离开城市主路（图 4-4 虚线所示），穿越街区建筑群，在北京火车站站前广场设地铁北京站。

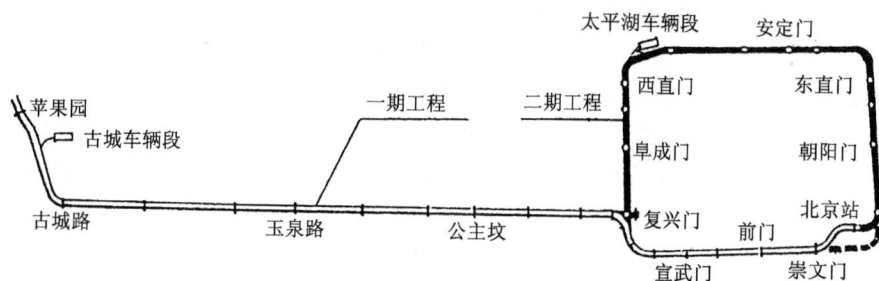

图 4-4　北京地铁一、二期工程图

②采用支路连接。特大型客流集散点位于郊区，线路绕向它，长度增加过多，不利于直通客流时，可以考虑采用支线连接。

③延长车站出入口通道，并设自动步道。若特大型客流集散点距线路不超过 300 m，但线路绕向它很困难时，可以考虑自动步道方案。

④调整线网部分线路走向。考虑特大型客流集散点需求，例如火车站、机场枢纽、城市重要场馆设施等，可调整线网中一条或者多条线路走向。

⑤调整特大型客流集散点。线网确定后，规划及拟建中的特大型客流集散点应主动靠近车站，统一规划，综合设计，分步实施，可节省建设资金，给乘客带来方便，事半功倍。

2. 线路平面位置与敷设方式选择

（1）线路敷设方式。

城市轨道交通线路的敷设方式可分为地下、地面（含路基、路堑）和高架三种方式。不同的敷设方式,对城市用地需求、环境影响等各不相同,项目工程造价也有很大差异,且有其各自的结构特征。参见表4-1。

表4-1 线路不同的敷设方式的特点比较

序号	项目	特点		
		地面	高架	地下
1	土建难度	小	较小	大
2	相关设备	简单	较简单	复杂
3	投资	小	较大	大
4	自然环境对运营影响	大	较小	小
5	对城市土地的隔断作用	强	较弱	无
6	对城市环境的影响	较大	大	小
7	用地规划控制面积	较小	小	大

①地下线。

地下线主要在城市交通繁忙路段和市区内繁华地段采用,是对城市环境影响最小的一种线路敷设方式。城市道路规划红线范围内,是城市轨道交通线路常用的平面位置。线路偏离道路或穿越街坊时,需考虑避开沿线构筑物桩基础和地下市政管线,以减少拆迁。地下线路在平纵面的设计上要结合具体环境、地质情况和地下构筑物情况,以及隧道形式和施工方法来决定线间距和线位埋深。例如,采用单圆(单线)盾构施工时,左、右线一般平行布置。为确保施工安全,隧道净距和隧道覆土厚度要求不小于一倍盾径(6.2 m),如图4-5所示。双圆盾构施工隧道横剖面(图4-6)因盾构施工对城市交通和环境影响较小,采用较多。

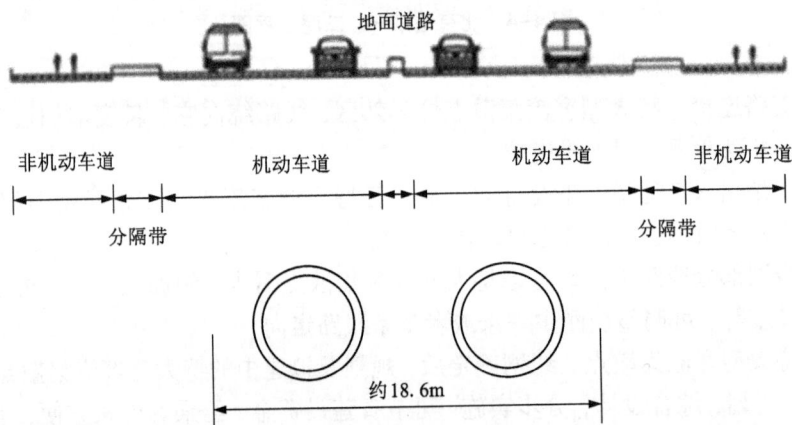

图4-5 地铁单圆盾构区间隧道横剖面

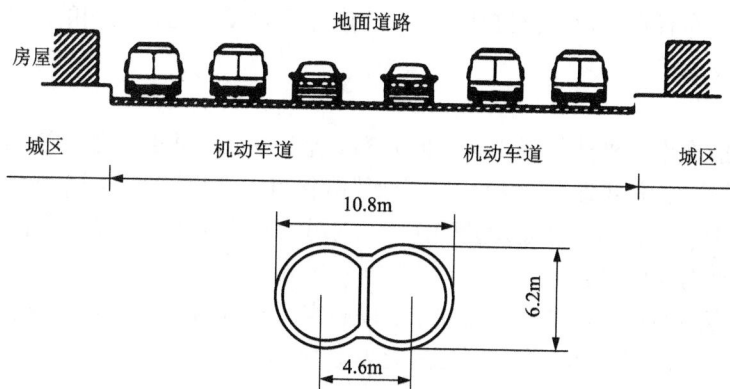

图 4-6 地铁双圆盾构区间隧道横剖面

在线间距及覆土等不能满足盾构施工条件地段，只能采用明挖法。明挖法要挖开路面，不但会影响城市交通、破坏市容，还需要解决施工期间的交通疏解及市政管线的搬迁改移等问题。在极其困难情况下，也可以采用左、右线隧道上下重叠的敷设形式。这可减少线路在水平方向上占用的空间，更有效地避让两侧的建筑物桩基础。不过，该方法会增加施工难度，且一方向线路纵坡增加，会影响运营。重叠线位一般有两种形式，如图 4-7 所示。

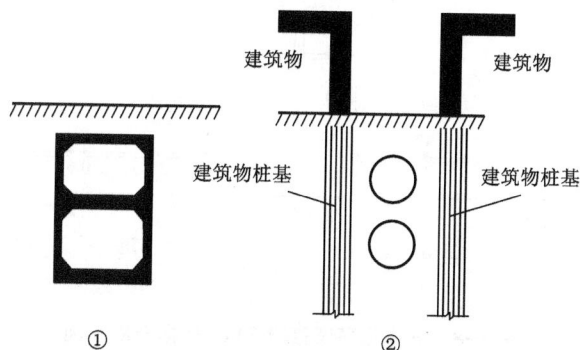

图 4-7 地下线的上下重叠形式

地下线具体采用哪种敷设形式和工法，应根据具体的周围环境条件和地质状况从全局考虑。既要考虑施工难度，又要考虑将来的运营。

地下线设计时应注意：

a. 穿越河流地段时，要了解河道的现有河底高程和规划河底高程，然后根据隧道的工法来确定隧道结构顶与河底的安全距离。

b. 规划线路线位和站位时要探明地下市政管线，尽量减少管线拆迁改移；尤其对一些粗大的重要管线，如军缆、雨污水管等，因搬迁困难、影响大、费用高，应尽量躲避。

c. 线路经过有桩基的建筑物时，要探明桩基类型和深度，以确定采用的施工方法和安全距离,并根据建筑物性质采用合理的加固保护措施,确保工程安全。

d.线位尽量布置在城市道路红线以内,隧道体不要侵入道路两侧的地块,以避免影响两侧土地的开发利用。

②高架线。

高架线一般在市区外建筑稀少及空间开阔的地段采用,线路一般沿道路的一侧或道路中心布置,道路红线宽度宜大于40 m。高架线既保持了专用道的形式,占地也较少,对城市交通干扰较少。其突出特点是运营噪声大,对城市景观影响也较大,市区一般不采用。

高架线设计时应注意:

a.应了解道路的规划位置和净空要求,以确定高架桥的桥底高度和跨度。要与河道管理部门和水务管理部门协调,了解河道的规划宽度、防洪要求和通航等级,以便确定梁下的净空高度和梁的跨度。

b.线位距离楼房较近的地段,要充分考虑噪声和振动对周围楼房的影响,可考虑设置隔声屏,采用减振效果好的道床。对噪声和振动有特殊要求的,可考虑改为地下线或采取绕避。

某市在个别路段设计了一体化高架结构,将城市的地面道路、轨道交通线及高架道路三者组合在一起,如图4-8所示。三者合理的结合,很好地解决了城市空间紧张的问题。

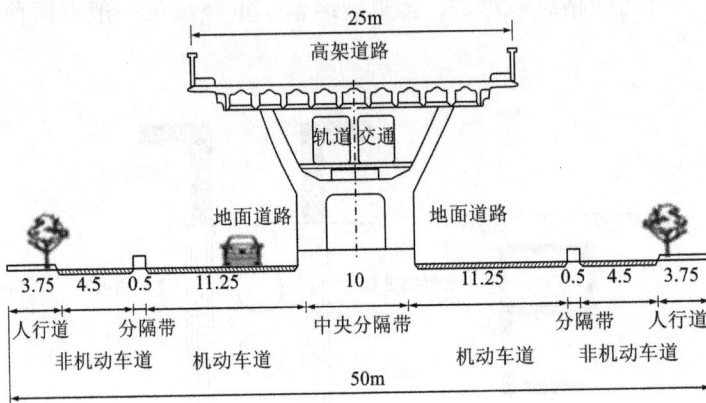

图4-8 一体化高架路段50 m宽标准横断面

③地面线。

地面线是指在较空旷、道路和建筑物稀少的地带,采用类似普通铁路的路基作为轨道基础的一种线路形式(如图4-9所示)。地面线路基高度一般要高出地段最高地下水位和当地50年一遇的暴雨积水水位,以避免路基出现淹没、翻浆冒泥而影响运营。地面线优点是土建工程造价低;缺点是隔断线路两侧交通,不利于两侧土地的商业开发,运营时噪声较大。此外,地面线沉降变化较大,采用碎石道床时运营养护维修工作量较大。城市轨道交通中的市域线在偏远市郊路段多采用地面线。

地面线设计时应注意:

a.要结合沿线土地的使用性质,从长远的规划上综合慎重考虑是否设置地面线。因城市轨道交通的行车密度大,地面线要防护隔离,这将阻隔线路两侧的联系,并带来较大的

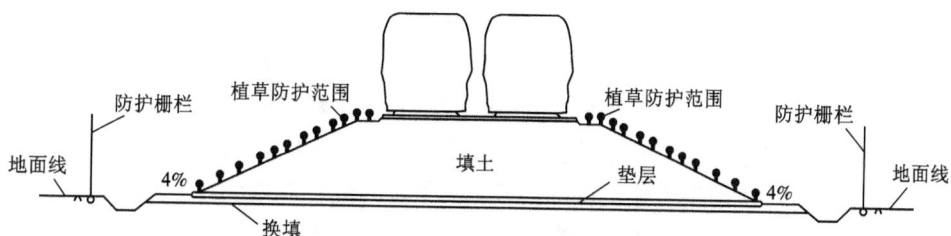

图 4-9　地面线路基横断面

噪声。轨道交通是百年大计，不要因节省初期的建设投资而对沿线周围环境的发展造成不良的影响。

b. 在南方地区要充分考虑路基的防淹和排水问题，以确保线路的运营安全。要调查搜集当地的暴雨积水强度，来确定最小路肩高程。一般根据当地 30 年一遇的暴雨积水高度确定最小路肩高程，并采取一定的排水和保护措施。

④敞开式线路。

敞开式是线位由地下线过渡为地面线或高架线时（或相反时）的一种过渡形式（图 4-10 所示），一般包括 U 形槽段和填土路基段。

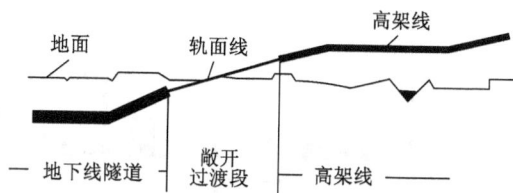

图 4-10　敞开过渡段线路形式示意

还有一种介于地下和敞开式之间的线路敷设形式，即：线位结构顶部几乎与地面相平，只在穿越道路时稍微增加埋深，增加覆土厚度。当这种线路敷设距离较长时，为防止雨水的大量汇入，应在上部加顶棚（最好为透明材料，以便于自然采光）；另外可根据环控要求在一定位置加设换气窗，采用自然通风。线路两侧可设计为由里向外、由高到低的绿化树木，既可降低噪声，又可让列车运行于绿色长廊下。这种线路埋深浅、施工难度小、造价低，还可节省环控设备及照明，很适合南方城市特定地段采用。

敞开式线路设计时应注意：

a. 过渡段位置的确定要慎重考虑。敞开沟堑形式对线位两侧环境影响较严重，不但产生噪声和振动，且隔断线路两侧的沟通，对城市景观也不利。

b. 要注意排水。顶部敞开会形成雨水汇聚，排水系统要结合当地的暴雨强度考虑排水能力，必要时可在敞开段顶部设置透明材料的防雨罩棚。

总之，线路敷设方式应结合城市总体规划、线路所穿越地区的地理环境、工程具体技术要求及造价综合比选后确定，因地制宜地进行选择。线路敷设方式选择需要考虑以下原则：

a.线路敷设方式应根据城市总体规划的要求,结合城市现状以及工程地质、环境保护等条件进行选择。当采用全封闭方式时,在城市中心区宜采用地下线,但应注意对地面建筑、地下资源和文物的保护;在城市中心区外围,且街道宽阔地段,宜首选高架;有条件地段也可采用地面线,但应处理好与城市道路红线及其道路断面的关系。

b.线路敷设的位置,应尽量选择在道路红线以内,以避免或减少对道路两侧建筑物的干扰。当线路偏离红线而进入建筑区的地段,应予统一配合规划或作特殊处理。

c.地上线应选择道路红线较宽的街道敷设,其中高架线(包括过渡段)要求道路规划红线宽度一般不小于50 m(困难情况下,区间可降至40 m),地面线要求道路规划红线宽度为60 m。

d.当采用部分封闭方式时,在平交道口必须设置"列车优先通过"信号,同时兼顾道路的通行能力。

e.线路的敷设方式还要从整个线网协调统一考虑,尤其是在线网上的交织(交叉)地段,要处理好两线间的换乘或相互联络的问题。

(2)线路平面位置选择。

①地下线。

a.位于道路规划红线范围内。

轨道交通位于城市规划道路范围内,是常用的线路平面位置,对道路红线范围以外的城市建筑物干扰小。常用以下三种代表位置,如图4-11所示。

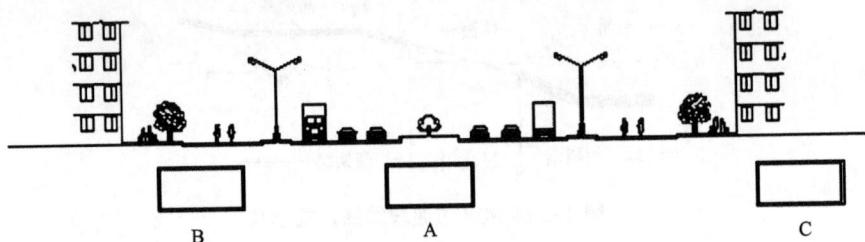

图4-11　地下线路

A位:轨道交通线路居道路的中心,对两侧建筑物影响小,地下管网拆迁较少,有利于截弯取直,减少曲线数量,并能适应较窄的道路规划红线宽度。缺点是当采用明挖法施工时,会破坏现在道路路面,对城市交通干扰大。

B位:轨道交通线路位于慢车道和人行道下方,能减少对城市交通的干扰和机动车路面的破坏。

C位:轨道交通线路位于待拆的已有建筑物下方,对现有道路及交通基本上无破坏和干扰,地下管网也极少。但房屋拆迁及安置量大,只有与城市道路改造同步进行,才十分有利。

b.位于道路范围以外。

在有利的条件下,地下线置于道路范围之外,可以达到缩短线路长度、减少拆迁、降低工程造价的目的。这些有利条件是:

第一,地质条件好,基岩埋深很浅,隧道可以用矿山法在建筑物下方施工。

第二，城市非建成区或广场、公园、绿地。

第三，老的街坊改造区，可以同步规划设计，并能按合理施工顺序施工。

除上述条件外，若线路从既有多层、高层房屋建筑下面通过时，不但施工复杂、难度大，并且造价高昂，选线时要尽量避免。

②高架线。

高架线在城市中穿越时一般沿道路设置，一般应结合规划道路的横断面考虑，设于道路中心或快慢车行道分隔带上，如图 4-12 所示。

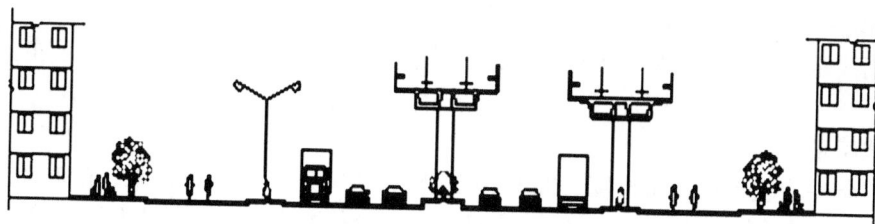

图 4-12　高架线路

高架线路位于道路中心线上，对道路景观较为有利，噪声对两侧房屋的影响相对较小，路口交叉处，对拐弯机动车影响小。但是，在无中间分隔带的道路上敷设时，改建道路工程量大。

高架线路位于快慢车行道分隔带上，充分利用道路隔离带，减少高架桥柱对道路宽度的占用和改建，一般偏房屋的非主要朝向面，即东西街道的南侧和南北街道的东侧，缺点是噪声对一侧市民的影响较大。

除上述两种位置外，还可以将高架轨道交通线路置于慢车道、人行道上方及建筑区内，它仅适用于广场、公园、绿地及江、河、湖、海岸线等空旷地段或将高架线与旧房改造规划成一体时。

③地面线。

在城市道路上设地面线，一般有两种位置：位于道路中心带(图 4-13B)上，位于快车道一侧(图 4-13A)。

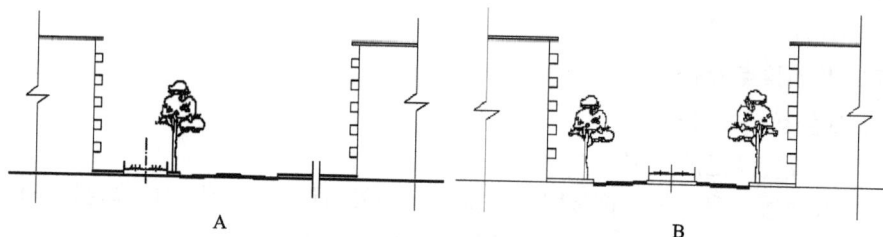

图 4-13　地面线路

地面线位于道路中心带上，带宽一般为 20 m 左右。当城市快速路或主干道的中间有分隔带时，地面线设于该分隔带上，不阻隔两侧建筑物内的车辆按右行方向出入，不需设置辅路，有利于城市景观及减少噪声干扰。其不足之处是乘客均需通过地下通道或天桥进出车站。

地面线位于快车道一侧，带宽一般为 20 m 左右。当城市道路无中间分隔带时，该位置减少道路改移量，其缺点是在快车道另一侧需要修改辅路，增加道路交通管理的复杂性。

当道路范围之外为江、河、湖、海岸滩地，不能用于居住建筑的山坡地等，可考虑将线路设于这些地带上，但要充分考虑路基的稳固与安全，城市轨道交通地面线一般应设计成封闭线路，防止行人、车辆进入，与城市道路交叉一般应采用立交。

（3）线路平面位置方案比选。

不同线路平面位置方案比选包括线路条件、拆迁、施工等多方面的比选，主要比选内容如下：

①线路条件比较。

线路条件比较包括线路长度、曲线半径、转角等。对于小半径曲线，在拆迁数量、拆迁难度、工程造价增加不多的情况下，宜推荐较大半径的方案，若半径大于或等于 400 m，则不宜增加工程造价来换取大半径曲线。

②房屋拆迁比较。

房屋拆迁比较包括房屋数量、质量、使用性质、拆迁难易等的比较，质量差的危旧房屋可以拆，住宅房易拆迁，办公房次之，工厂厂房难拆迁，学校医院等单位一般要临近安置，商贸房异地搬迁，拆迁难度大。

③管线拆迁比较。

管线拆迁比较包括上下水管网、地下地上电力线、地下地上通信电缆、煤气管、热力管等的数量、规格、费用及拆迁难度比较。大型管道改移费用高，下水管改移难度大。

④改移道路及交通便道面积比较。

改移道路及交通便道面积比较包括施工时改移交通的临时道路面积及便桥，恢复被施工破坏的正式路面及桥梁等。

⑤其他拆迁物比较。

不属于上述拆迁内容的其他拆迁比较。

⑥主体结构施工方法比较。

主体结构施工方法比较，包括施工难度、安全度、工期、质量保证、对市民生活的影响等方面的综合分析评价。

3. 车站及换乘点分布

（1）车站的数量及其分布。

①车站设置应满足的原则。

城市轨道交通系统的车站直接服务于旅客。一般来说，车站设置应满足以下原则：

a. 尽可能靠近大型客流集散点，为乘客提供方便的乘车条件；

b. 在城市交通枢纽、地铁线路之间与其他轨道交会处设置车站，使之与道路网及公共交通网密切结合，为乘客创造良好的换乘条件；

c. 应与城市建设密切结合，与旧城房屋改造和新区土地开发结合；

d. 尽量避开地质不良地段，尽可能减少对周围环境的干扰；

e.兼顾各车站间距离的均匀性。

车站的站间距应根据现状及规划的城市道路布局和客流的实际需要确定，在市内繁华区一般可控制在1 km左右，在市区边缘或城市组团之间，一般可到1.5~2.0 km。有特殊原因时，也可增大到2 km以上。

②影响车站分布的因素。

a.大型客流集散点。大型客流集散点往往是城市的政治、经济活动中心，是城市的窗口地段。该地段不但客流数量大，而且集中，对地面交通压力很大。例如大型工业区、商业区、火车站、广场、公共交通总站、地铁与环线的换乘站等特大型及大型客流集散点是主要的设站位置点。

b.城市规模大小。城市规模大小包括城市建成区和规划区面积及人口。城区面积越大，人口越多，线路上客流量大、乘距长时，地铁应以长距离乘客为主要服务对象，车站分布宜稀疏一些，以提高地铁乘客的交通速度。反之，车站分布宜密集一些。

c.城区人口密度。我国地域辽阔，分布在南北东西各地的城市人口密度差异很大，人口密度大的区域，同样吸引范围内，发生的交通客流量大，因此车站分布宜密集一些。

d.线路长度。一条线路的长度，短则几公里，长则几十公里，不同的线路长度，车站的疏密宜有所不同，短线路车站分布较密，长线路车站分布较稀。

e.城市地貌及建筑物布局。城市中的江、河、湖、山和铁路站场、仓库区等，人口密度低，甚至无人，地铁在穿越这些地区时可以不设站，但若有开发公园条件，则应在主出入口处考虑设站。

f.城市轨道交通路网及城市道路网状况。两条城市轨道交通线路交叉时，在其交叉点应设乘客换乘站；在与城市主干道交叉时，为了让乘坐城市其他交通工具的乘客方便乘地铁，也宜设车站。

g.对站间距离的要求。在车站分布数量上，除大型客流集散点及换乘站外，其他车站的设置，主要受乘客对站间距离要求所支配。对于平均站间距离，世界上有两种趋向，一种是小站间距，平均为1 km左右；一种是大站间距，平均1.6 km左右。香港地铁平均站间距为1050 m，其中港岛线仅947 m；莫斯科地铁平均站间距为1.7 km左右。香港、莫斯科都是以公共交通为主要运输工具，地铁都有很好的运营业绩。1994年香港地铁43 km，每公里线路的年客流负荷为1865万人次，承担全市公共交通的27.8%。1985年底莫斯科地铁214 km，每公里线路的年客流负荷为1170万人次，承担全市公共交通客流的45%。

我国地铁在吸收世界地铁建设经验的基础上，在《地铁设计规范》中规定"车站间的距离应根据实际需要确定，在市区宜为1 km左右，在郊区不宜大于2 km"。我国已建地铁部分线路平均站间距离如表4-2所示。

表4-2　我国已建地铁平均站间距离

城市名	线别	线路运营长度/km	车站数/个	平均站间距/m
北京	2号线	23.01	18	1278
北京	4号线	49.93	35	1427
上海	2号线	60	29	1740
广州	5号线	40.5	28	1446

除上述各因素外，线路平面、纵剖面、车站站位的地形条件，城市公交车线路网及车站位置，也会对城市轨道交通车站分布数目造成一定影响。

③车站分布对市民出行时间的影响。

车站数目的多少，直接影响市民乘地铁的出行时间。车站多，市民步行到车站距离短，节省步行时间，可以增加短程乘客的吸引量；车站少，则恰恰相反，提高了交通速度，减少乘客在车内的时间，可以增加线路两端乘客的吸引量。市民出行对交通工具的选择，快捷省时条件排在第一位。如芝加哥市滨湖线的不同站间距比较，结果是大站距(1.6 km)比小站距(0.8 km)多吸引客流量3%。

④车站分布比选。

由于车站造价高，车站数量对整个城市轨道交通的工程造价影响较大，在进行线路规划时，一般要做2~3个车站数量与分布方案的比选，比选时要分析乘客使用条件、运营条件、周围环境以及工程难度和造价等几个方面，通过全面、综合的评价，确定推荐方案。

（2）车站站位选择。

①车站站位选择原则。

a. 方便乘客使用。车站站位应为乘客使用提供方便，使多数乘客步行距离最短。尽量通过短的出入口通道，将购物、游乐中心，住宅，办公楼与车站连通，为乘客提供无太阳晒、无风吹雨淋的乘车条件。对于大型客流集散地段的车站，还应考虑乘客进出站行走路线、尽量避免人流不顺畅、出入口被堵塞和车站站厅客流分布不均匀的现象。对于突发性的大型客流集散点，如体育场等，车站不宜靠近观众主出入口处。

b. 与城市道路网及公共交通网密切结合。城市轨道交通路网密度和车站数目均比不上地面公交线路网，必须依托地面公交线路网络，为城市轨道交通车站往返输送乘客，使其成为快速大运量的骨干系统。一般将城市轨道交通车站设在道路交叉口，公交线路在城市轨道交通车站周围设站，方便公交与城市轨道交通之间的换乘。

c. 与旧城房屋改造和新区土地开发结合。

d. 方便施工，减少拆迁，降低造价。

e. 兼顾各车站间距离的均匀性。

②站位形式及特点。

根据线路和城市道路的关系，车站站位布置大致可以分为跨路口站位、偏路口站位和位于道路红线范围以外站位三种形式。

a. 跨路口站位，如图4-14所示。

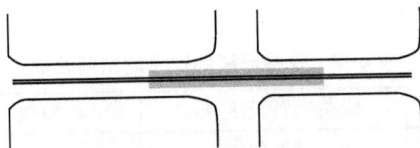

图4-14　跨路口站位

这种站位便于各个方向的乘客进入车站，减少了路口人流与车流的交叉干扰，而且与地面公交线路有良好的衔接。在有条件的情况下，可优先选用。

b.偏路口站位,如图 4-15 所示。

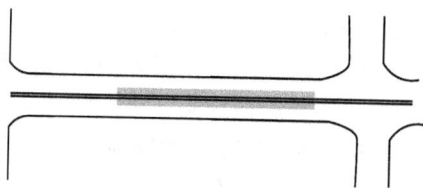

图 4-15　偏路口站位

这种站位偏路口一侧设置,在施工时可以减少对城市地面交通以及对地下管线的影响,高架时,也比较容易与城市景观相协调。不过,它的缺点是路口客流较大时,容易使车站两端客流不均衡,影响车站的使用功能。它一般在高架线或路口施工难度较大时采用。

c.位于道路红线以外站位。

车站位于道路红线以外可以有各种各样的站位设置,典型的有:设于火车站站前广场或站房下,以利客流换乘;与城市其他建筑同步实施,和新开发建筑物相结合;结合城市交通规划,建设城市综合交通枢纽等,这些站位一般都需结合城市的其他设施建设统一规划、统一考虑,才能建设好城市轨道交通车站。

《地铁设计规范》对车站与曲线的关系的要求是,车站站台计算长度段线路应设在直线上,在困难地段可设在曲线上,其半径不得小于 800 m。

(3)换乘点分布。

①换乘点在线网中的作用。

换乘点是线网构架中各条线路的交织点,是乘客转线换乘的车站。换乘点规划在线网设计中有着重要的地位及作用。从日常的线网运营看,线路之间的交叉点的个数、位置,决定着线网的形态,影响着线网中各换乘站客流量的大小、乘客的换乘地点、出行时间及方便程度,从而影响整个线网的运输效率。从交通与城市发展的相互作用关系看,由于换乘站处有更大的客流要从这里上下,久而久之,会促使换乘站处土地利用价值的超常升值(与一般车站相比),并对换乘站周围的土地利用格局和规模产生深远的影响,最终可能会导致整个城市布局结构体系的变化及调整。在城市轨道交通路网规划中,要非常慎重地选择换乘站的位置,而且光靠交通部门的努力是不够的,必须与城市规划部门一起紧密协作,从城市长远发展的战略高度上认识换乘站位置对城市规划结构的重要影响,合理选择换乘站位置,并对其周围空间进行长远而周密的规划。

②换乘方式的基本类型。

换乘方式首先取决于线路的走向和相互交织形式。一般常见的有垂直交叉、斜交、平行交织等多种形式,换乘方式主要有平行换乘(含站厅平行换乘和同站台平行换乘)、站台节点式换乘(含十字形换乘、T 形换乘、L 形换乘)、通道换乘、站外换乘等基本形式。

③换乘方式选择。

任何换乘点的换乘方式都应以满足换乘客流功能需要为第一位,同时还要考虑其他相关因素:

a.换乘点上两条线的修建顺序;

b.换乘点上两条线路的交织形式和车站位置；

c.换乘点的换乘客流量和客流组织方式；

d.换乘点的线路和车站的结构形式、施工方法；

e.换乘点的周围地形条件、地质条件以及城市规划的地面和地下空间开发要求等。

由此可见，换乘方式的选择首先要定换乘点，再定线路与车站位置(包括车站形式)，同时选择车站换乘方式，最终在进行车站设计时确定换乘结构形式。这就是三阶段——规划、工程可行性、设计的实施程序。所以，在城市轨道交通线网规划阶段，对换乘点的确定是主要的任务。

④换乘点的分布原则。

换乘点的分布应参照以下原则：

a.线网中任意两条线路应尽可能相交 1~2 次。

b.换乘节点应适当分散，避免过分集中在城市中某个狭小区域。

c.换乘节点最好为两线交叉，以利于分散换乘客流，合理控制换乘站规模，简化换乘站客流组织，降低工程施工难度，节省工程造价，维持车站良好乘车秩序，组织高密度行车，提高运行质量。

d.换乘节点应尽量避免三条以上线路交叉于一点，否则一方面换乘客流相互干扰较大，另一方面工程难度较大。

e.换乘点应主要分布于城市重点区域，如中心区或外围特大型客流集散点。

4.车辆基地选址

车辆基地是城市轨道交通车辆停放、检修、物资存放和生产组织开展等工作的重要场所，是城市轨道交通系统中不可缺少的关键组成部分。车辆基地一般规模较大，最小也要超过 10 万米^2(10 公顷)。在城市建成区范围内寻找适合车场要求的用地一般很困难，有时甚至要到城市边缘去寻找用地。因此，车场设置条件往往决定了整体线路的可行性。

(1)车辆基地分类。

为了合理用地，提高设备利用效率，车辆基地应在线网规划中统筹安排，明确各车辆基地在全线网中的地位和分工。车辆基地根据各自承担的任务性质和工作量大小一般分成三种类型。

①综合检修基地。

综合检修基地主要包括车辆大修段、设备维修中心和材料设备库三部分。

a.车辆大修段。承担车辆大修及本线车辆的段修(架修、定修、月修、临修)；车辆日常技术检查、维修、清扫洗刷和停放；车辆运用管理。

b.设备维修中心。承担全线空调机、通风机、电机、水泵、自动扶梯、自动售检票机、供电等机电设备的定期修理和维修保养；承担通信、信号、防灾监控、电力监控、向导标志、管理用计算机等电子设备的检修和维护；承担车站建筑、隧道、轨道等土建工程的维修保养。

c.材料设备库。承担轨道交通各种机电设备、备品备件、材料以及劳保用品的保管发放。

②车辆段。

承担本线车辆的段修及清扫洗刷、停放和运用管理等。

③停车场。

承担本线一部分车辆的技术检查、清扫洗刷、停放和运用管理。

（2）车辆基地规划一般要求。

①车辆基地规划的重点是根据规划线网进行车辆基地选址，确定各基地的合理分工及建设规模，达到控制建设用地的目的。

②根据规范要求，每条线路宜设一个车辆段。若运行线路较长（线路长度超过20 km），为了有利于运营和分担车辆的检查清洗工作量，可在线路的另一端设停车场，当技术经济合理时，也可以两条或两条以上线路共设一个车辆段。

③车场应靠近正线，以利于缩短出入线长度，降低工程造价。

④各车场线路应尽可能与地面铁路专用线相接，以便车辆及物资运输，部分车场不具备上述条件时，也可通过相邻线路过渡。

⑤各车场任务和分工必须从全网角度统筹规划、合理布局、有序发展。试车线长度应根据场地条件和城市规划要求确定，在可能条件下，应尽量长一些。

⑥全线网车辆的大修任务应集中统一安排，可选定在几个车辆段增设车辆大修任务，不单设大修厂。

⑦车场用地性质应符合城市总体规划，要求注意环境保护。

对于城市中心区的地铁系统来说，由于客流量大，列车运行间隔时分小，为保证列车能在规定的时分内按时发出，当运营线路超过 20 km 时，应安排一处车辆段及一处停车场（即一段一场）的车辆基地布局。对于轻轨系统、联系郊区市县的轨道交通系统来说，由于客流量相对较小，列车运行间隔时分也相对较大，为充分利用车辆基地的检修资源，可数条线路共用一处车辆段，但每条运营线路应当有一处停车场，以满足运营的需要。

（3）车辆基地选址。

车辆基地的选址与车辆基地的平面布局、相关作业顺畅程度、运营成本等密切相关，并涉及用地、拆迁等一系列重要因素，在规划与设计中应充分重视。车辆基地选址过程中要考虑以下要点。

①用地应与城市总体规划协调一致。

车辆基地选址应该符合城市总体规划是车辆基地选址的基本条件。在城市轨道交通线网规划编制时，应根据各条线路的运营需求，纳入车辆基地的选址和用地意见。在后续各阶段的设计中，应适时对车辆基地的选址和用地进行比较，取得规划部门的认可并对用地范围加以控制。

②应有良好的接轨条件。

车辆基地应具有良好的正线接轨条件，在满足线路坡度、平面曲线半径及信号要求前提下应尽量缩短出入段线长度，满足收发车便捷、降低运营成本。从接轨位置来看，车辆基地应设置在线路中部，但由于城市轨道交通线路通常穿越城市中心区，大规模占用土地非常困难，实际中一般将车辆基地设置在线路端部，以降低用地成本。条件允许时，车辆基地应尽量靠近正线，接轨站尽可能与远期行车交路的折返站相结合。此外，还应该注意选址的地形地貌和周围环境，避免出入段线因穿越建筑物、构筑物或穿越河流、水域、道路而增加工作量。

③用地面积应满足功能和布置要求，并留有远期发展余地。

车辆基地用地面积应满足功能和布置要求,并满足远期发展需要。车辆基地对用地的长宽有特别要求:车辆基地一般地面长度不小于1500 m(含试车线长度),宽度不小于300 m,停车场一般地面线长度不小于800 m。

④应有良好的自然排水条件。

车辆基地占地面积大,排水种类多,设计中需对场坪高程留有一定的余地,为排水系统的实施提供条件。在不能完全实现自然排水时,必须采用机械排水措施。

⑤应便于城市电力、给排水及各种管线的引入和城市道路的连接。

市政管线的接入主要分为施工期电力线路、通信线路、给排水管线、燃气管线等,应考虑用地范围的既有情况和规划情况,满足各类管线的接驳需要。道路的连接条件主要是满足车辆基地材料设备的运输和消防需要。车辆基地的对外道路应与周边既有道路或规划道路相连。

⑥宜避开工程地质和水文地质不良的地段。

车辆基地的大型作业车库及轨行区均有严格的轨道精度要求。主要构建筑物应避开不良地质地段,降低工程施工难度、保证工程质量,为运营创造有利条件、减少运营维护成本。当不能完全避开工程地质和水文地质不良地段时,必须采取适当的工程措施进行处理。

⑦应考虑车辆基地的多线共用并尽可能接近线路交点。

车辆基地中除了运用相关设备外,还有试车线、车辆检修设备、综合维修中心等设施,通过多线共用以及接近线路交点可减少车辆基地用地总量。

车辆段的选址除了要考虑技术条件外,还要考虑经济条件。选址要尽量满足减少拆迁、少占农田的要求,建成后尽量减少对周围居民生活和地面交通的影响。

(4)车辆基地规模估测。

车场规模的大小与其所承担的检修工作量(综合检修基地、车辆段、停车场)有密切关系,也与车场出入线和站场线路布置形式有关系。

①综合检修基地规模的确定。

综合检修基地包括车辆大修段、机电设备维修中心和材料设备仓库三部分。车辆大修段中有关车辆大修、架修设施的规模按照它所承担的线路长度和列车运行参数估算出配属的车辆数以及年大修、架修车辆数,与同类工程进行类比,确定车辆检修部分占地面积。列车停放部分占地面积按照本线车辆检修作业分工应分担的停放列车数进行估算。机电设备维修中心和材料设备仓库的用地面积根据它们所承担线路的长度和同类工程的平均用地指标进行估算。将上述三部分用地面积相加,即为综合检修基地的估算面积。

②车辆段规模的确定。

车辆段架修、定修库及辅助设施的用地面积按照所承担线路的长短及配属车辆数用类比法确定。车辆段停车库的用地面积,按照本线车辆段与停车场作业分工应分担的停放列车数进行估算。将二者相加即为车辆段的估算面积。

③停车场规模的确定。

停车场的规模除了车辆停放所需面积之外,还要考虑承担部分车辆的三月修、双周检和洗刷作业所需的面积。

5. 联络线分布

城市轨道交通联络线是连接两条独立运营线的辅助线路。其主要作用是实现城市轨道交通线网中各条线路之间的互联互通，形成网络，增加运营的灵活性和抵御不可抗力灾害的功能，实现网络中的资源共享，车辆的厂、架修以及城市轨道交通车辆和大件设备的运输等。

联络线的布置形式：

（1）双线联络线。

跨线运营或者作为临时运营正线使用的联络线可采用双线联络线，如图 4-16 所示。双线联络线分为两种形式：《地铁设计规范》（GB 50157—2013）中规定"线路之间的相交处应为立体交叉"。双线联络线通常是立体交叉形式，但也存在某些特殊条件下形成的正线平面交叉。

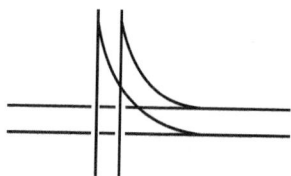

图 4-16　双线联络线示意图

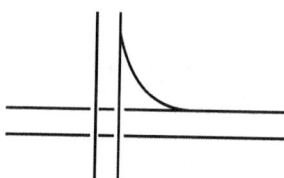

图 4-17　单线联络线示意图

（2）单线联络线。

为车辆检修和调转运营车辆设置的联络线可采用单线联络线，如图 4-17 所示。由于《地铁设计规范》（GB 50157—2013）中明确规定"联络线宜采用单线"，所以这种形式的联络线使用最广泛，数量最多。

（3）渡线联络线。

当两条线路在某站采用同站台平行换乘时，其车站可采用平面双岛 4 线式车站和上下双岛重叠 4 线式车站，车站采用单渡线将两条线路联通形成渡线联络线，如图 4-18 所示。

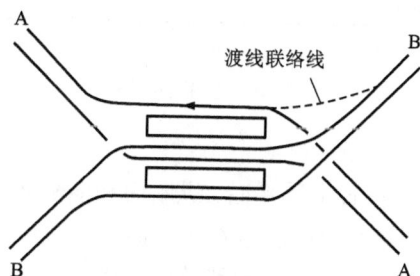

图 4-18　渡线联络线

联络线设置的一般要求：

作为临时运营的联络线应按正线标准建设为双线，作为辅助线的联络线可按下列要求设置：

①联络线是一种辅助线路，利用率较低，因此，一般都按单线双向运行设计；

②为大修车辆运用设置的联络线，要尽可能设在最短路径的位置上，同时要考虑到工程实施的可能性；

③联络线的设置要考虑线网的修建顺序，使后建线路通过联络线从先建的线路上运送车辆和设备；

④联络线的布局，应从线网的整体性、灵活性和运营需要综合考虑，使之兼顾多种功能，发挥最大的经济效益；

⑤联络线的设置应根据工程条件并考虑和其他建设项目的关系，在确保联络线功能的同时，减少对其他项目的影响；

⑥联络线尽量在车站端部出岔，以便于维修和管理，困难情况下也可在区间出岔，但应注意避免造成敌对进路；

⑦联络线的设置应考虑运营组织方式，要注意线路制式及限界的一致性。

4.2 线路平面设计

4.2.1 线路设计概述

轨道交通工程线路是一条带状的三维空间工程实体。一般所说的线路，是指构造物中心线在空间的位置，以路基横断面上距外轨半个轨距的铅垂线 AB 与路肩水平线 CD 的交点 O 在纵向上的连线表示，如图 4-19 所示，简称为线路中心线。

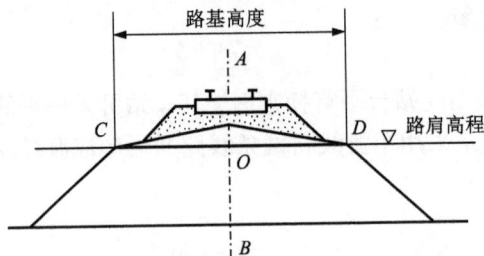

图 4-19 路基横断面

1. 线路设计内容

城市轨道交通线路的具体位置由其平面、纵断面和横断面设计方案确定。

(1)线路平面设计。平面是线路中心线在水平面上的投影，表示线路途经的地段。线路平面设计是在确定线路路由的情况下，对线路的平面走向、车站位置及配线进行详细分析和计算，最终确定线路在水平面的准确位置。从平面上看，线路是由直线和曲线组成，其中曲线包括圆曲线和缓和曲线。其平面设计的主要技术要素有最小曲线半径、夹直线最小长度、最小圆曲线长度、缓和曲线线型和长度。

(2)纵断面设计。纵断面是指沿线路中心线所作的铅垂剖面在纵向展直后线路中心线的立面图，表示线路起伏情况。线路纵断面设计一般是在平面设计的基础上，考虑沿线控制点及列车安全平稳和节能运行要求等因素确定线路在纵断面的准确位置。纵断面设计的主要内容包括确定敷设方式和过渡段、在分析控制点的基础上设计坡段及坡段间的过渡连接等。纵断面设计的主要技术要素有最大坡度、坡度代数差、坡段长度、竖曲线线型和曲线半径。

（3）横断面设计。横断面是垂直于线路中心线截取的断面，一般由城市轨道交通限界和施工方法所决定。城市轨道交通工程有地下、地面和高架敷设形式，其中地面工程对道路有较大影响，尤其需要结合道路情况进行横断面设计。与平面、纵断面设计相比，城市轨道交通线路的横断面设计相对简单，重点是满足列车通过的限界要求。

城市轨道交通线路的平面、纵断面、横断面设计均需满足一定的标准规范，且相互影响，设计时需综合协调相互之间的关系，使线路与地形地物、环境景观相协调，有利于行车平稳和节约全生命周期成本。

2. 线路设计主要原则

（1）线路的路由必须以城市轨道交通线网规划为依据，线路路由的调整需要有充分理由。

（2）新线应有一定长度，一般不宜小于 10 km，以保证运营效益。

（3）线路敷设方式要根据城市环境、地形条件和总体规划要求，因地制宜选择。在城市中心区宜采用地下线；在城市中心区外围且街道宽阔地段，宜首选地面和高架线；在地面和高架线地段应注意环境保护和景观效果，并维护地面道路的交通功能。

（4）城市轨道交通线路与其他线路相交必须采用立体交叉方式，两线接轨处应尽量避免对向行驶。

（5）线路位于地下时，其平面位置和埋设深度应根据地面建筑物、地下管线和地下构筑物的现状与规划、工程地质与水文地质条件、采用的结构类型和施工方法以及运营要求等因素，经技术经济综合比较确定。

（6）车站应布设在主要客流集散点和各种交通枢纽点上，其位置应有利乘客集散，并应与其他交通换乘方便。

（7）线路经过铁路客运车站时，应设站换乘。有条件的地方，可预留联运条件(跨座式单轨系统、磁悬浮系统除外)。

（8）线路工程的设计年限初期按建成通车后第 3 年要求进行设计，近期按第 10 年要求设计，远期按第 25 年要求设计。

（9）地铁、轻轨正线应采用右侧行车的双线线路，并采用 1435 mm 标准轨距，旅行速度应不低于最高行车速度的 30%～45%。

（10）停车线或渡线宜每隔 3～5 个站设置一处，较均匀地分布于线路各中间站。但由于停车线与渡线功能不同，为了严格控制列车晚点时间，将影响时间减少到最小以提升轨道交通的运营服务水平，两座配有停车线车站的最大间距宜不大于 6 km，即沿线每隔 6 km左右应设置一座能双向进入停车线停放故障列车的车站。

（11）地铁、轻轨线路宜按独立运行进行设计。根据客流需要并通过论证，线路可按共线运行设计，但其出岔站汇入方向的线路应设平行进路。城市轨道交通线路以及轨道交通线路与道路之间的相交叉处，应采用立体交叉。

（12）车辆段出入线应连通上下行正线。当出入线与正线发生交叉时，宜采用立体交叉方式。车辆段和停车场设计双线或单线出入线,应根据远期线路的通过能力和运营要求计算确定。尽端式车辆段出入线宜采用双线,贯通式车辆段可在车辆段两端各设一条单线。停车场规模较小时,出入线可采用单线。

4.2.2 线路平面线型

1. 线路平面组成

行驶中的轨道车辆导向轮旋转面与车身纵轴之间有三种关系,即角度为零、角度为常数和角度为变数。与三种状态对应的行驶轨迹线为:

(1)曲率为零的线型:直线;

(2)曲率为常数的线型:圆曲线;

(3)曲率为变数的线型:缓和曲线。

城市轨道交通的线路平面设计就是将这三种线型进行组合连接,以保证列车安全、平顺运行。从这个意义上看,列车运行轨迹应当具有以下特点:

(1)列车运行轨迹应当是连续且圆顺的,即在任何一点上不出现错头和破折;

(2)其曲率是连续的,即轨迹上任一点不出现两个曲率;

(3)其曲率的变化率是连续的,即轨迹上任一点不出现两个曲率变化率。

满足上述三个条件的城市轨道交通线路平面是一个由曲线和与之相切的直线组成,且由圆曲线和缓和曲线构成的曲线的曲率连续的线路,如图4-20所示。

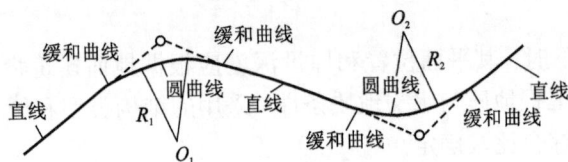

图4-20 线路平面组成

2. 直线

(1)直线设计的一般原则。

直线作为平面线型要素之一,具有短捷、直达、列车行驶受力简单和测设方便等特点,但过长的直线不利于城镇地区既有设施的绕避。因此,在选线设计中,应综合考虑工程和运营两方面的因素,合理选用直线线型。

①设计线路平面时,相邻两直线的位置不同,其间曲线位置也相应改变。因此,在选定直线位置时,要根据地形、地物条件使直线与曲线相互协调,使线路所处位置最为合理。

②设计线路平面应力争设置较长的直线段,尽量减少曲线个数并采用较大的曲线半径,以缩短线路长度,改善运营条件。

③选定直线位置时,应力求减小交点转角的度数。转角大则线路转弯急,总长增大;同时列车行经曲线要克服的阻力增大,运营支出相应加大。

(2)两相邻曲线间的夹直线长度。

在曲线毗连路段,为了保证线型连续和行车平顺,两相邻曲线间应有一定长度的直线段。该直线段即前一曲线终点(JD_1 或 HZ_1)与后一曲线起点(JD_2 或 ZH_2)间的直线称为夹直线,如图 4-21 所示。两相邻曲线,转向相同者称为同向曲线,转向相反者称为反向曲线。

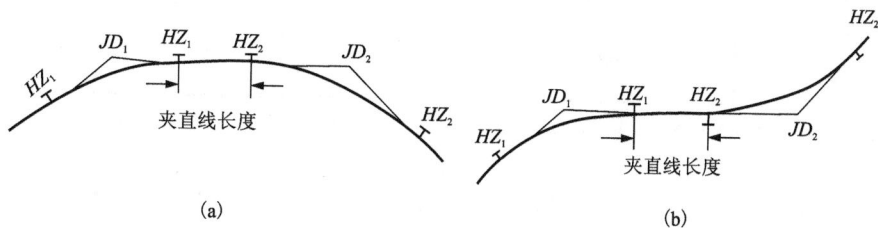

图 4-21　夹直线

夹直线长度应力争长一些,为行车和维修创造有利条件。但是,在城区绕避障碍物困难地段,为减小工程量,可以设置较短的夹直线,但不应短于下列条件所要求的最小长度。

①保证线路养护维修的要求。

夹直线太短,特别是反向曲线路段,列车通过时,因频繁转换方向,车轮对钢轨的横向推力加大,夹直线的正确位置不易保持。同时,由于直线两端曲线变形的影响,夹直线的直线方向也不易保持。

维修实践证明:为确保直线方向,夹直线长度不宜短于 2~3 节钢轨,钢轨标准长度为 25 m 即 50~75 m;地形困难时,至少应不小于一节钢轨长度即 25 m。

②车辆横向摇摆不致影响行车平顺。

列车从前一曲线通过夹直线进入后一曲线的运行过程中,因外轨超高和曲线半径的变化引起车辆横向摇摆和横向加速度变化,反向曲线地段更为严重。为了保证行车平稳、旅客舒适,夹直线长度不宜短于 1~3 节客车长度。我国地铁 A 型和 B 型客车全长分别为 25 m 和 20 m,故夹直线长度采用 A 型车时不宜短于 25 m,采用 B 型车时不宜短于 20 m。城际线路速度较快,动车组长度一般为 25 m,相应的夹直线长度不宜短于 50 m。

③车辆振动不致影响旅客舒适。

列车通过夹直线时,要跨过夹直线前后的缓直点和直缓点。车轮在缓直点和直缓点处与钢轨冲击引起转向架弹簧的振动。为避免这两次振动的叠加,以保证旅客的舒适,夹直线应有足够长度,保证旅客列车以最大行车速度通过夹直线的时间不小于转向架弹簧振动消失的时间。经计算确定的不同路段速度下的夹直线最小长度如表 4-3 所示。

表 4-3　夹直线及圆曲线最小长度

运行速度/(km/h)		200	160	140	120	100	80	60	45	40	35
工程条件	一般/m	120	100	85	75	60	50	36	30	25	20
	困难/m	80	65	60	50	40	30	25	20	20	20

《地铁设计规范》规定,地铁正线、联络线及车辆基地出入线上,两相邻曲线间,无超

高的夹直线最小长度应按表 4-4 确定。

表 4-4　夹直线最小长度

正线 联络线 出入线	一般情况	$\lambda \geqslant 0.5V$	
	困难时最小长度 λ/m	A 型车	B 型车
		25	20

注：V 为列车通过夹直线的运行速度(km/h)

线路平面设计时，在设置圆曲线和缓和曲线后，应检查夹直线长度是否满足相应的最小长度要求，即应保证

$$L_{\mathrm{J}} \geqslant L_{\mathrm{Jmin}} \tag{4-1}$$

当曲线地段不设缓和曲线时，相邻两圆曲线端点（YZ_1 与 ZY_2）间夹直线长度 L_J 应满足下列条件：

$$L_{\mathrm{J}} \geqslant \frac{l_{01}}{2} + L_{\mathrm{Jmin}} + \frac{l_{02}}{2} \tag{4-2}$$

式中：L_{Jmin}——夹直线最小长度(m)，当曲线超高顺坡延伸至直线范围内时，此长度应为直线上左端超高顺坡终点与右端超高顺坡起点间的长度；l_{01}、l_{02}——相邻两圆曲线所选配的缓和曲线长度(m)。

夹直线长度不满足要求时，应修改线路平面设计。如减小曲线半径或选用较短的缓和曲线长度，或改移夹直线的位置，以延长两端点间的直线长度和减小曲线偏角[图 4-22(a)]。当同向曲线间夹直线长度不够时，可采用一个较长的单曲线代替两个同向曲线[图 4-22(b)]。

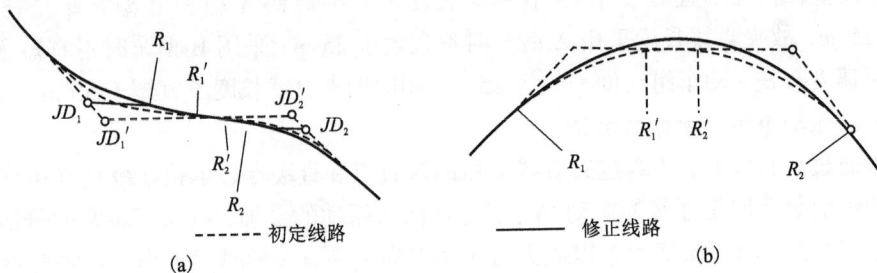

图 4-22　夹直线长度不够时的修正设计

3. 圆曲线

(1)圆曲线半径选择。

①曲线超高的设置及其允许值。

当列车通过曲线时，产生离心加速度 a_L，其值与列车通过速度的平方成正比，与曲线半径 R 成反比，即

$$a_L = \left(\frac{V}{3.6}\right)^2 + \frac{1}{R} \tag{4-3}$$

式中：V——列车通过速度（km/h）；R——圆曲线半径（m）。

列车在曲线上行驶时，由于离心力的作用，将列车推向外股钢轨，加大了外股钢轨的压力，也使旅客感到不适。因此需要将曲线外轨适当抬高，使列车的自身重力产生一个向心的水平分力，以抵消离心力的作用，使内外两股钢轨受力均匀和垂直磨耗均等，满足旅客舒适感，提高线路的稳定性和安全性。曲线外轨抬高后产生小的外轨顶面与内轨顶面的水平高度之差 h 称为曲线超高，如图 4-23 所示。

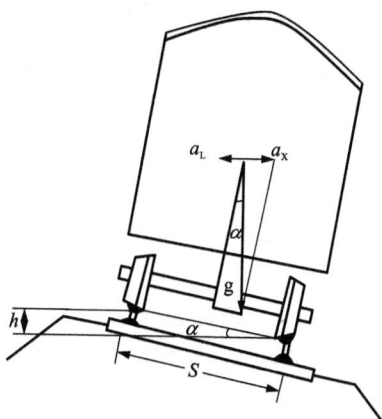

图 4-23　曲线超高

曲线超高的设置方法主要有外轨提高法和线路中心高度不变法两种。外轨提高法是保持内轨高程不变而只抬高外轨的方法，为轨道交通普遍采用。线路中心高度不变法是内轨降低和外轨抬高各为超高值的一半而保证线路中心高程不变的方法，仅在建筑限界受到限制时才采用。

独轨系统、磁悬浮交通等新型城市轨道交通系统，超高通过将轨道表面绕中心线实施，其曲线超高用轨道表面相对于水平面的倾斜角 α 或坡度率（%）来表达。曲线超高在缓和曲线内过渡。

曲线上由于外轨超高 h，使重力加速度在圆心方向产生一个分量，称为向心加速度，其值为

$$a_X = g \times \tan\alpha \approx g \times \sin\alpha = g \times \frac{h}{S} \tag{4-4}$$

式中：g——重力加速度，$g = 9.81$ m/s²；h——外轨超高（mm）；S——两轨中心线之间的距离（mm），对于标准轨距，$S = 1500$ mm。

若通过设置外轨超高产生的向心加速度正好平衡掉列车做曲线运动产生的离心加速度，列车的运动状态处于最理想的状态，则 $a_L = a_X$，即

$$\left(\frac{V}{3.6}\right)^2 + \frac{1}{R} = g \times \frac{h}{S} \tag{4-5}$$

相应的曲线半径与外轨超高值的关系为

$$h = \frac{S}{g \times R} \times \left(\frac{V}{3.6}\right)^2 \tag{4-6}$$

对于普通标准轨距铁路,有

$$h = \frac{1500 \times V^2}{3.6^2 \times 9.81 \times R} = \frac{11.8V^2}{R} \tag{4-7}$$

对于新型轨道交通系统,超高坡为

$$i = \frac{V^2}{3.6^2 \times 9.81 \times R} = \frac{V^2}{127R} \tag{4-8}$$

磁悬浮铁路和独轨交通轨道超高横坡角为

$$\alpha = \tan^{-1}(V^2/127R) \tag{4-9}$$

可见,对于任一半径的曲线,随着速度的提高,可通过增大外轨超高值来平衡因速度提高而增大的离心加速度,其外轨超高值的大小与列车运行速度的平方成正比。以上述公式确定的超高 h,当列车以速度 V 通过曲线时,可达到最佳舒适度、内外轨磨耗均等和受力均衡状态,称之为平衡超高(或均衡超高)。

低速列车行驶于超高很大的曲线轨道时,存在向内倾覆的危险。为了保证行车安全,必须限制外轨超高的最大值。

在我国铁路设计速度低于 160 km/h 的普通铁路线上,上下行列车速度相差悬殊的地段,如设置过大的超高,将使低速列车对内轨产生很大的偏压并降低稳定系数。从工程经验出发,规定其最大超高度为 125 mm。

城际快速旅客列车由于对车辆结构和车内设施的优化提高了舒适性,同时,城际快速旅客列车的速度比较一致,故其超高允许值可以比在客货共线运营时大大提高。国内外取值一般为 150~180 mm。

我国地铁规范规定曲线最大超高为 120 mm。重庆的单轨系统最大超高率达到 12%,横坡角相当于 6.8°。中低速磁悬浮轨道交通系统和独轨系统超高横坡角最大允许值为 6°,相应的超高横坡率为 10%。

②欠超高及其最大允许值。

按设计速度 V 确定的外轨实设超高所产生的向心加速度只能平衡一种速度的离心加速度。当实际通过速度 $V_G > V$ 时,会产生未被平衡的离心加速度。未被平衡的离心加速度可以理解为外轨超高不足产生的。当列车以 V_G 通过时,可以用欠超高的形式表示,其值为

$$h_q = 11.8 \frac{V_G^2}{R} - h \tag{4-10}$$

欠超高 h 与未被平衡的离心加速度 a_L 之间存在如下关系:

$$h_q = \frac{S}{g} a_L = 153 a_L \tag{4-11}$$

中低速磁悬浮轨道交通系统和独轨系统欠超高横坡率为

$$\Delta i = \frac{1}{g} a_L \tag{4-12}$$

式中:h_q——欠超高值(mm);Δi——欠超高横坡率(%);a_L——未被平衡的离心加速度(m/s^2)。

欠超高使内外轨产生偏载，引起内外轨不均匀磨耗，并影响旅客的舒适度。此外，过大的欠超高度还可能导致列车倾覆，因此必须对欠超高最大值加以限制。欠超高允许值主要根据旅客列车的旅客舒适度来考虑。一般认为未被平衡的离心加速度 a_{Ly} 为 0.3 ~ 0.65 m/s² 时不致影响旅客的舒适度，最大不超过 1 m/s²。行车速度越大，要求舒适度越高，允许欠超高应小些。我国城市轨道交通系统取 a_{Ly} 为 0.4 m/s²，对应的欠超高允许值为 61.2 mm，可取 60 mm。

城际快线的未被平衡的离心加速度 a_{Ly} 一般取 0.4 m/s²，困难条件下取 0.55 m/s²，对应的欠超高分别为 50 mm 和 80 mm。

中低速磁悬浮交通系统未被平衡的离心加速度允许值在舒适度条件良好时取 1.0 m/s²，舒适度一般时取 1.25 m/s²。

③最小曲线半径计算。

满足旅客舒适度是城市轨道交通设计的基本要求。最小曲线半径应保证旅客列车以最高设计速度 V_{max} 通过时，欠超高 h_q 不超过允许值 h_{qy}，以保证旅客舒适。在曲线设置外轨超高最大值 h_{max} 及欠超高最大允许值 h_{qy} 后，可得满足旅客舒适条件的最小曲线半径 R_{min}：

$$R_{min} = 11.8 \times \frac{V_{max}^2}{h_{max} + h_{qy}} \tag{4-13a}$$

独轨系统最小曲线半径按下式计算：

$$R_{min} = \frac{V_{max}^2}{1.27(i_{CM} + \Delta i_{CM})} \tag{4-13b}$$

式中：R_{min}——满足欠超高要求的最小曲线半径(m)；V_{max}——轨道交通设计速度(km/h)；h_{max}——最大超高值(mm)；h_{qy}——欠超高允许值(mm)；i_{CM}——超高横坡率(%)；Δi_{CM}——欠超高横坡率(%)。

④最小曲线半径的合理选择。

随着大城市向高密度方向发展，城市轨道交通的最小曲线半径标准将会对工程、运营、换乘设计方案等方面产生越来越大的影响。400 m 以下的小半径曲线具有限制列车速度、养护比较困难、钢轨侧面磨耗严重及噪声大等缺点，特别是在轨道交通运量大、密度高的情况下，上述缺点更加突出。因此，曲线半径宜按标准半径系列从大到小合理选用，在实际工作中，最大曲线半径一般不超过 3000 m。同时，从运营角度出发，最小曲线半径应尽量少用，并应有一定限制。我国《地铁设计规范》(GB 50157 — 2013)规定的线路最小曲线半径标准如表 4-5 所示。

表 4-5　圆曲线最小曲线半径(m)

线路	A 型车		B 型车	
	一般地段	困难地段	一般地段	困难地段
正线	350	300	300	250
联络线、出入线	250	150	200	150
车场线	150	—	150	—

车站站台段线路应尽量设在直线上。因为站台上有大量旅客活动,直线站台通视条件好,有利于行车安全;而且城市轨道交通多为高站台,曲线站台与车辆间的踏步距离不均匀,不利于旅客上下车和乘车安全。在困难地段,车站也可设在曲线上,为了保证行车安全和合理的踏步距离,其站台有效长度范围的线路曲线最小半径,应符合表4-6的规定。

表 4-6　车站线路曲线最小半径(m)

车型		A 型车	B 型车
曲线半径	无站台门	800	600
	设站台门	1500	1000

中低速磁悬浮系统,满足最高速度下的舒适条件的最小曲线半径,一般取 500 m,困难条件下取 450 m。从运行平稳性看,由于磁悬浮系统采用灵活的曲线通过机构,其曲线通过半径通常为 50~75 m。因此,在车站前后进出站地段,可采用较小半径,但不应小于 75 m。

在直线电机地铁系统中,由于直线电机采用先进的导向、悬挂系统,具有良好的曲线通过能力,国外部分已建成的直线电机轮轨交通系统,在列车运行速度为 80 km/h 的情况下,正线最小曲线半径仅为 70~100 m。我国广州地铁 4 号线采用直线电机系统,其正线最小曲线半径一般条件下取 200 m,困难条件下取 150 m;车场线取 60 m。

(2)曲线限速。

列车通过曲线地段,为保证行车安全和满足乘客舒适度要求,列车必须限速运行。列车通过曲线时允许的最大速度通常简称曲线限速,应根据曲线半径、外轨超高和乘客舒适度要求计算确定。

线路平面曲线半径选择宜适应所在区段的列车运行速度要求。当条件不具备设置满足速度要求的曲线半径时,应按限定的允许未被平衡横向加速度计算通过的最高速度,计算公式如下:

$$V_{a_L} \leqslant \sqrt{\frac{h+153a_L}{11.8} \times R} \qquad (4-14)$$

式中:V_{a_L}——曲线限速,即旅客列车通过曲线时的允许速度(km/h);h——曲线实设超高最大值(mm);a_L——允许未被平衡横向加速度;R——曲线半径(m)。

在正常情况下,允许未被平衡横向加速度为 0.4 m/s²,当曲线超高为 120 mm 时,最高速度限制应按式(4-15)计算,且不应大于列车最高运行速度。

$$V_{0.4} = 3.91\sqrt{R} \quad (km/h) \qquad (4-15)$$

①在瞬间情况下,允许短时出现未被平衡横向加速度为 0.5 m/s²,当曲线超高为 120 mm 时,瞬间最高速度限制应按式(4-16)计算,且不应大于列车最高运行速度。

$$V_{0.5} = 4.08\sqrt{R} \quad (km/h) \qquad (4-16)$$

②在车站正线及折返线上,允许未被平衡横向加速度为 0.3 m/s²,当曲线超高为 15 mm 时,最高速度限制应按式(4-17)计算,且分别不大于车站允许通过速度或道岔侧向

允许速度。

$$V_{0.3} = 2.27\sqrt{R} \qquad （km/h） \tag{4-17}$$

（3）圆曲线最小长度。

两缓和曲线间圆曲线的最小长度应保证行车平稳，并考虑维修方便。在线路平面设计时，为保证圆曲线有足够的长度，曲线偏角 α、曲线半径 R 和缓和曲线长度 l_0 三者间的关系应满足下式：

$$\frac{\pi \times \alpha \times R}{180} - l_0 \geq L_{ymin} \tag{4-18}$$

式中：L_{ymin} 表示圆曲线最小长度（m），采用表 4-3 中的数值。当圆曲线两端的超高顺坡延伸至圆曲线范围内时，此长度应为圆曲线上左端超高顺坡终点与右端超高顺坡起点间的长度。

城市轨道交通圆曲线长度短，对改善线路条件、减少行车阻力和养护维修有利。但当圆曲线长度小于车辆的全轴距时，车辆将同时跨越在三种不同的线型上，会危及行车安全、降低列车的稳定性和乘客的舒适度。因此，我国《地铁设计规范》（GB 50157—2013）规定，在正线、联络线及车辆基地出入线上的圆曲线最小长度，A 型车不宜小于 25 m，B 型车不宜小于 20 m；在困难情况下不得小于一节车辆的全轴距；车场线不应小于 3 m。

在设计线路平面时，若曲线偏角较小，设置缓和曲线后，圆曲线长度不满足最小长度要求时，宜加大曲线半径，增加圆曲线长度。若条件限制，不易加大曲线半径或加大后仍不能满足要求时，则可采用较短的缓和曲线长度，或适当改动线路平面，增大曲线偏角。

城市轨道交通线路不宜采用复曲线。在困难地段有充分技术依据时可采用复曲线。当两圆曲线的曲率差大于 1/2500 时应设置中间缓和曲线，其长度根据计算确定，在困难情况下不得小于 20 m。

4. 缓和曲线

曲率半径和外轨超高均逐渐变化的曲线称为缓和曲线。为使列车安全、平顺、舒适地由直线过渡到圆曲线，在直线与圆曲线之间要设置缓和曲线。

缓和曲线的作用是：在缓和曲线范围内，其半径由无限大渐变到圆曲线半径，从而使车辆产生的离心力逐渐增加有利于行车平稳；外轨超高由零递增到圆曲线上的超高量，使向心力逐渐增加与离心力的增加相配合；当曲线半径小于 350 m、轨距需要加宽时，在缓和曲线范围内由标准轨距逐步加宽到圆曲线上的加宽量。

（1）缓和曲线的线型。

缓和曲线线型近似于缓和曲线曲率的二次定积分，而曲率又和超高具有一定的比例关系，所以缓和曲线线型可以形象地用外轨超高的顺坡形式表示，目前国内外采用的超高顺坡有以下几种主要形式：

①直线型超高顺坡，平面为三次抛物线。我国和俄罗斯、英、法、美、日等国客货列车共线运行的铁路（$V_{max} \leq 160$ km/h）都采用这种线型。

②S 形超高顺坡，德国在 $V_{max} < 200$ km/h 的线路上广泛采用。

③中间为直线、两端为二次抛物线的超高顺坡，缓和曲线称为 4-3-4 型，在法国 $V_{max} < 160$ km/h 的线路上采用。

④半波正弦形超高顺坡，在日本高速客运的新干线（$V_{max} = 210 \sim 260 \ km/h$）上采用。

⑤一波正弦形超高顺坡，于德国福赫海姆—班堡的高速试验线铺设。

我国路网铁路和城市轨道交通的缓和曲线线型一般采用直线型超高顺坡三次抛物线形式。

直线型超高顺坡的三次抛物线缓和曲线线型具有线型简单、长度较短、设计方便、平立面有效长度长、易于铺设养护等优点。尽管直线型超高顺坡理论上在缓和曲线起、讫点处一阶导数不连续，而实际上，由于轨道结构自然圆顺，线路与车辆结构具有一定弹性，因此能使列车运行条件相应改善。另一方面，可通过在维修中规定一定的维修精度，以维持其曲率连续变化。

如图 4-24 所示，三次抛物线型缓和曲线的参数方程、直角坐标方程和外轨超高顺坡坡度的计算式分别为：

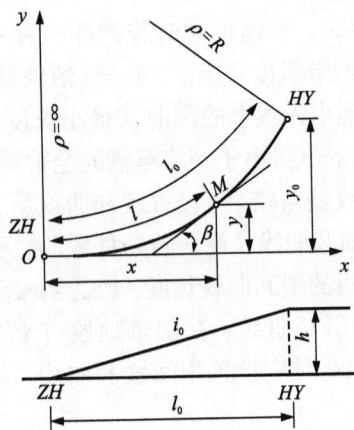

图 4-24　缓和曲线与外轨超高

参数方程：

$$\begin{cases} x = l\left(1 - \dfrac{l^4}{40R^2 l_0^2} + \dfrac{l^8}{3456 R^4 l_0^4} - \cdots\right) \approx l \\[4mm] y = \dfrac{l^3}{6Rl_0}\left(1 - \dfrac{l^4}{56R^2 l_0^2} + \dfrac{l^8}{7040 R^4 l_0^4} - \cdots\right) \approx \dfrac{l^3}{6Rl_0} \end{cases} \qquad (4\text{-}19)$$

直角坐标方程：

$$y = \frac{x^3}{6Rl_0}\left(1 + \frac{2x^4}{35R^2 l_0^2} + \cdots\right) \approx \frac{x^3}{6Rl_0} \qquad (4\text{-}20)$$

超高顺坡坡度：

$$i_0 = \frac{h}{l_0} (\text{‰}) \qquad (4\text{-}21)$$

式中：x，y——分别为缓和曲线上任意点 M 的横坐标和纵坐标；l——缓和曲线上任意点 M 距 ZH 点的长度（m）；l_0——缓和曲线全长（m）；R——圆曲线半径（m）；h——圆曲线上的外轨超高（mm）。

（2）缓和曲线设计。

缓和曲线的长度影响行车安全和旅客舒适度，应根据下列条件计算取其较长者：超高顺坡不致车轮脱轨；超高时变率不致使旅客不适；欠超高时变率不致影响乘客舒适。因此，线路平面圆曲线与直线之间应根据曲线半径、曲线超高设置及列车设计速度等因素设置缓和曲线长度。

我国地铁工程中各种设计速度下常用曲线半径的缓和曲线长度如表 4-7 所示。

缓和曲线长度内应完成直线至圆曲线的曲率变化，包括轨距加宽过渡和超高递变。当圆曲线较短和计算超高值较小时，可不设缓和曲线，但曲线超高应在圆曲线外的直线段内完成递变。

表 4-7　常用地铁曲线半径的缓和曲线长度表（单位：m）

曲线半径/m	设计速度/(km/h)														
	100	95	90	85	80	75	70	65	60	55	50	45	40	35	30
3000	30	25	20	—	—	—	—	—	—	—	—	—	—	—	—
2500	35	30	25	20	20	—	—	—	—	—	—	—	—	—	—
2000	40	35	30	25	20	20	—	—	—	—	—	—	—	—	—
1500	55	50	45	35	30	25	20	—	—	—	—	—	—	—	—
1200	70	60	50	40	35	30	25	20	20	—	—	—	—	—	—
1000	85	70	60	50	45	35	30	25	25	20	—	—	—	—	—
800	85	80	75	60	55	45	40	35	30	25	20	—	—	—	—
700	85	80	75	70	60	50	45	35	30	25	20	20	—	—	—
650	85	80	75	70	60	55	45	40	35	30	20	20	—	—	—
600		80	75	70	70	60	50	45	35	30	20	20	20	—	—
550	—	—	75	70	70	65	55	45	40	35	20	20	20	—	—
500	—	—	—	70	70	65	60	50	45	35	20	20	—	—	—
450	—	—	—	—	70	65	60	55	50	40	25	20	20	20	—
400	—	—	—	—	—	65	60	60	55	45	25	20	20	20	—
350	—	—	—	—	—	—	60	60	60	50	30	25	20	—	20
300	—	—	—	—	—	—	—	60	60	60	35	30	25	20	20
250	—	—	—	—	—	—	—	—	60	60	40	35	30	20	20
200	—	—	—	—	—	—	—	—	—	60	40	40	35	25	20
150	—	—	—	—	—	—	—	—	—	—	—	40	40	35	25

4.2.3 平面设计计算

1. 曲线要素计算

（1）简单曲线。

未设缓和曲线的曲线称为简单曲线，如图 4-25 所示，其曲线要素包括偏角 α，半径 R，切线长 T_y，曲线长 L_y 和外矢距 E_y。偏角 α 在平面图上量得，圆曲线半径 R 由选配得出，切线长 T_y、曲线长 L_y 和外矢距 E_y 由式（4-22）~式（4-24）计算。

$$T_y = R \times \tan \frac{\alpha}{2} \tag{4-22}$$

$$L_y = \frac{\pi \times \alpha \times R}{180} \tag{4-23}$$

$$E_y = R \times \left(\sec \frac{\alpha}{2} - 1 \right) \tag{4-24}$$

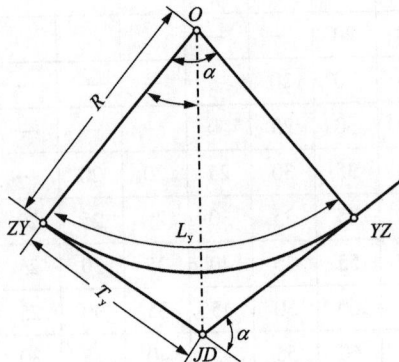

图 4-25　简单曲线

（2）普通曲线。

普通曲线是指加设缓和曲率的曲线，如图 4-26 所示。通过加设曲率渐变的缓和曲线，使曲线内移 P 和外延 m，其曲线要素为偏角 α，半径 R，缓和曲线长 l_0、切线长 T、曲线长 L 和外矢距 E。偏角 α 在平面图上量得，圆曲线半径 R 和缓和曲线长 l_0 由选配得出，切线长 T、曲线长 L 和外矢距 E 由式（4-25）~式（4-27）计算。

$$T = (R+P) \times \tan \frac{\alpha}{2} + m \tag{4-25}$$

$$L = \frac{\pi(\alpha - 2\beta_0)R}{180} + 2l_0 = \frac{\pi \times \alpha \times R}{180} + l_0 \tag{4-26}$$

$$E = (R+P) \times \sec \frac{\alpha}{2} - R \tag{4-27}$$

式中：P——内移距（m），$P = \dfrac{l_0^2}{24R} - \dfrac{l_0^4}{2688R^3} \approx \dfrac{l_0^2}{24R}$；$m$——切垂距（m），$m = \dfrac{l_0}{2} - \dfrac{l_0^3}{240R^2} \approx \dfrac{l_0}{2}$；

β_0——缓和曲线角（°），$\beta_0 = \dfrac{90l_0}{\pi R}$；$l_0$——缓和曲线长度。

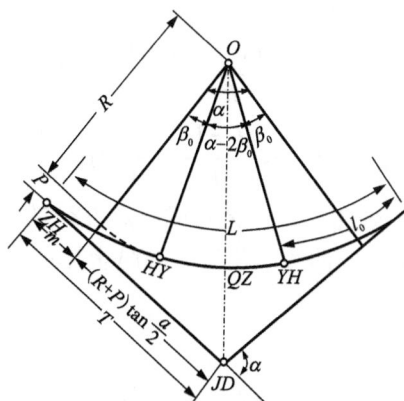

图 4-26　普通曲线

2. 切线支距计算

切线支距法是轨道交通曲线测设常用的一种方法，如图 4-27 所示，在线路设计和施工中，此方法可以简便地计算出圆曲线或缓和曲线上任意点线路中心偏离直线 (切线) 的横向距离，即切线支距。缓和曲线任意点切线支距计算公式如下：

$$X = L\left(1 - \frac{L^4}{40R^2L_0^2} + \frac{L^8}{345R^4L_0^4} - \cdots\right) \approx L \tag{4-28}$$

$$Y = \frac{L^3}{6RL_0}\left(1 - \frac{L^4}{56R^2L_0^2} + \frac{L^8}{7040R^4L_0^4} - \cdots\right) \approx \frac{L^3}{6RL_0} \tag{4-29}$$

式中：L——缓和曲线上任意点到曲线起点 ZH (或终点 HZ) 的距离 (m)；X——切线上相应于任意点的横坐标 (m)；Y——缓和曲线上任意点的纵坐标即切线支距 (m)；其余符号意义同前。

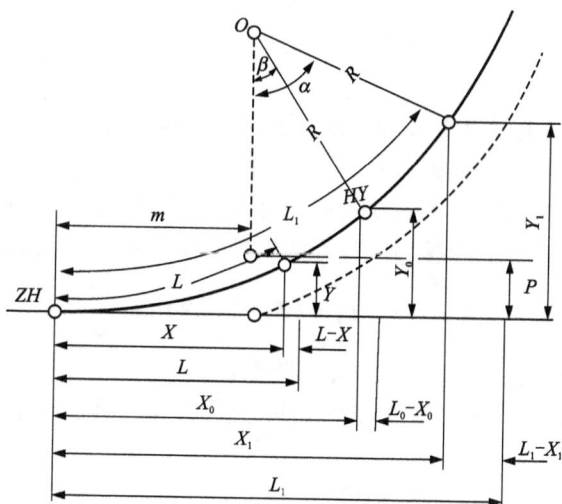

图 4-27　切线支距计算示意图

圆曲线任意点切线支距计算公式如下：

$$X_1 = R\sin\left(\frac{L_1-L_0}{R}\times\frac{180°}{\pi}+\beta_0\right)+m \tag{4-30}$$

$$Y_1 = R\left[1-\cos\left(\frac{L_1-L_0}{R}\times\frac{180°}{\pi}+\beta_0\right)\right]+P \tag{4-31}$$

式中：X_1——圆曲线上任意点到曲线起点 ZH（或终点 HZ）的距离（m）；Y_1——切线上相应于任意点的横坐标（m）；L_1——圆曲线上任意点的纵坐标即切线支距（m）；其余符号意义同前。

3. 线路里程计算及标示

里程计算一般包括起讫点、直缓、缓圆、圆缓、缓直、车站中心、道岔中心以及特殊点里程等。需要时，左、右线的里程分别进行计算，先右线后左线，一般在车站中心里程相同。

（1）线路里程的标示与计算。

①曲线控制点里程标示。

城市轨道交通线路里程以千米标和百米标表示，如 K8+700 表示 8 km+700 m 处。线路里程以右线为基准，一般从起点开始以千米标 K0+000 表示，依此推算各点里程。采用连续里程，双线并行地段左线采用右线的投影里程。双线不并行的地段左、右线分别采用各自里程，并在其两端并行地段衔接的右线整百米标处注明两线里程关系及左线断链。

线路里程通常按不同设计阶段区分标示，即在整千米 K 前加不同字头，如可行性研究阶段为 AK，初测、初步设计阶段为 CK，定测及施工设计为 DK。比较方案采用在两字头之间加罗马数字对方案编号的方法，如 AⅠK、CⅡK 分别表示可行性研究比较方案Ⅰ里程、初步设计比较方案Ⅱ里程等。

②曲线控制点里程计算。

如曲线起点 ZH 里程已定，设为 M，则曲线各控制点里程如下：曲线终点 HZ 为 $M+L$；曲线中点 QZ 为 $(M+L)/2$；缓圆点 HY 为 $M+L$；圆缓点 YH 为 $M+L-L_0$，其中，L 为按式（4-26）计算得出的曲线长度；L_0 为设计缓和曲线长度。

③左线里程计算。

城市轨道交通线路里程以右线为基准，区间并行地段左线里程取右线里程的投影里程。以图 4-28 为例，其计算方法为：

$$左线 ZH 点按右线投影的里程 = 右线 ZH 点里程 - b \tag{4-32}$$

$$左线 HZ 点按右线投影的里程 = 右线 HZ 点里程 + b \tag{4-33}$$

$$b = T_左 + a - T_右 = (T_左 - T_右) + D\tan\frac{\alpha}{2} \tag{4-34}$$

式中：a、b 分别为左线交点及 $ZH(HZ)$ 点的错动量。

当曲线为右偏角时，同理可计算出左线曲线起、终点里程，只是 b 值正负号相反。

（2）断链的计算。

断链按其产生的原因可以分为内业断链和外业断链。内业断链是在设计阶段产生的。比如已经设计好了，因某种原因要修改（比如曲线半径修改），就要设置断链。如果不采用断链的方法，所有已经设计好的文件就要全部修改里程，这样工作量就太大了。施工时先按此施工，竣工时再统一安排里程。

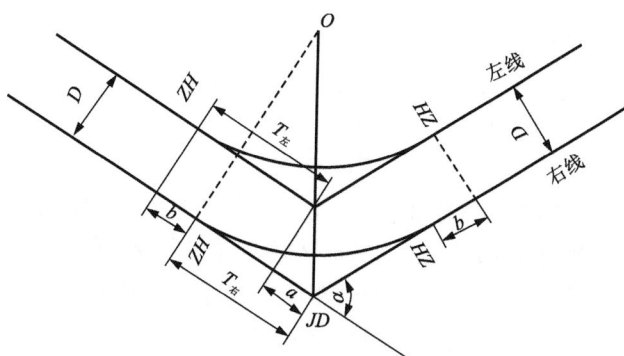

图 4-28　投影里程关系

　　外业断链是由于线位设计变更或外业测量产生的断链。特别是在曲线多、夹直线地段及左右线隧道结构分开的非并行地段，左右线里程很难统一，经常出现外业断链。这时候一般以其中右线为基准其里程一直顺延，左线里程丈量时从分线开始直到再次并线时所量出的里程和基准线里程不是同一个值，有可能长有可能短，长了就设置长链，短了就设置短链。外业断链有时也称为实际断链。

　　断链长度 ΔL 等于左线曲线设计实际长度 L_S 与投影长度 L_T 的差值，即 $\Delta L = L_S - L_T$。$\Delta L > 0$ 时为长链，$\Delta L < 0$ 时为短链。

　　(3)断链的设置及标示。

　　左线断链通常在每一处左右线长度不等的地段设置，外业断链在左右线隧道结构分开和合并时在直线段上设置，断链的设置要避开桥梁、隧道、曲线。

　　内业断链在平面图左线曲线资料的下面标示，并在长、短链数字 $100+\Delta L$ 外加细实线小框，如 101.456、98.345 分别表示左线长链 1.456 m，短链 1.655 m。在纵断面图"线路平面栏"曲线中部的相邻两个百米标间的上方，紧贴图式栏目最上边线平行画两个小方格，将长短链数 $100+\Delta L$ 标在上面小方格内，如 101.456、98.345 分别表示左线长链 1.456 m，短链 1.655 m。

　　外业断链在平面图上直线段上邻近的整百米处上方标示里程衔接关系及断链实际长短数 ΔL，同时在纵断面图上的该百米处与其相邻前一个整百米间标注 $100+\Delta L$，表示该百米间的实际长度，标在紧贴图式栏目最上边线，例如：101.205、97.678 分别表示长链 1.205 m、短链 2.322 m。

　　同一断链在平、纵面图上必须同时标示并核对一致。

4.2.4　线间距

　　城市轨道交通线路无论是地下、高架或是地面线，左线与右线一般位于同一街道范围内。左右线可以并行布置也可以重叠布置。当左右线并行布置，两线路中心线之间的水平距离简称为线间距。线间距受线路所处位置、施工方法、限界、线路速度等多方面的影响，一般可以分为区间并行地段线间距、车站地段线间距、道岔地段线间距等。

1. 不同地段线间距要求

(1)区间直线地段线间距。

①地面线地段(两线间无墙、柱及其他设备)线间距。两线间最小距离由两线的设备半宽加安全净距而定,可按式(4-35)计算。

$$D = Y + 2B \qquad (4-35)$$

式中:D——第一、二线间最小线间距(m);B——两交会列车的设备半宽(m),A 型车取(1.5+0.1)m,B 型车取(1.4+0.1)m;Y——区间两线交会列车间的安全净距(m),其值大小与行车速度、车辆结构和状态、允许的会车压力波等因素有关。

《城市轨道交通工程设计规范》(DB11/913—2013)规定:区间直线地段,当相邻两线间无墙、柱、纵向辅助疏散平台或设备时,两相邻线路的最小线间距为 3.8 m(A 型车)或3.6 m(B 型车)。

②隧道、高架线地段线间距。隧道或高架线直线地段最小线间距为:

$$D = Y + 2B \qquad (4-36)$$

式中:D——第一、二线间最小线间距(m);B、Y——根据不同类型隧道而定,以米计,其数值可按下列条件确定。

a. 双孔矩形隧道(图 4-29)。B 为列车行车方向左侧的建筑限界与允许最大施工误差之和;Y 为中隔墙宽度。

b. 圆形隧道(图 4-30)。B 为圆形隧道外轮廓半径;Y 为两平行圆形隧道间的净距,一般不宜小于圆形隧道外轮廓直径。

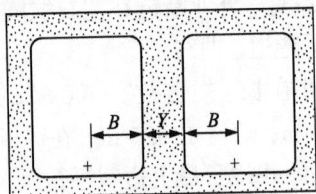

图 4-29 双孔矩形隧道

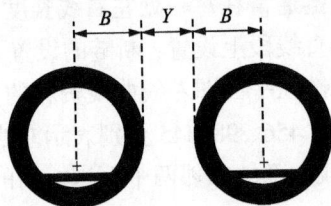

图 4-30 圆形隧道

c. 马蹄形隧道(图4-31)。B 为马蹄形隧道的外轮廓最大宽度的一半;Y 为两平行马蹄形隧道间的净距,一般不宜小于 4 m。

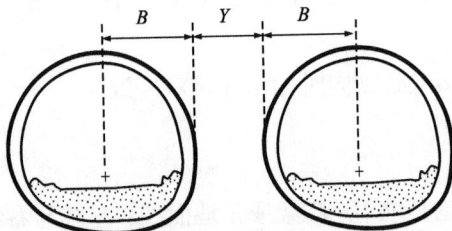

图 4-31 马蹄形隧道

d. 双线间无构筑物隧道(图 4-32)。B 为列车行车方向左侧的设备限界；Y 为安全距离，取 0.1 m。

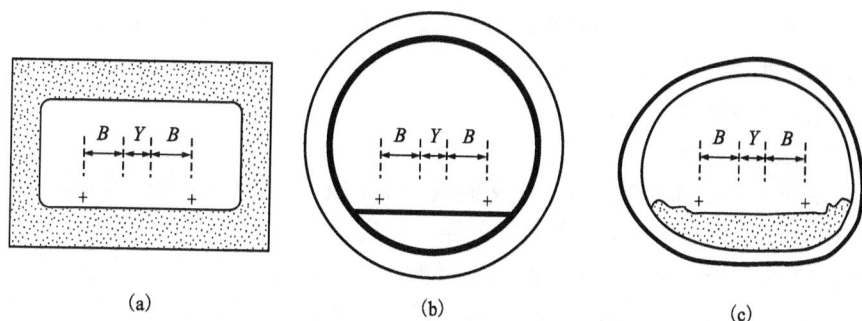

(a)　　　　　　　　　(b)　　　　　　　　　(c)

图 4-32　双线间无构筑物隧道

e. 高架线(图 4-33)。B 为列车行车方向左侧的设备限界；Y 为安全距离，取 0.1 m，但按照上述 B、Y 值计算出的线间距，应与双线桥梁结构所需的最小线间距进行比较，取两者中的较大值为最小线间距。

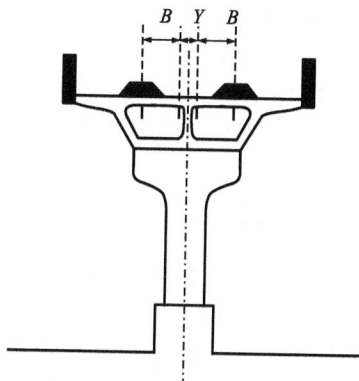

图 4-33　高架线

(2)车站地段线间距。

①地下岛式车站线间距。地下岛式车站线间距主要受车站设计宽度、线路中心线至车站站台边缘距离的影响。地下岛式车站两正线之间距离等于右线线路中心线至站台边缘的距离、站台设计宽度、左线线路中心至站台边缘的距离之和。线路中心线至站台边缘的距离根据车辆类型、站台边缘与车辆轮廓之间要求的间隙确定。《地铁设计规范》(GB 50157—2013)规定，站台计算长度内的站台边缘距线路中心线的距离，应按车辆限界加 10 mm 安全间隙确定；站台边缘与车辆轮廓线之间的间隙，当采用整体道床时不应大于 100 mm，当采用碎石道床时不应大于 120 mm。曲线车站站台边缘与车辆轮廓线之间的间隙不应大于 180 mm。站台边缘距线路中心线的距离宜按设备限界另加不小于 50 mm 的安全间隙确定。

②地下侧式车站线间距。地下侧式车站通常采用明挖法施工。当邻接的区间线路亦

采用明挖法施工时，车站两正线之间的距离同区间地面线路线间距。当站端区间线路采用单洞盾构或其他暗挖施工方法时，一般应在站外改变线间距离，使站台地段两正线间设计为最小线间距。

③地面、高架车站线间距。为节省工程投资和减少对地面交通的干扰，地面、高架站通常设计为侧式车站，并采用最小线间距，当采用 B 型车时，线间距一般为 3.6 m，当采用 A 型车时，线间距一般为 3.8 m。

（3）道岔地段线间距。

地铁车站两端常因铺设单渡线、交叉渡线、停车线、交路折返线及部分区间设渡线需要，须铺设道岔，根据布置形式，其对线间距有相应要求。

①单渡线及交叉渡线地段。单渡线和交叉渡线地段处的线间距应符合《地铁设计规范》（GB 50157—2013）中的规定，如表 4-8 所示。特殊情况无法满足规定时，应进行特殊设计。

表 4-8　单渡线和交叉渡线的线间距要求

线路类型	钢轨类型 /(kg/m)	道岔型号	导曲线半径/m	侧向限速/ (km/h)	线间距/m	
					单渡线	交叉渡线
正线道岔	60	9	200	35	≥4.2	4.6 或 5.0

注：正线道岔为含折返线、出入线在正线接轨的道岔。

②停车线、折返线地段。车站停车线、折返线地段为便于使用和节省工程，一般设置在岛式车站紧靠站台端部的左、右正线之间，两正线线间距同站台段线间距。

2. 曲线地段线间距加宽

列车行驶到曲线地段时，车、线之间的几何关系会发生变化，产生车辆的几何偏移量和由外轨超高引起的车辆偏移量。这两种偏移量导致基本建筑限界及线间距与直线地段有所变化，因此，需考虑适当的线间距加宽。

双线设计时，并行地段的内外侧两曲线按同心圆设计，曲线线间距加宽可采用加长内侧曲线的缓和曲线长度 l_N 的方法实现，如图 4-34（a）所示。因为圆曲线两端加设缓和曲线后，圆曲线起点 ZY、讫点 YZ 向圆心方向移动，移动距离称为内移距离 P_N。若加大内侧曲线的缓和曲线长度 l_N，可使内移距离 P_N 增大，从而使两线间的距离加宽。

为了在曲线上使线间距由直线上的线间距 D 增大为 D+W′，当外侧曲线设置长度为 l_W 的缓和曲线后的内移距离为 $P_W = \dfrac{l_W^2}{24R_W}$ 时，内侧曲线的内移距离 P_N 为：

$$P_N = P_W + W' \times 10^{-3} (\text{m}) \tag{4-37}$$

所以内侧曲线的缓和曲线长度 l_N 应为：

$$l_N = \sqrt{24R_N \times p_N} = \sqrt{24R_N \times (P_W + W' \times 10^{-3})} \quad (\text{m}) \tag{4-38}$$

$$R_N = R_W - D - W' \times 10^{-3} \quad (\text{m}) \tag{4-39}$$

式中：P_N——线间距加宽后内侧曲线内移距（m）；P_W——线间距加宽后外侧曲线内移距（m）；R_N——线间距加宽后内侧曲线半径（m）；R_W——线间距加宽后外侧曲线半径（m）；D——曲线两端直线地段的线间距（m）；W'——直线地段为最小线间距时曲线地段的线间

距加宽值（mm）。

当两端直线地段为最小线间距时，曲线地段线间距加宽值 W' 可通过以下公式计算并取整为 5 mm 的整数倍。

①当外侧曲线的实设超高 h_W 等于或小于内侧曲线实设超高 h_N 时，A 型车和 B 型车的曲线线间距加宽值 W' 分别为 $61051/R$（mm）和 $45125/R$（mm）。

②当外侧曲线的实设超高 h_W 大于内侧曲线实设超高 h_N 时，A 型车和 B 型车的曲线线间距加宽值 W' 分别为 $61051/R+H(h_W-h_N)/1500$（mm）和 $45126/R+H(h_W-h_N)/1500$（mm），其中，R 表示曲线半径（m）；h_W 表示外侧曲线的实设超高（m）；h_N 表示内侧曲线实设超高（m）；H 表示车辆限界图中计算点的高度，一般取 3.85 m。

在曲线毗连地段，如果夹直线长度较短，或者曲线偏角过小，不能过多地加长内侧线的缓和曲线长度时，内外线可采用相同的缓和曲线长度，而加宽曲线两端直线段的线间距，使其满足曲线加宽要求，如图 4-34（b）所示。

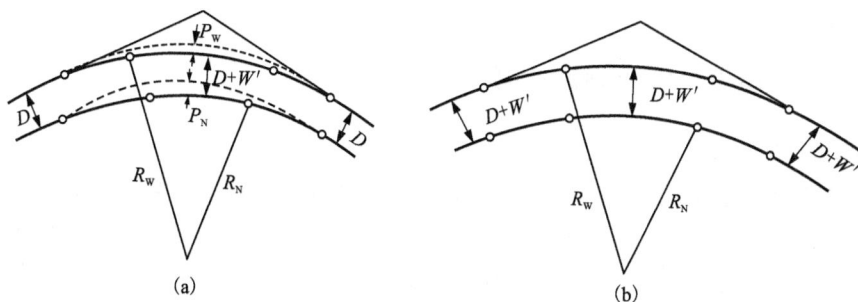

图 4-34　曲线地段线间距加宽

3. 线间距变更

（1）线间距变更方法。

①在车站两端和桥隧地段的线间距变更宜利用附近曲线完成。条件不具备时，可在第二线上采用反向曲线完成，如图 4-35 所示。

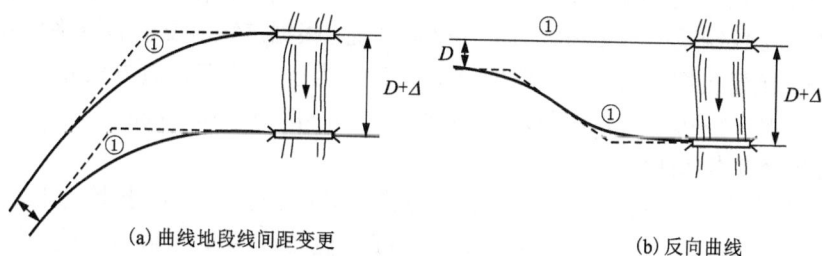

(a) 曲线地段线间距变更　　　　(b) 反向曲线

图 3-35　线间距变更

②相邻两线采用反向曲线变更线间距时，当受圆曲线最小长度限制，可不设缓和曲线，但圆曲线半径不得小于表 4-9 规定的数值。

表4-9 可不设缓和曲线的最小圆曲线半径

旅客列车设计行车速度/(km/h)	160	140	120	100	80
最小圆曲线半径/m	12000	10000	5000	4000	3000

③相邻两线采用反向曲线变更线间距，当受曲线偏角限制难以满足圆曲线最小长度标准时，对旅客列车设计行车速度小于100 km/h的地段，可采用较短的圆曲线长度，但不得小于20 m。

（2）线间距变更地段线间距计算方法。

直线地段线间距，根据变更地段两端的线间距，按线性内插方法计算。

①圆形、马蹄形隧道的最小线间距与直线地段相同。

②其余类型隧道的最小线间距，应在直线地段线间距的基础上进行加宽，加宽量应按车辆在圆曲线上的设备限界及曲线超高量计算确定。曲线地段，按三角分析原理计算变更地段的线间距。

4.2.5 平面设计的步骤和内容

1.平面设计步骤

在工可阶段，线路平面图一般只表现线路上行线的里程桩号、车站的里程、曲线的偏角及切线长（未配缓和曲线之前的曲线）。在初步设计阶段，平面设计需要表示交点及曲线要素、方位角、里程桩号、特征点标示、断链标注、车站位置及名称、车站中心里程、配线的道岔岔心标注以及重要障碍物等。在施工设计阶段则需要更加具体的信息，包括线路详细坐标、线间距标注等。

下面以线路初步设计阶段及施工设计阶段为例，介绍城市轨道交通平面的主要设计步骤及方法。

城市轨道交通线路平面定位以右线为标准。

（1）确定右线任意点坐标及直线边方位角。

为便于城市轨道交通的设计施工及与城市相关工程的协调配合，建立与城市控制系统一致的平面坐标控制系统。按确定的平面坐标系统，根据定线所要求的线路与城市既有或规划道路或指定建筑物的关系，求取线路右线任一点坐标及直线边方位角。计算精度要求：方位角一般取整到秒，线路长度取整到毫米，坐标取值到0.1 mm。

（2）右线交点坐标计算。

从线路起点开始，先用已知直线相交公式及点间距公式求出起始边长，然后用坐标公式计算交点坐标。用交点坐标及第二直线方位角作为新起始边直线，继续采用上述方法计算第二个交点坐标，这样交替计算边长和坐标，直至全线交点坐标计算完成。这样交替计算边长和坐标的方法，可以保持线路的计算位置和设计位置一致，误差在0.5 mm以内。

（3）曲线要素计算。

①曲线半径。

初步设计阶段，右线曲线半径一律采用标准整数。施工设计阶段，当左右线为同心圆曲线时，外圆曲线半径采用标准整数；若是最小曲线半径，则内圆曲线半径一般应采用标准整数。

②缓和曲线。

初步设计阶段根据曲线距车站的远近，按照相关规范初步选用缓和曲线长度。施工设计阶段根据列车运行速度图，选用缓和曲线长度。

对于单洞双线隧道，左、右曲线按同心圆设计，当右线为外线时，右线缓和曲线长度按标准设计，左线缓和曲线长度按加宽要求经计算确定，并取整到 1 m；当右线为内线时，（拟定外线缓和曲线长度为规范允许最小值），内线缓和曲线长度按加宽要求经计算确定，并进整到 5 m。

当一个较长曲线紧邻车站端部时，靠近车站端可以用较短缓和曲线，另一端用较长缓和曲线，以利于车站站位布置。在曲线两端线间距略有差异时，也可以用不等长缓和曲线调整同心圆曲线。

③切线长度与曲线长度计算。

切线长、曲线长按式（4-25）、式（4-26）计算，精度为 0.1 mm，取整到毫米。初步设计阶段左线一般不进行曲线要素计算，但夹直线长度紧张地段除外。

（4）里程计算与标示。

线路里程用千米标和百米标表示，一般以右线为基准，采用连续里程。由于断链使里程失去线路直观长度、容易造成设计施工中的差错，因此，右线在任何设计阶段里程不宜产生断链。

（5）控制点里程与坐标计算。

这里的控制点包括建筑物控制点及车站中心点。其中建筑物控制点至线路的垂距及其里程可用点线间垂距公式计算，也可以用两直线的交点公式计算。车站中心点计算时，首先根据定线要求的站位计算右线站中心里程，移动车站中心位置取车站里程为整数米（m）；再计算站中心坐标，坐标取值到 0.1mm。

（6）左线相关信息计算。

施工图设计阶段进行计算，初步设计不要求。

①左线交点坐标计算。

左右线平行地段，首先从右线控制点上，根据定线要求的线间距，计算左线各直线边上任一点坐标，然后按交点坐标计算方法，求出左线各交点坐标。左右线非平行地段，根据左右线平面相应的几何关系进行坐标计算。左线单独绕行地段与右线坐标计算方法相同。计算完成后，应自查左、右线平面相互关系与设计要求是否相符，线间距误差应在 0.5 mm 以内。

②左线里程及断链计算。

左线里程按照右线里程推算。因左线绕行或内外曲线的关系，左线与右线长度不等，但为了便于设计及施工，左右线平行直线段同一断面上的里程宜一致，即左线采用右线的投影里程。通常在每一处左、右线长度不等的地段设置左线断链。但在曲线多的地段，若在每一曲线设一断链，也会给设计及施工带来不便。为减少左线断链数量，可对左线断链进行适当合并。当两个曲线间夹直线较短时，两个断链宜合并为一个；当区间左右线隧道结构分开时，可将两车站间的多个曲线断链合并为一个。断链不应进入曲线范围和车站站界范围。

（7）线路详细坐标计算。

施工图设计阶段进行计算，初步设计不要求。

左右线均需进行详细坐标计算，包括圆曲线和缓和曲线起讫点、圆曲线中点、千米及百米里程点、道岔中心、车挡、区间附属建筑物（通风道连接口、排水泵站、隔断门、区间连接通道等）中心（或接口中心）、车站端墙外缘（或竖井中心）等位置的详细坐标计算。线路详细坐标计算，以就近的交点或站中心点为原始坐标点，分段计算，坐标取整到毫米（mm），计算误差允许 1 mm。

（8）左、右线间距计算。

施工图设计阶段进行计算，初步设计不要求。

当左、右线处于同一隧道，线间距发生变化时（或左、右线隧道分开，但有附属建筑物连接时），为了隧道结构设计的需要，一般每隔 10~20 m 计算一次线间距。线间距计算采用解析几何公式，计算误差不大于 10 mm。曲线地段的线间距计算以右线法线方向为准。实际设计中可选用成熟的软件完成以上各步骤设计计算及线路平面设计图。

2. 线路平面设计图

平面设计图是在绘有初测导线和经纬距的大比例带状地形图上，设计出线路平面和标出有关信息，反映线路平面位置和经过地区的地形、地物等。平面示意图一般包括以下内容：

（1）线路中线的展绘。

线路平面图应展绘推荐方案和主要比较方案的线路中线，并宜绘在同一卷图内。图中应标注设计起讫点里程、方案名称、接线关系。里程标注应在整千米处标注线路千米标，千米标之间标注百米标，里程桩号标注在垂直于线路的短线上，里程从左向右或从右向左增加时，字头均朝向图纸左端。千米标应注写各设计阶段代号，可行性研究为 AK，初测为CK，定测为 DK 等，其余桩号的千米数可省略。两方案或两测量队衔接处，应在图上注明断链和断高关系。双线并行地段应绘制左、右线并标注右线里程，注明右线（或左线）绕行起讫点里程关系、绕行线里程、段落编号和断链。线间距变换处应标注设计线间距数值。

（2）曲线要素及其起讫点里程。

当纸上定线比例大于或等于 1：1000 时应绘制曲线交点，并应标注交点编号。定测放线时应绘制曲线控制桩（曲线起讫点），并应分别编号。曲线控制桩标注应垂直于线路中心线引出，并应标注符号和里程。

曲线要素应标注在曲线内侧。新建双线曲线要素应按左线、右线分别标注，左线标注在左侧，右线标注在右侧适当的位置。内业断链标注在曲线要素下方。曲线交点应标明曲线编号，曲线转角应加脚注 Z 或 Y，表示左转角或右转角。曲线要素应平行线路写于曲线内侧。曲线起点 ZH 和讫点 HZ 的里程，应垂直于线路并写在曲线内侧。

（3）线路上各主要建筑物。

沿线的车站、大中桥、隧道、平立交道口等建筑物，应以规定图例符号表示，并注明里程、类型和大小。如有改移公路、河道时，应绘出其中心线。

（4）初测导线和水准基点。

平面图应绘制初测导线，导线应标注导线点编号、里程、高程及导线的方位角或方向角。图中还应绘出水准基点的位置、编号及高程。

4.3　线路纵断面设计

线路纵断面设计一般是在平面设计的基础上进行，同时又可对平面设计进行检验和调整，最终确定线路在城市三维空间中的位置。

4.3.1　纵断面设计的内容及影响因素

1.纵断面设计主要内容

城市轨道交通的线路纵断面由坡段和连接相邻坡段的竖曲线组成。坡段的特征用坡段长度和坡度来表示，如图 4-36 所示。坡段长度 L_i 为坡段前后两个变坡点之间的水平距离。坡度 i 为坡段两端变坡点的高程 H_i 除以坡段长度 L_i，其值以千分数表示。沿线路前进方向上坡取正值、下坡取负值。

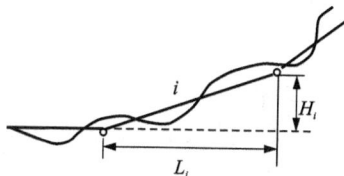

图 4-36　坡长与坡度示意图

坡度的计算公式为

$$i = \frac{H_i}{L_i} \times 1000(\text{‰})$$

(4-40)

线路纵断面设计，主要包括确定最大坡度、坡段长度、坡段连接等问题。

2.纵断面设计主要原则

（1）纵断面设计要保证列车运行的安全、平稳及乘客舒适。

（2）纵断面设计要注意与城市既有设施相协调，地面及高架线要注意与城市景观的协调。

（3）线路纵断面要结合不同的地形、地质、水文条件，线路敷设方式与埋深或架高要求，隧道施工方法，地上、地下建筑物及基础情况，线路平面条件等，进行合理设计，力求方便乘客使用和降低工程造价。

（4）有条件时尽可能设计符合列车运行规律的节能坡型，即车站布置在纵断面的凸形部位上，并设计合理的进、出站坡度。区间一般宜用缓坡，避免列车交替使用制动和给电牵引。

3. 影响纵断面设计的因素

(1)地下线结构顶板覆土厚度。

当地下线位于道路下方时，要考虑路面铺装和管线要求，一般在城市道路中，隧道结构顶板距地面为 2~3 m；当地下线位于城市公园或绿地时，要考虑植被的最小厚度，一般草坪为 0.2~0.5 m，灌木为 0.5~1.0 m，乔木为 1.5~2.5 m；当地下线位于经常水面下方时，要考虑隔水层厚度要求，一般为 1 m 左右；当地下线作为人防工程时，应考虑防空工程的最小覆土要求；在寒冷地带应考虑保温层最小厚度要求。

(2)地下管线及构筑物。

在明挖车站遇地下管线时，应尽可能考虑改移，以减少覆土厚度，方便乘客出入。地下隧道结构以明挖法通过地下管线或地下构筑物时，隧道与管道(构筑物)可不留土层，甚至两者共用结构。地下隧道以暗挖法通过地下构筑物、楼房基础时，两结构之间应保持必要的土层厚度，最小厚度应根据结构要求而定。

(3)地质条件。

当地下线路遇到不良地质条件时，主要是淤泥质黏土及流沙地层，应尽量考虑躲避，若躲避有困难时，应采取工程措施。

(4)施工方法。

地下线采用明挖法时，为减少土方开挖量，线路埋深应尽可能浅；当采用暗挖法时，应选择较好地层，一般埋设深度较深。

(5)排水站位置。

地下线排水站主要是排出隧道结构渗水和冲洗水，一般设于线路纵断面的最低点。困难情况下，允许偏离不超过 10 m。区间排水站要选择出入口的位置，为检修方便往往与区间通风道结合设置；车站端部排水站由车站平面布置确定。

(6)桥下净高。

线路为高架线时，桥下净高最小值受通行的车、船高度控制以及对城市景观的影响。现行的做法有跨越主干道桥下净空控制在 5 m 以上，跨越铁路桥下净空控制在 6.8 m 以上，跨越电气化铁路桥下净空控制在 8 m 以上，城市轨道交通车站桥下净空控制在 5 m 以上，区间桥下净空与桥面宽之比按 1∶1 考虑。

(7)防洪水位。

在有洪水威胁的城市中建设城市轨道交通线路时，纵断面设计要满足防洪要求。地面线路路基、地下线的各种出口位置，应按 100 年一遇的洪水位设计。

4.3.2 线路坡度设计

1. 最大纵坡

城市轨道交通线路的最大坡度是纵断面设计采用的设计坡度的最大值，正线最大纵坡是线路的主要技术标准之一，对线路的埋深、工程造价及运营都有较大的影响。因此，合理确定线路最大纵坡具有重要意义。

为了保证行车安全，最大纵坡的设计原则要求列车失去部分(最大可达到一半)牵引动力条件下，仍能用另一部分牵引动力将列车从最大坡度上起动，因此最大坡度阻力及各种附加阻力之和，不宜大于列车牵引力的一半。

线路最大坡度 i_{qmax} 按下式计算：

$$i_{qmax} = \frac{F_q - (P \times \omega'_q + T \times \omega''_q) \times g}{(\sum T + \sum P) \times g + \sum R}(‰) \tag{4-41}$$

式中：F_q——最大起动牵引力(N)，取 $1000 \times P \times g \times \psi_k$；$P$——牵引动车质量(t)；$T$——被牵引车总质量(t)；$\omega'_q$——牵引动车单位起动阻力，取 8 N/kN；$\omega''_q$——被牵引车单位起动阻力，取 5.62 N/kN；R——黏着力，$R = P \times g \times \psi_k$(N)；$\psi_k$——车辆轮轨间黏着系数，$\psi_k = \frac{0.2}{1+0.0059V^2}$。

各种城轨系统规定的最大纵坡度如表 4-10 所示。

表 4-10　各种城轨系统规定的最大纵坡度

主要技术参数	地铁	轻轨	悬挂式独轨	跨座式独轨	线性电机车
编组方式	4~10	1~3	2~4	2~6	4~6
最大坡度/‰	35	60	60~90	60~100	50~80

我国《地铁设计规范》规定正线的最大坡度不宜大于30‰，困难地段可采用35‰，联络线、出入线的最大坡度不宜大于40‰，但均不包括各种坡度的折减值。在山地城市的特殊地形地区，经技术经济比较，有充分依据时，最大坡度可采用40‰。高架轻轨线按我国轻轨样车技术条件规定正线的限制坡度为60‰。

正线坡度大于24‰，连续高差达16 m 以上的长大陡坡地段，应根据线路平纵断面和气候条件，核查车辆的编组及其牵引和制动性能，以及故障运行能力。长大坡段不宜与平面小半径曲线重叠，同时应对道床排水沟断面进行校核。区间纵断面设计的最低点位置，应兼顾与区间排水泵房和区间联络通道位置结合，当排水管采用竖井引出方式时，地面应具有竖井实施条件。

为了便于道岔的养护与维修，道岔应铺在较缓的坡道上，一般规定设在不大于5‰的坡度上，在困难的条件下可设在不大于10‰的坡度上。道岔在坡度上的最大问题是担心尖轨爬行，影响使用安全。当前正线道岔均采用曲线尖轨、固定接头、无砟道床，基本消除上述缺陷，故铺设道岔的坡度可以增大至10‰。

2. 最小纵坡

隧道内的最小坡度主要是为了满足纵向排水需要。区间隧道的线路最小坡度宜采用2‰，困难条件下可采用3‰。区间地面线和高架线，当具有有效排水措施时，可采用平坡。地面和高架桥区间正线处在凸形断面时，在理论上，在平坡地段的水沟不会积水，但实际施工证明，平坡是难以做到的，故需要设置横向汇集、分段排出的辅助措施。

3. 车站纵坡

地下铁道车站站台计算长度线路应在一个坡道上，最好为平坡，有条件时车站宜布置在纵断面的凸形部位上，并设置合理的进、出站坡度。考虑到纵向排水沟的坡度，最大坡度一般为2‰，困难条件下为3‰。车站线路应尽量接近地面，这样不仅可以减少工程量，节约工程造价，也可以方便乘客进出车站。车站在有条件时，应尽量布置在纵剖面的凸形部位上，即车辆进站上坡，出站下坡，有利于列车的起动和制动。

地面和高架桥的车站站台段线路应设置在平道，在困难地段可设在不大于3‰的坡道。

4.3.3 坡段连接

1. 相邻坡段坡度差

线路纵断面的坡段有上坡、下坡和平坡。上坡为正值、下坡为负值，相邻坡段坡度差的大小，应以代数差的绝对值 Δi 表示。如前一坡段的坡度 i_1 为5‰(下坡)，后一坡段的坡度 i_2 为3‰(上坡)，则坡度差 $\Delta i = |i_1 - i_2| = |(-5) - 3| = 8‰$。

相邻坡段的坡度差，都是以保证列车不断钩来制定的。由于城市轨道交通线路上行驶的列车质量小，且车钩采用密接式车钩，列车运行中不会出现断钩现象，因此，相邻坡段坡度差的大小不受限制，但规定了当相邻坡段的坡度差大于或等于2‰时，应设圆曲线型竖曲线连接。

2. 竖曲线的定义及计算

(1)竖曲线定义。

在线路纵断面的变坡点处设置的连接相邻两坡道的竖向圆弧称为竖曲线。在变坡点处设置竖曲线的目的是保证行车安全、平顺和旅客的舒适度。

竖曲线有圆曲线和抛物线两种。抛物线曲率是渐变的，更适宜于列车运行，但由于铺设和养护工作较复杂，当要求速度不高时，基本上不采用。圆曲线在曲率半径较大时，其坐标接近于抛物线，因而我国城市轨道交通线路路基基本上采用圆曲线型竖曲线。

(2)竖曲线半径取值标准。

列车通过竖曲线时，产生的竖向离心加速度不应大于乘客舒适要求的允许值 a_{SH}。竖曲线半径 R_{SH}，应根据列车最高行车速度 V_{max} 用式(4-42)进行计算。

$$R_{SH} = \frac{V_{max}^2}{3.6^2 \times a_{SH}} \tag{4-42}$$

竖向离心加速度不应大于乘客舒适要求的允许值 a_{SH}，国外一般取 $0.07 \sim 0.31$ m/s²。我国地铁设计参考国内外资料，a_{SH} 一般取 $0.1 \sim 0.154$ m/s²，困难条件取 $0.17 \sim 0.26$ m/s²，则竖曲线的半径应分别满足：

$$R_{SH} \geq (0.8 \sim 0.5) V_{max}^2 \text{ 和 } R_{SH} \geq (0.45 \sim 0.3) V_{max}^2 \tag{4-43}$$

通过计算可以得到，在旅客舒适度要求一定的条件下，设计最高行车速度与竖曲线半径的关系如表4-11所示。

表4-11　区间正线竖曲线半径最小值

设计最高行车速度/(km/h)	200, 160	120	≤100	
			区间	车站端部
竖曲线半径/m	15000	10000	5000(3000)	3000(2000)

我国《地铁设计规范》(GB 50157—2013)规定:对正线的区间线路,竖曲线半径一般取5000 m,困难情况下取 2500 m;车站两端因行车速度较低,其线路的竖曲线半径可取 3000 m,困难情况下可取 2000 m。对联络线、车辆段出入线和车场线,竖曲线半径可取 2000 m。

(3)竖曲线几何要素。

圆曲线型竖曲线几何要素计算如图 4-37 所示。

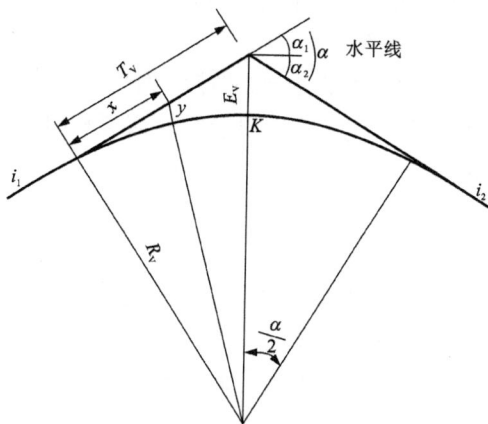

图 4-37　圆曲线型竖曲线示意图

①竖曲线的切线长度 T_V 为:

$$T_V = R_V \times \tan\frac{\alpha}{2} \approx \frac{R_V}{2} \times \tan(\alpha_1 - \alpha_2)$$

$$= \frac{R_V}{2} \times \left| \frac{\tan\alpha_1 - \tan\alpha_2}{1 + \tan\alpha_1 \times \tan\alpha_2} \right| \approx \frac{R_V}{2} \times |\tan\alpha_1 - \tan\alpha_2|$$

$$= \frac{R_V}{2} \times \left| \frac{i_1}{1000} - \frac{i_2}{1000} \right|$$

$$= \frac{R_V \times \Delta i}{2000}$$

$$(4\text{-}44)$$

式中:α——竖曲线的转角(°);α_1,α_2——前、后坡段与水平线的夹角(°),上坡为正值,下坡为负值;i_1,i_2——前、后坡段的坡度(‰),上坡为正值,下坡为负值;Δi——相邻坡度代数差的绝对值(‰)。

②竖曲线长度 K:

$$K \approx 2T_V \tag{4-45}$$

③竖曲线上任一点纵距 y:

$$y = \frac{x^2}{2R_V} \tag{4-46}$$

式中:x——竖曲线横距,即计算点至竖曲线起点(或终点)的距离。

变坡点处的纵距称为竖曲线的外矢距,其计算公式为:

$$E_{\mathrm{v}} = \frac{T_{\mathrm{v}}^2}{2R_{\mathrm{v}}}$$ （4-47）

3. 竖曲线的设置要求

为保证行车安全平稳，相邻坡度差等于或大于2‰时，应设圆曲线型的竖曲线连接。车站站台有效长度内和道岔范围内不得设置竖曲线，且竖曲线间距离道岔端部不应小于5 m。竖曲线不侵入站台范围，可保证站台平整和便于车站的设计、施工。道岔是轨道的薄弱环节，其尖轨和辙岔应保持平顺、严密状态，因此，竖曲线不应侵入道岔范围，并与道岔保持一定的距离，以保证行车安全和便于线路养护维修。竖曲线与缓和曲线或超高顺坡段在有砟道床地段不得重叠。在无砟道床地段竖曲线与缓和曲线重叠时，每条钢轨的超高最大顺坡率不得大于1.5‰。

4.3.4 坡段长度

在列车通过变坡点时要产生附加离心力和附加加速度，为行车平稳考虑宜设计较长的坡段，但为了适应线路高程的变化，坡段也不能太长，否则将引起较大的工程量，给施工带来困难，因此应综合考虑两者的影响来确定最短坡段长度。

（1）一般情况下线路纵向最小坡段小于列车长度时，可以使列车长范围内只有一个变坡点，以避免变坡点附加力叠加影响和附加力的频繁变化，保证行车的平稳。

（2）坡段长度还应满足竖曲线既不相互重叠，又能相隔一定距离，两竖曲线夹直线长度不宜小于50 m，以利于列车运行和线路的维修。

竖曲线不得侵入车站站台范围，以保证站台的平稳和乘客的安全，并有利于车站设计和施工。为了节能和降低造价，竖曲线紧邻站台端最为有利，更易找到变坡点最佳位置，不致失去节能型坡段的设计条件。

对于轻轨高架线，坡段最小长度不短于远期列车长度，同时保证两竖曲线间夹直线不小于25.0 m。对于大坡道由于牵引功率限制，要求60‰坡度限长500 m，50‰坡道限长1000 m，小于50‰坡道不限。

4.3.5 线路纵断面设计方法

1. 纵断面设计步骤

线路纵断面设计可采用以下步骤进行：

（1）绘制基础资料图。

①地面线（道路顶面线）及其跨越道路立交桥、河床底、航行水位、洪水位、铁路、高压线等高程资料；

②地下管道及主要房屋、人防工程基础等高程资料；

③道路、立交桥、铁路、河渠、地下管道等规划高程资料；

④地质剖面及地下水位高程资料；

⑤线路平面及附属结构物设计资料。

（2）确定敷设方式和过渡段。

在纵断面设计中，主要是确定洞口以及过渡段的位置和形式。城市轨道交通线路由地下过渡到地上，一般有以下几种方式：

①在道路中间开口。

在道路中间设置过渡段，可分为双线同时出洞和单线先后出洞两种形式，其纵断面如图 4-38 所示。

双线同时出洞形式占用道路宽度较大，但影响道路长度较短，适宜路幅较宽的地段，是经常采用的一种出洞方式。

单线先后出洞是为了解决路幅较窄提出的一种过渡方式，但它占用道路纵向距离长，有时需跨路口，工程也较为复杂，是在特殊情况下采用的一种方法。

上述两种方式对道路交通均有一定影响，施工时一般需加宽路面，带来一定程度的拆迁。

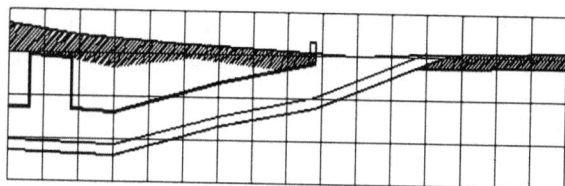

(a) 双线同时出洞

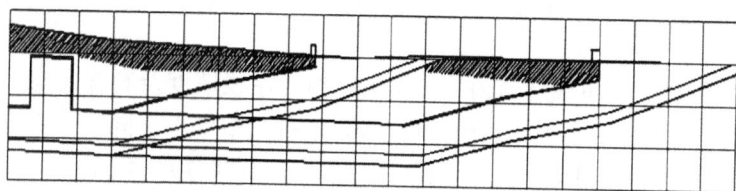

(b) 单线先后出洞

图 4-38　线路出洞方式

②在道路红线以外开口。

这种方式一般是结合城市规划，与街区改造同步实施，以避免大量的拆迁，但它建成运营后对周围环境影响较大，需采取减振降噪措施，一般在环境要求不高的地段采用。

③结合地形等环境条件开口。

在工程实践中，应优先考虑采用这种方式。与地形结合的办法可多种多样，一般有利用山地高差出口、利用绿地带出口等。

（3）找出线路控制高程。

在确定了各种敷设方式的分界点以后，根据设计原则、设计标准、隧道外轮廓尺寸、覆土厚度、桥下净高、距建筑物的最小距离、地下线排水站位置等找出纵断面设计的控制高程。

（4）设计右线断面图。

地铁右线纵断面设计贯穿于各个设计阶段。根据沿线各高程控制点设计变坡点、坡度及坡段长度。可行性研究及初步设计阶段，坡段长度宜为 50 m 的倍数，变坡点一般落在百米里程标及 50 m 里程处。施工设计阶段，坡段长度一般取整 10 m 倍数，变坡点落在整 10 m 的里程上，坡度一般用千分整数，以便于其他专业设计和方便施工。地铁线路纵断面设计高程为轨顶高程。

（5）设计右线曲线。

竖曲线设计包括竖曲线半径选择、竖切线长度计算及竖曲线范围内轨顶高程改正值计算。初步设计阶段只进行竖曲线半径设计，施工设计阶段才进行竖曲线高程改正值计算，精度至毫米。

（6）左线坡度设计。

左、右线所处位置不同，左线坡度设计也不一样。

①左线与右线并行于同一隧道内。无论隧道结构体是单孔（跨）还是多孔（跨），无论其位于车站还是区间，左线坡度应与右线一致，同一断面的左右线高程应相等。曲线地段，左右线（内外曲线）长度不同，左线坡度应作调整，使曲线范围内同一法线断面上的左右线高程相同，允许高程差不大于 2 cm。

左线与右线上下重叠于同一隧道内，是一种立体并行形式，这种形式的左线坡度与右线坡度应完全相同，高程相差一常数。

②左、右线并行的高架及地面线路，在直线地段左线纵断面坡度与右线相同，曲线地段因左右线长度不同，应适当调整左线坡度，使曲线范围内同一法线断面上的左右线标高相同。

③左线与右线分设于单线隧道内。车站范围内的左线坡度及高程宜与右线一致（左右线站台位于同一平面上）或高程相差模数值（即左、右线站台不在同一平面上）。这是考虑站台之间、站台与站厅之间都有通道相互联络，左、右线坡度及高程一致（或相差模数值），有利于车站各部分的设计与施工。

区间地段左、右线分设于单线隧道内的左线坡度，不要求与右线相同，坡度设计较为灵活。但左、右线宜共用一个排水站，要求左线最低点位置处于右线最低点同一断面处，错动量不应大于 20 cm。最低点高程宜相等，可允许有 30 cm 以内的高差。左右线之间若有连接通道，左、右线高程宜相同，允许有 50 cm 以内的高差。

（7）左线竖曲线设计。

两相邻坡段的坡度代数差等于或大于 2‰ 时，应设圆曲线型的竖曲线连接，竖曲线的半径不应小于表 4-11 的规定。竖曲线设计包括竖曲线半径选择、竖切线长度计算及竖曲线范围内轨顶高程改正值计算。初步设计阶段只进行竖曲线半径设计，施工设计阶段才进行竖曲线高程改正值计算，精度至毫米（mm）。

（8）左、右线轨顶高程计算。

左、右线轨顶高程计算包括百米及千米标、控制加标、车站中心、道岔中心，附属结构物中心或接口中心、线路最低点，有时还应包括隧道结构变形缝等高程计算。高程值精确至毫米。

（9）纵断面修改设计。

当建好的隧道结构不均匀下沉，且受隧道结构净空限制，致使轨道无法按照原纵断面设计铺设时，需修改纵断面坡度及高程。纵断面修改的一般步骤为：

①勘查现场，提出上下行线隧道结构断面净空及高程测量要求。

②绘制隧道结构底板与顶板净空的放大纵断面图，找出高程控制点。

③对纵断面坡度进行修改。

④检核净空高度及道床厚度是否满足要求。

在困难条件下，可以适当扣除限界中的施工误差预留，或者对道床进行特殊设计以减薄厚度。当采取以上措施仍不能满足净空高度及道床厚度要求时，由施工单位采取补救措施，再根据补救方案进行纵断面修改。

2. 线路纵断面设计图

(1)详细纵断面图的内容。

详细纵断面图上横向表示线路长度，竖向表示高程。图中应标注主要技术标准、设计起讫点里程、一次施工地段和第二线绕行地段的起讫点里程、接线关系及断链。在纵断面起点和高程断开处应绘制高程标尺。图幅上部应绘制图样、下部绘制纵断面栏目。图中应标注断链关系及水准点编号、高程、所在位置。宜绘制地质图形符号。

新建双线纵断面图应按右线连续绘制，绕行地段和两线并行不等高地段均应绘制辅助纵断面。

(2)纵断面栏目。

纵断面栏目标注在图的下方，其内容自下而上依次为：

①右线平面。是右线线路平面的示意图。线路平面曲线用凸起或凹下的折线绘制。凸起部分表示右转曲线，凹下部分表示左转曲线。凸起或凹下部分的转折点依次为 ZH、HY、YH、HZ 点，在 ZH 点和 HZ 点处要标注上距前一个百米标的距离。曲线要素标注于曲线内侧。两相邻曲线间的水平线为直线段(或夹直线)，要标注其长度。

②车站及配线。车站设置形式分岛式站台、侧式站台、岛侧式站台。岛式站台线路位于站台两侧，侧式站台线路位于站台中间。需要时，站台端部需配置折返线。

③左线平面。内容同右线平面。

④里程。在整千米处标注千米数。

⑤地面高程。各百米标和加标处应填写地面高程，在地形图上读取高程时，精度为等高线距的 1/10 ；外业测得的高程，精度为 0.001 m。

⑥右线纵断面设计资料。从下而上的内容为：

a.设计坡度和坡段长。向上或向下的斜线表示上坡道或下坡道，水平线表示平道。线上数字表示坡度的千分数，线下数字表示坡段长度。

b.设计轨面高程。图上应标出各变坡点、百米标和加标处的设计轨面高程，精度为 0.001 m。

c.竖曲线。线路竖曲线用凸起或凹下的折线绘制。凸起部分表示凸竖曲线、凹下部分表示凹竖曲线。

⑦左线纵断面设计资料。从下而上为：设计坡度和坡段长、设计轨面高程、竖曲线。

⑧施工方法。填写设计的施工方法，包括盖挖法、盾构法、明挖法等。

⑨工程地质概况。

⑩断链。标注各长、短链点相关信息。

⑪轨顶设计线及相应的结构示意线。

⑫基础资料部分，包括：地面线及其跨越道路立交、河床底、航行水位、洪水位、铁路、高压线等高程；地下管线及建筑物基础高程，规划的道路、铁路、地下管道高程；地质纵断面及地下水位等。

（3）纵断面图样。

①在工可阶段，线路纵断面图一般只表示线路上行线的平面里程对应的高程、车站的位置、坡度及坡长等。

②初步设计阶段，纵断面设计需要表示车站名称、车站中心里程、站间距、坡度及坡长、平面曲线与车站示意图、与线路相交的建筑物及邻近的障碍物里程、断链里程及车站河道高程等资料。

③施工图设计阶段的纵断面图示比初步设计阶段更加详细。纵断面图除了初步设计阶段所标示的资料外，还要标示最低点的里程及高程、旁通道及泵房的位置等。

4.4 线路横断面设计

城市轨道交通线路及车站常设在地下隧道内或高架桥上，有时也设在地面上。

4.4.1 地下隧道的横断面设计

地下隧道的单线区间横断面的常用形式有圆形、矩形和马蹄形，其具体尺寸应根据运营时所采用的车辆及设备的尺寸所决定的各种限界来设计，这些限界包括车辆限界、设备限界和建筑限界，见图4-39~图4-41。在双线地段，区间和车站地段的横断面有许多形状，其典型形状如图4-42所示。

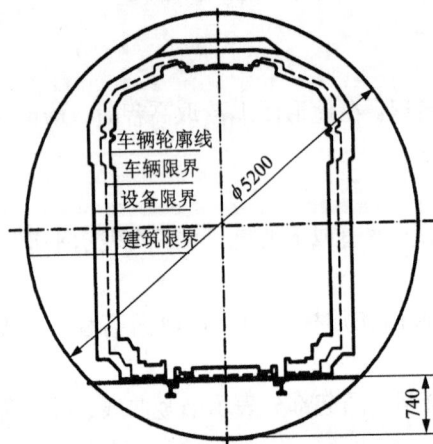

图4-39 区间圆形隧道限界图

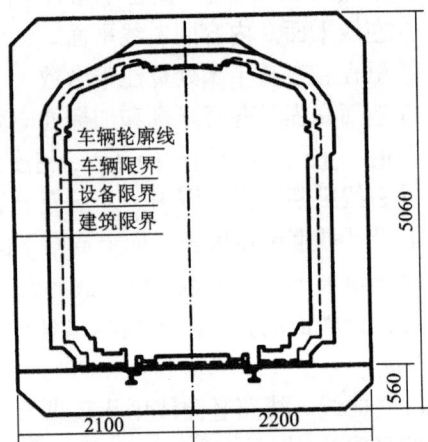

图4-40 区间矩形隧道限界图

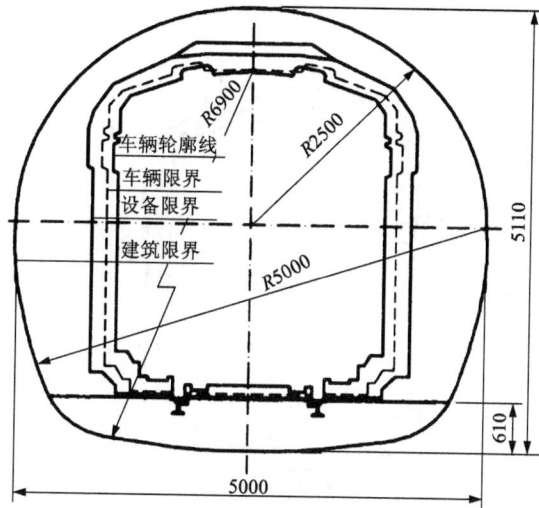

图 4-41　区间马蹄形隧道限界图

图 4-42　地下隧道典型横断面形状示意图

4.4.2　地面及高架桥的横断面设计

当线路位于地面或高架桥上时，其轨上部分的横断面需要满足图 4-43 所示的限界要求，轨下部分的横断面形状视轨下结构而定，常见横断面形式如图 4-44～图 4-46 所示。

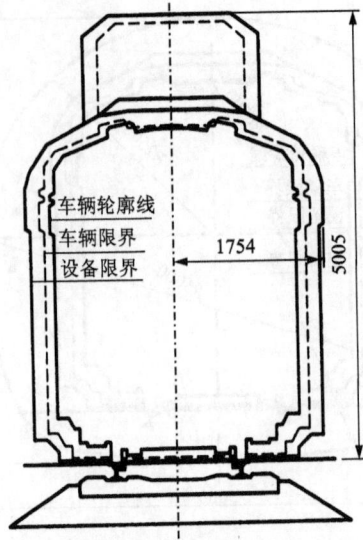

图 4-43　区间直线段地面、高架限界图(尺寸单位：mm)

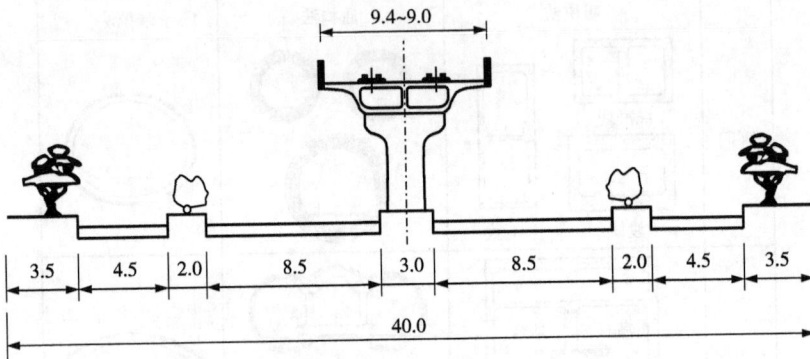

图 4-44　高架路段横断面布置图(尺寸单位：m)

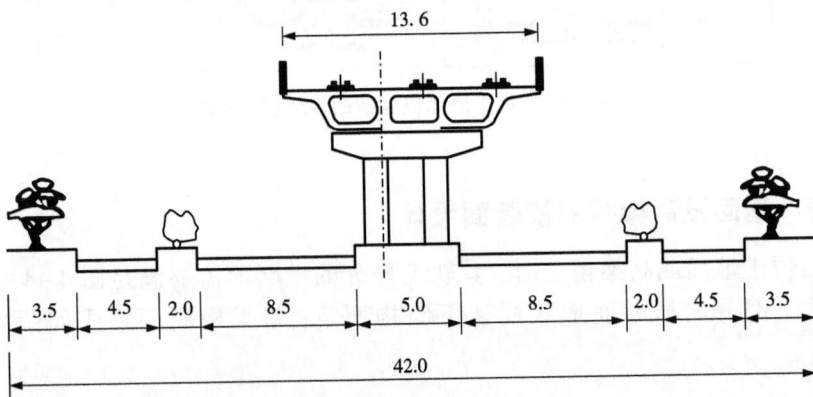

图 4-45　高架存车线路段横断面布置图(尺寸单位：m)

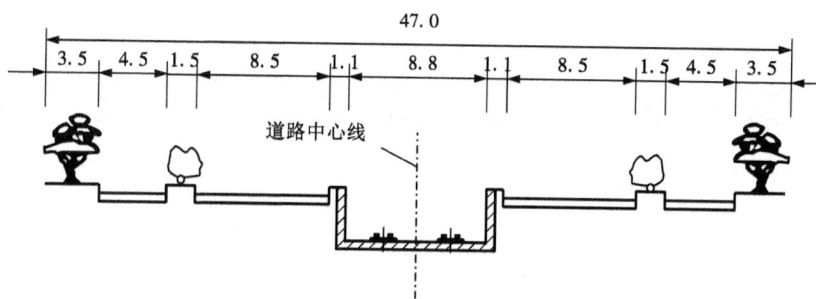

图 4-46　敞开段横断面布置图(尺寸单位：m)

思考题

1. 城市轨道交通线路设计包括哪几个阶段？各设计阶段综合选线的主要任务是什么？

2. 在什么条件下，城市轨道交通线路可以设置于城市道路红线范围以外？

3. 某城际客运专线设计速度为 120 km/h，线路平面初步设计中某区间正线上有两同向曲线，其交点之间的距离为 381.739 m。曲线 1 的偏角为 14°28′17″，圆曲线半径为 800 m，缓和曲线长度为 150 m。曲线 2 的偏角为 11°32′25″，圆曲线半径为 900 m，缓和曲线长度为 140 m。试分析判断该两曲线的圆曲线长度、两曲线之间的夹直线长度是否符合规范要求；若不符合，试修改线路平面设计。

4. 简述曲线地段线间距加宽的原因以及加宽值的计算方法。

5. 简述城市轨道交通线路平面设计的过程。

6. 进行线路纵断面设计时，如何保证竖曲线不与道岔重叠？

7. 两相邻坡段，其线路纵坡分别是 3‰、15‰，试计算其竖曲线的切线长、曲线长和外矢距。(竖曲线半径 5000 m)

8. 什么是断链？试述断链是如何产生的。

9. 举例说明纵断面设计的影响因素。

10. 简述城市轨道交通线路纵断面设计的过程。

第5章 城市轨道交通车站设计

城市轨道交通车站是旅客乘降的场所，主要担负乘客上下车、候车、换乘和集散的责任，同时也是布置运营管理和技术设备的场所。车站的设计涉及众多方面，包括土地布局、空间利用、建筑与结构设计、设施选择、流线设计等。本章介绍了城市轨道交通系统车站总体设计的基本原则与方法，探讨了不同结构形式车站的设计方法，并结合国内外地铁车站的实例分析了不同类型车站的设计方案。

5.1 车站设计概述

车站是城市轨道交通系统最重要的现代建筑类型，它们除了提供旅客上下车服务以外，还具有一系列功能：购物、聚会及作为城市景观。车站也是空间建筑物与工程结构的结合之处，反映着城市轨道交通系统的特色。

5.1.1 车站设计原则与目标

根据《地铁设计规范》(GB 50157—2013)与《城市轨道交通技术规范》(GB 50490—2009)要求，城市轨道交通车站设计的基本原则与目标如下：

(1)车站的总体布局应符合城市规划、城市综合交通规划及环境保护和城市景观的要求，并综合考虑该地区的地下管线、工程地质、水文地质条件、地面建筑物的拆迁及改造的可能性、施工时交通组织等情况合理选定。

(2)车站总体设计要注意与周围环境的协调，如与城市景观、地面建筑规划相协调。随着社会的进步和人民生活水平的改善，人们对建筑艺术的要求日益提高。地处城市区域的车站，人流十分集中，作为一种永久性建筑物，在经济许可的前提下改善车站的建筑设计，与城市景观和地面建筑规划很好地协调，对美化城市环境、改善人民生活质量很有意义。

(3)车站设计应满足客流要求。车站是乘客候车、上下列车及列车停靠的场所，站台长度、宽度、容量必须满足远期的旅客乘降和疏散要求；车站客流集中，一般都与地面交通有大量的换乘，车站布局设计应有效地组织人流集散，力求换乘路径便捷，减少乘客的换乘距离，给乘客带来便利。

(4)车站站位应尽可能地靠近人口密集区和商业区，最大限度地方便乘客出行。

(5)车站的设计应尽可能地与物业开发相结合，使土地的使用达到最经济。

(6)车站的设计应简洁明快大方、易于识别，并应体现现代交通建筑的特点，同时还应与周围的城市景观相协调。

（7）车站设计应能满足设计远期客流集散量和运营管理的需要，应具有良好的外部环境条件，最大限度地吸引乘客。与其他交通方式换乘的车站，应充分考虑预留换乘接口条件，使换乘客流组织合理、快捷，尽量避免交叉。

（8）车站设计应满足系统功能要求，合理布置设备用房和管理用房，宜采用标准化、模块化、集约化设计。车站应在满足使用功能的前提下，尽量缩小建筑空间，使其规模、投资达到最合理。车站的管理及设备用房尽量布置在主体建筑之外，与周围建筑的开发相结合，以减小车站的体量。

（9）车站公共区应按客流需要设置足够宽度的、直达地面的人行通道，出入口的布置应积极配合城市道路、周围建筑、公交的规划等因素综合考虑，通道和出入口不应有影响乘客紧急疏散的障碍物。车站设计要尽量兼顾过街人行通道的要求。

（10）贯彻以人为本的思想，车站需解决好通风、照明、卫生等问题，以提供乘客安全、快捷和舒适的乘降环境。在经济条件许可下，也应尽量从以人为本的出发点来考虑设计标准。如自动扶梯数量的配置、环控设备的设置、车站内各种服务设施如公用电话、自动售票机、残疾人通道、公厕、座椅、垃圾筒等，尽管人们在车站内逗留的时间是短暂的，但还是要创造一个满足人的行为所需的场所，使人们在生理和心理上得到舒适感。

（11）车站应设置无障碍设施。

（12）车站应考虑防灾设计，确保车站的安全性。

（13）车站设计要考虑其经济性。城市轨道交通建设投资巨大，根据我国城市轨道交通建设经验，车站土建工程的造价约占城市轨道交通系统总投资的13%左右。因此，在车站建筑设计时，在满足功能的前提下，应尽量压缩车站的长度及控制车站的埋深或车站架空高度，以降低造价、节约投资。

5.1.2　车站分类

1. 按车站与地面相对位置分类 (如图 5-1 所示)

（1）地下车站。

地下车站是指地铁车站结构部分或全部设置于地面以下的岩层或土层当中。其特点是：①空间封闭、狭长、结构类同；②站内噪声大；③站内温度高；④发生火灾后扑救困难；⑤机械通风、人工照明；⑥施工比较复杂；⑦节约城市用地；⑧有良好的防护功能。

（2）地面车站。

地面车站是指车站结构设置于地面。其特点是：①车站简易，工程量小，布置灵活；②乘客进出车站方便；③可自然通风和天然采光，节约费用和能源；④安全疏散较易；⑤造价较低。

（3）高架车站。

高架车站是指车站结构设置于地面高架桥上。其特点是：①有行车噪声干扰，根据情况采取封闭或不封闭隔离噪声；②有永久性的阴影区；③占城市地面用地少；④较地下车站施工简易。

(a)地下车站　　　　(b)地面车站　　　　(c)高架车站

图 5-1　按车站与地面相对位置分类

2. 按车站的运营性质分类(如图 5-2 所示)

(1)中间站：是地铁最常用的车站，功能单一，仅供乘客上、下车。

(2)区域站(即折返站)：区域站是设在两种不同行车密度交界处的车站。区域站兼有中间站的功能，站内有折返线和设备。

(3)换乘站：位于两条及两条以上线路交叉点上的车站。具有中间站的功能外，更主要的是它还可从一条线上的车站通过换乘设施转换到另一条线路上的车站。

(4)枢纽站：由此站分出另一条线路的车站。该站可接、送两条线路上的乘客。

(5)联运站：车站内设有两种不同性质的列车线路进行联运及客流换乘。联运站具有中间站及换乘站的双重功能。

(6)终点站：设在线路两端的车站。设有列车全部折返的折返线和设备，也可供列车临时停留检修。

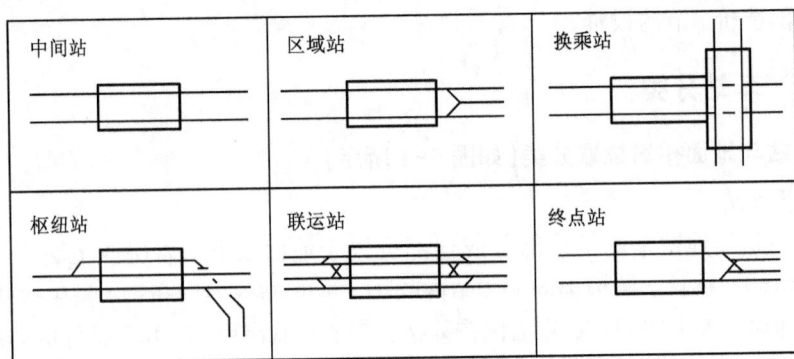

图 5-2　按车站的运营性质分类

3. 按结构横断面形式分类(如图 5-3 所示)

(1)矩形断面车站：矩形断面是车站中常选的形式，一般用于浅埋车站。车站可设计为单层、双层、多层；跨度可选用单跨、双跨、三跨等，如图 5-3 所示的 1~6。

(2)拱形断面车站：拱形断面常用于深埋车站，有单拱、多跨连拱等形式，如图 5-3 所示的 7~8。

(3)圆形断面车站：圆形断面用于深埋或者盾构法施工的车站，如图 5-3 所示的 9~11。

（4）其他类型的断面车站：主要有马蹄形、椭圆形等断面形式车站，如图5-3所示的12~15。

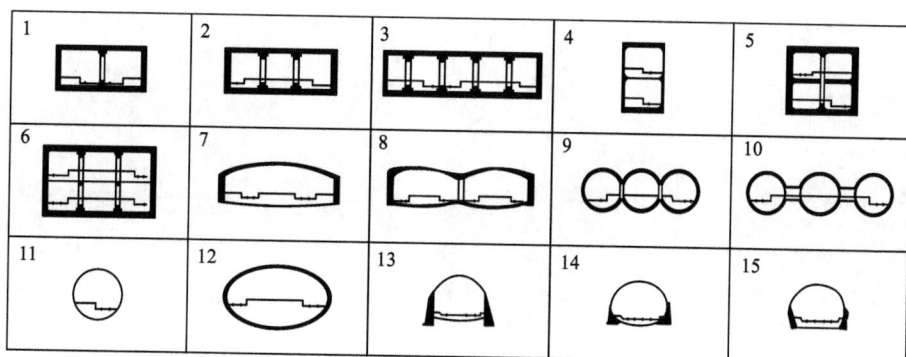

图 5-3 车站按结构横断面形式分类

4. 按车站站台形式分类

地铁车站站台形式多种多样，较为典型的站台布置可分为三类：

（1）岛式站台车站。

站台位于两线中间的一种形式。特点：站台面积利用率高，灵活调整客流，乘客使用方便。通常用于较大客流量的车站，如图5-4所示。

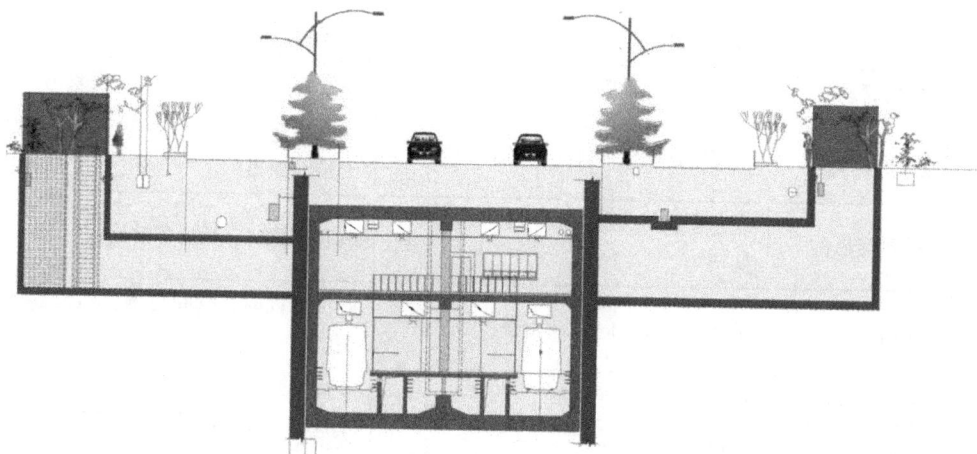

图 5-4 岛式站台车站横断面图

（2）侧式站台车站。

站台位于线路两侧布置。侧式站台根据环境条件可以布置成平行相对式、平行错开式、上下重叠式及上下错开式。面积利用率、调整客流、站台之间联系等方面不如岛式站台。侧式站台多用于客流量不大的车站及高架车站，如图5-5所示。

（3）岛、侧混合式站台车站。

可同时在两侧的站台上、下车，也可适应列车路途折返的要求，如图5-6所示。

图5-5　侧式站台车站

图5-6　日本大阪某站站内图

岛式站台和侧式站台优缺点对比分析，如表5-1所示。

表5-1　岛式站台与侧式站台优缺点比较

站台形式	岛式站台	侧式站台
站台使用	站台面积利用率高，可调节客流，乘客有乘错车的可能	站台面积利用率低，不能调节客流，乘客不易乘错车
站厅设置	站厅与站台需设在两个不同高度上，站厅跨过线路轨道	站厅与站台可设在同一高度上，站厅可不跨过线路轨道
站内管理	管理集中，联系方便	站厅分设时，管理分散，联系不方便
乘客中途折返	乘客中途改变乘车方向比较方便	乘客中途改变乘车方向不方便，需经过天桥或地道
改扩建难易性	改建扩建时，延长车站很困难，技术复杂	改建扩建时，延长车站比较容易
站内空间	站厅、站台空间宽阔完整	站厅分设时，空间分散，不及岛式车站宽阔
喇叭口设置	需设喇叭口	不设喇叭口
造价	较高	较低

5. 按车站间换乘形式分类

对于车站换乘的基本要求：①缩短换乘距离，路线明确、简捷、方便；②减少换乘高差，避免高度损失；③换乘客流宜与进、出站客流分开，避免相互交叉干扰；④换乘设施的设置应满足换乘客流量的需要，留有扩改建余地；⑤应周密考虑换乘方式和换乘形式，合理确定换乘通道及预留口位置；⑥换乘通道长度不宜超过100 m，超过100 m宜设置自动步道；⑦节约投资。

按换乘方式可分为：

（1）站台直接换乘。

站台直接换乘有三种方式：第一种是同站台的两侧换乘，如图 5-7 所示；第二种是通过楼梯或自动扶梯直接换乘，如图 5-8 所示；第三种是同平面侧式车站，通过天桥或地道换乘。优点：路线短、高度小，换乘方便，换乘设施工程量小。

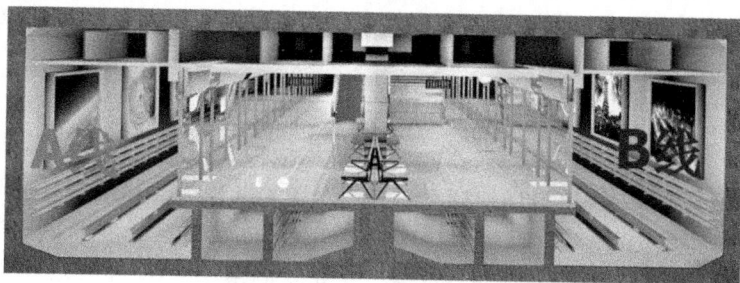

图 5-7　同站台的两侧换乘示意

图 5-8　通过楼梯或自动扶梯直接换乘

（2）站厅换乘。

由某层车站站台经楼梯、自动扶梯到达另一车站站厅的付费区内，再经楼梯、自动扶梯到达站台换乘。多用于相交的两个车站，换乘路线较长，提升高度较大，有高度损失，需设自动扶梯。站厅换乘示意如图 5-9 所示。

图 5-9　站厅换乘示意

（3）通道换乘。

两车站不直接相交，相互之间可采用单独设置的换乘通道进行换乘。换乘路线长，换乘时间长，不太方便；增加通道长度，造价较高。

6. 按车站服务的对象及功能分类

城市标志站（作为城市的象征或著名建筑物）、与干线或机场等交通连接的换乘枢纽站（完成与机场或其他交通方式的接续运输过程）、市郊地区车站、农村地区车站等。

5.1.3　车站规模

车站规模主要指车站外形尺寸大小、层数及站房面积大小。在进行车站总体布局以前，要确定车站的规模。城市轨道交通系统的规模主要是根据车站远期预测高峰小时客流量、所处的位置的重要性、站内设备和管理用房面积、列车编组长度及该地区远期发展规划等因素综合考虑确定。其中客流量大小是一个重要因素，一般可以参照日均乘降客流量和高峰小时客流乘降量来综合确定。表5-2是我国轻轨车站规模分级。

表5-2　轻轨车站规模分级

车站规模	日均乘降量	高峰小时乘降量
小型站	5万人次/日以下	0.5万人次/时以下
中型站	5万~20万人次/日	0.5万~2.0万人次/时
大型站	20万~100万人次/日	2.0万~10.0万人次/时
特大型站	100万人次/日以上	10.0万人次/时以上

注：特大型站的日均乘降客流量为多条线路合计量。

地铁车站规模主要根据车站远期预测客流及所处位置确定，如表5-3所示。

表5-3　车站规模等级适用范围

规模等级	适用范围
一级站	适用于客流量大，地处市中心区的大型商贸中心、大型交通枢纽中心、大型集会广场、大型工业区及位置重要的政治中心地区
二级站	适用于客流量较大，地处较繁华的商业区、中型交通枢纽中心、大中型文体中心、大型公园及游乐场、较大的居住区及工业区
三级站	适用于客流量小，地处郊区各站

车站规模直接决定着车站的外形尺寸及整个车站的建筑面积等。

表5-4为深圳市城市轨道交通二期11号线车站设计规模表。

表 5-4　深圳车站设计规模表

车站名称	2035 年高峰小时站点双向客流乘降量/（人次/时）	车站规模	站型	形式	备注
深圳西站	28970	二级站	地面站	岛式	换乘站
建工村站	6122	三级站	地面站	侧式	预留站
西丽站	4797	三级站	地面站	侧式	
龙珠站	8792	三级站	地面站	侧式	
塘朗站	9251	三级站	地面站	岛式	
龙华站	49009	一级站	地面站	岛式	换乘站
坂田站	1375	三级站	地面站	侧式	
雪岗站	14831	二级站	高架站	侧式	
上李朗站	5887	三级站	地面站	侧式	
平湖站	14698	三级站	高架站	侧式	
北通道站			地面站	侧式	预留站
塘坑站	33761	一级站	高架站	岛式	换乘站

我国地下铁道系统车站通过能力，应按该站远期超高峰客流量来确定，超高峰客流量一般取高峰小时客流量的 1.2~1.4 倍。车站规模的大小将直接影响到地铁工程造价的高低。规模太大，则不经济；规模太小，又不能满足运营的需要和远期的发展，造成使用上的不便及改建的困难。因此，在确定车站规模等级的时候，应谨慎研究和考虑。

5.1.4　车站设计工作内容与程序

车站设计工作内容与程序如表 5-5 所示，其中包括：

1. 规划方案及工程可行性阶段

（1）基础资料收集。主要包括气象、水文、地质、原有地形、使用方要求、规划设计条件、人防部门要求等方面。

表 5-5　城市轨道交通车站设计工作程序

时序		主要工作内容	主要牵头专业
规划方案及工可阶段	1	基础资料收集	主要由线路专业牵头，建筑专业、结构专业配合落实车站方案
	2	客流资料分析	
	3	组织现场踏勘	
	4	收集既有线路、车站资料	
	5	明确车站布局	

续表5-5

时序		主要工作内容	主要牵头专业
总体方案设计	1	建筑分析设计资料	建筑专业
	2	结构分析设计资料	结构专业
	3	总体设计方案	建筑专业
	4	站内布局设计	建筑专业
	5	结构施工推荐方案	结构专业
	6	总体方案专家评审	相关专业
初步设计	1	总体方案设计深化	建筑专业
	2	总体方案站内部分设计深化	建筑专业
	3	站内空间及设施计算设计	建筑专业
	4	结构初步设计	结构专业
	5	结构设计关键参数计算与分析	结构专业
	6	特殊或不良地质条件结构施工方法分析	结构专业
	7	结构初步设计方案	结构专业
施工图设计	1	明确结构设计主要内容	结构专业
	2	提出工程材料和构造要求	结构专业
	3	提出施工注意事项及技术要求	结构专业
	4	结构施工图设计	结构专业
	5	施工图具体设计	建筑专业
	6	车站装修设计	建筑专业
	7	建筑施工图设计	建筑专业

（2）客流资料分析。主要包括车站进出站客流量、列车乘降客流、（换乘）客流预测资料分析。

（3）组织现场踏勘。要求掌握车站周边环境、土地利用性质、交通设施情况等。

（4）收集既有线路、车站资料。对于换乘车站，还需要收集换乘车站既有、在建或者规划线路、车站的资料。

（5）明确车站布局。主要是布置车站总平面布局、分层平面布局，明确换乘形式与换乘关系等。

2. 总体方案设计阶段

（1）建筑分析设计资料。主要是分析车站预测客流，明确周边道路红线、周边用地现状及规划条件。

（2）结构分析设计资料。主要是分析初步勘察的地质资料、地下管线敷设资料，掌握地下既有结构控制点、周边现状道路与周边情况等。

（3）总体设计方案。深化上一阶段设计方案，主要是落实车站站位并提出初步换乘方案，明确出入口基本位置。本阶段还需要对多种车站方案以及换乘方案（例如十字形、T

形、L 形换乘等)进行同深度比较，并给出推荐方案。

（4）站内布局设计。与各个设备系统配合落实，设计车站内部用房位置、大小，明确站台、站厅层布置图。

（5）结构施工推荐方案。根据建筑车站位置，结合线路条件、水文地质条件，选择相应施工方案，落实施工现场条件，根据施工工法落实结构形式。该阶段需要对多种结构施工方案进行比选，并给出推荐方案。

（6）总体方案专家评审。邀请相关专业专家，对总体方案进行审定，给出评审修改意见。

3. 初步设计阶段

（1）总体方案设计深化。根据总体方案专家评审意见，对推荐方案进行深化设计，重点需要设计内容包括控制性总尺寸、车站中心里程、站台层车站中心线处±0.00 与绝对标高、轨顶标高的关系，出入口、风亭、冷却塔、停车场棚、公厕、道路、广场、绿化布置等，地下管线、周边环境与设计的关系。

（2）总体方案站内部分设计深化。对推荐方案进行深化，进一步明确的内容包括车站形式、层数、面积、埋深(或高度)，站台、站厅及其他各层布置，人防与防火防烟分区，客流组织，楼梯与自动扶梯，付费区与非付费区、自动售检票机、公用电话，无障碍设计措施，换乘方式及近期实施情况。

（3）站内空间及设施计算设计。根据各设计年限预测客流情况，完成站台宽度、侧站台宽度、通道宽度、楼梯宽度、自动扶梯宽度及数量计算等。

（4）结构初步设计。主要内容包括结构选型、耐久性、工程材料、抗震措施、变形缝、施工缝、后浇带设置原则等。

（5）结构设计关键参数计算与分析。主要内容包括计算原则、荷载及其组合、计算模式及计算参数的确定、施工阶段及平时使用期间的稳定性分析及强度计算、结构裂缝宽度检算，偶然荷载作用下的结构计算(地震、人防)、主要计算结果及分析等。

（6）特殊或不良地质条件结构施工方法分析。例如隧道通过不良地质地段或可液化地层、基础托换、超接近施工、土层中盾构区间隧道的联络通道、地质结构作为高层建筑或城市桥梁的基础等。

（7）结构初步设计方案。除结构设计方案外，还应考虑防水设计图，变形缝、施工缝、特殊部位处置措施图等。

4. 施工图设计阶段

（1）明确结构设计主要内容。包括设计使用年限、抗震设防等级、人防抗力标准、砼结构裂缝控制要求、设计荷载及组合、设防水位、耐火等级、基坑保护等级、地面沉降控制要求等。

（2）提出工程材料和构造要求。包括砼的强度等级和抗渗等级，从耐久性设计角度对水泥、掺和料、骨料的特性、配比及水胶比等提出要求；钢筋和钢材的种类，焊条类型；管片螺栓紧固件的机械性能等级，钢筋连接器的性能等级等；变形缝、施工缝、后浇带的设计原则，钢筋的锚固、搭接要求，钢筋的净保护层厚度要求等。

（3）提出施工注意事项及技术要求。包括地下水处理原则，明挖基坑的土方开挖、架、拆撑要求，支撑(锚杆)的设计轴力及预加轴力；矿山法隧道的开挖方法、步长、台阶长度或导洞间拉开的距离要求；砼的浇注和养护、地层加固、明挖隧道两侧及顶部回填、暗挖隧道衬砌背后压浆要求；隧道断面的预留净空余量，施工误差控制，钢结构的加工、组装及就位精度，管片的制作及拼装精度，矿山法隧道的允许超挖量和预留围岩变形量；施工限载，施工步序和构件浇注顺序的说明；地面沉降控制措施；不良地质地段与既有建、构筑物处于超接近状态施工的技术措施及采用特殊方法(基础托换、冻结法等)的施工要求。

(4)结构施工图设计。主要包括以下组成部分：

①结构总图：包括平面图、剖面图，变形缝位置，预留孔洞及预埋件位置。车站、区间结构布置总图应特别标注结构与线路中线和轨面标高线的关系尺寸，在断面变化处、变形缝处及附属建筑物处，要标注线路里程，以便确定结构的准确位置。基坑纵剖面图及暗挖隧道纵剖面图应带地质剖面。

②结构断面图：包括详细标注结构尺寸，以及结构与线路中线和轨面标高线的关系尺寸。矿山法隧道应注明小导管、管棚、锚杆等设计参数。

③各构件配筋断面图、格栅拱钢筋图：详细标明钢筋配置情况，如主筋的直径、间距，钢筋接头设置位置，箍筋直径与间距，纵筋直径与间距。

④车站梁、柱钢筋图，钢梁、钢管柱、钢拱架结构图。

⑤节点构造详图：包括断面变化处钢筋连接详图，变形缝处钢筋配置详图，逆作法梁、柱节点详图及立柱与桩基连接节点详图，格栅拱或钢拱架连接节点详图，装配式构件连接节点详图。

⑥内部结构图：包括楼梯图、站台板图、电梯井结构图等。

⑦结构防水图。

⑧围护结构图：如锚喷支护、土钉墙、重力式挡墙、桩、墙式挡土结构等结构图。

⑨监控量测测点布置图和人防结构图。

⑩其他图纸：如施工步序图、地层加固图、预埋件详图、预留孔洞洞边配筋图等。

(5)施工图具体设计。包括车站形式、规模及通过能力、层数、面积与埋深、人防与防火防烟分区、建筑等级、火灾危险等级、耐火等级、抗震等级、人防等级、无障碍设计。

(6)车站装修设计。包括设计依据、屋面做法、墙体材料(防水防潮处理)、门窗(玻璃)选型、装修范围、装修标准及原则、装修概况、装修做法表、装修做法材料表。

(7)建筑施工图设计。主要包括：

①平面图：总平面图1:500；站台层平面图1:300~1:200；站厅层平面图1:300~1:200；站台板下墙沟平面图1:300~1:200；附属建筑物或车站的其他层平面图1:300~1:200；站台层分段平面图1:100(加分段位置示意图)；站厅层分段平面图1:100；站台板下墙沟分段平面图1:100；其他层分段平面图1:100；地面站屋顶平面图1:200。

②剖面图：车站纵剖面图1:300~1:200；车站横剖面图(车站中心线处)1:100；其余部位1:300~1:200；地面站立面图1:200；车站地面亭外墙剖面图1:20。

③变电所、男女卫生间、水泵房及其他需要放大的房间或设备技术用房平面图(1:50)及节点大样图。

④站台层侧墙、电缆管墙平立剖面图及节点大样图。

⑤各种楼梯、电梯、自动扶梯的平、剖面图和节点大样图 1∶100～1∶50(节点视情况定)。

⑥出入口水平通道、斜隧道、楼梯及自动扶梯平面图、剖面图、节点大样图；风道平面图、剖面图及节点大样图。

⑦出入口地面厅平面图,屋顶平面图、立面图,外墙剖面及节点大样图(必要时应有总平面图)。风亭总平面图、平面图、屋顶平面图、立面图、剖面图、外墙剖面图及节点大样图。

⑧门窗大样图；车站管线综合图。

5.2　车站建筑设计

5.2.1　车站总平面布局设计

车站总平面布局包括车站中心的位置(站位)、车站的外轮廓的范围以及出入口风亭的确定等,它是车站设计的关键环节。车站总平面布局由于影响因素甚多,在设计中需要反复研究论证才能获得最佳设计方案。

1. 车站的组成

图 5-10 为一般车站设施组成示意图。

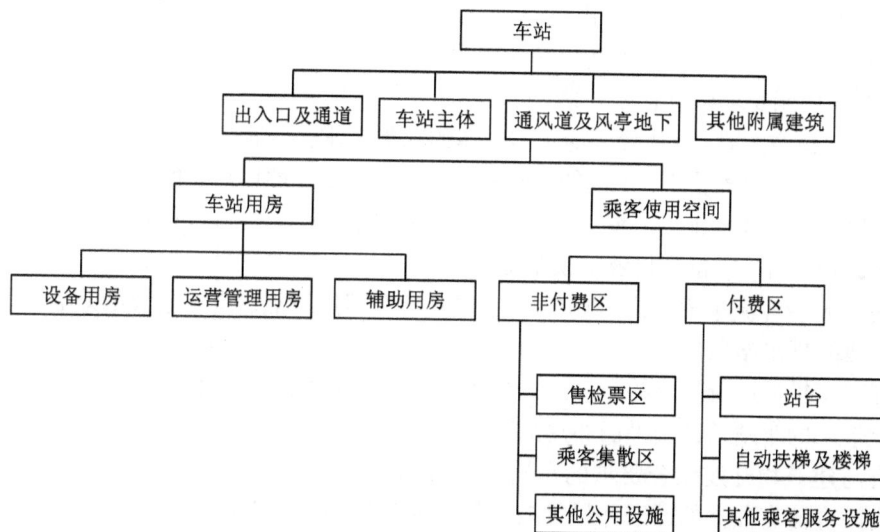

图 5-10　车站构成

2. 车站平面布置原则

(1)站厅层布置应分区明确,依据出入口的位置和数量、楼梯与扶梯的位置和数量、售检票系统的位置和数量以及换乘要求对客流进行合理的组织,避免和减少进出站客流的交叉,合理布置管理、设备用房,应满足各系统的工艺要求。

（2）站台层布置需以车站上下行远期超高峰小时设计客流量来计算站台宽度，根据线路走向及换乘要求确定站台形式。根据车站需要布置设备或管理用房区。

（3）车站出入口应设置于道路两边红线以外或城市广场周边，需具有标志性或可识别性，以利于吸引客流、方便乘客。有条件的出入口考虑地面人行过街的功能。出入口规模应满足远期预测客流量的通过能力，并考虑与其他交通的换乘和接驳大型公共建筑所引起的客流量。

（4）车站主要服务设施应包括自动扶梯、电梯、售票机、检票机、空调通风设施等。

3. 车站总平面布局设计的步骤

为尽可能减少方案的重复，车站总平面布局的设计可按以下步骤进行：

（1）分析影响因素，确定边界条件。

影响车站站位和总平面布局的因素主要有以下几个方面：

①周围环境。主要包括：现状道路及交通条件、公交及其他交通方式站点设置、周围建筑物功能性质及基础，规划落实情况以及文物古迹和可能的山地、河流等自然条件。

②建筑物拆迁和管线改移条件。主要包括：车站周围现状建筑物和地下管线的使用情况，拆迁改移条件以及规划建筑物和管线方案和可能的实施时间。

③施工方法。不同的施工方法对车站站位和总平面布局影响甚大，要结合地质条件和周围自然状况，提出可能的施工方法，结合总平面方案一同考虑。

④客流来源及方向。车站的主要功能是最大限度地吸引客流，要根据主要客流的来源和方向考虑站位和出入口通道的设置。

⑤综合开发的条件。结合城市轨道交通车站建设进行综合开发越来越引起人们的重视，尤其在城市密集区，应使车站与其他建筑物相结合。

（2）根据功能要求构思总体方案。

在构思总体方案时，首先要弄清车站整体的功能要求，弄清车站的特点与性质，才能有的放矢地进行总体方案设计。不同的车站大致可分为以下几种具有某种典型功能的车站：

①以换乘为主要功能的车站。主要应考虑乘客的换乘条件，以尽可能减少换乘距离为主要因素进行设计，并留有足够的换乘能力。

②接驳大型客流集散点的车站。要考虑突发性客流特点，留有足够的乘客集散空间，并创造快捷的进出站条件。

③有列车折返运行需要的车站。以列车在车站的运营能力为主，考虑车站配线的设置以及由此带来的车站站位及平面布局的变化。

④有与建筑物开发结合要求的车站。应考虑结构的统一性，并分清各种客流的流向，要使进出站客流有独立的通道并尽量减少与其他客流的交叉干扰。

⑤有其他特殊功能需要的车站。包括远期需进一步延伸的起点站、与其他交通系统的联运站等。

（3）确定出入口与风亭数量及位置。

在总体构思完成，站位大致确定后，最重要的工作就是确定车站出入口和风亭的数量和位置，车站的出入口和风亭位置的确定，往往对总平面布局有很大影响，有时甚至是决定性的影响，"有出入口才有车站"在某种意义上也反映了出入口的重要性。

车站的出入口数量可根据进出站客流的数量以及方向确定，首先要满足进出站客流的通过能力，其次，应尽可能照顾各个方向的客流，以方便乘客进出站。《地铁设计规范》（GB 50157—2013）规定：车站出入口的数量，应根据客运需要与疏散要求设置，浅埋车站不宜少于 4 个出入口。当分期修建时，初期不得少于 2 个。小站的出入口数量可酌减，但不得少于 2 个。

风亭的数量和采取的通风与空调方式有关，一般由环控专业确定。

出入口和风亭位置的选择应注意以下几点：

①单独设置的车站出入口的位置一般选在城市道路两侧、交叉口及有大量人流的广场附近，出入口宜分散均匀布置，以最大限度地吸引乘客。

②单独修建的地面出入口和地面通风亭，其位置应符合当地城市规划部门的规划要求，一般设在建筑红线以内。如有困难不能设在建筑红线以内时，应经过当地城市规划部门的同意，再选定其位置。地面出入口的位置不应妨碍行人通行。

③要考虑城市人流流向设置出入口，不宜设在城市人流的主要集散处，以免发生堵塞。

④车站出入口应设在较明显的位置，便于识别。

⑤车站出入口和地面通风亭不应设在易燃、易爆、有污染源并挥发有害物质的建筑物附近，与上述建筑物之间的防火安全距离应符合有关规范的规定。

⑥应尽可能创造条件使车站出入口、风亭与周围建筑物结合，尽可能减少用地和拆迁。

⑦车站出入口应尽可能与城市过街地道、天桥、下沉广场结合，以方便乘客、节约投资。

（4）绘制车站总平面布置图。

根据设计的方案进行车站总平面布置图的绘制，一般在 1/500 地形图上进行，主要应包含以下内容：

①站中心的详细位置，包括线路里程、坐标等。

②车站主体的外轮廓尺寸，包括端点的线路里程、关键点的位置坐标等。

③出入口、风亭通道的位置、长度、宽度。

④出入口、风亭的详细位置、尺寸、坐标等。

⑤车站线路及区间的连接关系。

⑥车站周围地面建(构)筑物情况、地形条件等。

⑦其他与车站有关的设施情况等。

车站总平面图的确定过程是一个十分复杂、反复循环的过程，它是车站设计中总体性的工作，必须十分重视。

5.2.2　站厅层设计

1. 站厅层的功能

站厅层将出入口进入的乘客迅速安全方便地引导到站台乘车或将下车的乘客同样引导至出入口出站。站厅层是上、下车的过渡空间，乘客在站厅内需要办理上、下车的手续。因此，站厅内需要设置售票、检票、问讯等为乘客服务的各种设施。站厅层内设有地铁运营设备用房、管理用房，具有组织和分配人流的作用。

2. 站厅层的位置

站厅的位置与车站埋深、客流集散情况、所处环境条件等因素有关。站厅的布置有以下 4 种情况。

(1)车站一端。

常用于终点站,且车站一端靠近城市主要道路的地面车站,如图 5-11 所示。

(2)车站两侧。

常用于侧式车站,客流量不大多采用,如图 5-12 所示。

图 5-11　站厅位于车站一端

图 5-12　站厅位于车站两侧

(3)车站两端的上层或下层。

常用于地下岛式车站及侧式车站站台的上层,高架车站站台的下层,客流量较大多采用。

(4)车站上层。

常用于地下岛式车站及侧式车站,客流量很大的车站,如图 5-13 所示。

图 5-13　站厅位于车站上层

3. 站厅层设计

根据车站运营及合理组织客流路线的需要,站厅可分为付费区和非付费区。付费区是指乘客需经购票、检票后才能进入的区域,然后可经付费区到达站台。非付费区也就是公共区,乘客可在该区域自由通行。一般非付费区面积要比付费区面积大,因为客流一经检票就快速地进入站台候车,在付费区内很少停留。付费区内设有通往站台层的楼梯、自动扶梯、补票处。在换乘车站还需要设置通向另一车站的换乘通道。非付费区应设置几个通道口以利于客流出站后自由地选择出站通道通向地面的不同方位。在非付费区还必须设置一定的服务设施,如售票处、问讯处、公共电话等,进、出站检票口应分设在付费区与非付费区之间的分界线上,其两者之间的距离应尽量远一些,以便分散客流,避免相互干扰拥挤。

5.2.3　站台层设计

站台是供乘客上、下车及候车的场所。站台层布设有楼梯、自动扶梯及站内用房。站台层公共区主要确定站台有效长度和宽度。

1. 站台长度

站台长度分为站台总长度及有效长度两种。

站台总长度是包括了站台有效长度和所设置的设备、管理用房及迂回风道等的长度,是根据站台层房间布置的位置以及需要由站台进入房门的位置而定。

站台有效长度是远期列车编组总长度与列车停站时的允许停车距离不准确值之和。我国停车不准确值为 $1\sim2$ m,上海达到 0.3 m。

$$L=sn+\delta \tag{5-1}$$

式中:L——站台有效长度(m);s——所用车型的每辆车辆全长,即车辆两端车钩连接面间距;n——远期列车最大编组数量;δ——列车停车误差(m),采用屏蔽门系统时 $\delta=\pm$ 0.3 m,无屏蔽门时应取 $1\sim2$ m。

常见轨道交通编组情况及适用客流量和站台长度估算如表 5-6 所示,可对站台有效长度的计算结果进行校核,初步计算结果可适当加长、取整。

表 5-6　各种轨道交通车辆编组适应客流量和站台长度估算

车型	编组	列车载客量 /人	断面客流量 /(万人次/时)	站台长度 /m	适应范围 /(万人次/时)
A 型车	4 辆	1240	3.72	93	3.7~7.4
	6 辆	1860	5.58	140	
	8 辆	2480	7.44	186	
B 型车	4 辆	950	2.85	78	2.8~4.3
	5 辆	1195	3.59	98	
	6 辆	1440	4.32	120	
C 型车四轴车	3 辆	610	1.83	57	1.8~3.0
	4 辆	820	2.46	76	
	5 辆	1030	3.09	95	
C 型车单铰六轴车	2 辆	490	1.47	45	1.5~3.0
	3 辆	740	2.22	68	
	4 辆	990	2.97	90	

续表5-6

车型	编组	列车载客量/人	断面客流量/(万人次/时)	站台长度/m	适应范围/(万人次/时)
C 型车双铰八轴车	1 辆	325	0.98	30	1.0~3.0
	2 辆	650	1.95	60	
	3 辆	975	2.95	90	

2. 站台宽度

站台宽度主要根据车站远期预测高峰小时客流量大小、列车运行间隔时间、结构横断面形式、站台形式、站房布置、楼梯及自动扶梯位置等因素综合考虑确定。

岛式站台宽度包含了沿站台纵向布置的楼梯(自动扶梯)的宽度、结构立柱(或墙)的宽度和侧站台宽度。

侧站台宽度,可分两种情况:①沿站台纵向布设楼梯(自动扶梯)时,则站台总宽度由楼(扶)梯的宽度、设备和管理用房所占的宽度(移出站台外则不计宽度)、结构立柱的宽度和侧站台宽度等组成。②通道垂直于站台方向布置时,楼梯(自动扶梯)均布置在通道内,则站台总宽度包含设备和管理用房所占的宽度(移出站台外则不计宽度)、结构立柱的宽度和侧站台宽度。我国《地铁设计规范》(GB 50157—2013)中规定了车站站台的最小宽度尺寸详见表5-7。

表5-7　车站站台最小宽度尺寸

车站站台形式		站台最小宽度/m
岛式站台		8
岛式车站的侧站台		2.5
侧式车站(长向范围内设梯)的侧站台		3.5
侧式车站(垂直于侧站台开通道口设梯)的侧站台		2.5
站台计算长度不超过 100 m 且楼、扶梯不伸入站台计算长度	岛式站台	6.0
	侧式站台	4.0

站台宽度及侧站台宽度可按下式计算:

$$岛式站台宽度:B_d = 2b + n \cdot z + t \tag{5-2}$$

$$侧站台宽度:B_c = b + z + t \tag{5-3}$$

$$其中:b = \frac{Q_上 \cdot \rho}{L} + b_a \tag{5-4}$$

$$b = \frac{Q_{上、下} \cdot \rho}{L} + M \tag{5-5}$$

式中:b——侧站台宽度(m);n——横向柱数;z——纵梁宽度(含装饰层厚度,m);

t——每组楼梯与自动扶梯宽度之和(含与纵梁间所留间隙，m)；$Q_上$——远期或客流控制期每列车超高峰小时单侧上车设计客流量(人/次)；$Q_{上、下}$——远期或客流控制期每列车超高峰小时单侧上、下车设计客流量(人/次)；ρ——站台上人流密度，取 0.33~0.75 米²/人；L——站台计算长度(m)；M——站台边缘至屏蔽门立柱内侧距离，取 0.25 m，无屏蔽门时，$M=0$；b_a——站台安全防护宽度，取 0.4 m，采用屏蔽门时用 M 替代 b_a 值。

侧站台宽度 b 的计算式(5-4)和式(5-5)两者取大者。其含义是：式(5-4)是指列车未到站时，上车等候乘客只能站在安全带之外，此时侧站台宽度 b 是上车乘客站立候车所需宽度加上安全带宽度；式(5-5)表示列车进站停靠后，上下客进行交换中安全带宽度已被利用。最终侧站台计算宽度应在以上两种不同工况下取其大者。

3. 站台高度

站台高度是指线路走行轨顶面至站台地面的高度。站台实际高度是指线路走行轨下面结构底板面至站台地面的高度，它包括走行轨顶面至道床底面的高度。站台高度主要根据车厢地板面距轨顶面的高度而定。

站台按高度可分为低站台和高站台；其选择需要与车型匹配。

站台与车厢地板高度相同称为高站台，一般适用于流量较大、车站停车时间较短的场合。高站台对残疾人、老年人上下车也很有利。考虑到车辆满载时弹簧的挠度，高站台的设计高度一般低于车厢地板面 50~100 mm。

站台比车厢地板低时称为低站台，适宜于流量不大的场合。

站台的设计要有排水措施。一般地，站台横断面应有 2% 的坡度，地下站可设 1% 的坡度。

车站各部位的最小高度如表 5-8 所示。

表 5-8　车站各部位的最小高度

名称	最小高度/m
地下站厅公共区(地面装饰层面至吊顶面)	3
高架车站站厅公共区(地面装饰层面至梁底面)	2.6
地下车站站台公共区(地面装饰层面至吊顶面)	3
地面、高架车站站台公共区(地面装饰层面至风雨棚底面)	2.6
站台、站厅管理用房(地面装饰层面至吊顶面)	2.4
通道或天桥(地面装饰层面至吊顶面)	2.4
公共区楼梯和自动扶梯(踏步面沿口至吊顶面)	2.3

5.2.4　车站主要设施设计

1. 客流通道口

客流通道口主要位于站厅层的公共区，分左右两侧布置，有利于地面道路出入口均匀布置。通道口的总宽度必须大于站台至站厅楼梯(包括自动楼梯)总宽度，以利于灾变时的紧急疏散。根据地铁设计规范，通道口最小宽度不得小于 2.4 m，如图 5-14 所示。

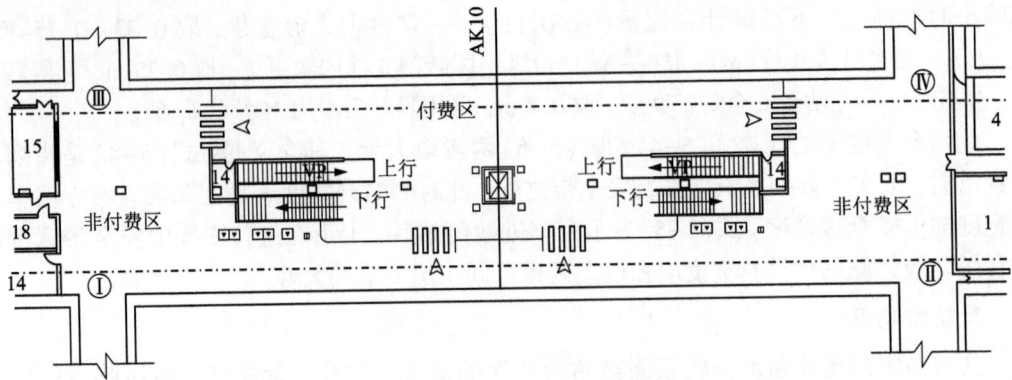

图 5-14　地铁车站客流通道口布置

2. 售、检票设施

售、检票设施是指乘客使用的售、检票系统。全国地铁车站售、检票可分别按通过的人数来计算。售票口、自动售票机、检票口一般都设在站厅层，在人工售票的车站内应设售票室。自动售票机设置的位置与站内客流路线组织、出入口位置、楼梯及自动扶梯布置有密切的关系，应沿客流进站方向纵向设置。售票机前应留有购票乘客的聚集空间，聚集空间不应侵入人流通行区。出站检票口与出入口通道边缘的间距不宜小于 5 m，与楼梯的距离不宜小于 5 m，与自动扶梯基点的距离不宜小于 8 m。进站检票口与楼梯口的距离不宜小于 4 m，与自动扶梯基点的距离不宜小于 7 m。售、检票方式应根据具体情况，采用人工式、半自动或自动式。当分期实施时应预留设置条件。

（1）售票。

售票设施通常可分为人工售票和自动售票两种，人工售票亭、自动售票机（台）数：

$$N_1 = \frac{M_1 K}{m_1} \tag{5-6}$$

式中：M_1——使用售票机的人数或上行和下行（上车）的客流总量（按高峰小时计）；K——超高峰系数，选用 1.2~1.4；m_1——每小时售票能力，自动售票机取 300 人次/时，人工售票亭 1200 人次/时。

（2）进出站检票口及付费区和非付费区隔离栏的设置。

检票设施数量计算：计算检票设施的数量时，需要考虑进、出站客流量的需要，按远期预测高峰小时的进站（上车）、出站（下车）人数来分别计算。进站和出站自动检票机的设置数：

$$N_2 = \frac{M_2 K}{m_2} \tag{5-7}$$

式中：M_2——高峰小时进站客流量（上行和下行）或者出站客流量总量；K——超高峰系数，选用 1.2~1.4；m_2——检票机每台每小时检票能力。门扉式自动检票机取 1800 人次/时，三杆式自动检票机取 1200 人次/时。

进出站检票机旁还需设置一定宽度的人工开启的栅栏门，以便解决检票过程中的特殊情况和较大行李的进出，也有利于站务人员的进出。

在检票口周围设有围隔的栏板区分付费区与非付费区，其分隔宜采用不低于 1.1 m 的可透视栅栏，并应设置向疏散方向开启的平开栅栏门。

3. 站厅与站台联系的上下楼梯设置

《地铁设计规范》(GB 50157—2013)中提出，车站出入口、站台至站厅应设上、下行自动扶梯，在设置双向自动扶梯困难且提升高度不大于 10 m 处可仅设上行自动扶梯。每座车站至少有一个出入口设上、下行自动扶梯；站台至站厅应至少有一处设上、下行自动扶梯。

(1)自动扶梯计算。

$$n_{上} = \frac{N_{上} K}{n_1 \eta_1} \tag{5-8}$$

$$n_{下} = \frac{N_{下} K}{n_1 \eta_1} \tag{5-9}$$

式中：$n_{上}$、$n_{下}$——上行及下行自动扶梯台数；$N_{下}$——远期预测高峰小时上行与下行(下车)客流量(人次/时)；$N_{上}$——远期预测高峰小时上行与下行(上车)客流量(人次/时)；K——超高峰系数，取 1.2~1.4；n_1——自动扶梯每小时输送客流的能力，取值如表 5-9 所示；η_1——自动扶梯的利用率，取 0.8。

(2)楼梯宽度的计算。

若设置双向自动扶梯困难且提升高度不大于 10 m 时，可仅设上行自动扶梯，那么进站客流按走楼梯的思路设计，楼梯宽度 m 可如下式计算：

$$m = \frac{N_{上} K}{n_2 \eta_2} \tag{5-10}$$

式中：$N_{上}$——远期预测高峰小时上行与下行(上车)客流量(人次/时)；m——楼梯宽度 (m)；K——超高峰系数，取 1.2~1.4；n_2——楼梯双向混行通过能力，取 3200 人次/时；η_2——楼梯利用率，取 0.7。

表 5-9　车站各部位的最大通过能力

部位名称		最大通过能力/(人次/时)
1 m 宽自动扶梯	输送速度 0.5 m/s	6720
	输送速度 0.65 m/s	不大于 8190
0.65 m 宽自动扶梯	输送速度 0.5 m/s	4320
	输送速度 0.65 m/s	5265
1 m 宽楼梯	下行	4200
	上行	3700
	双向混行	3200
1 m 宽通道	单向	5000
	双向混行	4000

自动扶梯和楼梯的通过能力可按表 5-9 选取。其中楼梯的宽度当单向通行时不小于 1.8 m，双向通行时不小于 2.4 m，与上、下均设自动扶梯并列设置的楼梯(困难情况下)宽度不小于 1.2 m。当宽度大于 3.6 m 时，应设置中间扶手。

乘客使用的楼梯宜采用 26°34′ 倾角。楼梯宽度应符合人流股数和建筑模数。每个梯段不应超过 18 级，且不应少于 3 级，休息平台长度宜为 1.2~1.8 m。

车站出入口自动扶梯的倾斜角度不应大于 30°，站台至站厅自动扶梯的倾斜角度应为 30°。当站台至站厅及站厅至地面上、下行均采用自动扶梯时应加设人行楼梯或备用自动扶梯。

两台相对布置的自动扶梯工作点间距不得小于 16 m；自动扶梯工作点与前面影响通行的障碍物间距不得小于 8 m；自动扶梯与楼梯相对布置时，自动扶梯工作点与楼梯第一级踏步的间距不得小于 12 m。车站主要管理区内的站厅与站台层间，应设置内部电梯。

(3)站台层事故疏散时间计算。

车站站台公共区的楼梯、自动扶梯、出入口通道的总宽度应保证当发生火灾时在 6 min 内将远期或客流控制期中超高峰小时一列进站列车所载的乘客及站台上候车人员全部及时撤离站台，到达安全区的要求。提升高度不超过三层的车站，乘客从站台层疏散至站厅公共区或其他安全区域的时间，应按下式计算：

$$T = 1 + \frac{Q_1 + Q_2}{0.9[A_1(N-1) + A_2B]} \leqslant 6 \, (\text{min}) \tag{5-11}$$

式中：Q_1——远期或客流控制期中超高峰小时一列进站列车的最大客流断面流量(人次)；Q_2——远期或客流控制期中超高峰小时站台上的最大候车乘客(人次)；A_1——一台自动扶梯的通过能力[人次/(分·米)]；A_2——疏散楼梯的通过能力[人/(分·米)]；N——自动扶梯数量；B——疏散楼梯总宽度(m)，每组楼梯的宽度应按 0.55 m 的整数倍计算。

计算中考虑了一台自动扶梯损坏不能运行的概率，即 $(N-1)$ 台自动扶梯和人行楼梯通行能力考虑 0.9 的折减系数。曾经有学者对人员疏散行为特性做过统计研究，发现地铁乘客中确认火灾发生的真实性、迅速撤离以及立即报警并通知他人的人数占总人数的 90% 以上，但也有惊慌失措待在原地等待救援的乘客，这个比例大概在 1% 以下，因此式子中"1"为人的反应时间；计算站台上候车乘客时，应考虑为地铁线路的双向发车间隔时间(行车密度)内站台上的候车乘客人数。

5.2.5 车站主要房间布置

1. 车站主要用房分类

车站辅助用房大致可分为以下几类：

(1)运营管理用房。如行车主副值班室、站长室、车站控制室、站务室、工作人员办公室、会议室、广播室、售票处、补票处、问讯处等。

(2)电力用房。如牵引降压变电所、照明配电房、通风机房、给排水房(泵房)、蓄电池室、整流器室等。

(3)技术用房。如信号设备室、继电器室、信号值班室、通信引入室等。

(4)生活服务用房。如休息室、厕所、盥洗室、茶炉房、备用间、仓库等。

2. 主要用房设置面积及位置

车站用房面积受组织管理体制、设备的技术水平等制约，变化较大。它一般根据工程的具体特点和要求，由各专业根据本专业的技术标准和设备选型情况，结合本站功能需要进行确定。如车站值班室设于站台层的两端；广播室设于瞭望条件好的地方，如侧式站台中部；但也有一些房间设置的位置并不严格，可以选择任何适当的地方，有些房间（如继电器室、站长室、问讯处）的面积可采用标准尺寸。以下是几种主要辅助用房的设置面积及位置。

（1）主（副）值班室。

主（副）值班室分设在站台的两端，面积为 15~20 m²，室内设有行车控制台、电视监视设备。与继电器室之间用分线柜相隔。地面采用水磨石，在控制台周围应采用绝缘地面。

（2）继电器室。

继电器室与主值班室以分线柜相隔，并有电缆沟相通，室内地面最好用绝缘地面，温度不超过 35°，相对湿度不大于 80%。

（3）车站控制室。

车站控制室设于站厅层，位于车站客流最多的一端。如车站控制室与站厅相邻，则可在朝向站厅的墙面上设置大面积的玻璃窗，室内地面高于站厅地面 0.7~0.9 m，便于对站厅的瞭望。车站控制室设有电视监视设备，可以对站内各主要部位进行监控。地面采用防静电活动地板，室内应采取隔声和吸声措施。

（4）站长室。

站长室应靠近站厅，并且宜与车站控制室相邻，大门直通车站控制室，便于工作联系。站长室附近可设会议室。

（5）广播室。

平时作为广播宣传用，在事故当中可作指挥命令、通信联络用。设在站台有较好瞭望条件的地方，一般设在岛式站台阶梯的下部或侧式站台的中部附近。为了便于瞭望，其前面应比站台墙面突出 40 cm。为避免列车噪声干扰，影响广播清晰程度，广播室内应做隔声、吸声处理，噪声要求小于 40 dB，混响时间要小于 0.4 s，室内用木地板。

（6）服务人员休息室。

供服务人员休息用，侧式站台每侧都应设置休息室，面积为 12 m²。人员驻站时，按每人占 7.5 m² 计算。

（7）通信引入室。

通信引入室有电缆沟与继电室相通，电缆线从引入口进入车站，引入口尺寸一般为 350 mm×200 mm。

（8）电力系统用房。

电力系统用房主要有高压室、低压室、牵引变电室。由地区变电站将 10 kV 高压电以地下电力电缆输入高压变电室，再经降压变电室，将 10 kV 高压交流电降为 380 V、220 V，经低压配电柜控制通往用户。一般降压变电室配置变压器，以备不停电检修及发生故障时供电。

牵引变电室使高压 10 kV 交流电变为 825 V 直流电，以供机车牵引使用。其位置常设于地面，在地下设控制室、开关所。每两站设置一个牵引变电室。有地面牵引变电室的车站在地下设控制室，面积为 40 m²。在地面没有牵引变电室的车站在地下设开关所，面积 30 m²。牵引变电室间隔当输出电压为 600~750 V 时为 2 km 左右，1500 V 时为 4 km 左右。电力系统用房为防止机械运转升温，必须设置局部通风，变电所必须注意安全，防止火灾及触电。

（9）生活服务用房。

主要是指厕所、洗手间等，一般设在车站一端，供乘客和站务人员使用。在区间内每隔500~800 m设一区间卫生间，平时不供乘客使用，仅考虑非常时期使用。一般情况下卫生间下面设污水泵房、沉淀池，污水经沉淀后由水泵抽到城市排污管排出或由吸污车吸走。

表5-10是根据我国目前城市轨道交通的建设水平和实际工程经验，进行归纳总结，提出的车站各类用房的面积，可供参考。

表5-10　站厅层主要设置房间面积参考表

		房间名称	面积/m²	备注
站厅层	大端	通风机房		
		冷冻机房		
		环控机房	1300~2000	
		交接班室（兼会议室、餐厅）		1.2~1.5 米²/人
		男、女更衣室		0.6~0.7 米²/人
		收款室	16~20	
		售票处	12	2 m×6 m
		问讯处	6	2 m×3 m，接近售票处设置
		警务室	24~30	1条线上另加1~2间警署室12 m²
		配电室		
		厕所	16	管理人员用（也可与设于车站的公厕合用）
		茶水室	8~10	
		库房	16~20	
		通信机械室	20~30	靠近车站控制室
		信号机械室（含防灾控制）	50~65	靠近车站控制室
		站控室	35~50	两个站厅时另加一间12 m²副值班室，地面、高架站适当减小
		站长室	15~18	中心站另加1间12 m²
		站务员室	12~15	侧式站设两间
		防灾控制室	15~20	靠近车站控制室或与它合并
		补票厅	4~6	需要时设置，设在付费区内
		辅助楼梯		
		直升电梯		
		备用间	15	
	小端	环控机房		
		环控电控室	30~40	
		消防泵房	50~60	
		配电室		

表 5-11　站台层主要设置房间面积参考表

		房间名称	面积/m²	备注
站台层	大端	整流变压器室	30	设牵引变电站的车站才有
		牵引变电所开关柜室	320~460	
		降压变电所开关柜室	220~280	
		控制室		
		供电值班室(每座降压变电所配一间)	10	加 SCADA 同步可不设
		蓄电池室	30	位置以变电站为中心,布置一侧
		配电室		
		烟络尽室		
		静压室		
		屏蔽门管理室		
		污水泵房	20	
		电梯、电梯机房		
		辅助楼梯间		
		列检室	10	交通折返站
		司机休息室	6~8	交通折返线
		维修巡查室	8~12	宜每站一间至少 3~5 站一间
		清扫定(站厅、站台各设一间)	6~8	
	中部	值班室	15	
		配电室		
	小端	静压室		
		蓄电池室		
		废水泵房	20~25	

车站的各类用房是决定车站规模的最大因素,应想尽一切办法,减少各类用房面积,以减小车站规模,降低车站造价。

5.2.6　车站出入口设计

车站出入口的主要作用是吸引和疏散客流,它与所服务半径范围内的居民人口数量有密切关系,因此,应在对居民出行方式调查的基础上,确定有可能使用地铁的人口比例。

1. 出入口位置的选择

出入口位置决定于车站的地势和所选地区的具体条件,并应满足城市规划及交通的要求,一般选择在人流集中的地方。

(1)设在沿街道人行道边(图 5-15)和街道拐角处,可采用平面曲线形式,并可双向出入(图5-16)，但应注意和邻近建筑物的关系。设在人行道上的出入口，可加设栏杆围护方式。

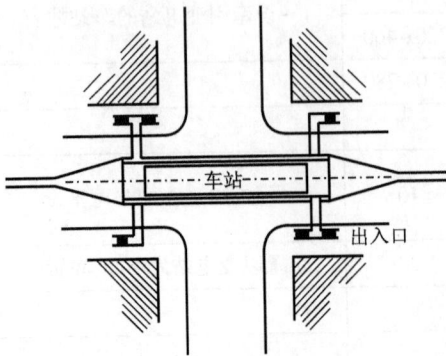

图5-15　沿街道布置　　　　　　　图5-16　双向出入口

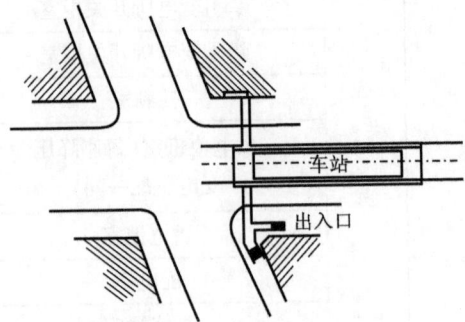

（2）设在街道中心广场、街心花园、安全岛处。因其面积比较宽广，位置选择比较自由，便于客流疏散；但旅客出入必须横穿街道，这样不够安全。现有实例多设于次要街道的安全岛上。

（3）设在建筑物内，如百货商店、办公室楼的底层等。这种出入口的扶梯可直通人行道，使乘客与进出上述建筑物的人流互不干扰。另一种是扶梯完全设于大楼中，乘客出扶梯直通建筑物内，这种位置对乘客进入公共建筑物较为方便。在市中心区，空地较少的情况下较合理，但使建筑物复杂化。

（4）设在车站广场及停车场上。在火车站广场前或公共汽车站附近，应使地下铁道与地面交通工具紧密连接，换乘方便。

2. 出入口分类

（1）按平面形式分类（如图5-17所示）。

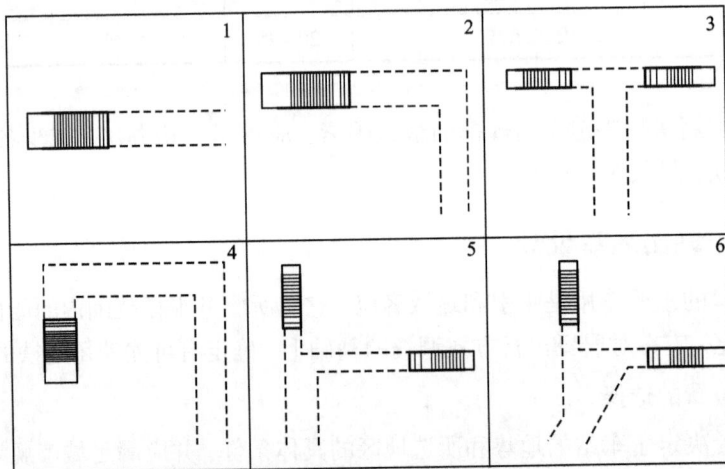

图5-17　地铁车站出入口平面形式

①"一"字形：施工简单，进出方便，经济；因口部较宽，不宜修在路面狭窄地区。

②"L"形：施工稍复杂，进出方便，较经济；不宜修在路面狭窄地区。

③"T"形：施工稍复杂，造价较高；口部较窄，适合于路面狭窄地区。

④"π"形：环境条件所限，出入口长度较长；此种形式布置出入要走回头路。

⑤"Y"形：布置灵活，适用性强，布置两个以上的出入口。

(2)按使用性质分类。

①普通出入口：乘客使用的车站出入口，功能单一，结构简单，平面形式比较灵活。

②战备出入口：仅为战备而设的专用出入口。

③平战结合出入口：主要为战备而设，平时又兼作车站出入口，应做成全封闭式出入口，应符合战备出入口要求。

(3)按口部围护结构形式分类。

①独建式：独立修建的出入口称为独建式出入口。独建式出入口布局比较简单，建筑处理灵活多变，可根据周围环境条件及主客流方向确定车站出入口的位置及入口方向。

②合建式：设在不同使用功能的建筑物内或贴附修建在该建筑物一侧的。

(4)按口部修建形式分类。

①敞口式：即口部不设顶盖及围护墙体，除入口方向外，其余部分设栏杆或挡墙加以围护。这种出入口一般是单独修建的出入口，如图 5-18 所示。

图 5-18　敞口式出入口　　　图 5-19　半封闭式出入口　　　图 5-20　全封闭式出入口

②半封闭式：设有顶盖、周围无封闭围护墙体，适用于气候炎热、雨量较多的地区。这种出入口一般是单独修建的出入口，如图 5-19 所示。

③全封闭式：设有顶盖及周围封闭围护墙体，多用于寒冷地区。这种出入口一般是单独修建的出入口。可以做普通出入口，或平战结合、战备出入口，如图 5-20 所示。

3. 普通出入口设计

(1)出入口的数量。

一般情况下，浅埋地下车站出入口数量不宜少于 4 个；流量较少时，不应少于 2 个；若分期修建，第一期出入口不应少于 2 个，每端不宜少于 1 个；深埋地下车站出入口数量不宜少于 2 个。

(2)主要尺寸。

出入口宽度按车站远期预测超高峰小时客流量计算确定。根据出入口位置、主客流方向以及可能产生的突发性客流，应分别乘以 1.1～1.25 的不均匀系数。车站出入口宽度的总和应大于该站远期预测超高峰小时客流量所需的总宽度，出入口的最小宽度不应小于

2.4 m。兼作城市地下人行过街通道的车站出入口宽度应根据城市过街客流量加宽。车站出入口地面与站厅地面高差较大时，宜设置自动扶梯。

①通道宽度计算(如图 5-21 所示)。

$$单支(车站两侧各一个)：b_1 = \frac{Q \times a}{c_1 \times 2} \tag{5-12}$$

$$双支(车站两侧各两个)：b_2 = \frac{Q \times a}{c_1 \times 4} \tag{5-13}$$

②出入口宽度计算(如图 5-22 所示)。

$$单支一个出入口(单向两侧)：B_1 = b_1 \tag{5-14}$$

$$双向(两侧)：B_2 = \frac{b_1 \times a}{2} \tag{5-15}$$

$$双向(两侧，四支)：B_3 = \frac{b_2 \times a \times a}{2 \times 2} \tag{5-16}$$

式中：b_1、b_2——出入口通道宽度(m)；Q——超高峰小时客流总量(人次/时)；a——不均匀系数，取 1.1~1.25；c_1——通道双向混行通过能力[人次/(时·米)]，取值见表 5-9 车站各部位的最大通过能力。

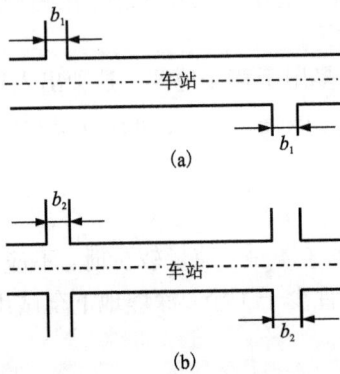

(a) 单支

(b) 双向(两侧)

(c) 双向(两侧，四支)

图 5-22　出入口宽度

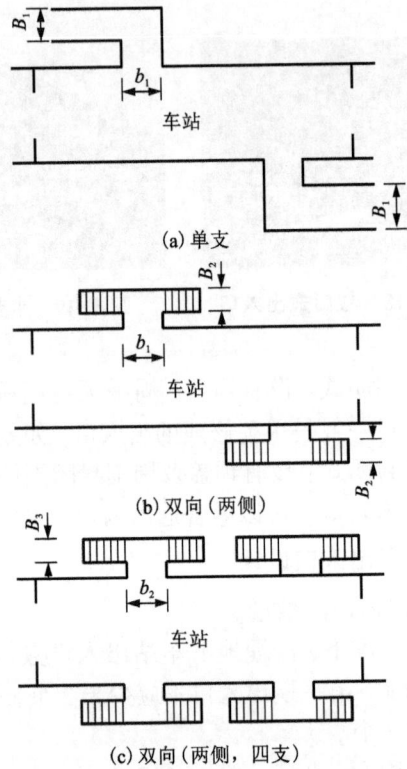

(a)

(b)

图 5-21　通道宽度计算图

4. 出入口通道

连接出入口与车站站厅之间的通行道路称为出入口通道。

(1)出入口通道的分类。

①地道式：浅埋地铁地下车站，当出入口下面的地面与车站站厅地面高差较小，其坡度小于12%可设置坡道；其坡度大于12%，宜设置踏步；如高差太大，可考虑设置自动扶梯；深埋地铁地下车站出入口通道内应设自动扶梯；出入口通道长度超过100 m可考虑设置自动步道。

②天桥式：通道上可设楼梯踏步或自动扶梯。天桥式出入口通道可做成敞开式(两侧设栏杆或栏板)、半封闭式、全封闭式，可根据当地气候等条件选定。

(2)出入口通道设计。

通道宽度根据客流量计算确定，且不小于2.4 m。净高一般为2.6 m，出入口通道地面宜做成不小于5‰的纵坡，以便排水。

(3)通道形式。

地下车站宜采用地道式出入口通道，高架车站多采用天桥式出入口通道。

5.2.7　无障碍设施设计

在一些重要车站及大型车站应考虑无障碍设计，为残疾人乘坐地铁提供方便条件。对于地下车站和高架车站，一般设置供残疾人使用的专用垂直电梯或坡道，并设有"盲人道"或安设音响信号设施。

针对地铁车站设置的不同位置，采取两种不同的设计方法：

(1)车站位于道路地面以下，出入口位于道路的两侧，残疾人乘坐的轮椅挂在楼梯旁设置的轮椅升降台(如图5-23所示)下到站厅层，然后再经设置于站厅的垂直升降梯下达到站台，自电梯门口铺设盲道通至车厢门口。

(2)车站建于街坊内的地下，车站的垂直升降梯可直接升至地面。地下车站每座站台应设置一部无障碍电梯联系站台层与站厅层(此电梯不计入紧急疏散用，兼作车站内部货运)；并在站厅层某处出入口设一部无障碍垂直电梯直达地面。全线每座车站站台至站厅的无障碍电梯，宜布置在站台公共区中心处；无障碍电梯不得侵入站台计算长度内的侧站台；电梯门不宜正对轨道，如开启方向必须朝向轨道时，其电梯门至站台边缘的距离应不小于4.0 m。

无障碍电梯(如图5-24所示)应符合下列要求：

(1)位置选择及数量：残疾人进入地下车站，首先应由地面出入口进入站厅，然后由站厅到达站台。

(2)主要尺寸：电梯轿厢净尺寸不得小于1.4 m×1.4 m，电梯门净宽不小于0.8 m；电梯设候梯厅，其面积不得小于1.5 m×1.5 m。

(3)出入口电梯候梯厅地面应较室外地面高150~450 mm；有必要时应考虑防水淹设施。高差处应设不大于1∶12的坡道。

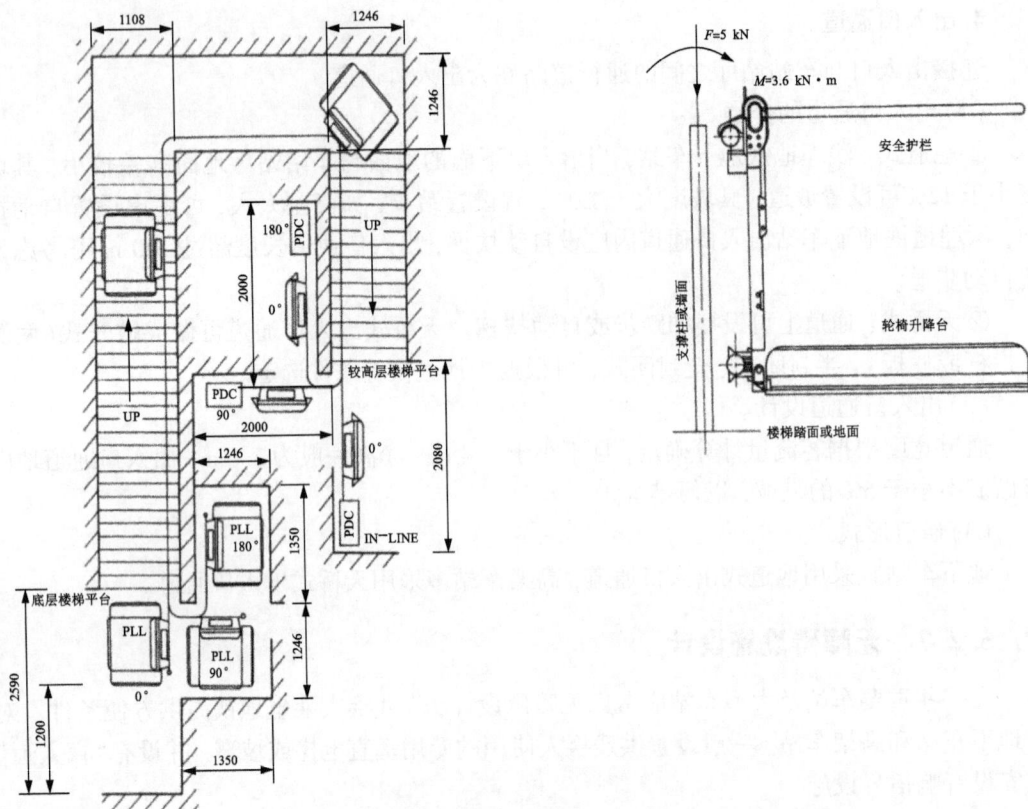

图 5-23 轮椅升降台尺寸示意图(尺寸单位: mm)

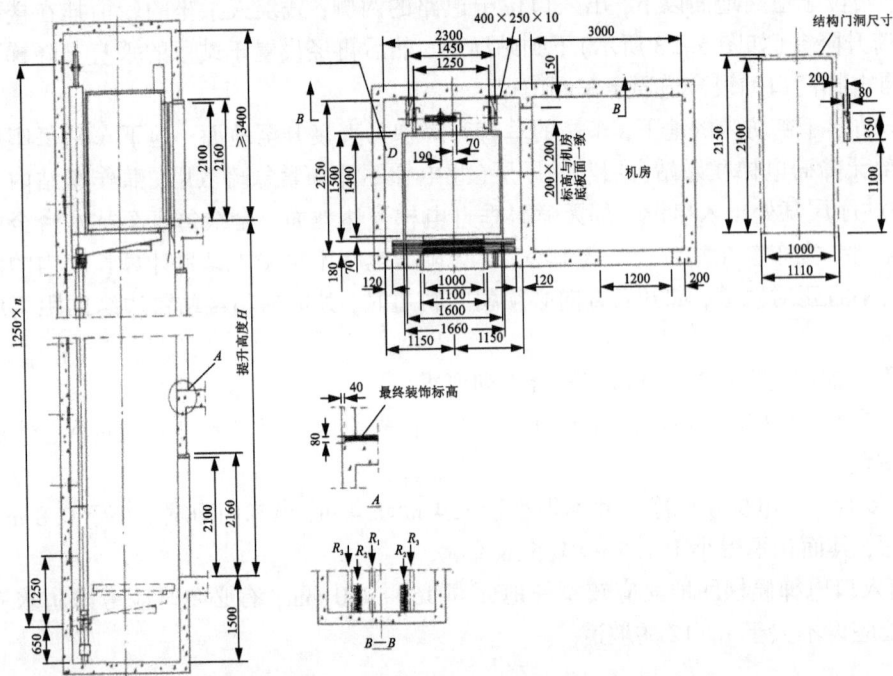

图 5-24 液压直升梯井道及机房尺寸示意图(尺寸单位: mm)

(a) 地铁车站盲道铺设示意图

(b) 盲道地面铺设示意图

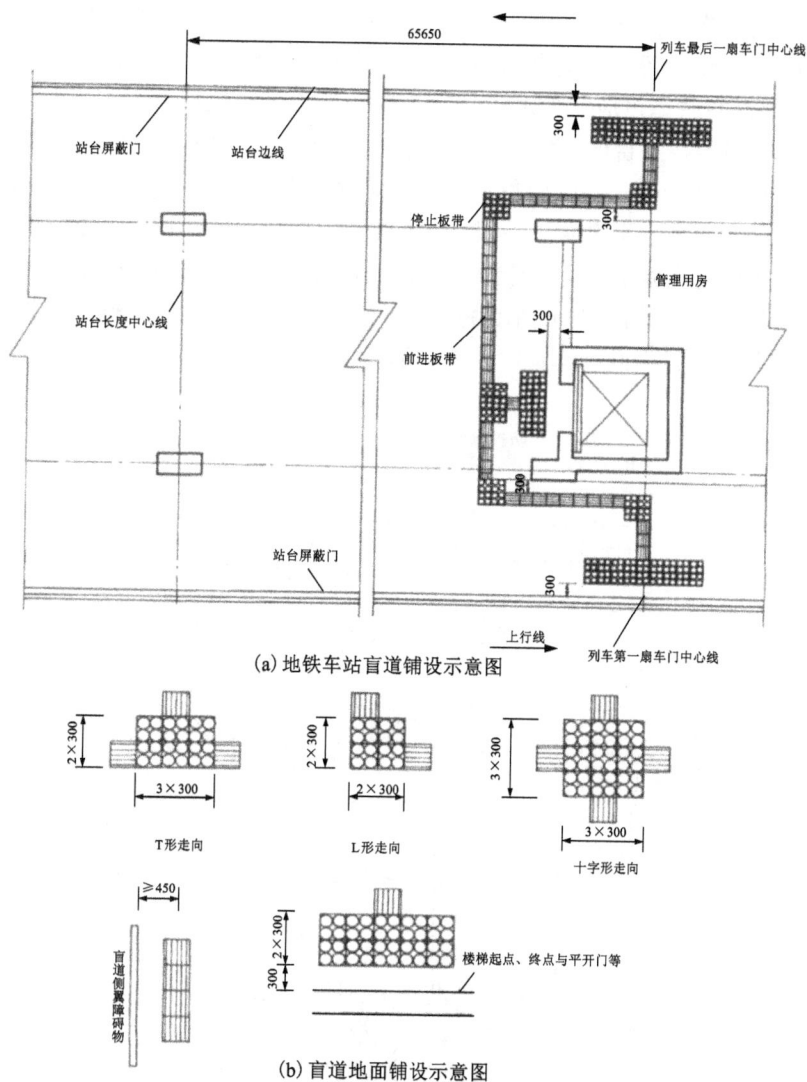

图 5-25　地铁车站盲道示意图 (尺寸单位：mm)

盲道的铺设必须连贯，在站台层，上行和下行两个方向都需要铺设，但一般只需自站台中心处的车厢门铺设至垂直升降梯门口，如图 5-25 所示。

5.2.8　地铁车站人防设计

地铁车站在战争时期是城市人民防空的理想避难场所和疏散、运输通道，按国家规定，在地铁建设中应结合人防按六级抗力等级设防，在常规武器袭击下，能保障列车运行及人员出入，作为城市防空疏散运输干道；在核武器、生化武器袭击下，车站能作为800 人的临时待蔽场所。因此，要求地铁车站对于战时必需的出入口、通风口、人防连通口及其他孔口的防护设施，应结合车站结构同步建设到位，对有些战时不需要的孔口、通道及战时的设备安装，则采取平时预留位置及预埋件，在临战规定期限内快速封堵、安装、改造到位，实行平、战功能的转换。

为了减小可能爆发的战争灾害所造成的影响，将一个车站加一个区间隧道作一个防护单元，相邻防护单元设置一道防护隔断门，如图 5-26 所示。每个防护单元待蔽人数按800 人考虑，战时只考虑供应饮用水，不考虑供应生活用水。饮用水箱采用 2 只 24 吨食品级玻璃钢水箱，设置在站台层的饮水间内，平时预留位置，临战前用轻质隔断隔出，玻璃钢水箱在临战前拼装。饮水间的面积不仅要考虑存放水箱的位置，而且还要考虑水箱龙头前用水人员活动的面积，用水龙头一般按 10 只考虑。战时使用的厕所为干厕，设男女厕所各一间，位置应远离饮水间，平时预留位置，临战前用轻质隔断隔出，干厕面积按每只便桶 0.8 m² 计算，随后加上人员活动的面积，便桶数量按人防规范确定。饮水间及干厕位置应不影响临战转换期间列车运时客流的通行。

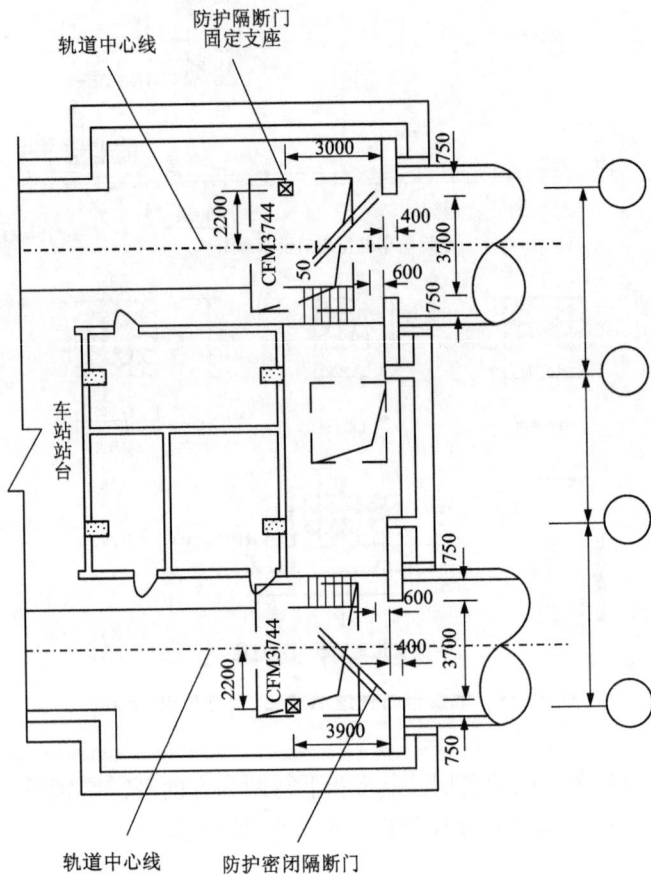

图 5-26　区间防护密闭隔断门位置示意图(尺寸单位：mm)

每个地铁车站人员出入口的数量不得少于两个，且必须位于车站的两端，其中有一个作为战时主要出入口，该出入口的位置要选择在战时便于待蔽人员出入之处，且位于地面可能倒塌建筑的范围之外。如该出入口在地面建筑为钢筋混凝土结构之内可不考虑倒塌的影响，如位于倒塌范围以内的战时人员主要出入口，其上部必须设防倒塌措施，战时人员出入口与平时出入口结合设置，其门洞宽度按平时要求定，但其宽度不得小于 2.4 m。

在出入口密闭通道两端设活置式门槛防护密闭门、普通密闭门各一道，在密闭门外通道内设消洗污水集水井(可与平时排水集水井相结合),设计时要考虑门扇安装后的开启及暗藏位置,为出入口通道装修后保持平直创造条件,如图5-29所示。另外,每个车站还须设置不少于两个人防连通口,连通口的距离应相对拉开,并宜设置在车站两侧,连通口的净宽不小于1.5 m,安装防护密闭门一道,附近有人防工程时,连接通道应同步建设到位。附近没有人防工程或暂不知设施情况时,人防连通口做完,通道应预留出接口。

风口的防护措施考虑到战时清洁式通风和隔热式通风方式,在进排风口区活塞风口采用一道防护密闭门的设置。由于防护密闭门尺寸的限定,往往门洞尺寸与通风面积技术要求有矛盾,因此在防护密闭门门框墙上部加开孔口,以达到平时通风面积的需求,临战前上部孔口加以封堵。

对于无伸出车站主体结构风道的朝天井口,均应在井口下部考虑防护密闭门开启的位置并注意在构造上考虑来自井口上方冲击波的影响。

车站的内部装修应符合防震、抗震要求,镶嵌的构件必须牢固可靠,顶板不允许抹灰,为平时使用的吊顶应便于战时拆除。

5.3　车站结构设计计算

车站结构设计计算应以地质勘查资料为依据,根据现行国家标准按不同设计阶段的目的和任务确定工程勘察的内容和范围,考虑不同施工方法对地质勘探的特殊要求,通过施工中对地层的观察和监测反馈进行验证。

5.3.1　结构设计一般规定

《地铁设计规范》(GB 50157—2013)对结构设计作出的一般规定,其要点如下:

1.结构设计

地下结构应就其施工和正常使用阶段进行结构强度的计算,必要时也应进行刚度和稳定性计算。对于混凝土结构尚应进行抗裂验算或裂缝宽度验算。当计入地震荷载或其他偶然荷载作用时不需验算结构的裂缝宽度。

普通钢筋混凝土结构的最大计算裂缝宽度允许值应根据结构类型、使用要求、所处环境和防水措施等因素确定。规范中列出了最大计算裂缝宽度允许值详见表5-12。

表5-12　最大计算裂缝宽度允许值

结构类型		允许值/mm	附注
钢筋混凝土管片		0.2	
其他结构	水中环境、土中缺氧环境	0.3	
	洞内干燥环境或洞内潮湿环境	0.3	环境相对湿度为45%~80%
	迎土面地表附近干湿交替环境	0.2	

计算简图应符合结构的实际工作条件,反映围岩对结构的约束作用。当施工及使用过

程中受力体系、荷载形式等有较大变化时，宜根据构件的施作顺序及受力条件按结构的实际受载过程进行分析，考虑结构体系变形的连续性。侧向地层抗力和地基反力的数值及分布规律，应根据结构形式在其荷载作用下的变形、施工方法、回填与压浆情况、地层的变形特性等因素确定。

直接承受列车荷载的楼板等构件，其计算及构造应满足现行《铁路桥涵混凝土结构设计规范》(TB 10092—2017)的相关要求。

地下结构应进行横断面方向的受力计算，遇到下列情况时，尚应对其纵向强度和变形进行分析：

(1)覆土荷载沿其纵向有较大变化时；

(2)结构直接承受建、构筑物等较大局部荷载时；

(3)地基或基础有显著差异时；

(4)地基沿纵向产生不均匀沉降时；

(5)沉管隧道；

(6)地震作用下的小曲线半径的隧道、刚度突变的结构和液化对稳定有影响的结构。

当温度变形缝的间距较大时，应考虑温度变化和混凝土收缩对结构纵向的影响。空间受力作用明显的区段宜按空间结构进行分析。装配式构件的尺寸应考虑制作、吊装、运输以及施工安全，接头设计应满足受力、防水和耐久性要求。

矿山法施工的结构设计应以喷射混凝土、钢拱架或锚杆为主要支护手段，根据围岩和环境条件、结构埋深和断面尺度等，通过选择适宜的开挖方法、辅助措施、支护形式和与之相关的物理力学参数，达到保持围岩和支护的稳定、合理利用围岩自承能力的目的。施工中应通过对围岩和支护结构的动态监测优化设计和施工参数。

设计地震区的结构时，应根据设防要求、场地条件、结构类型和埋深等因素选用能较好反映其地层工作性状的分析方法，并采取必要的构造措施提高结构和接头处的整体抗震能力。当围岩中包含有可液化土层时，必须采取可靠对策提高地层的抗液化能力，保证地震作用下结构的安全性。

暗挖法施工的结构应及时向其衬砌背后压注结硬性浆液，保证围岩与结构共同作用。

地下结构设计应严格控制基坑开挖和隧道施工引起的地面沉降量，对由于土体位移可能引起的周围建、构筑物和地下管线产生的危害加以预测，不同建筑物应按有关规范、规程及要求，通过计算确定其允许产生的沉降量和次应力，并提出安全可靠、经济合理的技术措施。

地面变形允许数值应根据现状评估结果，参照类似工程的实践经验确定。结构设计应按最不利情况进行抗浮稳定性验算。抗浮安全系数，当不考虑底层侧摩阻力时应不小于1.05；当考虑底层侧摩阻力并采用标准值(极限值)时，应不小于1.10~1.15。

2. 工程材料

地下结构的工程材料应根据结构类型、受力条件、使用要求和所处环境，结合其可靠性、耐久性和经济性选用。主要受力结构可采用钢筋混凝土结构，必要时也可采用钢管混凝土结构、钢骨混凝土结构、型钢混凝土组合结构和金属结构。

混凝土的原材料和配比、最低强度等级、最大水胶比和单方混凝土的胶凝材料最小用量等，应符合耐久性要求，满足抗渗、抗冻和抗侵蚀的需要。一般环境条件下的混凝土设计强度等级不得低于表 5-13 的规定。

大体积浇筑的混凝土应避免采用高水化热水泥，并宜掺入高效减水剂、优质粉煤灰或磨细矿渣等，同时应严格控制水泥用量，限制水胶比和控制混凝土入模温度。

普通钢筋混凝土和喷锚支护结构中的钢筋应按下列规定选用：梁、柱纵向受力钢筋应采用 HRB400、HRB500、HRBF400、HRBF500 钢筋，其他纵向受力钢筋也可采用 HPB300、RRB400 钢筋；箍筋宜采用 HRB400、HRBF400、HPB300、HRB500、HRBF500 钢筋。

钢筋混凝土管片间的连接紧固件的连接形式及其机械性能等级，应满足构造和结构受力要求，且表面应进行防腐蚀处理。喷射混凝土应采用湿喷混凝土。注浆材料宜采用对地下环境无污染和后期收缩小的材料。

表 5-13　一般环境条件下混凝土的最低设计强度等级

明挖法	整体式钢筋混凝土结构	C35
	装配式钢筋混凝土结构	C35
	作为永久结构的地下连续墙和钻孔灌注桩	C35
盾构法	装配式钢筋混凝土管片	C50
	整体式钢筋混凝土衬砌	C35
矿山法	喷射混凝土衬砌	C25
	现浇混凝土或钢筋混凝土衬砌	C35
沉管法	钢筋混凝土结构	C35
	预应力混凝土结构	C40
顶进法	钢筋混凝土结构	C35

3. 构造要求

（1）变形缝的设置。

地下结构的变形缝可分为伸缩缝和沉降缝。伸缩缝的形式和间距可根据围岩条件、施工工艺、使用要求和运营期间地铁内部温度相对于结构施工时的变化等，按类似工程的经验确定。

在区间隧道和车站结构中不宜设置沉降缝；当因结构、地基、基础或荷载发生变化，可能产生较大的差异沉降时，宜通过地基处理、结构措施或设置后浇带等方法，将结构的纵向沉曲率和沉降差控制在无砟道床和地下结构的允许变形范围内。在车站结构和出入口通道、风道等附属结构的接合部宜设置变形缝，应采取可靠措施确保变形缝两边的结构不产生影响行车安全和正常使用的差异沉降。

（2）钢筋保护层厚度。

钢筋的混凝土保护层厚度应根据结构类别、环境条件和耐久性要求等确定，一般环境作用下混凝土结构构件钢筋净保护层最小厚度应符合表 5-14 的规定。

表 5-14　一般环境作用下混凝土结构构件钢筋净保护层最小厚度

结构类型	地下连续墙		灌注桩	明挖结构						钢筋混凝土管片		矿山法施工的结构		
				顶板		楼板	底板					初期支护或喷锚衬砌		二次衬砌
	外侧	内侧		外侧	内侧		外侧	内侧	外侧	内侧	外侧	内侧		
保护层厚度/mm	70	70	70	45	35	30	45	35	35	25	35	35		35

（3）配筋率。

明挖法施工的地下结构周边构件和中楼板每侧暴露面上分布钢筋的配筋率不宜低于0.2%，同时分布钢筋的间距也不宜大于 150 mm。当混凝土标号大于 C60 时，分布钢筋的最小配筋率宜增加 0.1%。当受拉主筋的混凝土保护层厚度大于或等于 40 mm 时，分布钢筋宜配置在受力筋的外侧。隔墙和承重墙等应与主体结构可靠拉结，轻质隔墙应与主体连接。

5.3.2　结构设计的计算方法

1. 结构设计的特征和工作程序

城市轨道交通的建设是一项复杂的系统工程，其建设必须经过科学、公正、严肃的可行性论证与研究，同时在具体建设的过程中还必须坚持工程建设领域中的基本建设程序，即预可行性研究、初步勘察设计、详细勘察设计、工程投标、施工建设、工程监理、竣工验收和交付运营与维修管理等基本程序。尤其是地铁工程线路埋设在地下的结构大部分属于隐蔽工程，建设质量的好坏不仅直接影响到工程结构物的安全耐久，同时也影响到车站乘客和管理工作人员的人身安全。在进行地下结构的设计计算时，首要任务就是确定结构荷载的能力和安全。因此，必须对结构的强度、刚度和稳定性进行设计与计算。

在设计地下车站结构物时，与地面建筑的设计相比具有以下特征：

（1）在城市繁华区域，地铁线路主要设置于地下，因工程地质和水文地质条件不同，设计所采用的施工方法也会不同，因此所采用的施工方法决定了结构的设计方法。

（2）地下结构物大多采用框架或拱形超静定结构。

（3）由于隧道和车站在线路纵向的长度远大于横断面的尺寸，因此还要考虑地下水的作用，要求工程结构必须具有防水性。

在进行工程设计计算时，首先应完成线路的平面和纵断面技术标准的设计，所应遵循的设计流程为：

（1）选定设计断面。根据结构用途、建筑限界、线路平面、纵断面、道床尺寸等确定结构内部空间尺寸，根据结构高度和宽度的关系、荷载状况，参照类似的已有结构假定断面厚度，选定供计算的结构形状和尺寸，以确定合理的计算模型。

（2）荷载计算。当设计地下结构时，计算可考虑的荷载较多，其中主要是路面可变荷载、垂直和水平土压力、地下水压力、结构自重、结构内部荷载以及考虑人防和地震的偶然荷载等。计算时应结合构造形式、地质条件和施工方法等因素综合考虑。

（3）框架内力计算。当框架和荷载均为对称时，可取结构的一半进行计算。内力计算采用力矩分配法或有限单元法，先求出各个节点的弯矩 M、轴力 N 和剪力 Q，然后绘制出弯矩 M 图、轴力 N 图和剪力 Q 图。

（4）结构配筋计算。根据弯矩图、轴力图和剪力图，按钢筋混凝土结构设计基本原理和现行钢筋混凝土设计规范，进行结构和构件的配筋计算。

（5）设计图绘制。根据配筋计算的结果绘制结构的配筋图，并计算出工程材料数量。

（6）根据车站和区间隧道所处的环境以及计算的结构变形、内力状况，绘制指导性的施工方法图。

2. 结构计算的力学模型

地下结构和地面结构（如房屋、桥梁、水坝等）在赋存环境、力学作用机理等方面都存在着明显的差异。地下结构埋设于地层之中，其周围都受到地层的约束，地层不仅对结构施加荷载，同时又帮助结构承受荷载。这种地下结构与地层共同作用机理与地面结构相比是完全不同的。

理论研究和工程实践证明这种共同作用的效果主要取决于地层条件以及结构与地层的相对刚度。在稳固的地层中，当结构的刚度比地层的刚度小时，则地层对结构变形的约束作用大，而产生的地层压力则小。反之，在松软不稳定地层中，结构的刚度比地层的刚度大，这时地层的约束作用小，甚至可以忽略不计，表现出结构承受较大的地层压力。在进行地下铁道结构的静、动力计算时，必须很好地考虑结构与地层的共同作用才能得到比较符合实际的结果。然而，影响结构与地层共同作用的因素很多，而且变化很大，有些因素很难甚至无法完全研究清楚。加之，地下结构的受力特性在很大程度上还与地下工程的施工方法和步骤直接相关，这些问题的存在使得一些地下结构的计算结果无论在精度上还是在可靠程度上都达不到设计的要求，很难作为确切的设计依据。所以，目前在进行地下结构设计时，广泛采用结构计算、经验判断和实测相结合的信息化设计方法。

用于地下结构静、动力计算的设计模型因结构形式和施工方法而异，用于理论计算的力学模型可归纳为以下几种：

（1）作用与反作用模型。如弹性地基框架、全部支承或部分支承弹性地基圆环等，这种模型亦可称为荷载—结构模型，或简称结构力学方法。

（2）连续介质模型。包括解析法和数值法两种。解析法又可分为封闭解和近似解，目前已逐渐被数值法所取代。数值法以有限元法和有限差分法为主。这种模型亦可称为地层与结构模型，或简称连续介质力学方法。

另外，还有两种主要用于结构设计的模型：

（1）以工程类比为依据的经验设计法。

（2）以现场量测和室内试验为主的实用设计法，如以隧道洞周围岩变形量测为依据的约束—收敛法。

根据我国地铁建设发展趋势，仍以建设浅埋地铁为主。浅埋地铁结构大多埋设在第三、四系的软弱地层中，结构与地层共同作用较弱，荷载较为明确，根据我国多年的地铁设计经验应以荷载—结构模型为主。对于深埋或浅埋于岩层中的地铁结构物，除采用传统矿山法施工的结构仍可采用荷载—结构模型外，其余可采用连续介质力学方法，但在设计中主要是采用以工程类比为基础的经验设计法，辅以结构计算。

5.3.3 车站结构荷载计算

1. 荷载种类

采用荷载—结构模型进行地下铁道结构静、动力计算时，首先确定作用在结构上的荷载大小及分布规律。现行《地铁设计规范》（GB 50157—2013）中按荷载作用情况将其分为永久荷载、可变荷载和偶然荷载三大类，如表 5-15 所示，但对于各项荷载标准值的取法没有明确规定，原则上要求根据相关规定或实际情况决定荷载大小，并考虑施工和使用过程中发生的变化。

永久荷载即长期作用的恒荷载，在其作用期内虽有变化但也是微小的，如地层压力、结构自重、隧道上部或岩土破坏棱体范围内的设施及建筑物压力、静水压力(含浮力)、混凝土收缩和徐变影响力、预加应力以及设备重量、地基下沉影响力、侧向土层抗力和地基反力等。

可变荷载又可分为基本可变荷载和其他可变荷载两类。基本可变荷载，即长期且经常作用的变化荷载，如地面车辆荷载(包括冲击力)和它所引起的侧向土压力、地下铁道车辆荷载(包括冲击力、摇摆力、离心力)以及人群荷载等。其他可变荷载，即非经常作用的变化荷载如温度影响力、施工荷载(施工机具重量、盾构千斤顶推力、注浆压力)等。

偶然荷载即偶然的、非经常作用的荷载，如地震力、爆炸力等。

结构的计算荷载应根据上述三类荷载同时存在的可能性进行最不利组合，一般来说，对于浅埋地下铁道结构物以基本组合(仅考虑永久荷载和可变荷载)最具工程实际意义。只有在特殊情况下，如 7 度以上地震区或有战备要求等才有必要按照偶然组合(三类荷载都进行考虑)来验算。在设计计算中，以对结构整体或构件可能出现的最不利荷载组合进行计算。

表 5-15　我国规定的作用于地下结构上的荷载分类

荷载分类	荷载名称	结构类型	
		隧道结构	高架结构
永久荷载	结构自重	√	√
	地层压力	√	√
	隧道上部和破坏棱体范围的设施及建筑物压力	√	
	静水压力及浮力	√	√
	混凝土收缩及徐变影响力	√	√
	预加应力	√	√
	设备重力	√	√
	地基下沉影响力	√	√
	侧向地层抗力及地基反力	√	√

续表5-15

荷载分类		荷载名称	结构类型	
			隧道结构	高架结构
可变荷载	基本可变荷载	地面车辆荷载及其冲击力	√	
		地面车辆荷载引起的侧向土压力	√	√
		地下铁道车辆荷载及其冲击力	√	√
		地下铁道车辆荷载的离心力及摇摆力		√
		人群荷载	√	√
	其他可变荷载	温度影响力	√	√
		施工荷载	√	√
		风力		√
		车辆加速或减速产生的纵向力		√
偶然荷载		地震荷载	√	√
		人防荷载	√	
		沉船、抛锚或河道疏浚产生的撞击力等灾害性荷载		√

注：表中"√"表示荷载存在。

2. 地层压力计算方法

地层压力是地下铁道结构物承受的主要荷载。由于影响地层压力分布、大小和性质的因素很多，应根据结构所在的具体环境，结合已有的试验、测试和研究资料按有关公式或依据工程类比确定。由于地层压力对地下结构的安全和经济有很大影响，所以应慎重确定其数值及分布形式。

（1）岩质隧道。

隧道根据覆盖岩体厚度不同而分为深埋隧道与浅埋隧道。浅埋隧道因埋置深度较浅，覆盖层厚度薄，一般情况下暗挖法开挖的影响将波及地表。根据坑道开挖引起的应力重分布是否波及地表的原则，在矿山法施工条件下，确定深、浅埋隧道覆盖厚度分界值 h_p 的经验公式为：

$$h_p = (2.0 \sim 2.5)h_a \tag{5-17}$$

式中：h_a 指深埋隧道垂直荷载的计算高度（m），且

$$h_a = (0.225 + 0.045B)2^{S-1} \tag{5-18}$$

式中：B——开挖坑道宽度（m），$B \geqslant 5$ m；S——围岩级别。

当隧道覆盖厚度 $h < h_p$ 时为浅埋隧道。

①深埋岩质隧道。

深埋岩质隧道采用荷载—结构模型时，以承受岩体松动、崩塌而产生的竖向和侧向主动压力为主要特征，围岩的松动压力仅是隧道周围某一破坏范围（称为天然拱或承载拱）内岩体的重量，与隧道埋深无关。围岩的松动压力可按《铁路隧道设计规范》（TB 10003—2016）中所建议的公式进行计算，具体计算方法如下：

隧道拱顶所承受的垂直均布压力 q 为

$$q = \gamma \times h_q = 0.45 \times 2^{S-1} \times \gamma \omega \qquad (5-19)$$

式中：S——隧道穿越地段的围岩级别；ω——开挖坑道宽度的影响系数，且 $\omega = 1 + i$ $(B-5)$；B——坑道开挖宽度（m）；i——宽度每增减 1 m 时围岩压力增减率，当 $B<5$ m 时，取 $i=0.2$，当 $B>5$ m 时，取 $i=0.1$；γ——围岩的重度（kN/m³）。

隧道侧向水平压力 e 为：

$$e = \lambda q \qquad (5-20)$$

式中：λ——侧压力影响系数；对于Ⅲ级围岩取 $\lambda \leqslant 0.15$，Ⅳ级围岩 $\lambda = 0.15 \sim 0.30$，Ⅴ级围岩 $\lambda = 0.30 \sim 0.50$，Ⅵ级围岩 $\lambda = 0.50 \sim 1.00$。

②浅埋岩质隧道。

浅埋岩质隧道的衬砌作用与拱顶上覆的岩体高度相关，地面基本水平的浅埋隧道所受的作用具有对称性，其竖向压力可按下式计算：

$$q = \gamma h \left(1 - \frac{\lambda h \tan\theta}{B} \right)$$

$$\lambda = \frac{\tan\beta - \tan\varphi_c}{\tan\beta \left[1 + \tan\beta (\tan\varphi_c - \tan\theta) + \tan\varphi_c \tan\theta \right]} \qquad (5-21)$$

$$\tan\beta = \tan\varphi_c + \sqrt{\frac{(\tan^2\varphi_c + 1) \tan\varphi_c}{\tan\varphi_c - \tan\theta}}$$

式中：γ——围岩的重度（kN/m³）；h——洞顶离地面的高度（m）；θ——顶板土柱两侧摩擦角（°），为经验数值；B——坑道开挖宽度（m）；λ——侧压力影响系数；φ_c——围岩计算摩擦角（°）；β——产生最大推力时的破裂角（°）。

具体可参阅《铁路隧道设计规范》（TB 10003—2016）。

水平压力可按下式计算：

$$e_i = \lambda \gamma h_i \qquad (5-22)$$

式中：h_i——内外侧任意点至地面的距离（m）。

当隧道覆盖厚度 $h<h_a$（h_a 为深埋隧道垂直荷载的计算高度）时，属于超浅埋隧道，取 0。

（2）土质隧道。

①竖向压力。

明挖法、盖挖法施工的结构宜按计算截面以上全部土柱重量计算；土质地层采用暗挖法施工的隧道竖向压力宜根据工程地质、水文地质条件和覆土厚度，并结合土体卸载拱作用的影响进行计算；浅埋暗挖车站的竖向压力按全土柱计算；竖向荷载应结合地面及邻近的任何其他荷载对竖向压力的影响进行计算。

②侧向压力。

施工期间作用在支护结构主动区的土压力宜根据变形控制要求在主动土压力和静止土压力之间选择，在支护结构的非脱离区或给支护结构施加预应力时应计入土体抗力的作用；明挖结构长期使用阶段或逆作法结构承受的土压力宜按静止土压力计算；明挖法的围护结构或矿山法的初期支护应考虑土压力作用；内衬结构应与围护结构或初期支护共同分担的土压力和其他荷载进行不利组合计算；盾构法施工的隧道土压力宜按静止土压力计算；荷载计算应计入地面荷载和破坏范围的建筑物以及施工机械等引起的附加水平侧压力。

在地下车站结构设计计算中，主动或被动土压力习惯上采用朗肯土压力理论。对于黏性土还需考虑黏聚力的影响，即 $c \neq 0$。朗肯土压力理论的计算公式为：

$$e_a = q_i \tan^2 \left(45° - \frac{\varphi}{2} \right) - 2c \tan \left(45° - \frac{\varphi}{2} \right)$$

$$e_p = q_i \tan^2 \left(45° + \frac{\varphi}{2} \right) + 2c \tan \left(45° + \frac{\varphi}{2} \right)$$

$$(5-23)$$

式中：e_a、e_p——计算截面 i 处的主动、被动土压力；q_i——作用在距离地面 h_i 深度处单位面积上的总垂直压力（kPa），$q_i = p + \gamma h_i$；p——地面上的均布荷载即超载（kPa）；γ——围岩的重度（kN/m³）；c——土的黏聚力。

3. 静水压力计算

静水压力对不同类型的地下结构将产生不同的荷载效应。对于圆形或接近于圆形的地下结构而言，地下水静水压力的作用使结构的轴力增大。对抗弯性能低的混凝土结构而言，相当于改善了它的受力状态。因此，计算静水压力时，可按照最低水位考虑。反之，计算作用在矩形结构上的静水压力或验算结构的抗浮能力时，则须按可能出现的最高水位考虑计算。

《地铁设计规范》（GB 50157—2013）规定，作用在地下结构上的土压力，可根据施工阶段和长期使用过程中地下水位的变化以及不同的围岩条件分为两种计算方法。一种是水压力与土压力分开计算即水土分算；而另一种则将水压力视为土压力的一部分与土压力合并计算即水土合算，具体计算方法如图 5-27 所示。图中 k_a 为主动土压力系数，对于砂性土可采用水土分算；而对黏性土在施工阶段应采用水土合算，使用阶段应采用水土分算。在水压力与土压力分开计算的方法中，土压力的计算对于地下水以上的土采用天然重度 γ，而地下水以下的土压力采用有效重度 γ'，另外再计算静水压力的作用。在水土合算的方法中，土压力的计算对于地下水以下的土采用饱和重度 γ_{sat}。计算土压力不再另外计算静水压力，其中土的有效重度 $\gamma' = \gamma_{sat} - \gamma_w$，$\gamma_w$ 为水的重度，一般取 $\gamma_w = 10$ kN/m³。

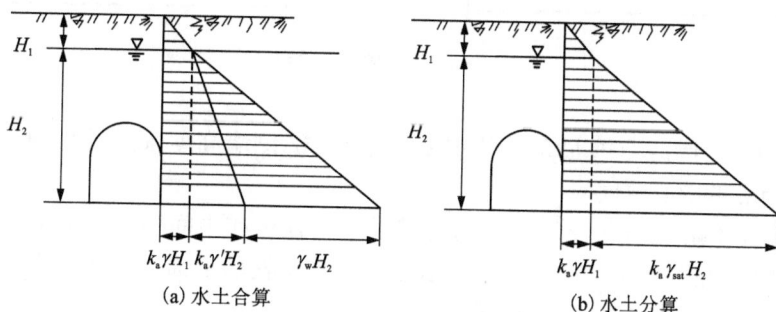

(a) 水土合算　　　　　　　　(b) 水土分算

图 5-27　两种静水压力计算方法

4. 地面车辆荷载计算方法

一般浅埋地铁设于城市道路正下方，所以要考虑地面车辆荷载的影响。关于地面车辆荷载的采用标准可参照《公路桥涵设计通用规范》(JTG D60—2015)中有关规定；在铁路下方隧道的荷载可按现行《铁路桥涵设计规范》(TB 10002—2017)的有关规定执行。一般计算中均将地面车辆荷载简化为均布荷载。当覆盖层厚度较小时，两个轮压的扩散线不相交时可按局部均布压力计算；在道路下方的浅埋暗挖隧道地面车辆荷载可按 10kPa 的均布荷载取值，并不计冲击力的影响。当无覆盖层时地面车辆荷载应按集中力考虑，并应考虑最不利荷载位置。对于车站顶板通过覆土层扩散由空间结构计算内力或将地面轮压转换为与此效应相同的等效荷载；对于车站底板，地面轮压所引起的反向荷载应考虑框架的扩散作用，比顶板上的地面荷载小。

5. 地铁车辆荷载、人群荷载及设备荷载

现场实测表明：当轨道直接铺设在隧道底板上，车辆荷载对衬砌应力的影响较小，一般仅产生小于 0.5 MPa 的拉应力，故可不予考虑。当轨道铺设在中层楼板时，则必须计算车辆荷载及其冲击力。在设计换乘站中直接承受地铁车辆荷载的楼板等构件时，地铁车辆荷载应按其实际轴重和排列计算，并考虑动力作用的影响，同时尚应按线路通过的重型设备运输车辆荷载进行验算。

车站站台、楼板和楼梯等部位的人群均布荷载的标准值应采用 4.0 kPa，并应计及消防荷载的作用。

设备用房楼板的计算荷载应根据设备安装、检修和正常使用的实际情况(包括动力效应)确定，其标准值采用 8.0 kPa。

6. 自重计算

自重计算包括侧墙自重计算和柱自重计算，如图 5-28 所示。

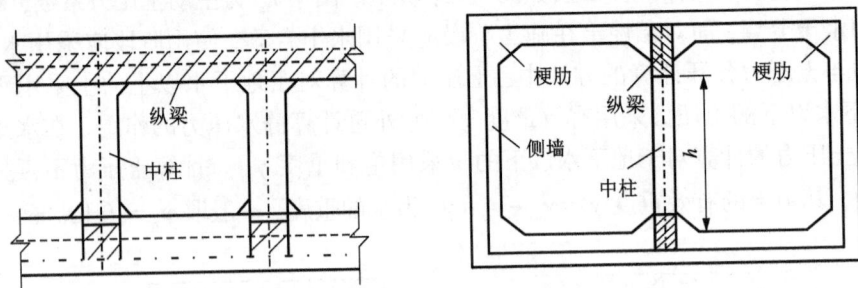

图 5-28 自重计算示意

(1)侧墙自重计算：①梗肋部分的重量不考虑；②侧墙高度采用计算轴线长度；③侧墙厚度采用节点的中心厚度。

(2)柱自重计算：①梗肋部分的重量不考虑；②顶板或中间楼板的纵梁作为柱的自重考虑；③底板纵梁的重量不考虑；④柱的长度为结构顶梗肋下面至结构底板上表面之间的距离；⑤柱的断面尺寸采取节点间的尺寸。

7. 作用在结构地面的荷载

所有作用在结构上的垂直荷载包括自重均是通过侧墙和柱或者直接通过底板传递给结构底面的地基的。因此地基反力成为作用于底板的荷载，这个荷载的分布受构造形式、基础地层的土质等影响较大，要准确确定还较为困难。

地下车站结构由于跨度变动范围不大，一般假定地基反力均匀分布。但是，当基础地层坚硬、跨度大时，应考虑荷载分布形状。轨道、列车荷载等直接通过底板传给地基，一般均不考虑；底板自重通常也不作底板荷载考虑。这些荷载仅在验算地基承载能力时，才加以考虑。作用在底板的荷载 W_2 为：

$$W_2 = W_1 + \frac{2Q_1 + Q_2 + Q_3 + Q_4}{2L} \tag{5-24}$$

式中：W_1——顶板荷载（包括顶板自重）（kPa）；Q_1，Q_2，Q_3，Q_4——侧墙、立柱、纵梁、梗肋的自重（kN/m）；$2L$——结构总宽度（m）。

常见的复合墙形式明挖地铁车站结构计算如图 5-29 所示。对该计算图示的几点说明如下：

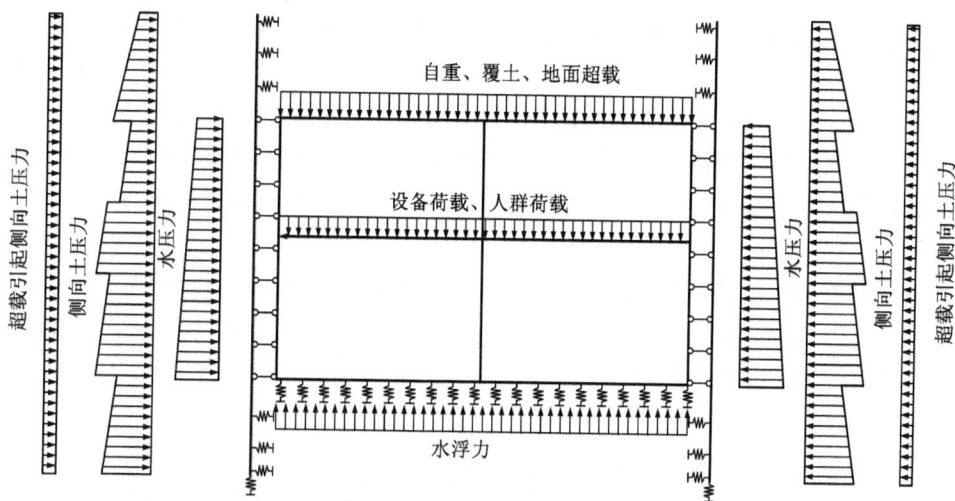

图 5-29 复合墙结构明挖地铁车站结构计算图示（使用阶段）

（1）采用复合墙形式时，也应考虑在使用期内围护结构的材料劣化影响，一般情况下围护结构可按刚度折减到 60%~70% 后与内衬墙共同承载。

（2）围护结构底端处的约束可通过水平弹簧和集中竖向弹簧进行约束，以分别模拟地层对墙体水平变位及竖向变位的约束作用。

（3）对弹簧的处理：结构底板、围护墙体与主体结构侧墙重合部位处的弹簧应设置成仅为受压的弹簧，因为结构与土仅为单面接触，一旦脱开肯定要取消弹簧，否则与实际不符。

（4）由于水平侧向土压力在土层分界处可能存在数值上的不连续性，为较为准确地模拟和加载分层土压力，应在围护结构和主体结构对应的土层分界点处设置节点，以便进行侧压力的加载。

5.3.4 地铁车站结构静力计算

地铁车站结构分拱形和矩形两种，拱形车站结构多采用暗挖法施工，而矩形框架车站结构则采用明挖法施工。由于这两种结构的施工方法和受力特点不同，其结构计算方法也存在明显差异。此外，车站结构体系庞大，往往要分层分跨进行施工，不同的施工顺序将给结构的力学状态带来重大的影响。因此，车站的结构计算要比区间隧道的结构计算复杂得多，目前还没有一个确定的方法。现简述一些需要考虑的原则和可能采用的对策。

1. 明挖顺作法车站结构计算

明挖顺作法修建的多层多跨矩形框架结构要按两种方法进行验算。一是按车站的结构形式、刚度、支承条件、荷载情况和施工方法模拟分步开挖、回筑和使用阶段不同的受力状况，考虑结构体系受力的连续性，用叠加法或总和法计算。二是将其视为一次整体受力的弹性地基上的框架进行内力分析，一般以水平弹簧模拟地层对侧墙的水平位移的约束作用，以竖向弹簧模拟地层对底板、侧墙底部的竖向位移的约束作用。框架结构基底反力可以采用两种计算方法：假设结构是刚性体，则基底反力的大小和分布可根据静力平衡条件求得；假设结构为温克尔地基上的矩形框架，则根据地基变形计算基底每一点的反力。

在顶、楼板的横向框架内力计算中，要考虑因纵梁刚度不足(当跨度较大、截面高度较小时)跨中挠度较大所产生的横向板带正负弯矩在纵向分布的不均匀性；与纵梁支座处的横向板带相比，在纵梁跨中处通常是板支座负弯矩减小，板跨中正弯矩增加。

各层板与地下墙的连接处如不采用钢筋接驳器而采用预埋剪力筋，应将预埋在地下墙中的插筋调直，使它能承受负弯矩。在板的横向内力计算中把这部分插筋计入，以减小跨中正弯矩。

顶板一般按纯弯计算，中楼板、底板截面配筋计算时，可考虑对称的侧向土压力对板产生的轴向压力按偏心受压构件进行计算，要求考虑轴向力 N 的最大、最小可能值(施工阶段及使用阶段地下墙外侧压力变化所引起)及挠度对轴向力偏心距的影响(偏心距增大系数 η)，以确保结构安全。

对框架结构的隔角部分和梁柱交叉节点处，配筋时要考虑侧墙宽度的影响。

当沿车站纵向的覆土厚度、上部建筑物荷载、内部结构形式变化较大时，或基底地层有显著差异时，还应进行结构纵向受力分析。

2. 盖挖逆作法车站结构计算

(1)盖挖逆作法车站结构受力特点。

盖挖逆作法地铁车站的修建是一个分步施工的过程。结构的主要受力构件常常兼有临时结构和永久结构的双重功能。其结构形式、刚度、支承条件和荷载情况会随着开挖过程的推进而不断发生变化。结构受力特征不仅与施工方法、开挖步骤和施工措施密切相关，而且荷载效应也具有继承性，即后一施工过程在结构中产生的内力和变形，是前面各施工过程受力的继续，使用阶段的受力是施工阶段受力的继续。

盖挖逆作法地铁车站通常埋置较浅，地面车辆荷载对结构受力有较大影响，隧道结构的受力不仅具有一般公路桥梁的特点，而且车辆荷载在任何一个施工阶段都可能存在也可能消失，车辆荷载作用的结构在不断变化。

盖挖逆作法多以钻孔灌注桩或地下连续墙作为基坑的支护，成桩(墙)过程中对地层极少扰动，又以顶、楼板代替横撑，基坑开挖引起的墙体变形较小，与一般放坡开挖或用顺作法施工的地下结构相比，当地层较稳定时，施工期间作用在坑底以上地面的土压力更接近于静止土压力。

边墙作为挡土结构主要承受横向荷载，同时也承受水平构件传递的竖向荷载，中柱主要承受竖向荷载。施工阶段竖向荷载在中柱和边墙之间分配；结构封底后竖向荷载在中柱、边墙和底板间分配。

在基坑开挖和形成结构过程中由于垂直荷载的增加和土体卸载的影响，将会引起边墙和中柱的沉降，由此而产生的对结构体系的影响比顺作法严重得多。后者边墙和中柱承受最大竖向荷载时，整个结构的沉降可通过底板调整得较小和较为均匀。前者最大竖向荷载先全由边墙和中柱下的地基承受。竖向支撑系统过大的沉降不仅会在顶、楼板等水平构件中产生较大的附加应力，而且会给节点连接带来困难。

上述特点表明，适用于放坡开挖顺作的整体结构分析方法即不考虑施工过程、结构完成后一次加载的计算模式，或虽然考虑施工阶段和荷载变化的影响却忽略了结构受力继承性的分析方法都与结构实际的受力状态相距甚远。必须根据盖挖逆作法的施工工艺及结构受力特点建立新的能够反映结构实际受力状态的分析方法。

（2）结构分析考虑的主要问题及计算方法的确定。

采用工程上通常用的平面杆系矩阵位移法。该法应能反映地层与结构的相互作用及土体的非线性特性。采用弹性支承链杆模型，用竖向弹性支承链杆模拟地层对底板、侧墙底部及中间桩底部垂直位移的约束作用；用水平弹性支承链杆模拟地层对侧墙及中间桩水平位移的约束作用；用切向弹性支承链杆模拟地层摩阻力对侧墙及中间桩垂直位移的约束作用。为了反映土体的非线性特性，支承链杆的等效刚度可采用最简单的理想弹塑性模式，如图 5-30 所示。当反力 $R \leqslant R_0$ 时，支承链杆刚度为常数 K；当 $R > R_0$ 时，$K = 0$。其中 R_0 为地基的极限承载力。

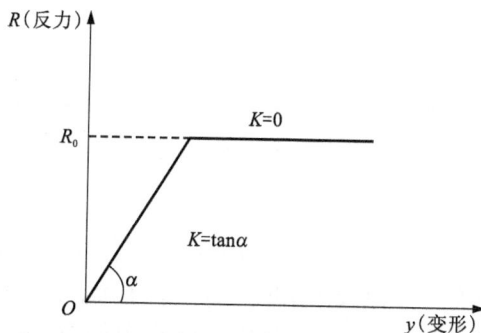

图 5-30　支承链杆的弹塑性模式

为了能确切模拟分步开挖过程及使用阶段不同的受力状况，将结构受力的变化过程划分为若干个相对独立的阶段进行计算。分段原则是：结构组成、支承情况有较大变化或结构受力情况有很大变化时。

对于形式、刚度、支承条件和荷载不断变化的盖挖逆作结构体系，应采用叠加法进行受力分析。即对每一个施工步骤或受力阶段，都按结构的实际支承条件及构件组成建立计算简图，只计算由于荷载增量(或荷载变化)引起的内力增量，这一施工步骤完成后，结构的实际内力应是前面各步荷载增量引起的内力的总和。如何根据盖挖逆作的施工工艺确定引起体系内力改变的每一个荷载增量，一般可归纳为如下几种情况：

①支撑的拆除：相当在原体系的拆撑处反向施加这一支撑力。

②坑底土挖除：如图 5-31 所示，当在边墙全高范围作用着不平衡侧土压力，并分别用

水平支承链杆和切向支承链杆模拟坑底以下土体对墙体变形的约束作用时，假定作用在边墙迎土面一侧的土压力为定值(主动土压力或静止土压力)，则基坑从 h_1 开挖至 h_2 深度引起的荷载增量由两部分组成：第一部分为基坑侧因开挖引起的静止土压力的减少，相当于挖除土体的部位对体系反向施加这一压力的减少值；第二部分为被挖除土体中弹性抗力的释放(包括水平向弹性抗力和切向弹性抗力)，相当在开挖部位对体系反向施加这些弹性抗力。

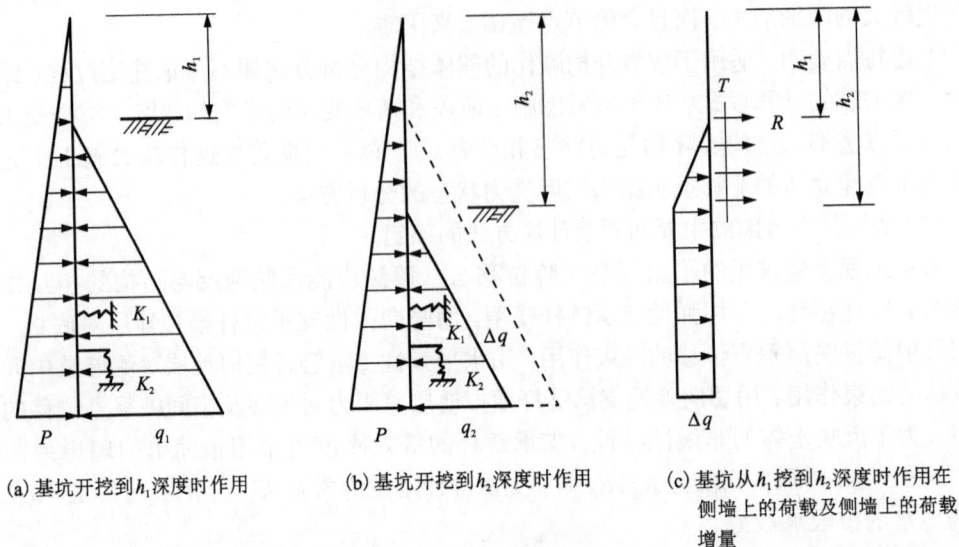

(a)基坑开挖到 h_1 深度时作用   (b)基坑开挖到 h_2 深度时作用   (c)基坑从 h_1 挖到 h_2 深度时作用在侧墙上的荷载及侧墙上的荷载增量

注：P——作用在迎土面上的主动土压力；q_1——作用在开挖面上的静止土压力(基坑深 h_1)；q_2——作用在开挖面上的土压力(基坑深 h_2)；Δq——开挖面土压力增量，$\Delta q = q_2 - q_1$；K_1——土体等效水平弹簧刚度；K_2——土体等效剪切弹簧刚度；R——水平弹簧卸载；T——剪切弹簧卸载。

图 5-31　坑底土开挖中所受荷载

③可变荷载效应：可变荷载只在当前的计算阶段起作用。所以对每一个计算阶段，都必须计算无可变荷载和只有可变荷载作用的两种荷载工况，将它们与前面各步中无可变荷载的计算结果叠加，即可求得当前阶段包括可变荷载影响在内的体系的实际受力状态。在计算可变荷载效应时，应按使结构构件可能出现的最不利内力进行加载，因此对每个计算阶段中的可变荷载工况都可能有若干种的可变荷载加载模式。此外，当结构顶板以上覆土厚度小于 1 m 时，应利用影响线原理找出地面车辆荷载横向的最不利加载位置。

④结构自重：仅当构件在计算简图中第一次出现时考虑。在施工过程中，架设支撑、构件刚度的增加和结构构件的施作等，假定都是在各受力阶段结构变形已稳定的情况下进行的，如果忽略混凝土在硬化过程中的收缩对体系的影响，则可认为这些作业都不改变原体系的受力状态。

(3)计算参数的确定。

在地下结构计算中，侧土压力及地基弹性抗力系数是两个重要参数，可参考已有研究成果并结合工程设计经验合理选用。

①侧土压力。侧土压力的大小与墙体的变形情况有关，在主动土压力和被动土压力之

间变化可按以下两种方式之一处理：一是边墙全高范围作用不平衡侧土压力，开挖面以上视为无约束的构件，开挖面以下为弹性地基梁，迎土侧的已知外荷载视墙体变形大小可考虑为主动土压力或静止土压力。通常，在饱和软土地层中施工阶段取主动土压力，使用阶段取静止土压力；当地层较稳定时，施工阶段亦可取静止土压力。基坑侧开挖面以下取静止土压力时，它与墙体水平弹性抗力叠加以后不应大于被动土压力。二是边墙全高范围按弹性地基梁计算，并作用不平衡土压力，以静止土压力为初始计算荷载，墙体的有效土压力为计算荷载与土体水平弹性抗力的代数和，且应处于主动土压力和被动土压力之间。

②地基弹性抗力系数。抗力系数是地层反力和位移之间的一种概念性关系，它不仅与地层条件有关，而且与构件的受载面积、形状和变形方向等有关。弹性抗力可按 Winkler 弹性基础理论计算：

$$\sigma_i = K\delta_i \tag{5-25}$$

式中：δ_i——地层表面某点所产生的压缩变形；σ_i——地层在同一点所产生的弹性抗力；K——地层的弹性抵抗系数。K 值精度对计算结构影响不大，一般能满足工程设计要求。

基底反力和弹性抗力的大小和分布形态取决于衬砌结构的变形，而结构变形又和反力或弹性抗力有关。采用迭代法求解超静定结构问题，可采用结构力学方法和有限元法，有限元方法建立模型较为容易，适用更为广泛，求解更为灵活。另外，还有一些有关弹性抗力系数的经验公式，可根据试验、经验公式或查表选用。

（4）计算简图

地铁车站一般为长通道结构，横向尺寸远小于纵向尺寸，故可简化为平面问题求解，以三跨双层地铁车站框架结构为例，当边墙顶位于顶板附近时，结构计算一般可分为三个主要的施工过程和一个使用阶段，相应的计算简图如图 5-32 所示。

3. 暗挖法车站结构计算

暗挖法车站结构受力状态与结构形式和施工步骤关系十分密切，目前只能根据施工过程结构受力和位移的特点，提出一些计算原则，可根据具体情况灵活运用。

（1）暗挖法车站复合式结构的受力特点。

暗挖法车站结构的修建是个分步实施的过程，在每一施工步骤中所施作的初期支护都和上一步骤中施作的初期支护以及围岩形成一个完整的结构体系，承受着这一开挖过程中所引起的围岩松动压力或形变压力。初期支护的荷载效应有继承性。二次衬砌可能在全断面开挖和初期支护全部做好后施作，也可能在部分断面开挖和初期支护做好后就施作。若施作二次衬砌时，破坏了部分初期支护，使其不能成为完整的结构体系，则初期支护中的内力将被释放，并与随后施作的二次衬砌一起形成一个新的叠合式结构，共同承受被释放的荷载。如果施作二次衬砌时不破坏初期支护的结构体系，则二次衬砌仅承受静水压力和水位恢复后围岩性质恶化所引起的后续荷载。

如车站结构是在全断面开挖后一次施作，则车站结构将和围岩一起组成一个结构体系共同承受围岩的形变压力（按连续介质模型）或围岩的松动压力（按荷载—结构模型）分析。

（2）暗挖法车站复合式结构的计算原则。

车站结构计算一般可视为平面应变问题，采用连续介质模型或荷载—结构模型，用有限元法求解，必要时亦可按空间问题考虑。按连续介质模型分析时，围岩、初期支护、二次衬砌都可采用连续实体单元模拟。如初期支护厚度较小，亦可用轴力杆单元。二次衬砌

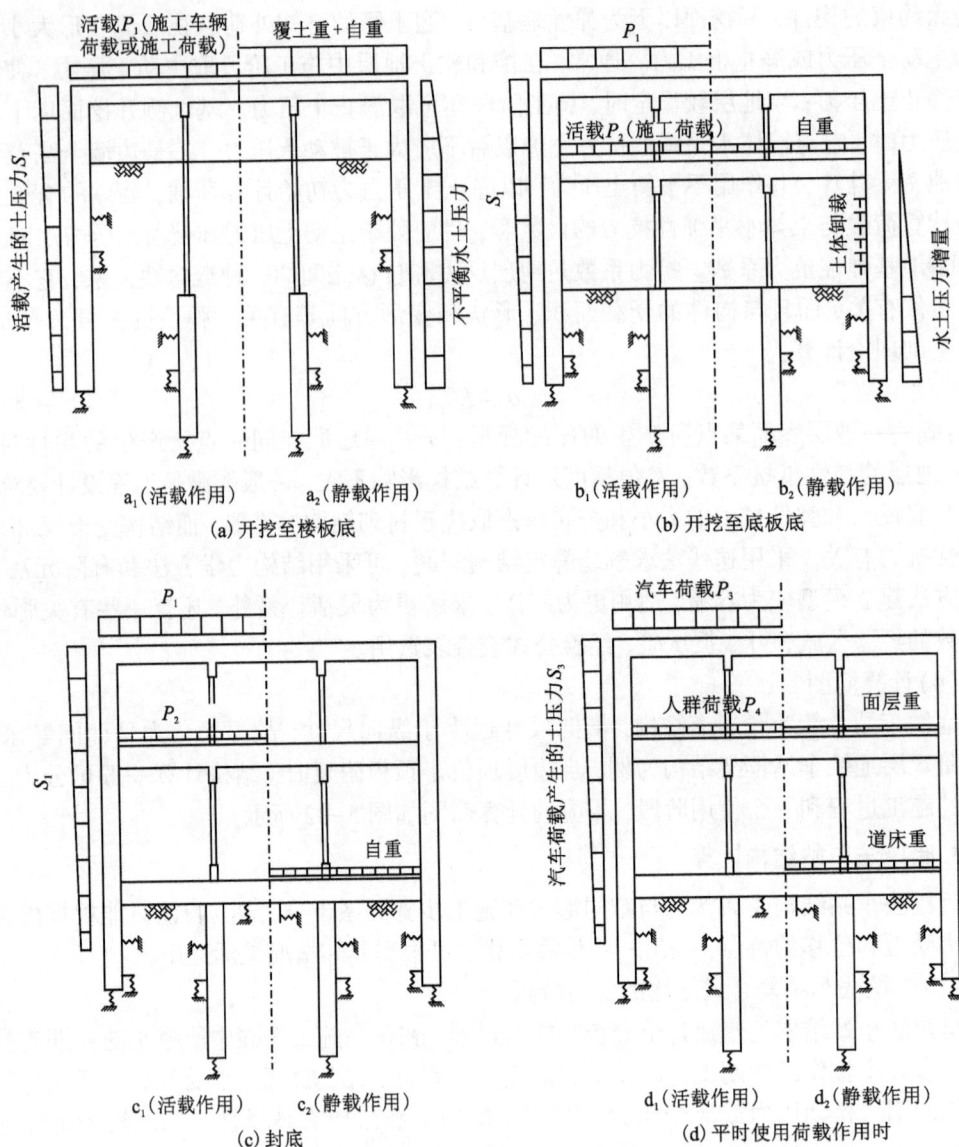

图 5-32 盖挖逆作法车站考虑施工步骤的内力分析图

也可用梁单元。防水隔离层用轴力杆或夹层单元模拟按荷载—结构模型分析方法。围岩的形变压力可用围岩中的已存应力释放而形成的释放荷载模拟。采用连续介质模型时围岩可视为弹塑性体，为了简化亦可视为等效的弹性体。若初期支护中设有锚杆，一般用轴力杆单元模拟，也可将锚杆的效应视为提高围岩力学特性的手段。

5.3.5 高架车站结构设计计算

1. 设计荷载

作用在高架桥和高架车站上的结构设计荷载应根据结构类型，可按表 5-16 采用。

结构设计时根据结构类型,荷载按结构整体和单个构件可能出现的最不利情况进行组合,依相应规范要求进行计算,并应考虑施工过程中荷载变化情况分阶段计算。

计算结构自重时,一般材料重度应按现行行业标准《铁路桥涵设计规范》(TB 10002—2017)的规定取用;对于附属设备和附属建筑的自重或材料重度,可按所属专业的设计值或所属专业国家现行标准中的规定取用。

列车竖向静活载图式应按本线列车的最大轴重、轴距及近、远期中最长的编组确定;单线和双线高架结构,应按列车活载作用于每一条线路确定;多于两线的高架结构,应按两条线路在最不利位置承受列车活载,其余线路不承受列车活载或者所有线路在最不利位置承受 75% 的活载这两种情况中最不利情况确定。

列车竖向活载应包括列车竖向静活载及列车动力作用,应为列车竖向静活载乘以动力系数 $(1+\mu)$。μ 应按现行行业标准《铁路桥涵设计规范》(TB 10002—2017)规定的值乘以 0.8。

位于曲线上的桥梁应计入列车产生的离心力,离心力应作用于车辆重心处。离心力的大小应等于列车竖向静荷载乘以离心力率 C。离心力率 C 可按下式计算:

$$C = V^2/127R \tag{5-26}$$

式中:V——本线设计最高列车速度(km/h);R——曲线半径(m)。

表 5-16　荷载分类表

荷载分类		荷载名称
主力	恒载	结构自重
		附属设备和附属建筑自重
		土压力
		基础变位的影响
		混凝土收缩及徐变影响力
		预加应力
		静水压力及浮力
	活载	列车竖向静活载
		列车竖向静活载产生的土压力
		轻轨车辆荷载的离心力及横向摇摆力
		人群荷载
		列车竖向动力作用
	无缝线路纵向水平力	伸缩力、挠曲力
附加力		制动力或牵引力
		流水压力
		风力
		温度影响力

续表5-16

荷载分类	荷载名称
特殊荷载	地震力
	无缝线路断轨力
	列车脱轨荷载
	船只或汽车撞击力
	施工临时荷载

列车横向摇摆力应按相邻两节车四个轴轴重的15%计算，并应以横桥向集中力形式取最不利位置作用于轨顶面。多线桥只计算任一条线上的横向摇摆力。

列车制动力或牵引力应按列车竖向静活载的15%计算，当与离心力同时计算时，可按竖向静活载10%计算。区间双线桥应采用一条线的制动力或牵引力；三线或三线以上的桥应采用两条线的制动力或牵引力。高架车站及与车站相邻两侧100 m范围内的区间双线桥应按双线制动力或牵引力计，每条线制动力或牵引力值应为竖向静活载的10%。制动力或牵引力作用于轨顶以上车辆重心处，但计算墩台时应移至支座中心处，计算刚架结构应移至横梁中线处，均不应计移动作用点所产生的力矩。

列车竖向静活载在桥台后破坏棱体上引起的侧向土压力，应将活载换算成当量均布土层厚度计算。

无缝线路的纵向水平力（伸缩力、挠曲力）和无缝线路的断轨力，应根据轨道结构及梁、轨共同作用的原理计算确定，并应符合下列规定：单线及多线桥应只计算一根钢轨的断轨力；伸缩力、挠曲力、断轨力作用于墩台上的支座中心处，不计其实际作用点至支座中心的弯矩影响，需要计算对梁的影响时应做专门研究；同一根钢轨作用于墩台顶的伸缩力、挠曲力、断轨力不应叠加。

风荷载、温度变化的作用及混凝土收缩的影响、桥墩承受的船只撞击力应按现行行业标准《铁路桥涵设计规范》（TB 10002—2017）和《铁路桥涵混凝土结构设计规范》（TB 10092—2017）的有关规定执行。混凝土徐变系数及徐变影响可按现行行业标准《公路钢筋混凝土及预应力混凝土桥涵设计规范》（JTG 3362—2018）的有关规定执行。

桥墩有可能受汽车撞击时，应设防撞保护设施。当无法设置防护设施时，应计入汽车对桥墩的撞击力。撞击力顺行车方向可采用1000 kN，横行车方向可采用500 kN，作用在路面以上1.20 m高度处。

车站站台、楼板和楼梯等部位的人群均布荷载值应采用4.0 kPa。设备用房楼板的计算荷载应根据设备安装、检修和正常使用的实际情况（包括动力效应）确定，其值不得小于4.0 kPa。

2. 设计计算方法

城市轨道交通工程中的高架结构包括车站之间区间高架桥及高架车站。高架桥承受列车荷载；高架车站从功能而言是多层多跨框架结构的房屋建筑，从传力体系看，当行驶列车与车站其他建筑构件有联系时，车站结构构件分成两大类：一类受列车荷载影响较大的构件如轨道梁、支承轨道梁的横梁、支承横梁的柱以及柱下基础等;另一类是受列车荷载影响小以及不受影响的一般建筑结构构件如站台梁、一般纵梁等。上述高架车站中的第一类构件连同区间高架桥梁按现行《地铁设计规范》(GB 50157—2013)执行,车站结构中其他构件的设计应按现行建筑设计规范执行。

城市轨道交通的列车荷载就其荷载集度而言远小于铁路列车荷载。但就其作用方式而言,如上桥即满载(指一列车长),特别是水平力作用方式与铁路列车活载接近。由于目前我国城市轨道交通高架结构专题研究成果(如荷载的分项系数、轨道桥的相互作用等)尚不多,工程实践经验不多,因此,目前采用我国铁路桥涵设计的相关方法进行计算。

区间高架结构构造简洁,力求标准化,必须满足耐久性要求,满足列车安全运行和乘客乘坐舒适度的要求。地铁高架结构作为城市建筑物,其建筑形式应充分考虑城市景观和减振、降噪的要求。除大跨度需要外,不宜采用钢结构。

区间高架桥的上部结构应优先采用预应力混凝土结构。结构除满足规定的强度外,要有足够的竖向刚度、横向刚度,并保证结构的整体性和稳定性。一般地段宜采用等跨简支梁式桥跨结构。

城市轨道交通高架桥是行车密度很大的客运专线,而且一般是长大高架桥梁,因此其走行性即安全性和舒适性问题尤为重要。列车过桥动力分析结果表明,钢筋混凝土与预应力混凝土梁式桥跨结构在列车静、活荷载作用下,其竖向挠度不应超过表5-17规定的值。

表5-17 梁式桥跨结构竖向挠度容许值

跨度 L/m	挠度容许值
$L \leqslant 30$ m	$L/2000$
$30 < L \leqslant 60$	$L/1500$
$60 < L \leqslant 80$	$L/1200$
$L > 80$	$L/1000$

3. 结构计算

高架结构现无设计规范,暂时应遵照《铁路桥涵设计规范》(TB 10002—2017)、《铁路桥涵混凝土结构设计规范》(TB 10092—2017)、《地铁设计规范》(GB 50157—2013)、《建筑结构荷载规范》(GB 50009—2012),并参考其他有关规范,建议按以下原则进行:

(1)结构构件的内力按弹性受力阶段计算。

(2)预应力混凝土桥梁结构应按《铁路桥涵设计规范》(TB 10002—2017)规定验算其强度、抗裂性、稳定性、应力及变形。

(3)计算预应力混凝土连续梁内力时,应考虑温差、基础不均匀沉降以及由于混凝土收缩徐变和预应力所引起的二次力,计算二次力时尚应考虑体系转换的影响。

(4)结构应满足《铁路桥涵设计规范》(TB 10002—2017)要求的最小配筋率和最大裂缝

宽度的要求。

(5)箱梁应考虑抗扭计算。

(6)墩顶允许位移除满足行车安全及桥梁自身的受力外,还应结合轨道结构形式作具体分析,保证轨道结构的正常使用。

(7)计算桥墩内力时,应特别注意考虑无缝线路引起的墩顶水平力。

(8)墩台自身应验算强度、纵向弯曲稳定、墩顶弹性水平位移。

(9)墩顶弹性水平位移、顶帽尺寸及构造要求,执行《铁路桥涵设计规范》(TB 10002—2017)的规定。

(10)桩基设计考虑土的弹性抗力,可按 K 法或 M 法计算。

(11)摩擦桩设计,按土的阻力验算桩的承载力,按材料强度验算混凝土及钢筋应力,验算桩身开裂宽度。

(12)基础的允许沉降量应满足列车安全运营和乘客舒适度的要求,并控制在轨道结构允许变形的范围之内。

4.结构防水

(1)高架车站对结构防水无特殊要求,结构屋面防水主要通过建筑上的有组织排水系统和建筑防水层解决。

(2)选用的外防水材料应保证连续性,适应结构的伸缩变形,方便施工。

(3)结构施工缝和变形缝(伸缩缝)应有可靠的防水措施。

思考题

1. 地铁车站建筑由哪些部分组成? 一般应怎样布局?

2. 按车站运营性质、车站间换乘、车站结构横断面形式车站各分为哪些类型? 各种类型的车站分别有什么特点?

3. 岛式站台与侧式站台各有什么特点? 站台的长度、宽度和高度应如何确定?

4. 出入口通道及楼梯宽度如何计算?

5. 轻轨车站建筑设计的特点是什么?

6. 地铁设计施工如何兼顾人防工程要求?

7. 已知地铁车站预测远期高峰小时客流量,如表 5-18 所示,车站站台上的客流密度为 0.5 人/米^2。车站采用了跨 2 柱双层结构的岛式站台车站,站台上的立柱为 0.8 m 的圆柱,两柱之间布置楼梯区自动扶梯,使用车辆为 B 型车,远期列车编组数为 8 辆,每节车的定员人数为 250 人,列车运行时间间隔为 2 min,列车停车的不准确距离为 2 m。试设计:

①车站站台的有效长度和宽度;

②中间站厅到站台之间扶梯楼梯的设置,并按防火灾要求进行检算;

③售票检票设施计算;

④出入口及通道设计。

表 5-18

超高峰系数	预测客流/(人·时$^{-1}$)	下行/(人·时$^{-1}$)		上行/(人·时$^{-1}$)	
		下客量	上客量	下客量	上客量
1.2	32582	9447	8060	5811	9264

8. 计算静水压力时, 一般有哪两种方法可供选择? 各自如何计算?

9. 明挖矩形框架衬砌结构一般应怎样计算? 有哪些步骤?

10. 高架结构设计和计算的内容有哪些?

第6章　城市轨道交通辅助设计

6.1　防排水设计

6.1.1　防排水设计概述

防排水是城市轨道交通工程设计的一项重点内容,防排水工程质量不仅关系到结构的安全使用,并且对结构的耐久性和轨道交通的运营具有很大影响。防排水设计应根据气候条件、工程地质和水文地质状况、结构特点、施工方法、使用要求等因素进行,以保证结构的安全性、坚固性和耐久性。

城市轨道交通地下工程防排水应遵循"以防为主、刚柔结合、多道防线、因地制宜、综合治理"的原则,采取与其相适应的防水措施,防排水设计应定级准确、方案可靠、施工简便、经济合理。

城市轨道交通高架结构防排水应遵循"以防为主,防排结合"的原则,桥面应设柔性防水层,并应设置顺畅的排水系统。

6.1.2　防水材料选择

材料的选择是防排水工程设计方案中最重要的环节,材料性能优劣也直接影响到结构的使用寿命和质量安全。

目前,常用的防水材料主要包括防水卷材、防水涂料、密封材料等,如图6-1所示。防水材料涉及的品种、种类多达上百种,且不同品种的防水材料具有不同的性能特点和适用范围,因此设计时应根据气候地域条件、结构特点以及功能需要合理选择防水材料。

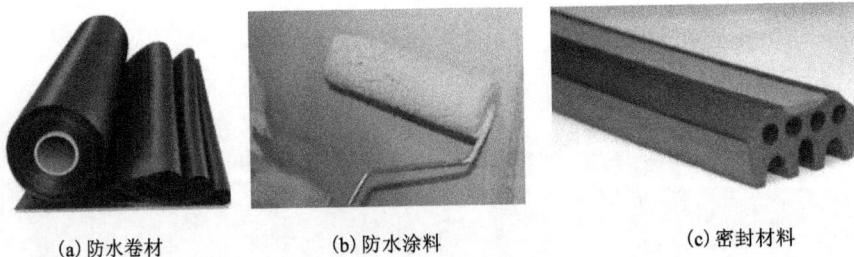

(a)防水卷材　　　(b)防水涂料　　　(c)密封材料

图6-1　防水材料

选择的防水材料应具有以下特点：

(1)具有良好的拉伸强度、断裂伸长率，能承受温度的变化以及各种外力与结构伸缩、开裂所引起的变形。

(2)具有良好的防渗、耐酸、耐碱、抗腐蚀性能，对环境无污染，保证施工人员的安全。

(3)防水材料接缝要可靠、牢固，保证防水材料与结构的密贴，与结构形成稳定、可靠的不透水整体。

1. 防水卷材

防水卷材是一种可卷曲的片状防水材料，是混凝土结构防水层中主要的一类，主要作为外防水层和隔层防水层在地下工程中采用。我国目前地下工程常使用的防水卷材根据材料种类可分为改性沥青防水卷材和合成高分子防水卷材两大系列。

(1)改性沥青防水卷材。

沥青防水卷材具有良好的耐水性和耐腐蚀性，但是材料本身具有热流冷脆的缺点，为克服材料缺点，需对石油沥青进行改性。城市轨道交通工程主要采用的是添加高分子聚合物的改性沥青防水卷材。

高聚物改性沥青防水卷材，以合成高分子聚合物改性沥青为涂盖层，纤维织物或纤维毡为胎体，粉状、粒状、片状或薄膜材料为覆面材料制成可卷曲的片状材料，其厚度一般为 3 mm、4 mm、5mm。常用的高聚物改性沥青防水卷材有弹性体(SBS)改性沥青防水卷材、塑性体(APP)改性沥青防水卷材、自黏聚合物改性沥青防水卷材(如图 6-2 所示)等。这几类材料主要应用在明挖法施工的结构防水上。

图 6-2　自黏聚合物改性沥青防水卷材施工

(2)合成高分子防水卷材。

合成高分子防水卷材以合成橡胶、合成树脂或两者的共混体为基料，加入适量的化学助剂和填充料等，经不同工序加工而成可卷曲的片状防水材料，或把上述材料与合成纤维等复合形成两层或两层以上可卷曲的片状防水材料。高分子防水卷材具有强度高、延伸大、耐撕裂、耐老化、耐腐蚀的特性，其厚度一般为 1~2 mm，根据母材性质可分为橡胶类，如三元乙丙(EPDM)橡胶防水卷材等；塑料类，如热塑性聚烯烃(TPO)防水卷材、聚氯乙烯(PVC)防水卷材、聚乙烯(PE)防水卷材等；多种合成树脂类，如乙烯醋酸乙烯共聚物(EVA)防水卷材、乙烯共聚物沥青(ECB)防水卷材等。合成高分子防水卷材常被用作复合式衬砌的夹层防水结构和隔离层材料。

2. 防水涂料

防水涂料是无定形液态冷涂料，以刷涂、刮涂、滚涂等方法在常温下涂敷在工程结构内外固化形成有一定厚度的涂膜来达到工程防水目的的一种材料。

防水涂料包括无机防水涂料和有机防水涂料两大类。无机防水涂料是指成膜剂是无机物的防水涂料，比如水泥基防水涂料、水泥基渗透结晶型防水涂料等。有机防水涂料是以高分子合成橡胶以及合成树脂为主的乳液类涂料，种类很多，可分为反应型（比如聚氨酯防水涂料）、水乳型（比如有机硅橡胶防水涂料等）、溶剂型（比如氯丁橡胶沥青防水涂料等）。防水涂料主要应用在明挖法施工的结构防水中，常在城市轨道交通地下车站和区间防水中与防水卷材复合使用。

城市轨道交通工程中使用的涂料品种应具有良好的耐水性、耐久性、耐腐蚀性及耐菌性，且无毒或低毒、难燃、低污染。无机防水涂料应具有良好的湿干黏结性、耐磨性，厚度宜为 2~4 mm。有机防水涂料应具有较好的延伸性及适应基层变形的能力，厚度宜为 1.2~2.5 mm。潮湿基层宜选用与潮湿基面黏结力大的有机防水涂料或水泥基渗透结晶型防水涂料、聚合物改性水泥基等无机涂料，或采用先涂无机防水涂料而后涂有机防水涂料的复合涂层。有腐蚀性的地下环境宜选用耐腐蚀性好的反应型涂料。

3. 止水密封材料

（1）止水带。

止水带利用材料的高弹性和压缩变形性的特点，在荷载下产生弹性变形，从而起到有效的紧固密封，防止建筑构造的漏水、渗水及减振缓冲作用。止水带的种类较多，有橡胶止水带、PVC 止水带、钢板止水带等。止水带广泛应用在城市轨道交通工程变形缝、施工缝、诱导缝、后浇带等细部构造防水中。

橡胶止水带由于具有良好的弹性、耐磨性、耐老化性、抗撕裂性能、适应变形能力、防水性能等特点，占据了市场的主导地位。中埋式钢边橡胶止水带中的镀锌钢板与混凝土具有良好的黏附性，不易松动和脱落，中间橡胶体在结构变形时，可被压缩、拉伸、变形，可以承受较大的拉力和扭力，可避免橡胶止水带在混凝土浇筑时产生的振动和无法固定等问题导致的位移、松动、脱落、渗透等现象，具有较好的防渗效果，在城市轨道交通工程中广泛应用。

（2）遇水膨胀止水胶。

遇水膨胀止水胶以聚氨酯预聚体为基础、含有特殊接枝的脲烷膏状体，固化后形成橡胶弹性体与混凝土黏结，遇水后体积膨胀，填充空隙，发挥密封止水作用。可用于施工缝、后浇带、变形缝和预埋构件的防水，以及既有工程的渗漏治理。

（3）密封胶。

目前工程中常用的密封胶主要有硅酮密封胶、聚硫密封胶、聚氨酯密封胶三大品种。

轨道交通工程中使用的硅酮密封胶指以聚硅氧烷为主要成分，辅以交联剂、填料、催化剂等在真空状态下混合而成的单组分密封胶，在室温下与空气中的水发生反应固化，形成橡胶类弹性固体。它具有黏结性能优、适应冷热环境变化、耐老化、弹性回复率好等特点。

聚硫密封胶指以液态聚硫橡胶为基料，配以硫化剂、补强剂、促进剂等制成的室温硫化双组分建筑密封胶。该材料具有优异的耐油性、耐化学药品性、耐老化性、电绝缘性等优点。适用于混凝土、金属、玻璃等建筑材料的密封。

聚氨酯密封胶指以氨基甲酸酯聚合物为主要成分的单组分和多组分建筑密封胶，具有机械强度大、优良的耐磨性、低温柔韧性、性能可调节、弹性好、适用范围广、可适用于动态接缝等特点。在地铁隧道连接处的密封，施工缝、伸缩缝的填充密封，混凝土之间的密封防水均有应用。

（4）密封垫。

盾构法隧道拼装式管片防水采用橡胶密封垫，一般要求密封垫能够承受实际最大水压3倍的压力，且衬砌环缝的密封垫还要求在衬砌产生纵向变形及估计的错动量时，保持在规定水压作用下不渗水。

橡胶密封垫按功能分为三类：弹性橡胶密封垫[包括氯丁（CR）密封垫、三元乙丙橡胶（EPDM）密封垫]；遇水膨胀橡胶密封垫；弹性橡胶与遇水膨胀橡胶复合密封垫。其中EPDM橡胶密封垫具有良好的弹性，优良的耐老化和耐化学介质特性，是目前用于拼装式管片密封止水的主流材料。它分为有孔型和无孔型，有孔型EPDM橡胶密封垫可以减少装配时的压缩应力，并且具有较好的压缩应力松弛性能，能够延长使用寿命，应用更为广泛。也可与遇水膨胀橡胶制成复合密封垫，在弹性止水的基础上增加遇水膨胀止水，具有双重保险的密封止水功能。

6.1.3　地下结构防排水

城市轨道交通工程大多为地下工程，地下工程防水应以混凝土结构自防水为基础，以接缝防水为重点，辅以防水层加强防水，并满足结构使用要求。地下结构的施工方法不同，采用的防水措施也有所不同，防水方案设计应严格遵照现行相关规范规定，根据防水等级选择相应的设防道数。

地下工程防水等级应符合以下规定：

（1）地下车站、行人通道和机电设备集中区段的防水等级应为一级，即不允许渗水，结构表面无湿渍。

（2）区间隧道及连接通道等附属结构防水等级应为二级，即顶部不允许滴漏，其他部位不得漏水，结构表面可有少量湿渍，总湿渍面积不应大于总防水面积的 2/1000；任意 100 m² 防水面积上的湿渍不超过 3 处，单个湿渍的最大面积不大于 0.2 m²。

（3）隧道工程中漏水的平均渗漏量不应大于 0.05 L/(m²·d)，任意 100 m² 防水面积渗漏量不应大于 0.15 L/(m²·d)。

1. 明挖法结构防水

明挖法结构主要包括明挖法、盖挖顺筑法、盖挖逆筑法施工的地下车站、区间隧道、风井等。明挖法施工的地下结构防水设计，应根据具体水土环境、围护形式、结构部位，选择适宜的防水混凝土参数，顶、底板和侧墙外包防水方案，施工缝和变形缝等各个细部构造防水措施。其主体结构和接缝防水方案设计应按表6-1选用。

表 6-1　明挖法施工的地下结构防水措施

工程部位		主体结构					施工缝					后浇带							变形缝(诱导缝)						
防水措施		防水混凝土	卷材防水层	涂料防水层	膨润土防水毯防水层	砂浆防水层	遇水膨胀止水条(胶)	外贴式止水带	中埋式止水带	水泥基渗透结晶型防水涂料	预埋注浆管	补偿收缩防水混凝土	外贴式止水带	中埋式止水带	预埋注浆管	防水涂料	遇水膨胀止水条(胶)	防水密封材料	中埋式止水带	外贴式止水带	可卸式止水带	防水密封材料	外贴防水卷材	外涂防水涂料	预埋注浆管
防水等级	一级	必选	应选一至二种				应选二种				必选	必选	应选二种						必选	应选二至三种					
	二级	必选	应选一种				应选一至二种				必选	必选	应选一至二种						必选	应选一至二种					

明挖敞口放坡施工的地下结构和侧墙为复合墙的地下宜采用防水混凝土和全外包柔性防水层组成双道防线。对于地下连续墙法施工的车站，施工时宜采用高分子泥浆护壁和水下抗分散混凝土浇筑，连续墙表面应设置防水层，同时考虑连续墙体间的接缝防水。

2. 矿山法结构防水

矿山法施工的隧道防水结构一般采用复合式衬砌结构，即在喷混凝土的初期支护上铺设以塑料板或膜为主体材料的防水隔离层，然后再进行二次衬砌混凝土的浇筑。隧道防水措施应符合表 6-2 的规定。

表 6-2　矿山法施工的隧道防水措施

工程部位		衬砌结构					内衬砌施工缝					内衬砌变形缝				
		主体结构	外设防水层													
防水措施		防水混凝土	塑料防水板	预铺防水卷材	膨润土防水材料	分区预埋注浆系统	防水砂浆	外贴式止水带	中埋式止水带	遇水膨胀止水条(胶)	水泥基渗透结晶型防水涂料	预埋注浆管	外防内贴预埋防水卷材	中埋式止水带	外贴式止水带	嵌填密封材料	可卸式止水带	遇水膨胀止水带
防水等级	一级	必选	应选一至二种				应选二种						必选	应选二种				
	二级	必选	应选一种				应选一至二种						必选	应选一至二种				

矿山法修建的隧道结构具体防水方案应根据含水地层的特性、围岩稳定情况和结构支护形式确定。在无侵蚀性介质，贫水的Ⅰ、Ⅱ级围岩地段的隧道结构拱、墙，宜采用复合式衬砌防水，有条件时底部可采用限排。地下水较多的软弱围岩地段，应采用全封闭式的复合式衬砌全包防水层。我国大部分轨道交通工程线路位于城市主城区，隧道围岩等级很少有Ⅰ、Ⅱ级围岩，因此大多采用全包的防水方案。

在围岩破碎、富水、易坍塌地段及地下水、岩溶发育存在突水、突泥可能的特殊地质地段，应采用注浆加固围岩和堵水的措施，减小地下水渗漏，避免防水板施工时带水作业，降低防水质量。

隧道复合式衬砌夹层柔性防水层一般选用塑料防水板，塑料防水板的材质主要有聚氯乙烯(PVC)、乙烯-醋酸乙烯共聚物(EVA)、乙烯-醋酸乙烯共聚物沥青(ECB)等。其幅宽宜为2~4 m，厚度不宜小于1.5 mm，应具有良好的耐穿刺性、耐久性、耐水性、耐腐蚀性、耐菌性，同时应在防水板表面设置注浆系统，变形缝部位宜设置分区系统。

3. 盾构法结构防水

在城市轨道交通工程中盾构法施工的隧道，一般采用钢筋混凝土管片、复合管片等装配式衬砌。其防水措施主要针对管片防水和管片接缝防水，应符合表6-3要求。

盾构隧道国内大多采用单层衬砌，管片混凝土的抗渗要求对于盾构隧道防水性能起关键作用，轨道交通工程盾构隧道的抗渗等级一般规定不得小于P10，氯离子扩散系数不宜大于$3×10^{-12}m^2/s$。

当隧道处于侵蚀性介质的地层或防迷流要求较高时，应采用耐侵蚀混凝土或在衬砌结构外表面涂刷耐侵蚀的防水涂层。涂层应涂刷在衬砌背面和环、纵缝橡胶密封垫外侧的混凝土上，主要有改性环氧类(如渗透性环氧涂料)材料和水泥基渗透结晶型防水材料管片。

管片接缝防水包括管片间的密封垫防水，相邻管片间的嵌缝防水和必要时向接缝内注浆。管片应至少设置一道密封垫沟槽。接缝密封垫宜选择具有良好弹性或遇水膨胀性、耐久性、耐水性的橡胶类材料，其外形应与沟槽相匹配。轨道交通工程盾构隧道的嵌缝通常不是整环封闭的嵌缝，多为拱底局部嵌缝，特殊地段如变形缝，盾构进出洞，横通道邻近范围内的环、纵缝进行整环嵌缝处理。

表6-3 盾构法施工的隧道防水措施

| 防水措施 | 高精度管片 | 接缝防水 | | | | 混凝土内衬或其他内衬 | 外防水涂料 |
		密封垫	嵌缝	注入密封剂	螺孔密封圈		
一级	必选	必选	全隧道或部分区段应选	可选	必选	宜选	宜选
二级	必选	必选	部分区段宜选	可选	必选	局部宜选	对混凝土有中等以上腐蚀的地层宜选

6.1.4　高架结构防排水

为了避免自然降水积滞于桥面并渗入梁体，影响桥梁结构的耐久性与行车安全，故需要对高架桥结构进行防水排水系统设计。城市轨道交通桥面防水排水系统主要包括道床下设横向排水坡、防水层及泄水管。

1. 防水层构造

轨道交通混凝土桥梁桥面防水层是桥梁桥面的重要组成部分，防水效果的好坏直接影响到桥梁的使用寿命。桥梁结构的防排水工程设计应满足以下原则：

（1）具有不透水性，能够防止雨水等水体渗入，甚至浸润桥梁结构。

（2）保护层在车辆牵引、制动等力学作用下不碎裂，从而避免破坏涂层的整体性。

（3）防水层与混凝土构件表面以及混凝土保护层之间黏结性要好，避免分层脱落。

（4）防水层的化学作用稳定性要好。

目前我国铁路建设中采用的防水结构主要分为卷材加粘贴涂料型防水层、直接用防水涂料做的防水层，以及高聚物改性沥青型防水层三种结构类型。卷材加粘贴涂料型主要使用氯化聚乙烯防水卷材和聚氨酯防水涂料，主要用于有砟桥面的道砟槽内防水。防水涂料型防水层采用聚氨酯防水涂料，主要用于无砟道床防护墙外和有砟道床槽外的防水。高聚物改性沥青型防水层由基层处理剂和高聚物改性沥青防水卷材构成，可用于无砟道床防护墙内和有砟道床槽内的防水。

保护层的设置是为了确保防水层的有效使用，要求必须具有致密性、耐磨性和耐冲击性，一般采用纤维混凝土材料较为合适，比如C40细石聚丙烯腈纤维混凝土等。

桥面伸缩缝应根据构造形式设置桥梁专用变形缝止水带及其金属固定装置，并宜嵌填密封材料形成多道防线。

2. 桥面排水系统

城市轨道交通高架桥梁排水措施必须保证桥面行车道的结构表面排水顺畅，一般考虑横向排水。横向多采用双侧排水方式，排水横坡不小于2%。对于桥面宽度较大的双线桥梁，可以直接将桥面板做成倾斜面，形成排水横坡。除设置排水横坡，还应根据需要在泄水管间距间设置0.3%左右的汇水纵坡，形成双向汇水面，局部汇水坡一般设置在桥面防水层的保护层中。

6.2　通风空调系统设计

6.2.1　通风空调系统概述

通风空调系统作为城市轨道交通工程的重要设备系统之一，担负着对轨道交通线路内部的空气温度、湿度、气流组织、气流速度和空气品质等进行控制的任务，为轨道交通运营创造一定的人工环境，以满足列车、设备、人员和防灾的需要，是保证城市轨道交通开通运营必不可少的基础条件。良好的通风空调系统，可以为乘客和工作人员提供一个相对舒适的内部空气环境,并满足列车和各设备系统正常运转所需的温度和湿度等环境条件,并且当城市轨道交通发生阻塞和火灾等事故状况时,能够迅速转换为事故通风和排烟系统,提供确保人员安全和撤离所必需的空气环境条件。

1. 通风空调系统的特点

不同于地面普通建筑物,城市轨道交通的通风空调系统有其自身的特殊性。主要具有以下显著特点:

(1)由于城市轨道交通车站和区间大部分设置在城市主干道下方,地下车站和区间隧道均呈狭长形布置,其内部空间相对闭塞,与外界的空气交换只能通过车站的出入口和有限的隧道、车站通风亭和风井来进行。

(2)城市轨道交通系统具有显著的内热源和污染源,包括列车牵引系统、车站照明及其他设备产生的巨大热量,列车刹车闸瓦产生的大量粉尘,乘客和工作人员的新陈代谢产生的大量的热湿负荷和 CO_2 气体等污染物。因此需要通过通风空调系统及时将热量及污染物分解或排出。

(3)由于土壤的蓄放热特性,城市轨道交通隧道中存在热壅效应,因此需要通风空调系统调节隧道环境温度。

(4)列车运行产生巨大的活塞通风效应,若不能合理应用会干扰车站的气流组织,使乘客感到不适,并影响车站通风效果和空调负荷。

2. 通风空调系统的分类

对于不同种类的轨道交通建筑形式,需要考虑不同的通风空调系统。根据城市轨道交通的敷设方式、建筑形式、通风空调系统主要分为以下几种类别:区间隧道通风系统、地下车站通风空调系统、地面及高架车站通风空调系统、车辆基地通风空调系统和控制中心通风空调系统。

6.2.2 区间隧道通风系统

1. 区间隧道通风系统作用与设置要求

区间隧道通风系统主要有正常运行、阻塞运行和事故运行三种工况模式。

(1)列车正常运行时,通风系统对地下车站及区间隧道的温度、湿度进行控制和调节,保证隧道内部的空气环境符合规范标准要求。

(2)阻塞运行模式下列车滞留在隧道,通风系统向阻塞区间提供一定的送、排风量,保证阻塞区间的有效通风功能。

(3)事故运行模式一般指列车在区间隧道发生火灾时,通过开启隧道两端设置的事故风机及其相应的风阀,对事故区间进行送风、排烟,合理组织气流,迅速排除烟气,并为乘客和工作人员提供必要的新风量,以利于人员疏散和消防员灭火救援。

区间隧道通风系统设计首先需要满足不同工况下区间隧道温度、CO_2 日平均浓度、新风量、风速、压力变化等要求。《地铁设计规范》(GB 50157—2013)规定:

(1)区间隧道通风系统的进风应直接采自大气,排风应直接排出地面。

(2)区间隧道内的二氧化碳(CO_2)日平均浓度应小于 1.5%。

(3)区间隧道内每个乘客每个小时需供应的新鲜空气量不应少于 12.6 m^3。

（4）区间隧道内空气夏季的最高温度应符合：列车车厢不设置空调时，不得高于33℃；列车车厢设置空调，车站不设置全封闭站台门时，不得高于35℃；列车车厢设置空调，车站设置全封闭站台门时，不得高于40℃。

（5）区间隧道内空气冬季的平均温度应低于当地地层的自然温度，但最低温度不应低于5℃。

（6）当隧道内空气总的压力变化值超过700 Pa时，其压力变化率不得大于415 Pa/s。

区间隧道通风系统除了满足温度、二氧化碳日平均浓度、新风量、风速、压力变化等要求外，还需要满足阻塞、火灾工况下的运行要求。《地铁设计规范》（GB 50157—2013）对区间阻塞、火灾等事故工况有以下要求：

（1）当区间隧道发生火灾时，应背着乘客主要疏散方向排烟、迎着乘客疏散方向送新风。

（2）区间隧道火灾的排烟量，应按单洞区间隧道断面的排烟流速不小于2 m/s且高于计算的临界风速计算，但排烟流速不得大于11 m/s。

（3）列车阻塞在区间隧道时的送排风量，应按区间隧道断面风速不小于2 m/s计算，并应按控制列车顶部最不利点的隧道温度低于45℃校核确定，但风速不得大于11 m/s。

结合规范要求兼顾节能经济，区间隧道正常通风通常采用活塞通风，利用轨道交通列车运行时产生的活塞效应，通过通风井、洞口、车站出入口等对区间隧道进行通风换气。

当活塞通风不能满足排除余热、余湿要求或者布置活塞通风道有困难时，应设置机械通风系统。根据城市轨道交通运营系统的实际情况，可在车站和区间隧道分别设置独立的机械通风系统。车站通风一般为横向的送排风系统；区间隧道一般为纵向的送排风系统。这些系统同时具备排烟功能。区间隧道较长时，宜在隧道中部设中间风井。对于当地气温不高、运量不大的城市轨道交通地下线路，可设置车站与区间连成一起的纵向通风系统。

2. 区间隧道通风系统制式分类

根据城市轨道交通隧道通风换气的形式以及隧道与车站站台层的分隔关系，城市轨道交通隧道通风空调系统一般划分为三种制式：开式通风系统、闭式通风空调系统和全封闭站台门通风空调系统。

（1）开式通风系统。

开式通风系统是应用列车运行的活塞效应或机械通风，通过活塞风井、车站出入口及两端洞口使得隧道内空气与外界大气可以充分交换，带走隧道内的余热、余湿，使隧道温度维持在一定范围内，如图6-3所示。该类通风方式主要应用于北方，我国曾采用该种形式的有北京地铁1号线和环线、天津地铁1号线（既有线）等。

开式通风系统由于没有设置空调系统，区间隧道、车站公共区均依靠通风方式冷却降温，区间隧道和车站公共区的温湿度相对不可控，同时空气品质也较差。在目前车站客流日益增加，乘客对舒适性要求与日俱增的情况下，该制式已经较少采用。

（2）闭式通风空调系统。

闭式通风空调系统是指列车运行时，关闭地下车站内所有与外界连通的通风井及风门使隧道内空气基本上与外界大气隔断，仅通过车站出入口和区间隧道洞口和大气连通进行通风换气的系统制式，如图6-4所示。车站内部采用通风或空调系统，区间隧道的冷却则是借助列车运行的活塞效应携带一部分车站空调冷风来实现区间隧道的降温，并在车站两

图 6-3　开式通风系统

端部设置迂回风道，以满足闭式运行时活塞风泄压要求，线路露出地面的洞口则采用空气幕隔离，防止洞口空气热湿交换。闭式通风空调系统通过风翼控制，一般既可作闭式运行，又可作开式运行。为了考虑乘客安全，一般在车站站台边缘设置安全门，但其并没有将隧道和车站的空气隔离开来。

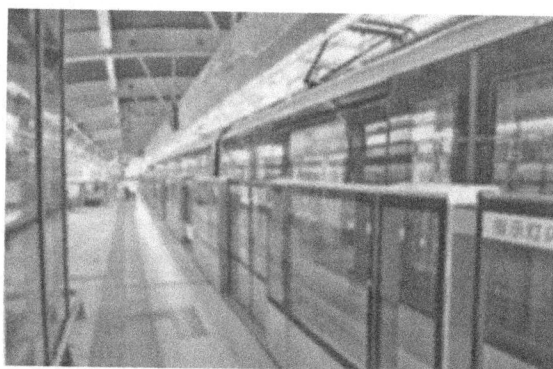

图 6-4　闭式通风空调系统(半高站台门形式)

闭式通风空调系统主要由两部分构成：一是隧道通风系统，在车站两端分别设置 1 个活塞风井，2 台隧道风机及相应阀门等，依靠活塞风对区间隧道进行通风换气、冷却降温；二是车站公共区通风空调系统，在车站两端分别设置 1 个新风井、1 个排风井，依靠设置在车站两端的空调机组和回排风机对车站公共区及轨行区进行通风换气、冷却降温。闭式通风空调系统原理图，如图 6-5 所示。

闭式通风空调系统是在开式通风系统方案上进行优化，即吸纳了开式通风系统充分利用活塞通风的节能优势，又弥补了开式通风系统对车站内温度和湿度不可控的缺点，在一定程度上改善了列车运行环境和乘客候车环境。

(3)全封闭站台门通风空调系统。

全封闭站台门通风空调系统是通过在地下车站站台边缘安装全封闭的站台门，将区间隧道的气流与车站基本分隔，有效阻止隧道内热流、气压波动和灰尘进入车站，有效减少

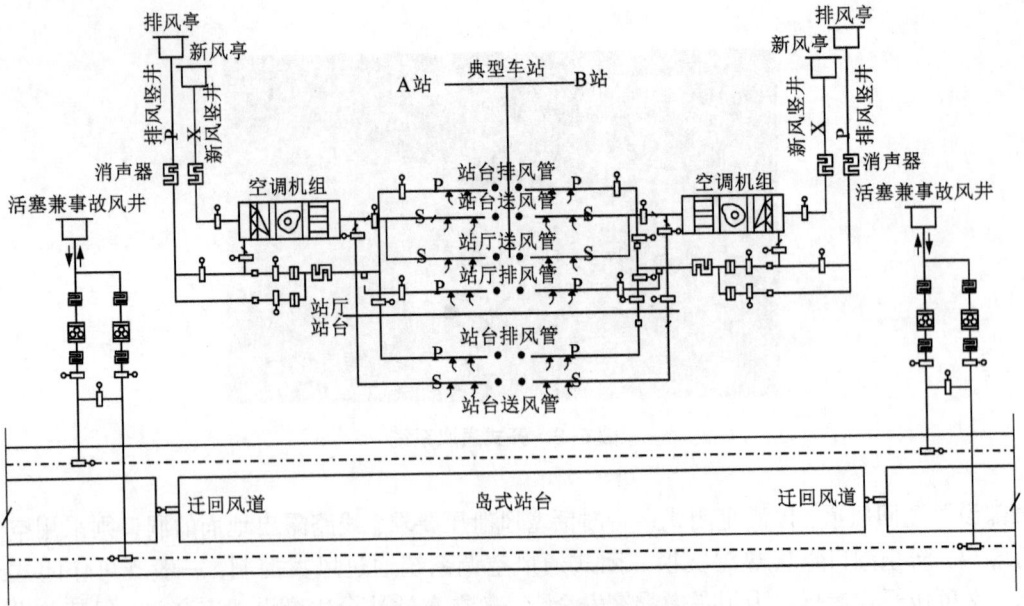

图 6-5　闭式通风空调系统原理图

了车站空调负荷，如图 6-6 所示。车站公共区设置通风空调系统，为车站创造较为舒适的环境。区间隧道主要依靠列车运行时产生的活塞作用将区间隧道的热空气排至室外，同时引入室外新风来冷却隧道。它是目前应用最为广泛的系统制式，在我国许多城市的地铁地下线路均采用该种制式。

图 6-6　全封闭站台门通风空调系统

　　安装全封闭站台门后，车站的空调冷负荷只需计算车站本身设备、乘客、广告、照明等发热体的散热，可降至闭式通风空调系统的 22%~28%。全封闭站台也为乘客乘车创造了一道安全屏障，可防止乘客无意或有意跌入轨道，并且减小了运行噪声对站台候车乘客的影响，改善了乘客候车环境的舒适度，为轨道交通实现无人驾驶奠定了技术基础。但是安装全封闭站台门需要较大投资，并随之增加了全封闭站台门的维修保养工作量和费用。

　　全封闭站台门通风空调系统一般由两个子系统组成：一是隧道通风系统，包括区间隧道通风系统和车站轨行区排热系统。区间隧道通风系统通过在车站两端的活塞风道内设置隧道风机及相应阀门等，以满足不同工况下区间隧道内通风换气、气流组织、防排烟等需求。车站轨行区排热系统在车站两端的排热风道内设置排热风机及相应阀门，在轨行区设置轨顶、轨底排热风道及相应阀门等，以满足不同工况下车站轨行区通风换气、气流组织、防排烟等需求。二是车站公共区通风空调系统，在车站两端分别设置新风井和排风井，借助设置在车站两端通风空调机房内的组合式空调机组和回排风机对车站公共区进行通风换气、冷却降温。

　　全封闭站台门通风空调系统中的隧道通风系统，按活塞风井的配置数量可分为单活塞风井方案和双活塞风井方案，其系统原理分别如图 6-7 和图 6-8 所示。

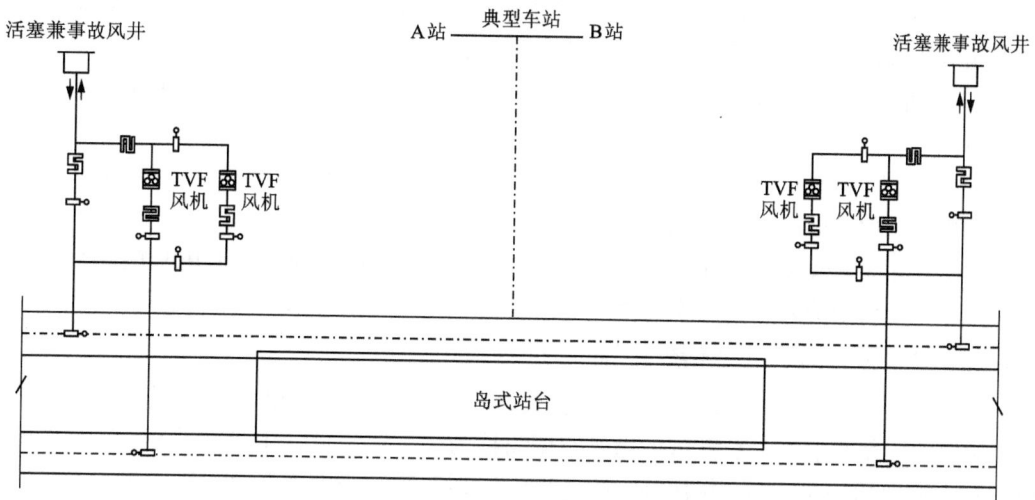

图 6-7　单活塞风井方案隧道通风系统原理图

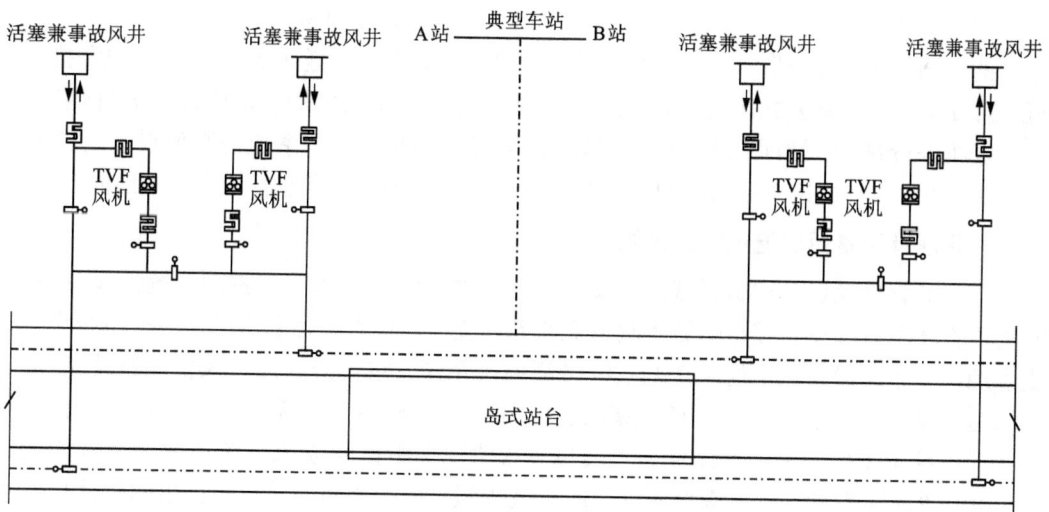

图 6-8　双活塞风井方案隧道通风系统原理图

区间隧道通风系统制式的确定应结合城市轨道交通系统的运力、当地的气候条件、人员舒适性要求以及运行维护费用等因素进行技术经济综合比较确定。

6.2.3 地下车站的通风空调系统

1. 地下车站通风空调系统设计原则

城市轨道交通地下车站内部空气环境范围主要包括站厅、站台、设备与管理用房、出入口通道、换乘通道等,其通风空调系统的组成实际上与车站各功能区的划分密切相关,其中还必须兼顾到安全性考虑如防排烟系统的设置问题。

(1)车站公共区空调负荷按远期夏季晚高峰运营条件进行计算;并按远期早高峰运营条件进行车站公共区新风量校核计算。

(2)通风空调系统在正常运行时,系统应能排除洞内余热、余湿,为车站及区间隧道提供相应的温湿度标准,并为乘客提供过渡性舒适的乘车环境。

(3)与地铁结合的物业开发建筑,其通风空调系统单独设计,但进、排风井要考虑合理预留。

(4)在确保空调通风系统功能的前提下,设备选型应以安全可靠、技术先进、经济合理的原则,尽量考虑设备国产化,并综合比较,择优选择。

(5)车站发生火灾事故时,通风空调系统应具备有效防灾排烟、通风功能,保证乘客安全疏散,并为消防人员灭火创造条件。

2. 车站公共区通风空调系统

城市轨道交通车站的站厅、站台层公共区是乘客活动的主要场所,也是环控系统空调、通风的主要控制区。公共区的通风空调简称为大系统。设计中除在站厅、站台长度范围内设有通风管道均匀送、排风外,还在站台层列车顶部设有车顶回、排风管(OTE),站台层下部设有排风道(UPE),并在列车进站端的车站端部设有集中送风口,其作用是使进站热风尽快冷却、增加空气扰动、减少活塞风对乘客的影响。

车站的通风空调机房一般设在车站站厅层的两端,设备对称布置,基本上各负担半个车站的空调、通风与排烟。空调机房内设置组合式空调机组、送风机、回/排风机和排烟风机,通过风管向车站公共区送(冷)风,当车站公共区发生火灾时,系统转换为排烟工况,排烟风机进行排烟,站厅、站台层回/排风管全部启动排烟,大系统的其他设备均停止运行,使得出、入口通道形成由地面至车站的向下气流,便于乘客迎着气流撤向地面。

3. 管理及设备用房通风空调系统

车站的管理及设备用房区域内主要分布着各种运营管理用房和控制系统的设备用房,它的工作环境好坏将直接影响城市轨道交通能否安全、正点地运营,也是环控系统设计的重点地区。车站设备用房通风空调系统又简称小系统,它与公共区通风空调系统共用送、排风道和风亭。地下牵引变电所、降压变电所应设置机械通风系统,排风宜直接排至地面。通风量应按排除余热量计算。当余热量很大,采用机械通风系统技术经济性不合理时,可设置冷风系统。厕所应设置独立的机械排风、自然进风系统,所排出的气体应直接排出地面。设置气体灭火系统的防护区应设置机械通风系统,所排出的气体必须直接排出地面。设备管理用房中车站控制室、信号设备室、专用通信设备室、综合监控室等对运营安全较为重要的房间，为保证这些房间内设备的运行安全，在必要的情况下设置变频多联机空调系统作为备用。

6.2.4　地面、高架车站的通风空调系统

相比地下车站，高架车站、地面车站的站房均在露天设置，拥有良好的自然通风、采光条件，因此通风空调系统的设计与地下车站也有很大区别。高架区间、地面区间一般开敞设置，不像地下区间隧道处于地下封闭空间内，因此不需考虑设置区间通风系统，如图6-9所示。

图6-9　地面、高架车站的通风空调系统

地面车站和高架车站站台公共区因开敞区间，应尽量采用自然排风及自然排烟，站厅公共区大部分也采用自然排风及自然排烟，以充分利用自然条件排除余热余湿，简化通风空调系统，降低造价，节约能源。在部分地区，根据室外气候条件，自然通风无法满足站厅公共区要求时，可设置局部通风或局部空调系统，以改善站台条件，提高乘客候车的舒适度。

地面、高架变电所房间优先选用自然通风降温，如无法满足设备要求时，可设置机械排风、自然补风系统，以充分利用自然冷源。地面、高架车站其他设备管理用房，由于与室外连通性较好，均具有良好的自然通风条件，一般不设置全面机械通风，而采用灵活的多联空调系统。部分房间(如卫生间等)设置局部通风设施。

6.3　动 力 照 明 设 计

6.3.1　概述

城市轨道交通供电系统负责提供车辆及设备运行的动力能源，一般包括高压供电源系统、主变电所、牵引供电系统、动力照明系统、电力监控系统。动力照明供电系统包括降压变电所和动力照明配电系统。动力照明配电系统是指除城市轨道交通机车用电以外所有动力、照明负荷供电的系统。

　　动力配电主要为车站各用电系统和用电设备提供电源，包括通风空调系统及设备，给排水系统及设备，FAS/BAS系统及设备，AFC通信、外部通信、信号、公安通信等系统及设备，电梯，自动扶梯，安全门系统，卷帘门等；照明配电主要为车站照明、区间照明、场段照明等设备提供电源。在整个城市轨道交通项目建设全过程范围内，应在不同阶段对接口进行全面梳理并加强管理，才能保证系统运行的安全性、稳定性、系统性和可靠性。

　　动力照明配电的主要设计原则有：

　　(1)动力照明配电满足安全、可靠、环保、节能、经济的要求。

　　(2)动力照明配电采用交流220 V/380 V电压，安全电压照明采用交流36 V或24 V电压。

　　(3)系统接地形式采用三相四线制或单相二线制TN-S系统。

　　(4)考虑为换乘及远期工程预留衔接条件，便于工程的延续，力求资源共享、方便管理。

　　(5)车站供电范围应按建筑物的防火分区划分，以满足火灾时切除非消防电源的要求。

　　(6)设置电气火灾监控系统，具体实施范围宜为变电所0.4 kV开关柜中的各回路以及环控电控柜中除风阀以外的回路。

　　(7)设置消防设备电源监控系统，具体实施范围宜为应急电源柜(箱)、消防专用风机双切箱、消防泵及喷淋泵双切箱、消防电(扶)梯双切箱、专用消防配电箱(柜)等消防专用设备配电箱(柜)。

　　(8)地下车站环控设备宜集中采用智能控制。

6.3.2　负荷分类及供电方式

　　根据城市轨道交通系统用电设备的重要程度，动力照明负荷一般划分为三级，具体分类及其供电方式如下：

　　一级负荷：通信系统设备、信号系统设备、变电所操作电源、自动售检票系统设备、电力监控系统设备、综合监控系统设备、火灾自动报警系统设备、环境与设备监控系统设备、消防系统设备及消防水管电保温设备、喷淋泵、气体自动灭火系统设备、防排烟风机及各类防火排烟阀、防火卷帘门、主排水泵(废水泵)、雨水泵、应急照明、消防疏散需继续使用的自动扶梯、防淹门、人防门、地下站厅站台公共区照明、地下区间照明、站台门、安防系统设备等。

　　一级负荷采用双电源双回线路供电，电源分别由降压变电所的两段低压一二级负荷母线接引，互为备用，电源在末级配电箱处自动切换。对于一级负荷中特别重要负荷，除由两路电源供电以外，还应增设应急电源，并严禁其他负荷接入。

　　二级负荷：地上站厅站台等公共区正常照明、地上区间照明、附属房间正常照明、普通风机、重要设备机房的空调设备、排污泵、非消防疏散用自动扶梯、自动人行道和电梯、乘客信息系统与标识系统设备、变电所检修电源、非消防用电动窗等。

　　二级负荷采用双电源单回线路专线供电，电源由降压变电所的任一段低压一二级负荷母线接引。

三级负荷：空调制冷及水系统设备、广告照明、清洁设备、电开水设备、电采暖设备、区间检修设备、车站附属房间电源插座等。

三级负荷采用单电源单回线路供电，电源由降压变电所的低压三级负荷母线接引，当系统中只有一个电源工作时可切除三级负荷。

6.3.3 动力配电设计

1. 配电方案设计

地上车站通风空调设备应根据防火分区及负荷特点集中配电，集中电源宜设置在风机房内或配电室内；地下车站通风空调设备由车站两端的环控电控室进行集中配电，环控电控室内设置环控电控柜对环控集中配电及控制。环控电控柜内低压母线进行分段设计，根据负荷性质可分别设置一、二、三级负荷母线段。

消防泵、喷淋泵控制箱自带双电源切换装置，电源分别取自降压变电所两段低压一二级负荷母线；其他给排水设备根据负荷等级由降压变电所低压母线配电或者从就近配电箱配电。

电梯、自动扶梯设备根据负荷等级按区域由降压变电所低压母线单独配电。

综合监控、通信、信号、自动售检票、安全门等弱电系统用电负荷采用UPS配电，UPS电源由降压变电所两段低压一二级负荷母线接引。

区间风机、区间主排水泵、区间雨水泵设备等区间动力设备就近设置双电源切换箱进行配电，电源分别由降压变电所两段低压一二级负荷母线接引。

商业用电自成体系，单独计量。小规模商业设置商业用电专用配电箱，由降压变电所单电源配电；大规模商业应设置单独的商业用变电所。

区间内每隔100 m分上下线各设一个检修电源箱，车站相邻两半个区间的检修电源箱由本站降压变电所或由区间降压变电所单电源配电。车站站厅、站台公共区宜每隔30 m左右设置安全型电源插座。

2. 动力设备的选择和控制方式

动力照明配电系统主要设备有：环控电控柜、EPS应急电源柜（箱）、配电箱（柜）、控制箱、手操箱、电气火灾监控系统、消防设备电源监控系统等。

动力电气设备选用应能满足轨道交通地下环境要求，同时具备技术成熟、先进、可靠、结构紧凑、便于安装和维护的产品。在满足技术要求的前提下，优先选用国产设备。所选用设备应具备防震、防火、防潮、防霉及低噪声、低损耗性能，并应有相关产品认证，经有关部门检验合格。

动力设备的控制可采用就地控制和远方控制，可根据需要由BAS对设备进行监控。

地下车站非消防专用环控设备采用三级控制方式，即BAS控制、环控电控室控制和就地手动控制；地上车站环控设备采用两级控制方式，即BAS控制和就地手动控制。与风机连锁的通断阀与对应风机共用配电及控制回路。消防专用风机、消防泵等消防设备采用就地手动控制、FAS自动控制和IBP盘硬线控制。车站污水泵、局部排水泵采用液位自动控制和就地控制。区间、车站排水泵，车站出入口与敞开风亭排水泵，洞口的雨水泵采用液位自动控制、就地手动控制和BAS远程强制启动。

3. 电缆选择及敷设方式

动力照明配电系统缆线主要按照敷设的环境及负荷的特点进行选择，一般要求如下：

(1) 地下线路采用低烟、无卤阻燃电线和电缆；地上线路宜采用防蚁、低烟、低卤阻燃电线和电缆。

(2) 应急照明、火灾自动报警系统设备、消防泵、喷淋泵及消防专用风机、环控电控室消防一级负荷进线应采用矿物绝缘类不燃性电缆；其他在火灾时需要保证供电的配电线路，应采用耐火铜芯缆线或矿物绝缘类不燃性电缆。

(3) 重要信号回路的控制电缆采用金属屏蔽电缆，防止电磁干扰。

(4) 三相电流不平衡及谐波含量高的配电回路进线电缆宜选用"4+1"型，其他电源电缆经校验后可选"3+2"型。

(5) 区间照明可采用预分支电缆。

(6) 车站及室内采用无铠装电缆；区间及室外采用铠装电缆。

电线采用穿保护管方式明敷或暗敷。单洞单线隧道内的缆线，宜布置在行车方向的左侧。单洞双线隧道内的缆线，宜布置在隧道两侧。站台板下的电缆沿电缆支架敷设，其余电缆主要沿电缆桥架明敷，无桥架处的电缆分别采用沿金属线槽和穿保护管方式明敷或暗敷。电缆在电缆井内沿电缆桥架垂直敷设，穿越隔墙、楼板、顶板、不同防火分区时均按照国家规范要求实施防火封堵。动力照明缆线通过的建筑预留孔洞应实施防火封堵。

6.3.4 照明配电设计

照明方式主要有一般照明、分区一般照明、局部照明和混合照明。车站站厅站台公共区、车站附属用房、风道及地下区间等所有工作场所均设置一般照明。同一场所内的不同区域有不同的照度要求时，采用分区一般照明。售票口等作业面照度要求高时，设置一般照明和局部照明组成的混合照明。

1. 照明设计

车站站厅、站台公共区设正常照明、应急照明、值班照明。正常照明按车站布局采用灯具交叉配电方式，分组控制，在运营高峰时，正常照明全部开启；在运营高峰过后可关闭部分正常照明，起到节电的作用。

车站综合控制室、消防泵房、变电所(仅操作面)、环控电控室(仅操作面)、专用防排烟机房、气瓶间等应急指挥和应急设备应用场所设正常照明和备用照明，备用照明照度不小于正常照明照度的100%。

车站附属设备用房等工作场所设正常照明和备用照明，备用照明照度值不小于正常照明照度值的10%。

车站设备区走道、疏散通道以及疏散楼梯间内设置疏散照明，其照度值不小于正常照明照度的10%。

车站的站台、站厅、区间、自动扶梯、自动人行道、人行楼梯及其转角处、疏散通道及其转角处、防烟楼梯间、消防专用通道、安全出口、避难走道、设备管理区内的走道等处均设置电光源型疏散指示标志。

地下区间隧道设正常照明和疏散照明，正常照明灯具与疏散照明灯具布置在行车方向的左侧隧道壁上方,且间隔布置、间距 10 m(地下盾构区间可根据预埋槽道管片模数确定为 9.6 m 或 9 m);区间疏散指示标志灯宜采用 10 m 间距,当地下区间设置有疏散平台时,疏散指示标志灯安装于疏散平台上方的侧壁处且不应侵占疏散平台宽度,其上边缘距疏散平台面不大于 1 m。

地上区间照明的设置,可根据各地地铁的运行经验及线路情况,采用仅设置正常照明的方式,且在接触网运行的情况下,灯具考虑安装于其立柱上。当区间道岔区域不能满足监控要求时,应设置局部加强照明。地上区间一般不设置疏散指示照明。

车站站厅、站台公共区,出入口通道,轨行区侧墙及地面风亭等处设商业广告灯箱照明。

站台板下和电缆夹层设置安全电压照明。

2. 照明配电及控制形式

照明系统采用以放射式供电为主,放射式与树干式相结合的配电方式,各类照明配电箱宜集中设置在动力照明配电室,配电室应根据防火分区合理选择位置,具体方式如下:

(1)一般标准地下车站以站中心为界,车站中心两侧的照明分别由各自的照明配电箱供电。其中站厅、站台公共区照明电源分别引自降压变电所的两段母排,每路电源各带 50% 灯具,以交叉方式供电,且均匀分布;标志照明、车站房屋区正常照明、安全电压照明,采用一路可靠电源供电。

(2)地上车站根据防火分区的设置进行配电。各区域正常照明、标志照明、安全电压照明,采用一路可靠电源供电。

(3)一般区间照明以区间中心里程为界,由两端车站分别供电。地下区间工作照明设专用照明双电源切换箱,由降压变电所直接供电。

(4)广告照明由一路电源供电,任一路电源失电后,将其从电网中切除。广告照明设专用照明配电箱,由降压变电所直接供电。

(5)车站左右两端照明配电室分别设置 EPS 电源装置,各负责车站相关区域及相邻半个区间的应急照明负荷。

一般照明光源的电压采用 AC220 V。变电所电缆夹层、站台板下和高度小于 1.8 m 的电缆通道设安全特低电压供电的照明,干燥场所为 AC36 V,潮湿场所为 AC24 V。

车站公共区正常照明、出入口正常照明、标志照明、广告照明、区间正常照明等可由 BAS 系统和照明配电室集中控制。应急电源配电回路具有由火灾报警系统集中强启或两路市电电源均故障后自启动的应急照明功能。地下车站公共区应急照明、区间应急照明为长明灯;地上建筑应急照明受 FAS 系统控制(当应急照明兼作正常照明时,受 BAS 和 FAS 系统双重控制);一般房屋工作照明采用就地控制方式。疏散指示灯为常亮,区间疏散指示灯可根据疏散要求改变指示方向。

3. 照度标准

车站各类场所正常照明的照度、均匀度、眩光限制及反射比应符合现行国家标准《城市轨道交通照明》(GB/T 16275)和《建筑照明设计标准》(GB 50034)的有关规定。照度标准值为维持平均照度值,推荐值见表 6-4。

表 6-4　车站房屋照度推荐值

场所	参考的平面位置	正常照明 平均照度值/lx	疏散照明 照度/lx	备用照明 照度/lx
地下站厅公共区	地面	200	≥5	
地下站台公共区	地面	150	≥5	
地上站厅公共区	地面	150	≥5	
地上站台公共区	地面	100	≥5	
出入口、通道、楼梯	地面	150	≥5	
自动售票机、售票亭、车控室	台面	300		≥150
变电所、配电室	1.5 m 垂直面	150		≥75
通信、信号等设备用房	1.5 m 垂直面	150		≥75
管理用房	台面	300		≥30
地下区间隧道、风道	地面	15	3	
公共区卫生间	地面	100	5	
线路渡线、岔线、折返线等道岔区段	轨平面(有监控要求时)	20(150)		

4. 光源及灯具选择

车站公共区、设备区走道、站台板下照明及区间照明光源宜选用 LED 光源，其余室内照明电源选用节能型荧光灯光源或 LED 光源。应急照明用出口标志灯、指向标志灯采用 LED 光源，疏散照明灯应选用能快速点燃的光源。根据不同场所选用不同色温的光源，站厅、站台同一场所光源色温需保持一致，并应符合现行国家标准《城市轨道交通照明》（GB/T 16275）和《建筑照明设计标准》（GB 50034）的有关规定。

车站内潮湿场所采用防水灯具；腐蚀性气体或蒸汽场所采用防腐蚀密闭灯具；在有尘埃的场所，按防尘等级选择适宜的灯具。地下区间灯具需选用防潮、防尘、防震、防眩光的灯具，防护等级不低于 IP65。地上车站站台宜采用开敞式工厂灯具，防护等级不低于 IP55。室外灯具防护等级不得低于 IP65，接线处采取防水处理。荧光灯灯具的效率应符合现行《城市轨道交通照明》（GB/T 16275）和《建筑照明设计标准》（GB 50034）的有关规定。应急照明灯具应满足现行《消防应急照明和疏散指示系统》（GB 17945）的要求。

由于 LED 灯具具有节能、环保、寿命长的优点，且其价格随着技术日益成熟而逐渐下降，与传统荧光灯相差不大，目前各地铁照明基本上均采用 LED 灯具。

思考题

1. 城市轨道交通地下工程结构防水应遵循什么原则？
2. 简述主要的结构防水材料及其特性。
3. 明挖法结构防水如何设计？
4. 城市轨道交通的通风空调系统有何特点？
5. 简述区间隧道通风系统的作用。
6. 城市轨道交通通风空调系统开式与闭式有何区别？
7. 简述城市轨道交通动力照明配电的主要设计原则。
8. 地下车站的动力配电如何设计？

第7章　城市轨道交通运营规划

城市轨道交通运营规划的目标是要满足运营需要，为城市轨道交通的开通运营提供保障。因此，在运营规划阶段充分考虑运营需求，对于线路建成后的运营效果有重要影响。本章主要介绍城市轨道交通运营规划的目的和主要原则、主要内容、运营模式、行车组织、调度指挥和客运管理，研究如何更好地做好满足运营需求的具体方法，为高质量的规划设计方案奠定基础。

7.1　运营规划的目的

城市轨道交通项目的建设目的是满足人们的出行需求，运营规划的目的是根据开通后的运营需求进一步对线网布局合理性进行验证。如果说线网构架规划完成了结构布局、线路走向和换乘点的确定，那么运营规划就是要研究每条线的运量等级、运行方式与运行路线，并形成不同等量级的运行系统和规模。

7.2　运营规划的主要原则

运营规划阶段需要根据需求预测充分考虑运营需要，并确定相关运营关键参数。运营规划编制时遵循的两个主要原则为：

（1）坚持服务水平适度原则。

城市轨道交通的营运依赖于城市轨道交通网络和城市综合交通系统的发展，运营组织方案的确定应满足综合交通规划中各特定时期轨道交通各个环节的运输服务水平要求，充分发挥城市轨道交通项目实施的效果。

（2）坚持资源配置效能原则。

编制城市轨道交通的营运规划时，动力资源的具体配置方案应体现供需匹配原则，在适度超前的基础上采用分段实施方案，从而降低城市轨道交通工程项目的建造成本和运营成本。

编制城市轨道交通运营规划时，考虑的主要影响因素如下：

①线路运营模式及其在线网中的功能定位。根据线路位置确定其在整个轨道交通网络中的运营管理模式、运营功能和主导市场。

②线路客流量等级划分。需要根据客流预测结果与沿线土地开发情况，研究线路不同

区段客流数量规模及其差异性，为细化运营组织方案提供依据。

③主要设备选型。根据城市轨道交通特点和需求研究确定各线路的主要设备模式和型号。

④ 线路能力配备方案。根据线路各区段的客流差异与沿线环境条件研究确定能力规模的配备，包括列车运行组织（交路）方案。

⑤ 面向运营规划需要的特殊设施的配置。包括由线路间的相互关系决定的有关设施，如联络线、停车安全线、故障线的配置等。

⑥与其他线路或交通方式的衔接设计。主要指不同轨道交通车站间的换乘组织，轨道交通车站与其他地面公交或私家车、自行车的换乘组织。

7.3　运营规划的主要内容

7.3.1　线路客流量等级划分

客流的时空特征是客流分析的重要内涵，分析客流量的时间分布和客流量的空间分布对城市轨道交通系统有重要价值。

1. 全日客流量的时段分布

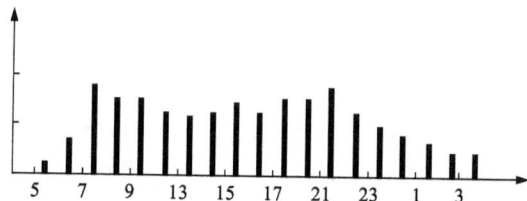

图 7-1　全日客流量时段分布图

如图 7-1 所示，全日客流量时段分布的重点研究范围一般为 6 时至 21 时，共 15 个时段，早 6 时前和晚 21 时后的运营主要是为了保持系统的服务水平。

客流量的时段系数（P）一般定义为各时段客流量与全日客流量之比；P 的最大值定义为高峰小时的系数（P_{max}）。一般地，7~10 时与 16~19 时为高峰时段，其余为平峰时段。

2. 全线客流量的区间分布

全线客流量的区间分布决定着线路的列车运行组织和开行方案，图 7-2 给出了一个客流区间的一般分布图。

这里，定义 N_{max} 为高峰小时单向最大断面客流量。对高峰小时各区间断面客流量排序，N_{max} 之后，依次为 N_2, N_3, …, N_n；n 等于全部区间的 1/3 或 1/4 左右，将这些客流量较大的区间称为"高断面区间集合"。这里，研究区间分布的目的在于考察 N_{max} 是否得到高断面区间集合的强支撑。

现计算各区间客流量与 N_{max} 的比值 $a_n(n=2, 3, …)$。

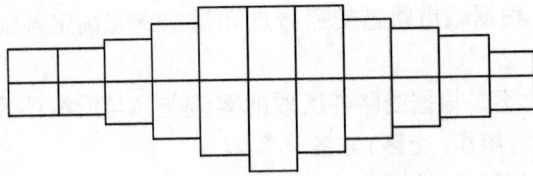

图 7-2 客流量区间分布示意图

判断 N_{max} 具备强支撑的条件：

$$a_2 = N_2/N_{max}\ ;\ a_3 = N_3/N_{max}\ ;\ \cdots;\ a_n = N_n/N_{max}$$

当 $a_n (n=2, 3, \cdots)$ 依次递减量 ≤ 0.05 时，为具备强支撑，否则不具备强支撑。

显然，N_{max} 是否得到高断面区间集合的强支撑，决定着对待 N_{max} 的态度。

3. 客流量的距离分布

设定线路平均乘车距离为 S_S，当 $S_S > L_{全线}/2.5$ 时，称为以中长距离客流为主，否则，以中短距离客流为主。这里 $L_{全线} < 40\ km$。

距离分布分析的另一指标是中、长距离乘客比重 (C_1)：

$$C_1 = \frac{Q_长}{Q_总} \tag{7-1}$$

式中：$Q_长$——为中、长距离乘客数量，其乘车距离大于平均乘距；$Q_总$——总客运量。

此外，客运量的集中率 (C_2) 可用下列指标评价：

$$C_2 = \frac{Q_集}{Q_总} \tag{7-2}$$

式中：$Q_集$——集中的客运量，为 n 个大站的客运量，$n \leq m/4$，m 为全线车站数；C_2 越大，客运量的风险越大。

7.3.2 速度目标值的选择

城市交通的拥挤强化了人们对出行速度的渴望。在各城市纷纷掀起城市铁路建设大潮之际，提高轨道交通列车运行速度的思想受到许多人的推崇。速度的提高无疑具有极大的吸引力，但需要慎重研究速度提高的代价及其效益（效果）。一般来说，最高速度是动车组能够达到的最大速度。

提高城市轨道交通运行速度的效果取决于以下因素：

（1）站间距离。

轨道交通系统车站间的距离是影响平均速度的重要因素，站间距越大，提高最高速度的效果愈明显。相反，距离越近，最高速度提高的效益越差。

（2）列车重量及编组。

由于动车组的牵引力是相对固定的，列车编组越大，旅客密度越高，牵引重量越大，最高速度的优势越不明显。

（3）区间线路条件。

线路标高变化越大，最高速度的优势越不明显。

（4）旅客舒适度。

城市轨道交通不同于城市间铁路，列车编组少，重量相对较轻，牵引电机能够实现的最大加（减）速度较城市间铁路列车要大得多，而实际上最终的最大加（减）速度的极限值则取决于旅客舒适度设计的要求。

（5）经济性。

轨道交通系统的经济性一般较差，经济性又直接关系到其建设的必要性与可能性；最高设计速度对系统造价和运营成本有重要影响，标准越高，造价越大，经济性越差。例如，从运营角度看，广州地铁 1 号线能耗占总运营支出的 34%，仅次于人力支出的 36%。

提高最高设计速度的主要目标是运行时间的节省，从而达到提高轨道交通吸引力的目的。理论上，速度提高还可节省车辆数量。不过，实际商业运行速度（即一般意义上的旅行速度）与最高设计速度之间还存在差距，提高最大设计速度的效果如何，需要根据我国城市铁路的具体情况进行分析。

提高最大设计速度的代价包括多方面：首先是建设代价，速度的提高，线路、隧道、列车与通信信号的设计标准均需提高，由此造成建设投资的增加；速度提高导致的能耗增加也是速度选择应考虑的重要因素，它直接影响运营费用的支出，这也是国外多数城市采取在市区边缘换乘策略的原因。其次是运营管理，由于速度的提高，列车间的最小运行间隔值可能增加；而列车间隔是城市交通系统中最重要的服务质量指标之一，间隔增大的后果需要仔细研究。最后，速度提高对整个系统的安全性的设计产生重要影响，尤其是提高到 100 km/h 以上时，关于安全裕量的设计标准将需要提高。

图 7-3 全面分析了速度提高的影响因素及利弊。

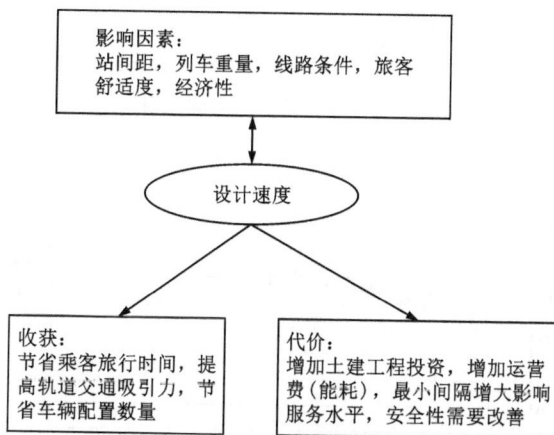

图 7-3　轨道交通系统最高设计速度变化分析

因此，对最高速度目标值的分析需要进行综合评估。

以某轨道交通线路 A 为例，A 是一条贯穿市区与郊区的城市与市郊轨道交通线路，其一期工程全长约 37 km，拟设计 15 个车站（中间预留 2 个车站站位），一期工程全线的平均站间距为 2642.9 m。现设计如下方案：

方案一：最高速度 80 km/h，牵引重量 142 t，列车长度 100 m。

方案二：最高速度 100 km/h，牵引重量 142 t，列车长度 100 m。

方案三：最高速度 120 km/h，牵引重量 155 t，列车长度 110 m。

通过对列车运行过程计算，可得到如表 7-1 所示的结果。

表 7-1　某市 A 线列车运行计算结果汇总

设计速度 /(km·h⁻¹)	实现平均速度 /(km·h⁻¹)	实现最大速度 /(km·h⁻¹)	牵引能耗 /(kW·h)	牵引率 /%	旅行时间 /min
80	62.79	79.32	224.57	38.53	38.7
100	72.25	99.2	275.57	65.46	34.0
120	78.76	119.18	383.08	67.40	31.5

可以看出：

①最大设计速度从 80 km/h 提高到 100 km/h 与 120 km/h 时，实际平均速度仅分别从 62.79 km/h 提高到 72.25 km/h、78.76 km/h；实际平均速度的提高低于最大设计速度的提高。

②从能耗角度看，速度从 80 km/h 提高到 100 km/h 和 120 km/h 时，牵引能耗从 224.57 kW·h 提高到了 275.57 kW·h 和 383.08 kW·h。由于设计速度的提高，列车运行过程的平均牵引率（牵引工况时间占总运行时间之比）从 38.53% 提高到 65.46% 和 67.40%。

③从节省时间角度看，最大设计速度从 80 km/h 提高到 100 km/h 与 120 km/h 时，列车的纯运行时间将从 35.4 min 压缩到 30.7 min 和 28.2 min。考虑到停站和折返时间，全线的旅行时间可以从 38.7 min 压缩到 34.0 min 和 31.5 min；分别节省 12.1% 和 18.6%。

④最高设计速度为 80 km/h 时，站间距与平均速度和实际最高速度之比的关系如图 7-4 所示。

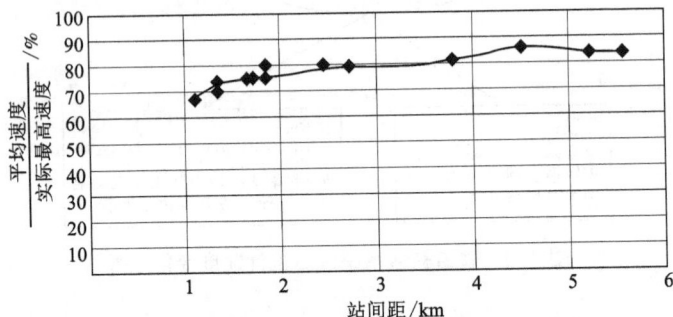

图 7-4　站间距与平均速度和实际最高速度之比的关系

不难看出，站间距越短，平均速度与实际最大速度之间的比值越低。一般站间距在 4 km 以上时，该比值才能达到 80% 以上。

综上所述，不难看出，在城市中心地区提高列车最高设计速度的效果并不明显，而运营成本将急剧增加。因此，国外许多城市(如伦敦、东京、巴塞罗那等)采用近郊换乘的模式，通过优化运营组织，使乘客无缝换乘，从而有效地控制成本，提高系统效率。这些经验对我国轨道交通系统的建设具有重要借鉴意义。

7.3.3　运输能力设计方案

1.城市轨道交通运量等级的划分

城市轨道交通是一个运量大、速度高的公共交通运输系统，按其运载客流量的大小，可分为两大类：大运量、中运量。

大运量的城市轨道交通系统，主要是指地铁，是各种城市轨道交通系统中运送能力最大的系统，适合于大城市客流量密集的交通走廊，一般高峰小时单向最大运输能力超过 3 万人次。大运量系统中又分为重运量和次重运量的城市轨道交通系统。重运量的系统高峰小时单向断面流量在 5 万人次以上，次重运量的系统高峰小时单向断面流量为 3 万~5 万人次。中运量的轨道系统主要是指大运量和小运量之间的各种城市轨道交通系统。它是城市公共交通系统中不同运能等级的补充，高峰小时单向最大运输能力为 1 万~3 万人次。

各线运量等级划分原则如下：

(1)各线应根据地形条件和运量需求，分别选择大运量或中运量的城市轨道交通系统，相互衔接成网，并与公共汽电车配合有序，共同组成公交客运系统。

(2)从运营的经济、调度的方便灵活、车辆设备和零件的统一配置、维修技术一致性等方面考虑，城市轨道交通各线应尽可能地统一制式。如果因运量要求，需采用大运量和中运量两种城市轨道交通制式，从运行的经济性考虑，每种制式都应具有一定的规模。

(3)城市轨道交通制式的选择应充分考虑国情，尽可能采用成熟技术，立足国内设备，减少工程投资。

(4)在规划阶段，对城市轨道交通的制式不宜只考虑一种方案，应分析比较多种方案。

2.时间与空间配置方法

列车编组长度是快速轨道交通能力设计的主要参数，由此确定系统的车站长度、供电和通风设备的容量、系统运输能力，以及检修车库的长度等。一般来说，轨道交通线路的编组列车还需要从以下几个方面深入考虑。

(1)运量发展预留。

地下铁道的隧道结构一旦建成，改扩建将十分困难，因此，轨道交通是真正的"百年大计"。东京地铁早期修建的丸之内线，车站按 4 辆车长设计，由于客运量的增加被迫从 20 世纪 60 年代开始对车站进行改造，将站台加长到 6 辆车长。这一改造工程是在列车不停运的情况下进行的，只能在夜间停运的 3~4 个小时内施工；因技术复杂和施工场地狭小，改造工程用了 15 年时间才完成。

(2)舒适度发展预留。

长期以来，我国地铁设计规范中客车定员一直采用 6 人／米² 甚至 9 人／米² 的站立标准，这个标准是我国地铁建设初期制定的，当时主要矛盾是解决群众乘车难的问题，舒适度处于次要地位。上海地铁运营有限公司 2001 年对 1 号线的调查表明："1 号线高峰小时一节车的载客量最多是 270 人，无法达到 310 人的设计标准。"按此计算，上海地铁车厢内在高峰期拥挤不堪的状况下，也仅能达到 5 人/米² 左右的站立密度。因此，6 人/米² 的站立密度实际上很难实现。目前发达国家的轨道交通站立密度标准均较小，日本该制式车厢内站立标准为 3.3 人/米²，欧洲各国地铁车辆定员标准为 4.0 人/米²，俄罗斯地铁为 4.5 人/米² 等。随着生活水平的提高和社会的发展，乘客对出行舒适度要求更高，6 人/米² 的站立标准很难适应未来发展的需要，舒适度的发展预留是必要的。

纵观世界地铁 100 多年的发展历史可以看出，地铁的发展趋势是：列车编组越来越长，车辆逐渐加大，乘车舒适度日益提高。通过提高轨道交通乘车舒适度，可以吸引乘客放弃小汽车乘坐地铁，缓解城市交通的矛盾。

3. 列车动力配置方案

由于城市轨道交通车站间距小，列车启动和制动频繁，因此要求列车具有较大的启动加速度和制动减速度，受轮轨间黏着力的限制，城市轨道交通列车一般采用分散动力的动车组编组形式。根据编组车辆的种类和联挂形式，列车编组基本上可以分为以下三种形式：

（1）全动车编组。

列车全部由动车编成，一般首尾车为带司机室的动车，其余为不带司机室的动车，除司机室外，各车辆的设备配置基本相同，并相对独立。全动车编组的特点是编组灵活，每列车重量、动力分配均匀，黏着力利用好，但列车的设备数量多，车辆购置费较高，维修工作量较大，能耗较大。

（2）动拖混合编组。

列车由独立的动车和拖车混合编成。其特点是编组灵活，牵引动力设备较全动车编组方式有所减少，但列车的重量分布不均，部分设备重复配置，电制动和空气制动的混合及协调控制困难，控制系统及故障自诊断系统复杂。

（3）动拖单元编组。

列车由两个以上的动拖单元编成，各单元由动车和拖车固定编组，设备按单元配置，各单元之间相对独立。动拖单元编组可减轻动车的重量，整个列车的重量分布比较均匀，并且能充分利用设备，减少设备数量，降低制造成本和维修工作量，但编组灵活性较全动车编组稍差。

从以上分析来看，动拖单元编组的优点较多，我国近期建设的上海城市轨道交通、广州城市轨道交通及深圳城市轨道交通均采用这种形式。因此，为降低车辆的平均单价及维修工作量，一般优先考虑采用动拖单元编组的列车编组形式。

7.3.4　列车运行组织设计

1. 列车运行组织的基本方式

城市轨道交通应根据各线路的特点，不同实施阶段选择适宜的列车运行组织方式。

（1）全线独立运行方式。

全线独立运营是线网的最基本的运营方式，城市轨道交通各条正线原则上应采用独立运营方式，并根据线路长短和客流分布情况采用分区运行。各线的旅行速度不低于 35 km/h。

（2）分段延伸运行方式。

分段延伸运行方式是一种临时性过渡运行方式。根据线网实施规划采用分期施工、分段运行时，可建成一段、运行一段，逐渐延伸。也可能出现两条线的各自一段线路因城市发展的要求，组织临时运行，两线之间可设置联络线，但要考虑工程经济性和运行需求的矛盾，应予慎重抉择。

（3）Y 形线的运行方式。

在我国，Y 形线还未出现，因此对 Y 形线的运行组织方式比较陌生。Y 形线对解决线路客流不均衡和增加线网覆盖面积有很大作用。根据 Y 形线线路特点，列车运行采用并线贯通运行方式，正线列车分别交替驶入两条岔线，全线贯通运行，如图 7-5 所示。

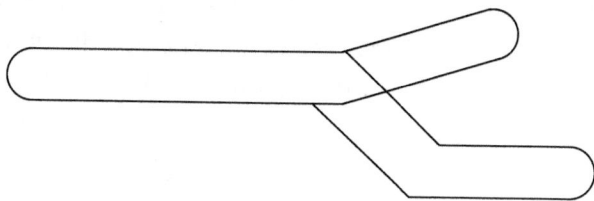

图 7-5　Y 形线的运行方式

除了以上提到的运行方式以外，对主线及较长的线路（>30 km）还可采用大站快车线方式以提高旅行速度，减少乘客的出行时间。

2. 运行交路方案设计

根据城市轨道交通线路的特点，列车交路可分为长交路、短交路及混合交路三种类型。长交路是指列车在全线各站间运行，为全线提供运输服务，列车到达折返线/站后返回；短交路是指列车在某一区段内运行，在指定车站折返，它可为某一区段旅客提供服务；混合交路则指线路上长短交路并存的情形。图 7-6 给出了三种交路的示意图。

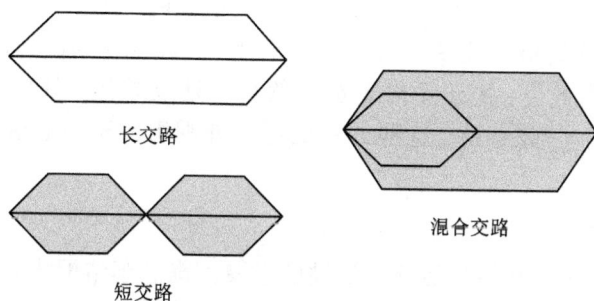

图 7-6　不同类型的列车交路

长交路具有对中间站折返线要求不高、列车运行组织简单的优点，但没有考虑区段客流量不均衡的因素，不利于运能的合理运用。短交路下旅客直达性差，在城市轨道交通的运行组织中除特殊情况下一般不采用。混合交路是比较经济合理的一种运行方案，尤其当区段客流不均衡程度较高，混合交路运行组织方式比较适用。不过，这种方式实施相对较为复杂，同时对客运组织也有较高的要求。

(1)列车运行交路设计主要原则。

a.以客流预测为依据,结合客流分布及乘客出行特点,方便乘客在不同时间段、不同区段的出行要求,考虑"以人为本,服务至上"的原则,保持适当的服务水平。

b.在尽可能地满足乘客出行方便的前提下,尽量减少车辆配属,提高车辆运用效率,节省列车的购置费用,兼顾降低运营成本,提高运营效益。

c.初、近、远期的交路设计应尽可能保持连续性,在兼顾运营管理的可操作性和运营组织适当的灵活性的同时,考虑工程实施的可行性与经济性。

(2)列车开行交路方案。

列车开行交路方案规定了列车运行区段、折返车站和不同交路开行的列车对数。交路方案设计的主要目的是在满足客运需求的同时合理分配运能,节省车辆设备。

客流预测是行车交路设计的主要设计依据之一,但未来城市发展和客流变化具有不确定性,因此在参考预测客流规模和特征的同时,还应综合考虑以下因素:一是初、近、远期结合,全线统筹考虑。二是适应客流特征,节省运用车辆。三是结合路网规划,方便换乘客流。四是避开大集散量车站,节省折返时间。五是交路折返点分开,提高线路通过能力。六是辅助线分布合理,工程实施可行。

3.快慢车方案探讨

快慢车方案有两种情形:一是快车越行慢车;二是开行部分站不停车的大站快车。

快车越行慢车方式的优点是一条线路可以满足不同的交通需求,外围组团可以以较高的速度到达中心区,同时线网也有足够的覆盖,可提高旅客出行的方便程度。其缺点是运营组织复杂,快车越行慢车需要在越行站设有配线。不过,对于被越行车辆来说,旅客的等待时间反而增加了。快车越行慢车还可能导致能力的损失(扣除系数增加)。因此,快车越行慢车不太适合在高峰期组织。

经验表明:对轨道交通线网来说,在中心区地下车站增加配线是十分困难的。通常在外围区地面敷设较容易实现。快车越行慢车可随着线网建设顺序综合考虑。

大站快车是令部分列车不停车通过部分流量不大的小站。这种方式可以提高部分流量大的车站的乘客的出行速度。其缺点是对不停车车站的旅客来说,等待时间可能增加,影响客流吸引效果;由于不停车造成的列车速度差异,线路能力也会因扣除系数的增加有所降低。一般来说,这种方式更适合外围组团至中心区或外围组团间的点对点交通。

4.车站配线设置

设置适当的车站配线是增加运营灵活性的重要前提。车站配线分为折返线、待避线、停车线、渡线、联络线、支线接入线、车辆出入线和安全线等8类。根据《地铁设计规范》规定:线路的终点站或区段折返站应设置专用折返线或折返渡线;轨道交通沿线,宜每隔3~5个站设置一处停车线或渡线,较均匀地分布于线路各中间站;连接车辆段的车站设置必要的渡线以及非正常情况的列车运行线路。

在客流分布不均衡的线路上,需要考虑设置适当的配线,以便于组织大站快车、多交路列车等,提高运营组织工作的方便性。

5. 运营计划

（1）列车停站时间。

列车停站时间对列车运行速度有一定影响，也是决定最小列车行车间隔的主导因素，直接影响运营服务质量。列车停站时间可根据各站上下车人数、车辆性能、车门数量、站台高度、乘客在站台的分布、车站的疏导与管理水平等因素计算得到，计算方法如下：

$$t_{停} = t_{上下} + t_{车门开关} + t_{裕量} \tag{7-3}$$

$t_{车门开关}$ 为开关车门的反应时间和动作时间（s），取 5 s；

$t_{裕量}$ 为考虑不可确定因素留出的运营裕量（s），便于未来行车组织的调整，取 10 s。

乘客上下车时间可以通过统计资料求出，根据北京地铁实测资料，每扇门上下一名乘客的平均时间约为 0.6 s，根据车门数量和车站的客流量可以推算出乘客的上下车时间：

$$t_{上下} = 0.6 \times 乘降人数 / （编组数 \times 每辆车车门数 \times 开行列数） \tag{7-4}$$

（2）列车分时开行方案。

客流分布的时间不均衡性是城市轨道交通的重要特征，不同时间段的列车开行对数应该根据相应的客流量来确定。列车开行对数的确定可分为以下两个步骤：

首先，根据全日全线客流量来计算确定全日列车开行对数。

$$全日列车开行对数 = \frac{全日客流量}{2 \times 全日列车设计满载率 \times 列车平均定员} \tag{7-5}$$

例如，若线路全日客流 50 万人次（双方向），设计满载率取 70%，列车平均定员取 1800 人/列，则需要开行的列车对数为 198 列左右。

其次，根据客流时间分布确定列车分时开行数量。某小时开行的列车对数 L_k 大致为：

$$L_k = l_k \times 全日列车开行对数 \tag{7-6}$$

其中，l_k 为第 k 小时客流占全日客流的比重（%）。

上例中，若高峰小时系数为 15%，则该高峰小时列车开行对数应为 30 列，即发车间隔为 2 min。

考虑到上述计算过程的取整和归一性要求，计算得到的方案需要再按小时分别进行满载率校验，以确保全日内各阶段列车服务水平。

上例中，若高峰小时列车发车间隔达不到 2 min，则说明列车满载率平均水平将高于设计满载率。当近期最小列车发车间隔只能达到 3 min，这意味着上述客流条件下高峰小时列车满载率大致为 105%。

7.4　城市轨道交通运营模式

7.4.1　城市轨道交通运营模式分类

城市轨道交通的运营模式在世界各国出现了多样化的趋势。由于世界各个城市发展城市轨道交通的历史条件和经营环境不同，形成了各种各样的城市轨道交通运营模式。按资产属性及运营企业性质划分，世界城市轨道交通的运营模式主要可分为以下六种。

1. 有竞争条件下的官办官营模式

有竞争条件下的官办官营模式线路为政府所有,两家或两家以上的运营单位通过招标方式获得经营权。韩国首尔采用了这种模式。首尔的城市轨道交通系统由政府出资修建,并委托国有企业运营;在同一个城市内有两家以上的城市轨道交通运营企业,它们通过招投标的方式获得新线路的建设及经营权。

有竞争条件下的官办官营是一种带有计划性质的市场竞争。在此模式下,政府作为业主,给企业的补助较为优厚;官办性质的企业不能过分重视盈利,所以票价带有福利性;但是由于创造了一定的竞争环境,客观上提高了企业的主观能动性。

2. 无竞争条件下的官办官营模式

无竞争条件下的官办官营模式线路为政府所有,一家单位独家经营或两家以上单位按行政区域划分经营范围。伦敦、纽约、北京、广州、柏林、巴黎的地铁运营管理都是属于这种模式。这种模式的特点是城市轨道交通的运营者由政府指定,政府给予相应的补贴。欧美国家多是采用无竞争条件下的官办官营管理模式,主要是因为欧美国家的城市轨道交通系统客流密度比较低,系统少有盈利的可能性。这些城市一般由非营利性的公共团体代表政府管理城市轨道交通;票价带有极大的福利性,运营收入不能抵偿运营成本,主要靠补助金支持日常开销。

3. 官办半民营模式

官办半民营模式线路为政府所有,交由政府股份占主导地位的上市公司经营。香港地铁的运营管理采用这种模式。香港地铁公司是一家上市公司,它的第一大股东为香港政府。虽然是市场化运作,但是香港政府为地铁公司提供担保,从多个方面干涉地铁公司的经营。因此,香港地铁不能算是完全民营的模式,只能算作半民营。

4. 官办民营模式

官办民营模式线路为政府所有,交由民间股份占主导地位的上市公司经营。新加坡的地铁运营管理属于这种模式。新加坡国土运输局(Land Transport Authority,简称 LTA)拥有城市轨道交通的所有权和建设权,并承担建设费用,制定相应的运输规则。而新加坡快速城市轨道交通公司(SMRT)通过与 LTA 签订租借合同获得城市轨道交通的经营权,负责新加坡地铁的运营。新加坡地铁采取把建设和运营分开的管理模式,所有线路都在国土运输局建设完成以后交付运营公司使用。它的主要特点如下:

(1)地铁作为福利由政府负担建设费用。

(2)淡化运营公司的职能,运营公司无线路的所有权,政府不干涉运营收入也不对运营开支进行补贴。

(3)运营公司完全民营,第一大股东为私人投资公司。

(4)由政府指定运营水平和规则,以此保证城市轨道交通的公共福利性质。

5. 多种经济成分构成的模式

多种经济成分构成的模式即公私合营,线路归政府和地方公共团体所共有,同样由政府和地方公共团体共同组织人员经营。东京的城市轨道交通系统很早就引入了多种经济成分。例如有政府投资、商业贷款、民间投资、交通债券等多种形式,充分拓宽了融资渠道。

6. 私办私营模式

私办私营模式线路由私人集团投资兴建，由私人集团经营，政府无权干涉私人工作。以曼谷轻轨为例，曼谷轻轨的建设和运营由一家私人企业控股的公司——曼谷大众交通系统公共有限公司(Bangkok Mass Transit System Public Limited，简称 BTS)负责。泰国政府通过合同形式对轻轨建设和运营以及 BTS 的股本结构进行约束。如特许经营协议规定，票价范围在 10~40 泰铢。

在这种模式下能最大限度地激发私人投资者的兴趣，但在票价和线路走向等敏感问题上政府与私人投资者不可避免会发生冲突，政府难以保证城市轨道交通作为公共福利事业的本质。城市轨道交通的投资回收期长，私人投资者要有在头几年亏损的情况下偿还贷款利息的心理准备。这种模式会激发私人投资者严格控制建设和运营成本。

总体而言，西方国家的城市轨道交通线路几乎都是国家政府或市政府所有，由政府机构直接运营或是交给公有性质的企业运营；而东方国家城市的情况就比较复杂。

7.4.2　不同运营模式的适用性

城市轨道交通的运营模式在世界各国呈现出多样化的格局。由于不同的运营模式是在不同的社会环境下发展起来的，在具体选择时应立足城市实际状况设计和选择适应城市的运营模式，以利于城市轨道交通持续、健康、稳定发展。从以上分析可知，不同模式均存在自身的优势与不足，有自己的适应范围。

强调地铁福利性质的城市(如纽约和新加坡)，政府承担了过多的责任，存在后续投资困难的危机；选择盈利性的城市(如曼谷)，难以保证城市轨道交通项目本身的有序发展；而在香港、东京、汉城，城市轨道交通发展已逐渐走上良性循环，城市轨道交通的福利性和盈利性得到了较好的融合，基本上能够自给自足、以钱养钱，政府的角色也在逐渐淡出之中。客流量和线路类型是影响城市轨道交通运营模式的重要依据。

总之，城市轨道交通应依据其社会环境和城市具体情况设计和选择合适的运营模式。

7.5　城市轨道交通行车组织

城市轨道交通系统建设的目的是为乘客提供满意的出行服务，而良好的运营组织是这种供给的前提和保证。由于客流的日常变化，在一定的设备条件下，设计良好的运输计划，满足乘客在出行安全、距离、速度、舒适性和准点性等方面的要求是系统运营组织的任务。

7.5.1　车站客流组织

车站是旅客出入轨道交通系统的场所，它为旅客提供最直接的服务。车站客流组织中最主要的环节是售检票过程，它是系统的窗口和形象的象征，也是影响车站定员和运营效率的关键因素。

目前世界各国轨道交通的售检票方式可分两种：一是人工方式；二是机械方式。我国北京采用人工售检票方式，但后来开通地铁的广州市则采用较先进的自动售检票方式。国外的自动售检票系统及相关技术已较为成熟，并成为现代轨道交通的发展趋势。

自动售检票模式一般可分为两类：一是封闭式；二是开放式。封闭式与开放式两种售检票模式无论在设备形式、规模，还是在复杂程度、价格、维护费用等方面均有较大差异。

1. 封闭式系统

香港地铁是一种典型的封闭式售检票模式，也是较为成熟和先进的收费系统。该系统中各站的计算机均与中心计算机相连，可跟踪收储每一张车票的信息并进行自动统计、打印，汇总出多项信息资料，提供给运营组织和财务决策部门。这种系统在东南亚的地铁系统中应用很广，广州地铁采用的也正是这种系统。

封闭式售检票系统的基本特点是进出车站均须通过检票后才能开闸放行。其作业流程包括以下几方面：

（1）售票。采用自动售票机，车票上有特制的磁条，分单程与双程两类。售票一般采用计程票价，乘客可根据自己的需要向自动售票机投入足够的硬币即可得到一张等值的磁性车票。香港地铁还开发了一种可多次使用并储值的车票即八达通卡，用户使用该车票出入轨道交通系统一次，检票机即自动扣除相应票款，该卡还可在许多巴士上用来付费。

（2）进站检票。乘客将车票送入检票机自动确认车票的有效性，在车票磁条上记录乘客进入的站名、日期和时间等信息，并将车票退还乘客；同时，闸口开放，乘客通过闸门进入持票区，即可到站台乘坐列车。

（3）出站检票。乘客到达目的地车站后下车，下车后必须经出站口检票机验票出站，检票机首先计算本次乘车距离所应支付的车费，并立即从车票的价值中扣除。单程票票价应与应付票价相符，此时收回车票，开闸放行；若是储值票则扣除车费后将剩余值重新写在车票磁条上，并由检票机显示信息，退还车票，开放闸门放行。

（4）补票。当车票价值不足或规定的有效时间已经超过，出站检票机将发出有关信息提示补票，乘客必须持票到补票处验票，并补交不足费用。补票员将车票再作处理后，乘客方能从检票口顺利通过后出站。

2. 开放式系统

香港轻铁、德国地铁及轻铁系统广泛采用了一类开放式的售票系统。它较封闭式系统简单得多，基本特点是进出站畅通无阻，作业流程如下：

（1）售票。采用自动售票机分单程票和多次票，并规定了有效时间。超过了有效时间后车票即使未使用也将无效，车票为纸质票。

（2）进站检票。乘客将票放入车票注销机，被打上发送车站、日期和时间等信息，并开始计时以备查票人员检查。

（3）出站。乘客出站时不再验票而自由出站，车站亦不设出站闸口。

（4）补票。无补票设施，要求乘客自觉购票，同时设流动查票员。发现无票或持废票者，将处以 30~40 倍的罚款，并做记录。

3. 全电子无接触 AFC 系统

除了上述两类系统外，还有一类全电子无接触 AFC 系统。目前，一种带微型集成电路的 IC 卡或称"智能卡"已实现商品化。IC 卡具有信息存储量大、保密性强、读写数据无接触、速度快、经久耐用等优点，可取消原有的读写磁性卡的机械部分，易于使设备小型化，从而简化封闭式系统。

7.5.2　运输计划

轨道交通的用户主要是旅客，故运输计划的制订需要考虑旅客的需求特性及其变化规律。轨道交通系统的运输计划主要包括以下几方面的内容：

1. 客流计划

客流计划是指计划期间轨道交通系统线路客流的规划，它也是其他计划的基础和编制依据。对于新线，客流计划要根据客流预测资料来编制，既有线则可根据统计和调查资料来编制。

客流计划的主要内容包括沿线各站到发客流数量、各站分方向发送人数、全日分时段断面客流分布、全日分时段最大断面客流图等，最基本的站间客流资料可以用一个二维矩阵来表示，也可称为站间交换量 OD 矩阵。

2. 全日行车计划

全日行车计划指轨道交通系统全日分阶段开行的列车对数计划。它决定着轨道交通系统的输送能力和列车设备使用计划，也是列车运行图（时刻表）计划编制的依据。全日行车计划编制的依据包括：

（1）营业时间计划，即轨道交通系统全日营业时间范围。它与城市居民的出行特点和文化背景、习惯有关。目前，世界上大多数轨道交通系统营业时间为 18~20 时/天，停止营业的目的主要是维护和检修设备。

（2）可根据上述客流数据推算全日分时段最大客流断面分布。

（3）列车运载能力涉及列车编组、车辆定员等数据。

（4）满载率指实际载客量与设计载客容量之比，它反映着系统的服务水平。通常满载率可取 0.75~0.90。

全日行车计划的编制一般要在分时行车计划编制完毕的基础上汇总后完成。

7.5.3　车辆配备计划

车辆配备计划指为完成全线全日行车计划所需要的车辆保有数量计划。车辆保有数量计划包括运用车辆数、在修车辆数和备用车辆数三部分。

1. 运用车辆数

运用车辆数是指为完成日常运输任务所必须配备的技术状态良好的可用车辆数量。它与高峰小时开行的最大列车对数、列车旅行速度和折返站停留时间等因素有关，计算方法为：

$$N = n_{高峰} \times \theta_{列} \times m / 60 \tag{7-7}$$

式中：n 为高峰小时开行的列车对数，$\theta_{列}$ 为列车周转时间，m 为平均每列车编组辆数。

2. 在修车辆数

由于运营过程中的损耗，车辆需要定期检修以预防故障或事故的发生。在修车辆则是指处于定期检修状态的那部分车辆。车辆检修概念包括车辆检修级别和车辆检修周期。它们是根据车辆设计的性能、各部件在正常情况下的使用寿命，以及车辆的运用环境和运用指标来确定的。轨道交通系统车辆的检修级别通常包括日检、双周检、双月检、定修、架修和大修（厂修）六类。

3. 备用车辆数

备用车辆数是为轨道交通系统适应可能的临时或紧急的运输任务、预防车辆故障的发生而准备的技术状态良好的车辆数。通常这部分车辆可控制在 10% 左右。不过对于投产不久的新线，由于车辆状态较好、客流量不大，备用车辆数量可适当减少以节约投资。

4. 列车交路计划

当轨道交通线路较长、客流分布不均衡时，通过合理、可行的交路组合来安排列车输送能力，是一种充分利用有限资源、降低运输成本的常见方法。这种规定列车交路的方法与过程就是编制列车交路计划。列车交路计划规定列车运行区段、折返车站以及按不同交路运行的列车对数。

列车折返方式可根据折返线位置布置情况分为站前折返和站后折返两种。

（1）站前折返方式。

站前折返方式指列车经由站前渡线折返。站前折返时，列车空走少、折返时间较短、乘客能同时上下车、可缩短停站时间、减少费用。但是这种方式存在一定的进路交叉，对行车安全有一定威胁，客流量大时可能会引起站台客流秩序的混乱。

（2）站后折返方式。

避免上述交叉的另一种方法是站后折返，即由站后尽端折返线折返。此外，列车还可采用经站后环线折返的方法。这种方式避免了进路交叉，安全性能良好；并且站后列车进出站速度较高有利于提高旅行速度。站后尽端折返线折返是最常见的方式，站后渡线方法则可为短交路提供方便；环线折返设备可保证最大的通过能力，但施工量大，钢轨在曲线上的磨耗也大。站后折返的主要不足是列车折返时间较长。

7.5.4 列车运行图

列车运行图又称时距图（Distance-Time Diagram）。它是列车运行的综合计划，也是轨道交通系统各部门协同工作、维持全线列车与旅客组织的秩序、保证系统运行安全和旅客服务质量的前提和基础。

客流计划生成了全线旅客列车的班次计划，而轨道交通系统的列车运行图则是在前述分时列车班次计划的基础上编制的。由于轨道交通系统的运行环境是城市地区，线路客流的波动或变化较一般城市间地区要大，因此运行图计划需要频繁的调整。

轨道交通系统需要采用较城市间铁路更灵活的运行图。例如，由于客流特点的差异需要编制平时运行图、周末运行图和周日运行图。每经过一定时期有必要根据客流增减情况重新审视班次计划和运行图。

1. 运行图的基本类型

列车运行图实际上是为运营调度部门提供一种组织列车在各站和区间运行的图解形式。列车运行图是一种二维图：其横轴是时间，一般可根据其刻度仔细程度分为一分格运行图、二分格运行图和十分格运行图，特殊情况下可以采用小时格运行图；运行图的纵轴是距离标志，其标志点按车站来定义，因此它不是等间隔的。

运行图的种类可以按线路方向分为单线运行图和双线运行图，也可以根据列车运行速度有无差异分为非平行运行图和平行运行图，此外运行图还可以按铺画方法来分类。

2. 运行图的铺画

城市轨道交通系统运行图的铺画相对城市间铁路运输而言要简单一些。例如，在城市轨道交通系统中由于一般均为旅客列车，列车速度差异很小，故常见的基本上都是平行运行图；从线路条件来看，单线很少见，这也使运行图铺画的复杂性相对简单一些；在大多数线路上，车站没有设置专门的站线，即利用正线停车的情况很普遍，故列车的越行、会让较少见。当然，在轨道交通系统连接成网的城市，部分枢纽站的列车运行组织也是很费周折的。

在铺画列车运行图的过程中，一般可遵循下列步骤：

(1)选定铺画运行图的图纸类型，铺画详图时一般选用一分格或二分格运行图。

(2)根据车站间距在运行图上确定各站的位置，并予以标出。

(3)在一分格或二分格运行图上精确地铺画每一条运行线。当有多类运行线时，要按重要性排序铺画，先铺设重要的运行线，再铺设普通的运行线。

(4)铺画运行线要严格按站间运行时间和车站停留时间来推算，每条运行线从列车出库/始发站开始，铺画到折返站，经过一定的折返时间再返回始发站。

(5)当出现某些冲突或不满足某些条件时，需要调整某一条甚至某些运行线。

(6)重复上述过程，直到所有运行线均铺画完毕，并得到符合标准的运行图。

对于检查中发现的某些问题，需要返回到初始运行图对某些运行线重新修正，直到得到满意的运行图为止。图 7-7 是一个典型的运行图。

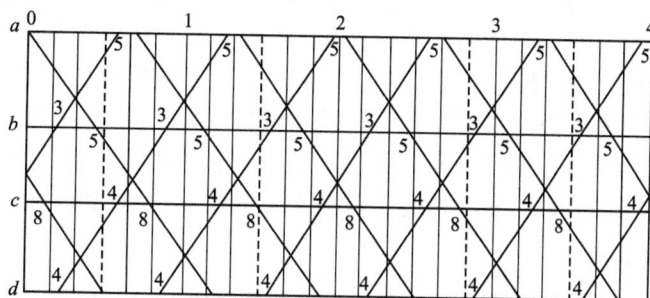

图 7-7　双线成对平行运行图

7.6　城市轨道交通调度指挥

城市轨道交通行车调度指挥工作由调度控制中心实施，实行高度集中统一指挥，以使各个环节紧密配合，协调工作，保证列车安全、正点运行。行车调度工作是城市轨道交通系统的核心，它的好坏直接影响乘客运输任务的完成情况。

为了统一指挥，有序组织生产活动，城市轨道交通系统设立调度控制中心。调度控制中心实行分工管理原则，按业务性质划分若干部分，设置不同的调度工种，如在控制中心通常设有行车调度、电力调度和环控调度等调度工种。

按运营调度指挥的层次关系，控制中心的行、电和环调在值班主任的统一指挥下，按调度流程发布调度命令，组织车辆/车辆段、供电、机电值班人员按正常运营的工作流程开展工作。

7.6.1 行车调度工作的主要任务及主要行车人员

行车调度工作的主要任务包括：组织指挥各部门、各工种严格按照列车运行图工作；监控列车到达、出发及途中运行情况，确保列车运行秩序正常；当列车运行秩序不正常时，随时掌握客流情况，及时调整列车运行方案；检查监督各行车部门执行运行图情况，发布调度命令；当发生行车事故时，按规定程序及时向上级主管部门汇报，并采取措施防止事故扩大，积极参与组织救援工作。

主要行车人员包括：

1. 行车调度员

行车调度员负责城市轨道交通的日常行车组织、指挥工作，按照运营时刻表的要求组织行车，实现安全、准点和优质的运营服务。行车调度员在工作中，必须掌握指挥主动权；在复杂情况下，能积极主动调整列车运行图以实现列车运行，必须熟悉与运营有关的工种、人员和设备，如电力、车辆、信号等调度控制系统的使用；熟悉列车运行图和有关规章制度；掌握客流变化的一般规律，灵活运用各种列车调整方法，充分调动有关人员确保完成乘客运输任务。

2. 列车驾驶员

列车驾驶员应严格遵守各种规章制度、正确执行各种作业程序，确保列车运行安全，严格按照运营时刻表行车。工作时严守岗位、不得擅自离岗。严格按照要求规范司机室麦克风使用操作，避免大力拉扯麦克风支架。司机必须经考试合格并取得司机驾驶证后，方准独立驾驶列车。列车司机必须严格执行有关安全规章制度，听从行调指挥，按照列车时刻表时刻安全正点为乘客提供快捷舒适的优质服务。班前做好行车预想，班后做好总结。对于行车工作中发生的事故、事件必须要如实及时汇报，便于有关人员调查。

3. 车站行车值班员

执行分公司、中心、车站的有关规章制度，做到有令必行、有禁必止。在值班站长的领导下负责车站行车工作。服从行调指挥，执行行调命令，严格按列车运行图组织行车。严格执行一次作业程序，熟悉行车设备的性能，掌握操作方法。控制车站广播，密切关注监视屏，掌握站台乘客动态，并视情况及时广播。LOW 停用时负责现场人工排列进路。非运营时间做好巡道、设备维修的登记和注销手续。保管使用行车设备，正确填写各种行车日志。值班站长不在车控室时代理其职责，完成上级领导临时交办或外部门需协办的其他工作。

4. 车辆段(停车厂)人员

（1）车辆检修调度员。全面负责车辆的计划维修、故障抢修、事故处理、调试、改造作业安排及组织实施，监视所有车辆技术状态，提供运行图所规定的客车数上线服务，并确保其状态良好，符合有关规定。负责车辆检修内务管理及协调、调配车辆部各中心的生产任务。

（2）基地信号楼调度员。统一指挥小行基地内的行车组织工作，全面负责组织实施客车、机车车辆转轨/取送/检查作业，组织实施调试作业、列车出入小行基地等工作，合理科学地调配人员、机车车辆，协调、安排小行基地内行车设备、消防设备及库房等设备设施的检修维护。向行调通报运用客车及司机的配备情况，与出/退勤司机交接运营客车。协调小行基地内与外部的工作接口问题，组织相关部门及时处理设备故障问题。

（3）基地信号楼值班员。信号楼微机连锁设备控制室设置一名信号楼值班员，负责接受基地信号楼调度员的接发列车、调车作业计划操作微机设备，实现微机连锁设备的用途及功能。

（4）派班统计员。负责安排乘务员的出/退勤作业，制定和组织实施乘务员的派班计划，遇突发事件及时调整交路、调配好乘务员的派班。协助乘务中心主任管理乘务员日常事务，检查落实各项管理制度和作业安全规定。

（5）调车员。基地调车作业时，负责机车车辆移动的现场指挥者，由工程车司机(或副司机)担任。

（6）车长。工程车开行时，由两名司机负责。一名负责驾驶列车；另一名担任车长，负责指挥列车运行及检查监视车辆装载货物的安全，推进运行时负责引导瞭望。

7.6.2　行车调度命令

调度命令是行车调度员在调度指挥工作中对行车有关人员发出的要求其配合完成某些行动的指令。调度命令是轨道交通运输工作实行集中领导、统一指挥的具体体现和保证之一。列车调度员发布调度命令时要严格按《铁路技术管理规程》《铁路运输调度规则》等规章办理，按运营时刻表指挥行车。

调度命令分为口头命令和书面命令两种。

1. 口头命令

城市轨道交通运营企业须发布口头调度命令的情况主要有：

（1）临时加开或停开列车(包括客车、工程车及救援列车)。

（2）客车推进运行、退行，工程车退行。

（3）改变列车驾驶模式。

2. 书面命令

须发布书面调度命令的情况：

（1）封锁(或开通)区间。

（2）线路限速(或取消)。

（3）采用或停止站间电话闭塞法。

（4）行调认为有必要记录的命令。

7.7 城市轨道交通客运管理

7.7.1 客流组织

客流组织是为实现乘客运送任务，组织乘客按预先设定的路线有序流动所采取的措施。城市轨道交通主要通过合理的客流组织来完成繁重的客运任务。合理组织客流可以在一定程度上缓解客流的迅猛增加对已建成车站有效空间不足的压力。

1. 客流组织目标

科学、合理、灵活地运用线网提供的客运服务设备、设施，安全、准点、舒适、快捷地完成乘客运输任务。

2. 客流组织原则

城市轨道交通运营的特点决定了客流组织必须保证客流运送安全，保持客流运送过程顺畅，尽量减少乘客路途耗时，防止过度拥挤，发生大客流聚集时能够及时疏散。

(1)客流线路设计合理。

根据车站内乘客的走行流线，车站客流分为进站客流、出站客流和换乘客流，进出站客流走行流线相反。车站客流流线设计应简单明确，尽量减少和避免流线交叉，以免形成对流，防止客流流线设置不当造成车站秩序混乱。

(2)导向标志设置合理。

车站导向标志是引导乘客按照预先设计的移动线路流动的告知措施。导向标志的设计应贯彻"标准、简洁、明确、醒目"的原则。

(3)乘客通道流通顺畅。

乘客在车站的流动空间称为通道，通道断面的最窄处称为"瓶颈"。通道内"瓶颈"的流通量往往就是通道的最大流通量，应消除"瓶颈"达到拓宽通道的目的。车站在布置设备时应计算和分析通道流通量，合理组织客流，防止出现通道"瓶颈"。

(4)出站优先原则。

建成投运的车站可以容纳乘客的空间是有限的，为避免车站乘客大量滞留造成人身危险，在车站客流组织过程中必须实行"出站优先"原则。当通道中只有一台自动扶梯时，自动扶梯的运行方向原则上应与出站方向保持一致。

3. 客流组织注意事项

(1)车站客流组织设施设备

布置与客流组织密切相关的设施设备，特别注意：

①售、检票位置与出入口、楼梯应保持一定距离。售、检票位置一般不设置在出入口和通道内，并尽量与出入口、楼梯保持一定的距离，从而保证出入口和楼梯的畅通。

②保持售、检票位置前通道宽敞。售、检票位置一般选择站厅内宽敞位置设置，以便于疏导售、检票位置前的客流，售、检票位置应适当保持一定距离，避免排队时拥挤。

③售、检票位置根据出入口数量相对集中布置。城市轨道交通车站一般有多个出入口，为了减少乘客进入车站后的走行距离，一般设置多处售、检票位置，但设置售、检票位置过于分散容易造成设备使用不平衡，降低设备使用效率，并且不利于管理，因而售、检票位置应根据车站客流的大小相对集中布置。

④应尽量避免客流的对流。车站应对进出客流进行分流，进出车站检票机分开设置，使乘客经过出入口和售、检票位置的线路不发生对流。

（2）突发客流组织与调整

大客流往往是在节假日旅游高峰期举办重大活动或风、雨、雪等恶劣天气情况下发生的，大客流虽然持续时间不长，但对客流组织形成较大的压力。城市轨道交通运营单位应根据大客流特征采取有效的疏散措施，尽快安全疏散客流。大客流组织措施主要包括：

①增加列车运能。

根据大客流的方向在大客流发生时，利用就近的折返线、存车线组织列车运行方案，增开临时列车和增加列车运能，从而保证大客流快速疏散。运输能力是大客流组织的关键。

②增加售、检票能力。

车站在设置售、检票位置时应考虑提供疏散大客流的通道。在疏散大客流时，可事先准备足够的车票或临时使用纸质替代车票，在地面、通道、站厅增设售票点或临时检票位置来疏散大客流。

③采取临时疏导措施。

临时合理的疏导措施对大客流快速疏散具有重要作用。临时疏导措施主要包括：站厅、站台和通道等设置临时导向标志、警戒绳或隔离栅栏，采用人工引导以及通过广播宣传引导等。

④采取入口客流限制措施减少进站客流。

在采取其他措施难以有效疏散大客流时，可临时采取关闭入口或入口限流措施减少进站客流量，达到及时疏散站内乘客的目的。

7.7.2　客运服务

1. 客运服务基本要求

车站是城市轨道交通为乘客服务的窗口，车站客运作业直接面对乘客，客运作业服务质量既反映了为乘客提供的服务水平，又显示出运营单位的管理水平，直接关系到乘客对城市轨道交通的满意程度。车站客运服务的基本要求有：

（1）保持站容整洁。

车站内外各种设施设备要保持干净、整洁、整齐、有序。

（2）完善标志系统。

车站各种标志，如导向标志、提示标志、警示标志等应布置齐全、位置合理。

（3）提供文明优质服务。

客运服务人员应遵守职业道德、文明礼貌，规范地为乘客服务，耐心为乘客解决疑难问题，重点照顾老、弱、病、残、孕等乘客。

（4）执行规章制度。

客运服务人员应认真执行客运规章制度、服从命令、听从指挥。

（5）掌握客流规律。

分析客流统计资料，掌握车站客流在时间、空间上的分布变化规律，熟悉大客流情况下的疏散组织方法。

（6）做好联动协作。

客运服务人员应与车站值班员和运营控制中心调度员等加强联系、密切配合、协同工作。

2. 客运作业服务流程

城市轨道交通系统将乘客从出发站输送到目的站，并提供安全、便利、舒适、快捷的乘车、候车环境。乘客要从车站外进入站台上车，一般遵循如下流程：进站口→站厅层→购票→通过检票机→通过楼梯到站台→乘车。

运营单位应在各环节为乘客提供优良的服务，使每一位乘客在从购票乘车到下车出站的全过程中都能获得满意的服务。

（1）引导乘客进站。

在城市轨道交通各出入口设置明显的导向标志方便乘客识别，并引导乘客进站乘车。同时，应在一定距离内设置相应导向标志确保指示和引导信息的连续性。

车站导向标志是车站进行客流组织、引导乘客合理流动的重要手段之一。它由一系列布置在指定位置的固定指示牌、可变内容的信息牌和可移动的临时指示与告示牌组成。导向标志牌能够形象地表示各种公共设施或服务的地理位置。为满足广大乘客的认知需求，导向标志牌的设计和制作应符合国家有关标准。

（2）问讯服务。

车站的问讯服务可分为有人式服务和无人式服务，车站工作人员应向问讯的乘客提供服务。车站的计算机查询平台应具有查询出行线路、票价以及各类票卡金额等功能。部分城市已采用自动售票机，实现了售票和部分问讯功能一体化服务。

（3）售检票服务。

目前，城市轨道交通售检票服务主要有人工售检和自动售检两种方式，后者已成为售检票服务的主流方式。自动售检票可以提供更为准确的售检票服务，服务效率更高。

（4）组织乘降。

站台应设有醒目的候车安全线，提示乘客在列车未进站、进站未停稳以及车门未完全打开之前不要越过安全线，以免发生意外事件。设置站台门可以保障乘客的候车安全，车站应提供广播为乘客预报列车到站时间。

（5）出站验票。

乘客到达目的站后持票卡验票出站，车站应有各类导向标志引导乘客从所需的出口出站。对所购票卡票款不足的乘客，车站应提供补票服务。

思考题

1. 阐述运营规划工作的目标和原则。

2. 从乘客与运营商角度剖析组织快慢车的利弊。

3. 结合实例阐述多交路设计的必要性及一般条件。

4. 分析能力一定条件下"小编组、小间隔"与"大编组、大间隔"两种组织方案的异同。

5. 从乘客与运营商两个不同角度分析速度目标值确定应该考虑的因素。

6. 阐述确定列车开行方案时需要考虑的因素。

7. 简述国内外城市轨道交通系统的运营管理模式及其特点。

8. 客运作业服务流程主要有哪些?

第8章 城市轨道交通安全防护

城市轨道交通是一个独立的、封闭的系统，一旦发生灾害事故就会造成比较严重的后果。因此，城市轨道交通安全防护具有十分重要的意义。本章从城市轨道交通系统施工和运营期间可能发生的灾害——自然灾害和人为灾害两类灾害出发，阐述了安全防护设计的原则和技术要求，并介绍了地震、火灾、水灾、杂散电流和战争灾害的防护以及应急预案系统设计等方面的内容。

8.1 安全防护设计

城市轨道交通系统灾害大致分为两大类：自然灾害和人为灾害。自然灾害主要有洪涝、水淹、地震、雪灾、台风、泥石流、滑坡等；人为灾害主要有战争、交通事故、火灾、泄毒、化学爆炸、环境污染、工程事故和运营事故等。大的灾变往往同时伴随一种或几种次生灾害。其灾害的共同特点是空间分布有限性、潜在性、突发性及发生灾害的时间、空间及强度的随机性；灾害防御由"躲、让、抗、减"发展为"疏、补、控、用"，随着人们认识的提高，自然灾害将逐步得到控制，而人为灾害却因失控而增长。各种灾害对人员、设备、设施的破坏状况详见表8-1。

表8-1 灾害对城市轨道交通工程的破坏程度

分类	灾害名称	土建工程				设备安装工程				
		地下车站	隧道	高架桥	轨道结构	车辆	电气	环卫	通信	信号
自然灾害	地震	○	○	◇	□	□	○	○	○	○
	洪涝	○	○	○	○	○	◇	◇	◇	◇
	暴风	△	△	◇	△	△	△	△	△	△
	雷击			◇	□	◇	◇	□	△	△
	泥石流、滑坡	○	◇	◇	○	△	△	△	△	△
	沼气、瓦斯	○	○	△	△					
人为灾害	核武器	○	○	◇	□	□	○	○	◇	◇
	常规武器	○	○	◇	□	○	○	○	○	○
	生化武器	◇	◇	△	△	△	△	△	△	△

续表8-1

分类	灾害名称	土建工程				设备安装工程				
		地下车站	隧道	高架桥	轨道结构	车辆	电气	环卫	通信	信号
人为灾害	火灾	△	△	△	□	◇	◇	◇	◇	◇
	交通事故（碰撞追尾）	△	△	△	○	◇	□	□	□	□
	环境扰动（打桩、基坑降水）	○	○	○	○	△	△	△	△	△
	渗漏水	○	○	△	○	○	○	□	□	○
备注	◇—产生严重破坏；○——般性损坏；□—轻微损坏；△—基本无损坏									

8.1.1 安全防护设计原则

城市轨道交通安全防护设计的基本原则包括：

（1）严格执行各种设计施工的规范和规程。防灾系统是城市轨道交通系统的重要组成部分之一，应严格执行国家、地方、行业颁布的抗震、防火、防洪排涝、抗风、民防和环境保护的设计施工规范和规程，吸收国外先进经验，因地制宜做好地铁与轻轨工程的防灾设计。

（2）预防为主。防灾设计应贯彻国家"预防为主，防消结合"的工作方针。城市轨道交通防灾设计能力宜按同一时间内发生一次火灾或其他灾害考虑。

（3）确保安全。防灾设计所采用的各种防灾措施，应确保运营期间的安全。区间隧道火灾发生，充分利用联络通道保证 6 min 内疏散乘客。

（4）系统设施的选择必须符合防灾要求。城市轨道交通的车辆选型必须符合城市轨道交通防灾要求；还应设置先进可靠的火灾自动报警、防灾设备的监控及防灾通信系统。

（5）建立联防体系。城市轨道交通的防灾系统与城市总体防灾系统联网，随时从城市总体防灾系统获取各类灾变信息，一旦灾害发生，迅速向总体防灾系统报告，并得到城市防灾系统的指示和帮助。

8.1.2 安全防护内容与要求

城市轨道交通安全防护主要内容包括：抗震防护、火灾防护、水灾防护、杂散电流防护与施工防护、战争防护等。

1. 抗震设防技术要求

（1）地震作用是一种随机的、反复的、短时间的动力作用。

①地震灾难的主要后果是造成工程结构和各类建筑物的破坏和倒毁，以及水灾、火灾等次生灾害；

②"大震不倒，中震可修，小震可用。"

（2）地铁与轻轨设防的烈度应按照《中国地震动参数区划图》（GB 18306—2015），结合所在城市位置采用。

（3）地铁与轻轨一般定为乙类建筑，特殊的可作为甲类建筑。

（4）地铁与轻轨的选线时必须考虑抗震设防要求。

（5）借助于桥梁抗震规范。

（6）隧道和车站抗震设计一般采用静力法。

2. 防火技术要求

（1）出入口、通风亭的耐火等级应为一级，隔墙耐火不低于3 h，楼板耐火不低于2 h。

（2）乘客集散部位和重要设备用房的墙、地面、顶面的装修应采用非燃材料。

（3）防火墙是阻止火灾蔓延的重要分隔物，管道穿越时的缝隙应填塞密实。

（4）防火门采用平开门：

①疏散防火门应采用向疏散方向开启的甲级单向弹簧门；

②人防密闭门代替防火门；

③车站亦可采用水幕保护的防火卷帘或复合式防火卷帘；

④设置联络通道，站厅与站台的楼梯处宜设挡烟垂幕长度≥2 m；

⑤对钢结构宜进行防火处理。

（5）安全出口的设置：

①每个防火区至少设置2个安全出口，并有1个直通安全区域；

②竖井爬梯出口不得作为安全出口；

③出入口的楼梯及通道宽度应满足规范的要求，净宽≥1米/100人；

④安全出入口、楼梯、疏散通道最小净宽应符合表8-2的规定。

表 8-2　安全出入口、楼梯、疏散通道的最小净宽表

名称	安全出入口、楼梯/m	疏散通道/m	
		单面布置房间	双面布置房间
地铁车站、设备管理区	1.06	1.20	1.50
地下商场等公共场所	1.50	1.50	1.80

（6）隧道内消火栓最大间距、最小用水量及水枪最小充实水柱应符合表8-3的规定。

①车站及折返线消防栓内宜设火灾报警按钮，车站设消防水泵时应设水泵启动按钮；

②40 m内设置室外消防栓和消防水池；

③消防水池容积满足自动灭火装置按火灾1 h用水量计算，消防栓按2 h用水量计算，但应减去延续时间内连续补充的水量。

表 8-3　消火栓最大间距、最小用水量及水枪最小充实水柱

地点	最大间距/m	最小用水量/(L/s)	水枪最小充实水柱/m
车站	25	20	10
折返线	50	10	10
区间（单洞）	50	10	10

（7）地下商场和地下车库应设自动喷水灭火装置，对一些重要设备间如变电所、控制室等应设气体灭火装置。

（8）车站及区间隧道内必须具备事故机械通风系统：

①列车阻塞在区间隧道时，应能向事故地点迎着乘客疏散方向送新风，背着乘客方向排风；

②区间隧道发生火灾时应能背着乘客疏散方向排烟，迎着乘客方向送新风；

③车站站台发生火灾时应能及时排烟，并防止烟气向站厅和区间隧道蔓延；

④当车站站厅发生火灾时应能及时排烟，并防止烟气向出入口和站厅蔓延。

（9）地下铁道应设火灾疏散指示和防灾救护设施：

①单洞区间隧道及疏散通道按每隔 100 m 设置；

②疏散指示标高度应距地面 1~1.2 m；

③事故照明灯每隔 20 m 左右设一处。

（10）地下铁道应设置防灾自动报警与监控系统，并分防灾控制中心和车站防灾控制室两级控制：

①两级控制分别具有监控报警灾害控制的功能；

②设置火灾自动报警装置，采用自动和手动两种方式。

3. 防水灾技术要求

（1）地下铁道防水设计的原则是以防为主、防排结合、因地制宜、综合治理。

（2）地下铁道车站和隧道的防水工程，严格按照地下铁道工程设计施工验收规范设计施工。地铁车站和机电设备集中地段的防水的等级为三级，详见表 8-4。

（3）不同的施工方法，选择不同的防水材料和防水方法。

表 8-4　地下工程防水等级标准

防水等级	地下工程防水等级标准
一级	不允许渗漏水，围护结构无湿渍
二级	不允许渗漏水，围护结构允许有少量或偶见湿渍
三级	有少量漏水点，不得有线流和漏泥沙，实际渗漏量 <0.5 L/($m^2 \cdot d$)
四级	有漏水点，不得有线流和漏泥沙，实际渗漏量 <2 L/($m^2 \cdot d$)

4. 杂散电流防护要求

（1）牵引供电与回流系统中须有限制杂散电流的措施。如选用分布式的牵引供电方案，变电站回流线应使用不少于两根电缆，不得从一个牵引变电站向不同的线路实行牵引供电等。

（2）采取设计合理、性能可靠的绝缘防水措施。线路结构应能保证道床、线路上部建筑及轨道不受积水和水流的侵蚀，保持清洁干燥不受污染。

（3）主体结构钢筋及金属管线结构的防护措施。

（4）电气化轨道沿线敷设的各种电缆、水气管等管线结构，须选择符合杂散电流腐蚀防护要求的材质、结构设计和施工方法。

(5)地铁沿线及车站应设置防蚀检测点。用以检查地铁牵引供电回流系统和结构电位等有关参数，进行现场试验，测量判断地下金属结构受杂散电流腐蚀的程度，还可用以检查验收防蚀工程质量。

5. 施工防护技术要求

(1)在地铁工程(外边线)两侧邻近的 3 m 距离范围内不能进行建筑施工。自地铁车站中心线起算的 50 m(区间隧道为 30 m)两侧施工要符合相关要求。

(2)地铁结构的绝对沉降量及水平位移均应不大于 20 mm，地铁隧道产生纵向位移引起圆形管片衬砌结构的径向变形应不大于 10 mm（包括各种加、卸载的最终位移量）。

(3)隧道水平和竖向变形曲线的曲率半径应满足 R≥15000 m。

(4)隧道相对弯曲不大于 1/2500。

(5)由建筑物垂直荷载(包括基础地下室)以及降水、注浆等施工因素引起的地铁隧道外壁的附加荷载应不大于 20 kPa。

(6)由于打桩振动，工程爆破等产生的震动，对地铁隧道引起的峰值振动速度应不大于 2.5 cm/s。

6. 战争防护要求

地铁的车站和隧道均深埋于地下，对于防护战时敌人航空炸弹、炮弹、导弹，防护核武器及生化武器均有得天独厚的有利条件。利用地铁作为战时民防工程部分，或用于人员隐蔽、疏散，或用于战时兵员、军事设备、物资调动，都可以增加整个城市的总体防御能力。

防空袭技术要求如下：

(1)明确作为人防工事和交通工具的线路。

(2)对于明确兼顾人防功能的地下铁道工程，按战术技术要求确定适当的设防等级。

(3)充分利用地铁车站和隧道防护能力，发挥其中通风、给排水、电气、通信、信号、防灾系统的设备为战时防灾救灾服务。

8.2 地震安全防护

日本针对区间隧道和地铁车站的震害类型，研究导致震害的主要原因，并建立分析理论和建议设计方法。人们对地层性质和结构构造变化对震害的影响也进行了研究，认为这类因素易于导致结构发生纵向不均匀变形，导致城市轨道交通工程的震害。

8.2.1 地震灾害的破坏形式和地震反应特点

根据对阪神地震的调查，地铁车站和区间隧道的破坏形式为：中柱开裂、坍塌、顶板开裂、坍塌，以及侧墙开裂等。地铁轻轨线高架桥破坏的形式主要表现为支座锚固螺栓拔出剪断、活动支座脱落或者支座本身构造上的破坏等。

地上结构与地下结构的地震反应有不同的特点，可概括为以下几方面。

（1）地震波的入射方向对地下结构和地上结构有不同的影响，地下结构对地震波的入射方向十分敏感，入射方向的微小变化都可能导致地下结构各部位应力及变形的明显改变；地震波的入射方向对地上结构影响较小。

（2）地下结构处于地基土的包围之中，其变形受地基土的约束，因此自振特性并不明显，且其地震反应的波形与入射波形相比变化并不明显。而地上结构处于自由状态，自振特性是其抗震分析的重要方面。

（3）地震加速度是影响地面结构地震响应的重要因素，而对地下结构影响较小。

（4）地下结构在振动中各点的相位差别十分明显，而地面结构各点的相位差别不很明显。当设计地震区的地铁结构时，应根据设计烈度、场地条件、结构类型和隧道埋深等因素考虑地震的影响，并采取必要的构造措施，提高结构和接头处的整体抗震能力。

8.2.2　抗震设计方法

城市轨道交通工程结构的抗震设计分为两大部分：即抗震计算设计和抗震概念设计。抗震计算设计是对地震作用效应进行定量的设计；抗震概念设计则包括正确的场地选择，合理的结构造型和布置，正确的构造措施等，这种思想方法同样适合于地下结构设计。由于地震活动的复杂性和不确定性，地下结构抗震计算仍处于低水平，要使地下结构物具有尽可能好的抗震性能，首先应从大的方面入手，做好抗震概念设计。目前抗震设计方法主要有以下几种：

1. 拟静力设计方法

假定地下或地面结构为绝对刚体，地震时它与围岩介质一起运动，而无相对位移。结构物每一部分都有一个与围岩介质相同的加速度，取其最大值用于结构抗震设计。把时刻变化着的振动应力状态假定为静止的，将地震对结构作用假设为作用于构件重心处的等效静载。

拟静力法把地震作用当作等效的静力荷载进行计算。这种方法把地震时土压和上覆盖层作为外力考虑，其缺陷在于忽略了土压—结构动力相互作用，计算方法过于保守。

2. 反应谱理论

地震影响系数是随结构自振周期而变化的曲线，与加速度反应谱有相似的形状。它是结构周期和临界阻尼的函数。利用振型分解原理可以有效地将上述概念用于多质点体系的抗震计算，这就是规范中给出的振型分解反应谱法。由于地下结构各振型的自振频率及相应的阻尼系数不容易求得，求解特征值和特征向量问题很费时间，且对计算误差敏感，围岩介质的嵌固为地下结构振动提供了较大阻尼，同时促使刚度增加。相反，地下结构的存在使地层刚度改变，各类场地特征周期变化。围岩介质是波传播的载体，土层条件影响地下结构震动的大小和特征，即通常所说的放大和滤波作用。

3. 时程分析方法

对于重要的地下结构，如地铁车站、控制中心、高架车站等采用地震记录时间历程输入，直接求解结构体系运动微分方程的时程分析法，又称逐步积分法。采用时程分析方法时，宜按设防烈度、近震、远震和场地类别选用适当数量实际强震记录或人工模拟的加速度曲线作为结构的输入地震，并对计算结构进行统计分析。进行结构的强度和变形验算，把"小震不坏，大震不倒"的设计原则具体化、规范化；以结构在地震作用下的破坏机理的研究成果为基础，在结构抗震中充分考虑振动幅值、频谱和地震动持续时间对结构的破坏作用，来判断结构的安全度。

8.2.3 抗震构造措施

地面及地下结构的震害主要分为两类：一类是由振动破坏造成的，地震作用使结构物产生惯性力，附加于静荷载之上，最终导致总应力超过材料强度而达到破坏状态。减轻这一类震害的措施是加强结构的抗震能力，在改善结构几何形状、强度、刚度、延性和整体性上想办法。另一类是由地基失效引起的，即结构本身具有足够的抗震能力，振动作用下本来不致破坏，但由于地基沉陷、失稳等原因导致结构开裂、倾斜(倾倒)、下沉，使结构损坏，不能正常使用。为了减轻这类震害，有效的措施是通过各种方法加固地基，而不是盲目采用措施加强上部结构。

1. 选线设计要求

在进行选线时，尽可能避开软弱易液化的土层，避开不均匀土层(古河道、断层破碎带、暗河沟谷及半填、半挖的地基)，避开地震时可能发生滑坡、崩塌、地陷、地裂、泥石流等地震断裂带上可能发生地层错位部位。无法避开上述不良地质区段时，采用地基处理的措施，防止车站和隧道局部突沉及液化沉陷。

2. 结构构造措施

(1)对于浅埋矩形框架结构的车站和隧道，宜采用现浇整体钢筋混凝土结构，避免采用装配式和部分装配式结构。

(2)高架桥区间和车站，必须特别注意桥墩柱剪切挤压破损，桥梁在支座处松动滑落，加强桥墩台与梁板连接，放置减振橡胶垫板等措施。

(3)对于盾构法施工区间隧道，尽可能采用错缝拼装，加深接头榫槽深度，增强纵向整体性。

(4)严格执行《建筑地基基础设计规范》(GB 50007—2011)和《建筑抗震设计规范》(GB 50011—2010)中有关结构构件抗震的规范和措施。

8.3 火灾安全防护

与洪涝、泥石流、滑坡、台风、沙暴、冲击爆炸等灾害相比，火灾对地下工程威胁比地面建筑更大。除了地铁电气设备线路老化、短路引发火灾外，也还有机械碰撞、摩擦引起火花，引燃车站和车厢内易燃的装修材料或其他化学药品。吸烟、乘客携带易燃易爆的物品都可能引发火灾。地震和战争灾害的很重要的次生灾害也是火灾,特别是核袭击引发火灾造成的生命和财产损失占整个灾害损失很大比例。

8.3.1 火灾特征和危害

地下建筑与地面建筑相比有许多不同之处,地面建筑有门、窗、墙与大气相连,室内外光热交换容易,而地下空间与外部联系孔洞少,面积小,气热交换难,散热慢,能见度低。火灾特征和危害主要表现如下:

1. 排烟困难散热慢

烟的扩散速度比人群疏散速度快得多,致使人员无法逃脱烟气流危害,多层地下空间发生火灾时危害更大。研究表明:烟的水平扩散速度一般为 0.5~1.5 m/s,超过一般年轻男子的跑速。浓烟使地下建筑室内可见度下降,造成人们心理恐慌,更增加人员疏散难度。地下建筑通风条件不如地面建筑,对流条件很差,因而排烟排热也不如地面建筑。火灾造成地下建筑物内人员的最初伤亡,大部分是由于缺氧窒息,中毒昏倒死亡。火灾时的发烟量与可燃物的物理化学特性、燃烧状态、供气充足程度有关。

2. 高温高热全面燃烧

在地下建筑封闭空间内,一旦发生火灾,大量可燃物燃烧,室内温度升高很快,较早地出现"全面燃烧"现象。根据地面建筑燃烧试验,材料使用性质不同,可燃物量也不一样。地下百货商场,可燃物量为 25~100 kg/m²;地下铁道车站及隧道内可燃物量一般低于 50 kg/m²;当火灾房间的温度上升到 400℃ 以上时,起火房间会在瞬间由局部燃烧变为全面燃烧,房间一切可燃物会在瞬间统统烧着,并伴随着较大的响声。当听到类似爆炸的"轰"响时,便会见到满屋大火,室内温度会从 400℃ 猛升到 800~900℃。伴随室内瞬时全面燃烧,巨大能量释放,温度随时间迅速上升,如表8-5。

表8-5 火灾标准时间温度曲线值

时间/min	5	10	15	30	60	90	120	180
温度/℃	556	659	718	821	925	986	1029	1090

3. 安全疏散困难

地下建筑内的安全疏散有以下四方面的不利因素:

(1)有些地下建筑内的各种可燃物质,燃烧时会产生大量烟气和有毒气体(如一氧化碳、二氧化碳及其他有毒气体),不仅严重遮挡视线,使能见度大大降低,还会使人中毒窒息,危害极大。

(2)地下建筑发生火灾时,室内由于正常的照明电源切断,变得一片漆黑。如果地下工程内不装设事故照明和紧急疏散标志指示灯,人员根本无法逃离火场。地下建筑内无任何自然光源,加上浓烟滚滚,疏散极为困难。

(3)温度升高快,对人体危害大。地下建筑发生火灾时,热量不易散失,爆燃出现快,室内温度可达到 800℃ 以上。人体在火焰的燎烤下,心脏跳动加速,同时出汗增多,人很快产生疲劳脱水现象。当热的强度超过人体能承受的界限时，就会很快死亡。另外，由于人吸入大量的热气到肺部，使血压急剧下降，毛细血管受破坏，从而导致血液循环系统破坏，人也会很快死亡。

(4)疏散距离长，路径复杂。火灾时逃生的出口和路线比地面建筑少。地下建筑人员逃生的线路只有通向出口的楼梯、阶梯、坡道、爬梯和扶梯。

4. 扑救困难

地下建筑的火灾比地面建筑火灾扑救要困难得多。国外一个消防专家认为扑救地下工程的火灾难度，与扑救超高层建筑最顶层火灾的难度相当。与地面建筑相比，地下工程火灾扑救困难在于：

(1)探测火情困难。地下建筑火灾发生后，只见浓烟从出口冒出，无法确切知道火灾究竟发生在哪一个部位。

(2)接近火场困难。对于一般没有完善的排烟设施的地下工程，消防人员进入口同时也是烟、热排出口，高温、浓烟、毒气使消防人员无法接近火场。

(3)通信指挥困难。地面建筑火灾，有线、无线通信器材，高音扩音器，一切通信手段都可使用。地下火场灾情只能靠人传递信息，速度慢、差错多。

(4)缺少地下工程报警消防专门器材。

8.3.2 火灾防护对策

严格执行城市轨道交通工程防火规范，贯彻"预防为主，防消结合"的方针，进一步完善人防工程防火设计和施工规范。

1. 规划布局合理

城市的地铁、公路隧道、地下商业街、地下停车场等地下建筑，与城市地下总体布局规划相结合，增强城市总体防灾、抗灾功能。

2. 选择钢筋混凝土结构

地下建筑物结构材料应选择钢筋混凝土，而且钢筋的保护层应满足地下工程钢筋混凝土结构设计规范规定的厚度。

3. 合理选择装修材料

地下工程的装饰材料应选择不燃、难燃材料和阻燃处理的材料。

4. 合理选择出入口位置和数量

一个车站出入口通过能力总和应大于该车站远期超高峰客流量。鉴于目前我国地铁车站浅埋占多数，故要求浅埋车站出口数量不宜少于 4 个，小站出口可适当减少，但不能少于 2 个，并随客流量的增加，出口数量也要相应增加。

5. 防火分区划分及要求

地铁车站面积多在 5000~6000 m²，应采用防火墙、防火卷帘加水幕或复合防火卷帘等防火分割物划分防火分区。防火门必须向疏散方向开启，避免在紧急疏散时造成人员堵塞门前导致伤亡事故。防火门在关闭后能从任一侧手动开启，这是考虑到在防火门关闭后让个别未及时逃脱的人员疏散出去以及外部人员进入着火区进行扑救的需要。每一个防火分区安全出入口不少于 2 个。当其中一个出口被烟火堵住时，人员可由另一个出口疏散。

6. 联络通道的防火作用

为了保证乘客安全疏散，两条隧道之间应设联络通道，这样可使乘客通过另一条隧道疏散到安全出口，联络通道也可供消防人员扑火时使用。联络通道两端应设防火卷帘门，人员撤出着火隧道后应及时落下防火卷帘，以免火焰向另一条隧道燃烧。

7. 钢结构的防火保护处理

钢结构在高温和火焰作用下如不作保护处理，一般在 15 min 左右就会塌落，这是因为在火焰和高温作用下，在 15 min 内其强度降低一半以上，进行了防火保护处理的钢结构可以提高耐火能力。

8. 地铁车站和隧道的机械通风及排烟

根据火灾资料统计，地铁发生火灾时造成人员伤亡绝大多数是被烟气熏倒、中毒、窒息所致，因此有效地排烟已成为地铁火灾时救援的重要组成部分。防烟分区要求设备的排烟能力为 1500 m³/min。选用排风机每小时排风总量为 90000 m³/h；区间隧道排烟量按单洞区间隧道截面的排烟流速不小于 2 m/s，排烟速度不应大于 11 m/s；至于地下铁道列车阻塞在区间隧道时的送风量，则可按区间隧道断面风速不小于 2 m/s 计算，但风速不大于 11 m/s。

9. 设置火灾自动报警系统

火灾自动报警系统(FAS)是指用于尽早发现和通报火灾，以便及时采取措施控制和扑灭火灾而设置在建筑物中或其他场所的一种自动消防报警设施。凡是发生火灾后影响全局的重要部位和火灾危险大的部位，比如：车辆基地、车站、区间隧道、区间变电所、控制中心、主变电所、系统设备用房、集中冷站等场所宜设火灾自动报警装置。

火灾自动报警系统具备火灾的自动报警、手动报警、通信和网络信息报警，并实现火灾救灾设备的控制及与相关系统的联动控制。随着计算机和通信网络迅速发展和计算机软件技术在现代消防技术中的大量应用，火灾自动报警系统的结构形式已呈多样化，火灾自动报警技术的发展趋向智能化。城市轨道交通工程特点是以行车线路为单元组建管理机制，每一条线路管理范围从几公里至几十公里，按这种线型工程管理的需要，全线要设控制中心集中管理—车站分散控制的报警系统形式，即由中央管理级、车站与车辆基地现场级以及相关网络和通信接口等环节组成，使管辖内任意点的火灾信息和全线管理中心下达的所有指令均在全线范围内迅速无阻地传输，以保障火灾早期发现、及时救援。

消防联动是城市轨道交通火灾情况下，有效地组织各个设备系统实施灭火、人员疏散的重要手段。消防联动控制系统实现消火栓系统、自动灭火系统、防烟排烟系统以及消防电源及应急照明、疏散指示、防火卷帘、电动挡烟垂帘、消防广播、售检票机、站台门、门禁、自动扶梯等系统在火灾情况下的消防联动控制。

10. 灭火系统选择

应根据地铁不同部位的环境条件、器材安装、设备特点等要求，选择相应的灭火系统和器材。在车站的公共区应以消火栓系统为主，将整个车站覆盖在消火栓的保护范围下；在车站的设备用房这类相对封闭的区域应以气体灭火系统为主；自动喷水系统在公共区的作用不是很显著，甚至会造成地滑影响人群疏散的速度，在车站的公共区可不设置自动喷水灭火系统；在区间隧道中要沿线布设消火栓灭火系统，条件允许时还可在区间隧道中加装移动式灭火系统，移动式灭火系统宜采用泡沫灭火剂。

11.灾后处理办法

地铁火灾以后，首要是进行转移伤员到医院或者就地治疗、清理现场、清点损失等善后工作。之后要着手灾后重建和恢复通车，如组织专家和有关人员对车站、区间隧道、地铁列车等的受损情况进行详细的清查和评估，对受损区段的结构进行修复和重建，消除火灾留下的安全隐患等工作，尽早恢复使用和通车。同时应立即调查火灾的起因，追究有关人员的责任，并提出应吸取的教训和改进的措施。

8.3.3 火灾救援措施

城市轨道交通系统发生火灾，在人员救援方面应从以下几个方面予以考虑。

1.突发火灾的应急人员疏散

针对发生在不同位置和不同情况下的地铁火灾，应制订不同的人员疏散预案。

(1)列车在行驶中着火。

地铁发生火灾最难控制和最易造成人员伤亡的是列车在行驶中着火，可分为两种情况：一种是火灾发生在站台附近。列车此时处于刚离站或者即将到站的状态。发生火灾后，司机要及时用无线电向车站通报火情，车站工作人员赶到站台做好组织疏散和救援工作的准备。此时若火情不是很严重，司机将车开至就近的站台，打开车门和车站工作人员一起组织乘客进行疏散。若列车火势较大，司机应立即断开外部电源，启用备用电源维持车厢的照明。同时，车站救援人员应立即开拖车将列车拖至站台，然后迅速开门疏散乘客。另一种是火灾发生在隧道中央处。此时列车离两端站台的距离都较远，来不及将列车开往站台。司机除用无线电与车站取得联系外，还应立即切断外部高压电源启动紧急备用电源。车站调度室根据列车所处的位置和火情开启通风系统紧急模式，使烟雾远离乘客。司机打开列车疏散门引导乘客逆风沿隧道中央进行疏散，快速撤离现场。

(2)车站发生火灾。

车站工作人员通过广播系统对站台上滞留的乘客进行疏散，同时启动车站紧急事故模式的通风排烟模式为人员逃生创造条件。相邻的车站要对在该段区间隧道中行驶的列车下达停车或者返回的指令，以减少人员的伤亡。

2.救援队伍的组织

救援人员从结构上可分为司机、车站工作人员、专门救援人员三个层次。前两个层次的救援人员所面临的火情严重程度相对轻一些，所以加强对这两个层次救援人员的应急培训，可对火情的控制和人员的疏散起到很大作用。

8.4 水灾安全防护

城市轨道交通工程的防水设计应遵循"防、排、截、堵相结合，刚柔相济，因地制宜，综合治理"的原则。根据国家现行标准《地下工程防水技术规范》（GB 50108—2008）相关条文内容，地铁车站主体结构部分的防水等级应为一级，即不允许渗水，结构表面无湿渍；附属结构部分的防水等级应为三级，即不允许漏水，结构表面可有少量湿渍。

8.4.1　水灾特征和危害

城市轨道交通的车站和区间隧道大都处于地面标高以下，一方面受到地面洪涝灾害积水回灌危害，另一方面受到岩土介质中地下水渗漏浸泡危害。地下水或地表水进入地铁车站和隧道内，可以使装修材料霉变，电气线路、通信、信号元件受潮浸水损坏失灵，造成工程事故。地下水积存，使地铁内部潮湿度增加，使进入车站的乘客胸闷、不舒适。

夏季暴雨在街道沉积，如没有足够的排涝设备，地面水位高，当地面水位高于地铁车站入口标高或风亭、排烟、排水孔标高时，就可能大量向车站回灌。沿海城市受到海潮汛影响，海水沿内陆河道回流，漫出防汛堤，也可能向地铁出入口回灌。

8.4.2　防水材料

城市轨道交通系统防水材料设计要求：

1. 防水卷材

防水卷材主要用于防水层、防腐层、建筑防潮、简易防水及临时性建筑防水等，目前防水卷材主要为沥青系防水卷材、高聚物改性系防水卷材、合成高分子防水卷材三大系列。

2. 防水涂料

防水涂料主要用于构筑物内外墙防水、装饰工程的防渗、堵漏。防水涂料一般按涂料的类型和成膜物质的主要成分进行分类，按涂料类型分为溶剂型、水乳型、反应型三类；按成膜物质的主要成分可分为五类，合成树脂类、橡胶类、橡胶沥青类、沥青类、水泥类。

3. 结构自防水材料

结构自防水材料又统称刚性防水材料，是指以水泥、沙石为原材料，掺入少量外加剂、高分子聚合物等材料，通过调整配合比，抑制或减少孔隙率，改变孔隙特征，增加材料界面间密实性的方法，形成一种具有一定抗渗能力的水泥砂浆、混凝土类防水材料，可达到增强混凝土结构自身防水性能的目的。

4. 嵌缝密封材料

建筑工程用密封材料，主要用于填充构筑物接缝、裂缝、镶嵌部位等，能起到水密、气密性作用。嵌缝材料与密封材料在狭义上有所不同，嵌缝材料只用于裂隙填充，密封材料用于设计上有意安排的接缝，在广义上两者统称嵌缝密封材料，可分为不定型密封材料和定型密封材料，前者是膏糊状材料，后者指按工程要求制成的带、条、垫一类材料。

8.4.3　防水设计

1. 结构自防水设计

结构自防水问题隧道与地下工程多为混凝土结构，国内外通常把结构自防水作为防水的一种重要手段。为了提高结构的自防水能力，必须从以下方面进行考虑：

(1)应重视粗骨料的选择。

在混凝土集料的选择过程中，一般重视水泥的选择，但对石子等粗骨料的选择则往往忽视。粗骨料占混凝土全部体积的70%以上，优选骨料岩石种类对提高混凝土的抗渗性非常重要。

(2)应优先采用掺外加剂的防水混凝土。

防水混凝土最早以最小孔隙率和最大密实度为理论依据的骨料级配防水混凝土。由于此种混凝土施工时耗时费力、效率低下已逐渐被淘汰。代之而起的是以 UEA 补偿收缩混凝土为代表的掺外加剂防水混凝土。这种混凝土与原级配防水混凝土相比，不但施工效率高，强度可提高10%～30%，抗渗性提高2倍，而且抗冻性及抗硫酸性也大为提高。

(3)重视粉煤灰掺和料的应用。

用粉煤灰取代混凝土中的部分水泥可以制成粉煤灰混凝土。粉煤灰的加入可改善沙子的级配，填充混凝土内部微小孔隙，还可降低水灰比(粉煤灰可看成是胶凝材料的一部分)，从而增加混凝土的密实性，提高混凝土的抗渗性和抗腐性能。

(4)结构上尽可能不留或少留后浇缝。

普通混凝土存在开裂问题，后浇缝的设置就是把大部分约束应力释放，然后用膨胀混凝土填缝以抗衡残余的收缩应力。这种设计已经列入规范而广泛使用。然而，后浇带的清理与凿毛也给填缝施工带来麻烦，不但工期延长，而且有时还会影响工程的防水能力。因此，工程防水设计时应尽量去掉后浇带，以实现混凝土的连续浇筑。

(5)适当增加墙体水平构造筋。

墙体容易开裂的原因是多方面的，但墙体受力钢筋过多，水平构造过少也是原因之一。在施工过程中墙体拆模较早，且养护困难，极易开裂。为了防止这些裂缝的产生，可以采用螺纹钢筋，并适当减少水平构造筋的间距，以提高混凝土极限拉伸强度。

2. 复合式衬砌

复合式衬砌是分内外两层先后施作的隧道或车站衬砌，对于盖挖法修建车站则是连续墙或钻孔桩围护结构，经监控量测确认围岩及初期支护基本稳定后，即铺设防水隔离层，防水隔离层多采用不透水、表面光滑的塑料板材；然后，立即灌注防水混凝土，作为二次衬砌。复合式衬砌防水构成三道防水防线：初期支护、防水层及二次衬砌模注防水混凝土，三者相辅相成，缺一不可。防水层不仅起到防水作用，而且对初期支护喷射混凝土和二次衬砌的模注混凝土来说，起到隔离和润滑作用，防止二次衬砌模注防水混凝土开裂，保护和发挥二次衬砌的模注防水混凝土的防水作用。

3. 防洪涝积水回灌

车站出入口及通风亭的门洞下缘应高出室外地面150～450 mm；必要时设临时防水淹措施；地铁车站、区间隧道设置足够的泵房设备；位于水域下的区间隧道两端应设电动、手动防淹门。

8.5 杂散电流安全防护

杂散电流(俗称迷流)的安全防护是城市轨道交通工程建设中的一个重大课题。杂散电流指在非指定回路上流动的电流。例如运行列车以直流电力作为牵引动力的轻轨线，通过接触轨受电，利用走行轨回流，列车牵引电流沿走行轨流向牵引变电所时在走行轨上产生电压降，使走行轨与结构间产生电位差而引起泄漏电流，即杂散电流。

8.5.1 杂散电流产生的原因与危害

采用走行轨回流的直流牵引供电系统中，接触网与牵引变电站的正母线连接，回流走行轨与负母线连接。牵引变电所输出的直流电经导电轨(第三轨)或架空线送入电动车组，流经电机电器后经走行轨回流，再经连接在走行轨上的导线回流到变电所负母线。走行轨具有纵向电阻，因此从运行车辆至变电站负母线之间的回流走行轨上就产生电压降，车辆附近的走行轨电位相对高一些，形成轨道阳极区，就有正向泄漏电流流入大地。

杂散电流一旦大量泄漏，不但会对地铁周围公共环境造成严重污染，而且还会对地铁基础设施产生腐蚀，并对工程结构造成严重威胁。杂散电流从金属流出来时遇到正负离子均会产生电腐蚀，日积月累会使金属管线、钢筋穿孔，外表层整块脱落、体积膨胀，其腐蚀速率远远高于化学腐蚀，因而危害工程结构和各种金属管线的强度和寿命，同时杂散电流的存在还将影响沿线周围大地电磁场的分布。如果防护不善，它不仅会对城市轨道交通线路结构本身进行腐蚀，还可能泄漏到结构外部，危害城市轨道交通线路附近地下金属结构和管网设施，甚至可能造成严重事故。

8.5.2 杂散电流设计原则

为使城市轨道交通线路更好地发挥社会经济效益，杂散电流防护设计应采取各种有效措施，使杂散电流对车站内部及附近金属结构的腐蚀在设计年限内不造成影响。其设计原则如下：

(1)杂散电流防护采取"以防为主"的原则。采取多项措施提高轨道绝缘电阻和减少回流电阻，同时做到"以排为辅、防排结合、加强监测"的综合防护措施。

(2)杂散电流防护设计应与牵引供电系统设计相结合。牵引变电所分布及牵引系统运行方式在满足供电要求的前提下，应兼顾减少杂散电流防护要求。

(3)杂散电流防护专业应与轨道、建筑、区间结构、给排水、信号等相关专业配合，在相关专业技术和工程实施可行的基础上，设计可靠的杂散电流防护方案。

(4)杂散电流监测系统应根据杂散电流分布的实际特点合理设置监测点，监测系统应可靠且便于维护管理。

(5)杂散电流设计与安全接地的设计应协调一致。当杂散电流设计和接地安全设计发生矛盾时，优先考虑接地安全。

（6）在保证杂散电流防护和接地系统成功实施的基础上尽量减少投资。

8.5.3 杂散电流专业防护

杂散电流专业防护应用了一些现代的先进技术，如采用新的道床材料和电力电子技术等。这些控制措施被分为两类：改进城市轨道交通系统和改进城市轨道交通系统附近的地下结构。主要通过以下措施来实现：

（1）确保畅通的牵引回流系统，降低回流线阻抗，以减小回流轨的电阻。牵引变电所设排流装置，以便将来轨道绝缘能力降低、杂散电流增大时，使收集网中杂散电流有畅通的电气回路，限制杂散电流对金属构件的腐蚀和向道床外、线路外的扩散。为限制杂散电流对钢筋及金属管线的腐蚀及向线路外扩散，利用整体道床内结构钢筋的可靠电气连接，形成主要的杂散电流收集网。

（2）增加泄漏路径对地电阻。车辆段引入线与正线间、停车库内钢轨与库外钢轨间设单向导通设备，以限制杂散电流的扩散。在车站和隧道内应设有畅通的排水沟，不允许有积水现象。

（3）增加大地和地下金属结构之间的电阻。加强安全接地，凡由外界引入线路内部或由线路内部引至线路外的金属管线均应进行绝缘处理后才能引入或引出。盾构区间采用隔离法对盾构管片结构钢筋进行保护。高架段桥墩与桥梁电气实施隔离。

（4）增加地下金属结构的电阻。各类管线设备应从材质或其他方面采取绝缘措施，减少杂散电流对其腐蚀及通过其向轨线外部泄漏。所有直流开关柜、整流柜、负极柜等设备及牵引回流系统采用绝缘法安装，尽可能减少杂散电流。在条件允许情况下，尽可能在轨道与混凝土轨枕之间，在禁锢螺栓、道钉与混凝土轨枕之间以及扣件与混凝土轨枕之间采取绝缘措施，加强轨道对地绝缘，以减少杂散电流。

（5）设立完备的杂散电流监测系统。对整体道床结构钢筋以及隧道和高架结构钢筋的极化电位进行实时监测，对测量的数据进行分析处理，并能够打印出分析结果，指导运营维护。

8.6 施工灾害安全防护

8.6.1 施工致灾的分类和危害

1.地铁车站施工

（1）地下连续墙、桩排墙施工时产生泥浆、噪声、振动；

（2）井点降水造成地下水位变化及地下径流紊流的混乱、水质的变化，引起土层的沉降，密实度、孔隙水压力变化；

（3）甚至导致支撑的失稳，连续墙的倾倒，大面积土体的滑移、坍陷；

（4）车站深大基坑开挖引起近旁道路的地下管线（煤气、地下电缆、热力蒸汽等）的开裂。

2. 区间隧道施工

(1)软土盾构法隧道进(出)工作井、转弯(纠偏)、穿越大楼桩群、浅覆土易引起流沙等不良地质现象,钻爆法施工山岭隧道引起振动、烟尘、渣土,断层和强烈破碎带引起冒顶塌落;

(2)浅埋暗挖法化学注浆时易引起土性的改变、塌方冒顶;

(3)沉管法隧道对航道、河床和水流的速度有影响。

3. 高架桥施工

(1)钻孔桩、挖孔桩、打(压)桩施工引起振动、地面沉陷、土体的位移、泥浆污染和噪声的干扰;

(2)预制桥梁制作、吊运过程会阻碍交通;

(3)高架桥对视线、景观的影响等。

8.6.2　建筑物和公用设施损坏判据

地铁施工对土层和地表的主要影响为:浅地表以下土层竖向和水平向的位移和变形以及地面沉降,主要表现为:

(1)土层的竖向位移和变形将引起地面下沉、倾斜、曲率变化和扭曲等;

(2)水平向的土层位移和变形则将引起地面水平位移、拉伸和压缩;

(3)地表移动和变形对地面与地下建(构)筑物的影响亦不尽相同,在建筑物和地下管线中产生大小不等的附加应力和变形,严重时将导致建筑物和管线的破坏。

8.6.3　施工致灾的防护方法和措施

地铁施工的防护方法有:

(1)积极防护的方法。

按照不同的工程地质和水文地质条件做好盾构选型,施工方案的综合比较,施工技术参数优化,精心设计,精心施工,使得对周围环境的干扰最小。

(2)工程防护方法。

①建筑物:地基托换、主体加固、隔水墙、保护墙、土壤加固、向加固基础底板下预注浆加固、紧跟沉降发展跟踪注浆;

②地下公用设施管线:跟踪注浆地基加固或开挖暴露并悬吊保护。

地铁施工的防护措施有:

(1)首先应以预防为主,即采取合理的施工工艺和技术方案,将产生的地面沉降、深层土体扰动降低到工程变形允许范围内;

(2)其次对既有建筑物和地下管线进行监测、托换、补强、加固等工程措施,保证在施工扰动发生后不致产生大的影响使用的残余变形。

建筑物和管线进行施工环境保护的步骤如图 8-1。

```
┌──────────────────┐
│ 依施工工艺预测地面  │
│ 沉降量和影响范围   │
└──────────────────┘
         │
┌──────────────────┐
│ 地面建筑、道路、管线调 │
│ 查，绘制工程间关系图  │
└──────────────────┘
         │
┌──────────────────┐
│ 被保护建筑物、管线附加 │
│ 变形、位移、内力计算  │
└──────────────────┘
         │
┌──────────────────┐
│ 判定建筑物、管线破坏  │
│ 的等级          │
└──────────────────┘
```

超前保护：
隔断法
基础托换
地基加固
结构补强

同步保护：
注浆
冻结
悬吊方法

后期加固：
结构补强
喷涂
叠合板
粘钢板

现场地面变形、建筑物、管线监测

在允许范围内变形

N

Y

继续施工

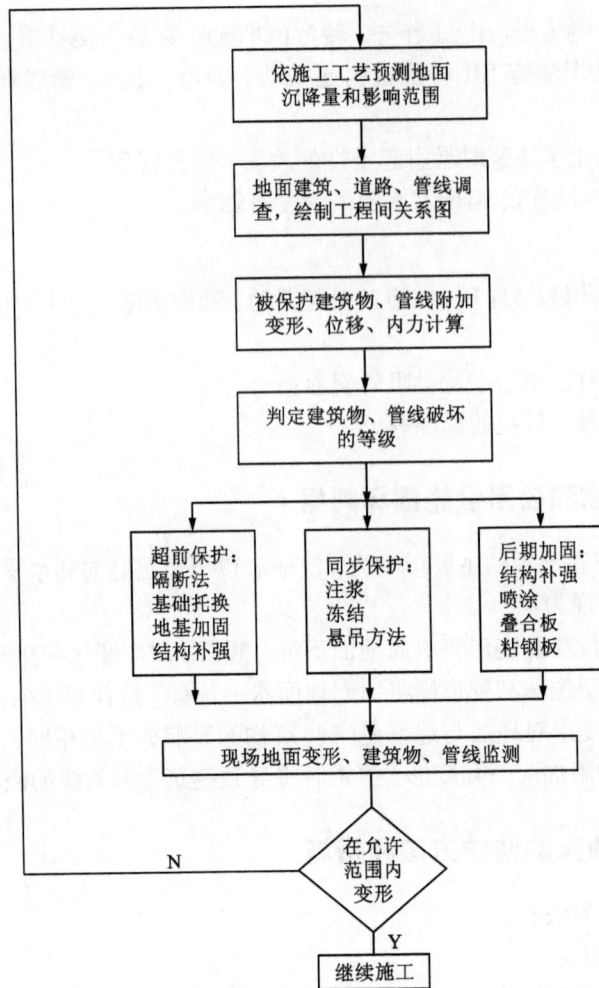

图 8-1　工程防护程序

8.7　战争灾害安全防护

8.7.1　现代战争的特点

（1）高新技术下的空袭作战成为现代化战争的重要作战手段和基本作战阶段；

（2）现代空袭兵器的头部可以是核、化学、生物弹头，也可以是常规弹头；

（3）威力大、射程（航程）远、投掷能力强、命中率高、突防能力强、武器系统自身机动生存能力强。

8.7.2 战争灾害防护设计

1. 建筑规划设计

城市轨道交通工程战时的防护功能应该结合城市总体防御规划和城市建设，统筹安排；地铁工程平时主要功能是满足城市的客运交通，战时既要满足人口疏散运输，又要满足人员掩蔽、救护等功能。地铁车站作为一个独立的有防毒要求的民防掩体由三部分组成，如图8-2所示。第一部分为出入口消毒区；第二部分为主体人员掩蔽空间清洁区；第三部分为设备辅助用房的染毒区。

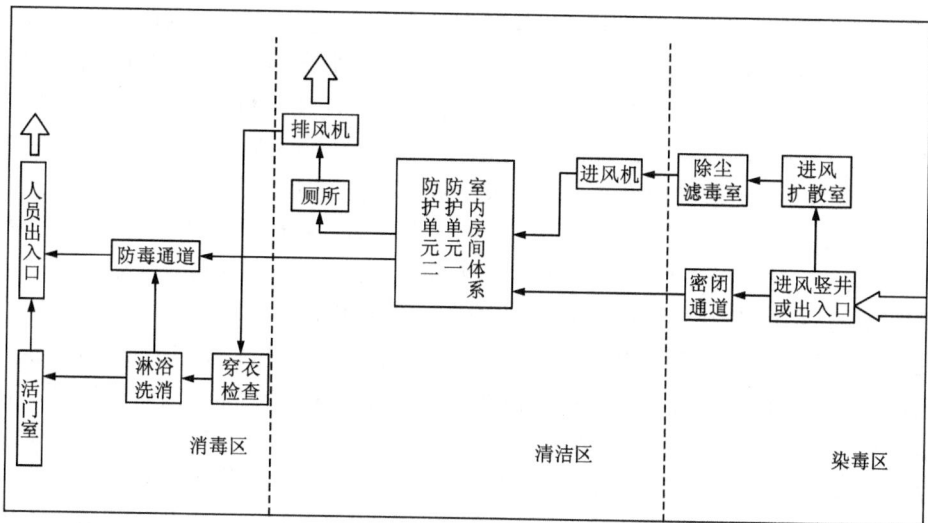

图8-2 车站战时防护功能划分示意图

2. 口部设计

（1）视车站规模应至少设2~3个主要出入口满足平时客流的进出，战时应做好快速封堵或预转换；出入口应设在室外，且不宜采用竖井方式；两个出入口应设在不同的方向，保持一定的距离；出入口的通道尺寸、防护门、防护密闭门设置的数量，应按照防护要求和防护规范确定；每个防护单元应设不少于2个次要出入口。

（2）地铁车站出入口口部建筑应位于地面高层建筑的倒塌范围之外，宜采用单层轻型建筑。处于倒塌范围以内或地面建筑为低层时，应设置防倒塌棚架。

（3）作为等级的地铁车站掩蔽部主要出入口应按规定设置防毒通道、洗消间和简单洗消间。进风口和排风口宜在室外单独设置；供战时使用和平时使用的进风口、排风口应采取防倒塌、防堵塞装置；等级人防工事进风口、排风口应设防爆活门、扩散室和扩散箱等滤波设施。

（4）有防毒要求的人员掩蔽部，应设滤毒室和进风房且宜分室布置。滤毒室应设在染毒区，滤毒室的门应设置在直通地面和清洁区的密闭通道和防毒通道内，并宜设密闭门；进风机室应设在清洁区。

（5）辅助房间设计。地铁车站的站厅、站台层，平时用作休息室、会议室、站长办公室、乘务室等房间应转变为战时的用房；对于医疗救护和专业队员掩蔽部宜设水冲厕所；医疗救护工程应设开水间；开水间、盥洗室、饮水间、储水间、厕所等宜相对集中布置在排风口附近，并在上述房间或走道设置弹簧门；用于战时柴油发电站的位置，应根据工程的用途和发电机组容量等条件确定。

（6）内部装修。民防地下工程的装修设计应根据战时和平时的功能需要，并按适用、经济、美观的原则确定；灯光、色彩、饰面材料的处理应有利于改善地下空间的环境条件；所用材料要具备防火、防潮、防毒、消音、倒塌后易于清除的性能。

3. 结构设计

（1）地铁工程设防等级。按照《人民防空工程战术技术要求》，人防工程等级分为1、2、2B、3、4、4B、5、6共8级；对于1、2、2B、3四个等级较高的坑道、地道、掘开式人防工程照《人民防空工程设计规范》（GB 50225—2005）（坑道、地道、掘开式工事）规定设计；对于4、4B、5、6四级人民防空工程按照《人民防空地下室设计规范》（GB 50038—2019）规定设计。地铁车站和隧道因面积大，平战转换困难，一般宜转换为低等级的人防工程；通常沿海软土地区车站和隧道应转换为5级或6级民防工程；在山区以钻爆法施工的坑道式的地铁车站与隧道，可以战时转换为高一个等级的人防工程；在经济技术条件允许的情况下，处于重要的战略防御地位的城市地铁防护设计和施工可以一次到位，避免战时转换的麻烦，但是用于防护设施的费用可能较长时间闲置，增加投资。

（2）动荷载计算。对于 I~IV 类围岩作为 4 级或 3 级的人防工程，应该依卸载拱的理论计算出不同的毛洞跨度下可将地面冲击波超压卸载至零时的顶部自然防护厚度。若岩体中坑道、地道工程顶部自然防护层厚不能满足要求时，可不考虑压缩波在岩体中的衰减及在衬砌上的反射，作用在衬砌上的竖向动荷载按《国防工程设计规范》取（$0.1 \sim 0.2$）$\triangle P_{\mathrm{m}}$。抗力等级高于 3 级的人防工程，参照《国防工程设计规范》计算。对于 V 类破碎软弱围岩可近似按碎石中坑地道人防工程处理。

8.7.3 平战功能转换

若经济条件允许，重点设防的城市地铁的设计和施工应该一次到位，建成后直接达到等级人防工事的要求；做好地铁工程作为民防工程使用的预留转换设计，如增设战时出口等，并登记归档；如果建造初期未做平战功能转换设计和节点预留，可对现有地铁车站、出入口通道、区间隧道进行抗爆动力荷载下的复核校验。对浅覆土大跨度顶板，当抗力不能满足要求时，可以考虑增设立柱、承重墙以提高承载力。

地铁车站出入口一般跨度较大，有的达到 4~6 m，这样大的通道战时设置防护门、防闭门困难，可以采取封大放小的方法；对于大型出入口战时封堵墙，小型出入口则设置防护门、防闭门等防护设施，也可将大型出入口部分封堵，留有较小的战时出入口。

8.8 应急预案设计

应急预案是针对具体场所、环境、设施和设备，在安全评价的基础上，为降低事故造成的人身、财产和环境损失，就事故发生后的应急救援机构和人员、应急救援的设备和设施、条件和环境、行动的步骤和纲领、控制事故发展的方法和程序等，预先作出科学而有效的计划和安排。

8.8.1 应急预案的管理要求

按照《城市轨道交通运营管理规定》（中华人民共和国交通运输部令 2018 年第 8 号）第五章应急处置中规定：

（1）城市轨道交通所在地城市及以上地方各级人民政府应当建立运营突发事件处置工作机制，明确相关部门和单位的职责分工、工作机制和处置要求，制定完善运营突发事件应急预案。运营单位应当按照有关法规要求建立运营突发事件应急预案体系，制定综合应急预案、专项应急预案和现场处置方案。运营单位应当组织专家对专项应急预案进行评审。因地震、洪涝、气象灾害等自然灾害和恐怖袭击、刑事案件等社会安全事件以及其他因素影响或者可能影响城市轨道交通正常运营时，参照运营突发事件应急预案做好监测预警、信息报告、应急响应、后期处置等相关应对工作。

（2）运营单位应当储备必要的应急物资，配备专业应急救援装备，建立应急救援队伍，配齐应急人员，完善应急值守和报告制度，加强应急培训，提高应急救援能力。

（3）城市轨道交通运营主管部门应当按照有关法规要求，在城市人民政府领导下会同有关部门定期组织开展联动应急演练。运营单位应当定期组织运营突发事件应急演练，其中综合应急预案演练和专项应急预案演练每半年至少组织一次。现场处置方案演练应当纳入日常工作，开展常态化演练。运营单位应当组织社会公众参与应急演练，引导社会公众正确应对突发事件。

（4）运营单位应当在城市轨道交通车站、车辆、地面和高架线路等区域的醒目位置设置安全警示标志，按照规定在车站、车辆配备灭火器、报警装置和必要的救生器材，并确保能够正常使用。

（5）城市轨道交通运营突发事件发生后，运营单位应当按照有关规定及时启动相应应急预案。运营单位应当充分发挥志愿者在突发事件应急处置中的作用，提高乘客自救互救能力。现场工作人员应当按照各自岗位职责要求开展现场处置，通过广播系统、乘客信息系统和人工指引等方式，引导乘客快速疏散。

（6）运营单位应当加强城市轨道交通客流监测。可能发生大客流时，应当按照预案要求及时增加运力进行疏导；大客流可能影响运营安全时，运营单位可以采取限流、封站、甩站等措施。因运营突发事件、自然灾害、社会安全事件以及其他原因危及运营安全时，运营单位可以暂停部分区段或者全线网的运营，根据需要及时启动相应应急保障预案，做好客流疏导和现场秩序维护，并报告城市轨道交通运营主管部门。运营单位采取限流、甩站、封站、暂停运营措施应当及时告知公众，其中封站、暂停运营措施还应当向城市轨道交通运营主管部门报告。

（7）城市轨道交通运营主管部门和运营单位应当建立城市轨道交通运营安全重大故障和事故报送制度。城市轨道交通运营主管部门和运营单位应当定期组织对重大故障和事故原因进行分析，不断完善城市轨道交通运营安全管理制度以及安全防范和应急处置措施。

（8）城市轨道交通运营主管部门和运营单位应当加强舆论引导，宣传文明出行、安全乘车理念和突发事件应对知识，培养公众安全防范意识，引导理性应对突发事件。

8.8.2　应急预案的启动流程

应急预案启动流程如图 8-3 所示。

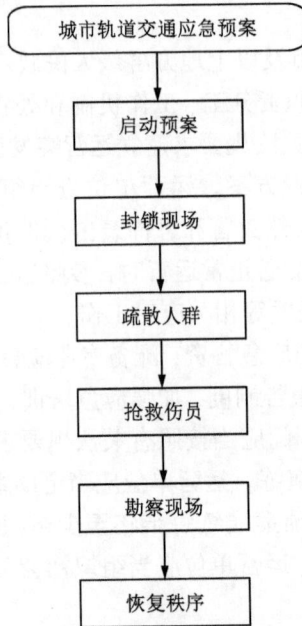

```
城市轨道交通应急预案
        │
        ▼
      启动预案
        │
        ▼
      封锁现场
        │
        ▼
      疏散人群
        │
        ▼
      抢救伤员
        │
        ▼
      勘察现场
        │
        ▼
      恢复秩序
```

图 8-3　应急预案启动流程

（1）启动预案。

城市轨道交通事故发生后，指挥中心迅速了解掌握事故发生的时间、地点、人数、起因等情况，进一步判明性质，在报告轨道交通公安部门的同时，迅速启动有关预案，公安部门应及时调动交巡警、特巡警，以及消防、宣传、通信及事发地公安派出所等警种和部门快速赶往现场，开展先期处置，必要时通知 110 联动单位到场开展应急救援。各部门迅速启动各自的预案开展工作。

（2）封锁现场。

在现场情况进一步判明的基础上，指挥中心通过指挥调度系统，继续调集相应处置力量赴指定位置集结待命。前期到达现场参与处置力量，根据指挥部分工，进行处置工作。

（3）疏散人群。

案发地公安派出所和刑警、特巡警、交巡警到达现场后，视情况采取相应措施。有人员伤亡的，组织进行抢救；发生危险化学品车辆倾覆、外溢事故的，及时疏导和组织受到威胁的群众安全撤离，并及时将情况报告总指挥部。

（4）抢救伤员。

根据现场情况，组织到达现场警力和 110 联动单位，紧张有序地营救被困、遇险的伤亡人员。同时协调卫生、急救部门在现场附近设立紧急救护站和救护车集结处，迅速确立若干家医院为抢救点，保证抢救渠道畅通。交巡警部门负责全面保障抢救车辆、人员出入现场的交通顺畅，开设紧急救助通道；文保部门迅速与医院协调，开辟专用抢救通道和救治病房，并及时统计伤亡人数，上报总指挥部。交巡警大队与医院方面配合，尽快查明伤亡者身份。

（5）勘查现场。

交巡警部门组织力量对现场进行全面、细致的勘验检查，对现场进行勘查、拍照和录像，提取和固定痕迹物证，扣押肇事者或有关证件，暂扣肇事车辆，寻找目击证人，查明事故原因。

（6）恢复秩序。

在抢救伤员、排除险情、勘查现场等各项工作结束后，立即安排施救单位迅速撤除现场，清扫道路，待施救单位撤除现场后，再撤除警戒区域，撤除时，必须从事故车辆处由远及近、由内到外一次撤除安全设施。尽最大努力，尽快恢复交通，各项处置工作结束后，各参战单位及时总结处置工作情况，并由轨道公安分局办公室负责汇总，上报区委、区政府和市公安局。

思考题

1. 简述城市轨道交通安全防护的原则和内容。
2. 详述城市轨道交通安全防护的主要技术要求。
3. 试述地震灾害的破坏形式、抗震设计方法和构造措施。
4. 简述城市轨道交通火灾的特征、危害及防护对策。
5. 试述如何进行城市轨道交通工程的防水设计。
6. 阐述杂散电流的设计原则和专业防护。
7. 简述国内外城市轨道交通系统施工致灾的分类和防护方法。
8. 试述战争灾害的特点和防护设计方法。
9. 详述应急预案的管理要求和启动流程。

第9章 城市轨道交通工程施工技术

本章主要从地下车站、区间隧道和高架桥等三个方面详细阐述城市轨道交通工程常用的施工方法和特殊部位的施工工艺，并结合重点工程实例进行论述。

9.1 地下车站施工

9.1.1 常用施工方法

1. 明挖法

城市轨道交通工程把明挖法作为首选施工方法，因为明挖法施工技术简单、快速、经济。根据土质情况，明挖法大体施工程序可分为四大部分：围护结构施工→内部土方开挖→工程结构→管线恢复及覆土。按地质条件的差异，围护结构可分为地下连续墙、钻孔桩（挖孔桩）、旋喷桩止水、SMW 水泥土加型钢等。围护结构形式的选用主要是根据土质的好坏、围护的刚度以及对基坑防水的要求等来确定。如条件允许甚至可以采用放坡开挖而无需围护结构。当侧压力比较小、基坑较浅时可以不设支撑，设置支撑还是采用锚杆等措施，可根据当地已有的施工经验以及具体情况来定。内部土方开挖主要是根据土质情况采取分层、分块，同时考虑一定的空间及时间因素来进行。对地下水位较高的地区，土方开挖应注意因水土流失引起的支撑不平衡导致的基坑坍塌，或水土流失引起对周围环境的不利影响。内部结构的施工由下至上分步实施，最后施工防水层和上部覆土。

上海地铁 1 号线车站的深基坑开挖和车站结构施工一般采用明挖顺筑法施工，其施工顺序如图 9-1 所示。

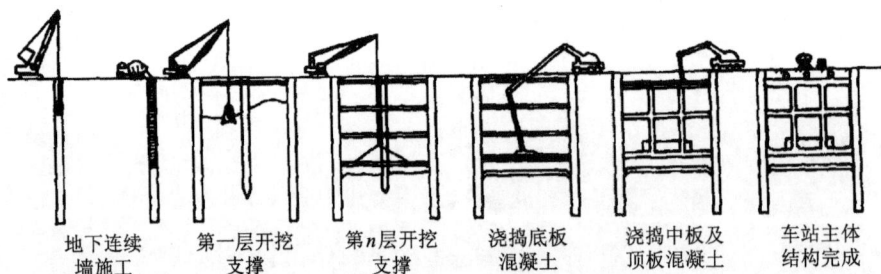

| 地下连续
墙施工 | 第一层开挖
支撑 | 第 n 层开挖
支撑 | 浇捣底板
混凝土 | 浇捣中板及
顶板混凝土 | 车站主体
结构完成 |

图 9-1 顺筑法车站施工顺序示意图

地下连续墙围护结构施工→内井点降水(或基坑底土体加固)→第一层开挖→设置第一层钢支撑→第 n 层开挖→设置第 n 层钢支撑→最后开挖→底板混凝土浇筑→最下层支撑拆除→混凝土内衬浇筑→拆钢支撑→顶板混凝土浇筑。

2. 浅埋暗挖法

根据岩土的自立性能在不破坏地表的情况下,利用竖井采用机械或人工掘进的施工方法。近年来超大型盾构技术应用,为暗挖法在饱和含水地层中的应用提供了广阔的应用前景。

超前加固有水平旋喷、管棚注浆、水平冻结等等。开挖就是利用新奥法的原理进行设计和施工。国外在超前加固工法及机械设备方面做了很多研究,我国由于施工机械方面的落后制约了它的发展和应用。

近年来,我国在土质尚可、地下水位不高的地区采用浅埋暗挖工法有突破性的进展。1986—1987 年北京复兴门地铁折返线工程中首先采用浅埋暗挖法并获得成功。北京地铁采用的浅埋暗挖法是按照新奥法原理进行设计和施工,以加固、处理软弱地层为前提,采用足够刚性的复合衬砌(由初期支护和二次衬砌及中间防水层组成)为基本支护结构的一种用于软土地层近地表隧道的暗挖施工方法。它以施工监测为手段,指导设计与施工,保证施工安全,控制地表沉降。

与明挖法相比,浅埋暗挖法的最大优点是避免了大量拆迁、改建工作,减少了对周围环境的粉尘污染和噪声影响,对城市交通的干扰小。盾构法虽然也具有上述同样优点,但盾构法不能适应隧道断面变化,而且当盾构开挖的隧道不是足够长时,盾构法的经济性不明显。

浅埋暗挖法的施工原则是:管超前、严注浆、短开挖、强支护、快封闭、勤量测。该原则基本上概括了浅埋暗挖法的施工工艺要求和施工经验。

(1)地层的预加固和预处理。

开挖面土体稳定是采用浅埋暗挖法的基本条件。当土体难以达到所需的稳定条件时,必须通过地层预加固和预处理,来提高开挖面土体的自立性和稳定性。降低地下水位一方面可达到无水施工,另一方面可以改善土体的物理力学特性。经常采用的预加固和预处理的措施有超前小导管注浆、工作面前方深孔注浆和大管棚超前支护。以上方法视具体情况可以单独使用,也可以配合使用。

(2)隧道开挖和初期支护。

根据土体的稳定条件和隧道断面大小可以选用短台阶法开挖,或带临时仰拱的长台阶法开挖。对于断面较大的隧道,考虑分部开挖、分部支护和封闭成环的需要,选择中隔壁法(CD 法)、交叉隔壁法(CRD 法)和侧壁导坑法等。浅埋暗挖法常用的初期支护形式是钢筋格栅、钢筋网和喷混凝土。浅埋暗挖法要求初期支护具有足够的强度和刚度,在技术、经济的合理范围内,尽可能减小初期支护的变形量,其目的是控制土体位移,减少地表沉陷。

(3)二次衬砌。

浅埋暗挖法通常采用模筑混凝土作为二次衬砌材料。通过监控量测,证明初期支护基本稳定、防水层铺设完毕经隐蔽工程检查合格后,是灌注二次衬砌的适当时机。如果隧道断面较大,等待初期支护变形达到稳定需要很长时间,也可早一些施作二次衬砌,此时的二次衬砌将要承受初期支护变形传来的压力。

（4）监控量测。

利用监控量测获得的信息指导施工，是浅埋暗挖法施工中必不可少的一个组成部分。地表位移、拱顶下沉、隧道周边收敛等量测项目常被选为监控量测的必测项目，而土压力、土体位移、支护应力等可作为选测项目。量测数据对隧道支护的受力变形状态起着重要的监控作用，量测数据的及时性与准确性应予足够重视。

（5）浅埋暗挖法的适用条件。

尽管浅埋暗挖法对地层的适应性较广，但也并非适用于任何地层。在选用浅埋暗挖法时，对工程地质和水文地质条件、环境和经济方面进行充分论证和评估是十分必要的。选用浅埋暗挖法应考虑的基本适用条件有：第一，浅埋暗挖法不允许带水作业。如果含水地层达不到疏干，带水作业是非常危险的，开挖面的稳定性时刻受到威胁，甚至发生塌方。将地下水，尤其是上层滞水处理好是非常关键的环节，因为它直接影响浅埋暗挖法的成败。大范围的淤泥质软土、粉细砂地层，降水有困难或经济上选择此工法不合算的地层，不宜采用此法。第二，采用浅埋暗挖法要求开挖面具有一定的自立性和稳定性。1977 年日本土木学会曾提出开挖工作面土体稳定的定量判别标准：土壤中的细颗粒（小于 74 μm）含量小于或等于 10%，且不均匀系数小于或等于 5 的土壤，不具备自立性。我国对于土壤的自立性还未作出定量规定，但从定性上提出了要求：工作面土体的自立时间，应足以进行必要的初期支护作业。对开挖面前方地层的预加固和预处理，视为浅埋暗挖法的必要前提，目的就在于加强开挖面的稳定性，增加施工的安全性。

由此可见，无法疏干的含水地层，或者即便进行预加固和预处理，其自立性和稳定性仍很差的地层，可视为不适合采用浅埋暗挖法开挖隧道的地层。

3. 盖挖法

盖挖法是利用围护结构和支撑体系，在一些交通繁忙路段利用结构顶板或临时结构设施维持路面通行，在其下进行车站施工的工法。按结构施工的顺序分盖挖逆筑工法和盖挖顺筑工法两种。

盖挖逆筑工法一般都是对交通作短暂封锁，一年左右将结构顶板施工结束，恢复道路交通，利用竖井作出入口进行内部暗挖逆筑。

盖挖顺筑工法一般是利用临时性设施（钢结构）作为辅助措施维持道路通行，在夜间将道路封锁，掀开盖板进行基坑土方开挖或结构施工。上海地铁 1 号线淮海路上的常熟路站、陕西南路站和黄陂南路站，南京地铁 1 号线一期新街口站等均成功使用盖挖逆筑或顺筑法建成。

在上海地铁车站中采用的盖挖逆筑法的基本施工顺序为：车站内临时支承桩→地下连续墙围护结构施工→地下连续墙墙趾注浆加固、地基与基坑底土体加固→第一层钢支撑抽槽设置→第一层开挖→第二层钢支撑安装→车站顶板立模、扎钢筋、浇筑混凝土顶板覆土、埋管、路面浇筑→第二层开挖（暗挖）→第二层钢支撑下移至第三层安装、第四层钢支撑安装→中楼板立模、扎钢筋和混凝土浇筑→第三层分小段开挖（暗挖）→第四层钢支撑逐根移至第五层安装→底板混凝土浇筑，如图 9-2 所示。

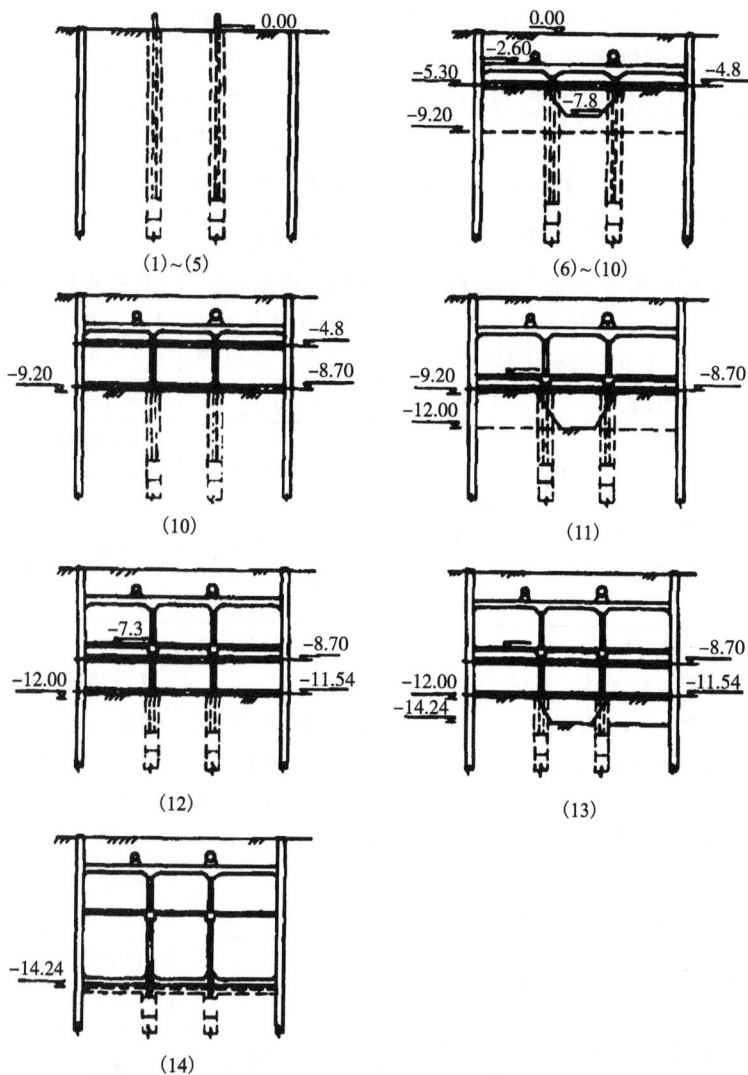

(1)~(5)　(6)~(10)

(10)　(11)

(12)　(13)

(14)

图 9-2　盖挖逆筑法车站施工顺序示意图

9.1.2　施工方法选择

1. 区间隧道的施工方法

　　地铁区间隧道施工方法选择主要受工程地质、水文地质、地形地貌、沿线环境的要求、施工单位的技术水平、施工进度、经济条件等因素限制。地下工程和地面工程不同，在初步设计、施工图设计之前，设计院要对基本的施工方法确认，在此方法基础上所做的设计才是切实可行的。施工工艺方案选择得当，施工机械配套合适，工程往往事半功倍。反之施工机械不当，施工方法不合理，就会导致施工中遇到许多困难甚至失败，不得不改用其他施工方法。在沿海城市饱和软地层中修建隧道最好选择盾构法、顶管法，而明挖法则对环境造成太大的影响，干扰城市政治经济文化生活。山区城市则应以新奥法信息反馈施工具有更高的经济效益，在条件允许的情况下应采用 TBM(Tunnel Boring Method)施工方法。目前国内外常用的区间隧道施工方法如表 9-1 所示。施工单位应对所列方法进行综合经济、技术、环境因素比较，优化选择，以取得最大经济和社会效益。

表 9-1　地铁区间隧道施工方法一览表

序号	施工方法	环境场地要求	优点	缺点	发展方向
1	明挖法	市郊施工场地开阔，软岩和土体，如北京和天津地铁	进度快，工作面大，便于机械和大量劳动力投入	破坏环境生态，影响交通，带来尘土和噪声污染	(1)有效井点降水系统； (2)可靠的支撑系统； (3)大型土方机械，混凝土搅拌及运输机械
2	矿山法（钻爆法）	岩石和坚硬土体，如青岛和重庆地铁	地面干扰小，造价低	进度慢（约 1~1.5 m/d），劳动强度高，风险大	(1)多臂钻孔台车，自动装药引爆装置； (2)光面爆破，喷锚支护，监控数据反馈指导设计和施工方法
3	暗挖法（软土）	埋深较浅对土体进行冻结、注浆、深层搅拌桩加固地基，管棚法加固，浅埋车站，如北京、哈尔滨等城市地铁	地面干扰小，造价低，便于施工	机械化程度低，劳动强度高，环境恶劣，风险大	(1)发展可靠的浅层地基处理技术； (2)小型灵活的地下开挖机械； (3)可靠的临时支护措施和机具
4	盾构和顶管法	城市软地层、深埋隧道，如上海、广州、北京等城市地铁	地面影响小，机械化程度高，安全，工人劳动强度低，进度快（日均 8~10 m）	机械设备复杂，价格昂贵，施工工艺烦琐，专业施工队伍	(1)开发适用不同地质条件、自动更换刀盘的气压、土压泥水平衡盾构和顶管，超前探测排障技术； (2)钢纤维挤压混凝土衬砌； (3)三维仿真计算机管理系统，管理信息化、自动化； (4)自动导向，中途对接异型盾构
5	沉管法	跨越江河湖海，软地基如广州、宁波、上海过江隧道	造价省，速度快，隧道断面大	封锁江河水面，专门的驳运、下沉、对接机具，水下作业，风险大	(1)大型涵管制作及驳运技术； (2)地下定位对接、防水技术

续表9-1

序号	施工方法	环境场地要求	优点	缺点	发展方向
6	凿岩机法（TBM）	坚硬岩石地质，如广州地铁	速度快，机械化程度高，安全，地面无干扰	造价高，使用掌握复杂，刀具易磨损	(1)开发国产高性能凿岩机； (2)改进高强合金刀具； (3)超前不良地质探测系统
7	沉井（连续沉井）	软弱地层，地域空广	造价省、速度快、工艺成熟	对环境影响，泥浆污染，地面下沉	(1)不均匀沉降的监测设备仪器； (2)泥浆或水力减摩措施； (3)控制突沉或倾斜方法； (4)排除孤石障碍物设备

2. 地铁车站施工方法

城市地铁车站大多定位在城市政治、经济、文化、交通中心区域附近，因此，地铁施工方法的选择很大程度上要考虑环境的要求。例如：在施工中长时间中断交通；泥浆、粉尘、噪声、振动污染给居民生活带来的影响；地面沉降变形引起建筑物、构筑物开裂导致工程事故，造成经济损失和不良的社会影响。故在大城市闹市区修建地铁车站一般先构筑连续墙(或桩排墙)和中柱，然后修建顶盖并恢复交通，在顶盖保护下完成地铁站厅和站台的工程施工，这也就是通常所谓的盖挖法。此法在上海地铁1号线陕西南路站、黄陂南路站，北京地铁天安门东站、西站施工中均成功采用。地铁车站施工方法如表9-2所示。选择正确的施工方法也应依据不同的地质情况、工作环境，综合考虑施工进度及安全经济方面的各种因素。在城市建筑物密集地区修建地铁车站首先采用盖挖法和逆作法。多条地铁线路交叉的深埋换乘站，根据国外的经验应该采用两圆、三圆异型盾构掘进机施工。

表 9-2 地铁车站施工方法一览表

序号	施工方法	环境场地要求	优点	缺点	发展方向
1	明挖法	浅埋车站，有宽阔的施工场地，如京、津、沪、穗地铁车站	进度快，造价低，便于大型机械化施工	破坏、污染环境，影响市区居民生活，风险大	(1)开发大型导板式开凿机，深层地下连续墙，桩排墙施工技术； (2)预应力钢支撑技术； (3)地面变形监控技术； (4)SMW工法土钉墙支护
2	矿山法（新奥法）	坚硬岩土介质、地下水位低	地面影响小，造价低	进度慢，劳动强度高，风险大	(1)多臂钻孔台车、自动装药引爆装置； (2)光面爆破，喷锚支护，监控数据反馈指导设计和施工方法； (3)分断面开挖，眼镜工法； (4)大型土方机械

续表9-2

序号	施工方法	环境场地要求	优点	缺点	发展方向
3	浅埋暗挖法	对土体进行冻结、注浆、深层搅拌、管棚法加固，浅埋车站，如北京地铁	地面干扰小，造价低	地下作业风险大，机械化程度低	(1)发展可靠的浅地层地基处理技术； (2)小型灵活的地下开挖机械； (3)可靠的临时支护措施和机具
4	盖挖法	市区浅埋地铁车站，如上海地铁1、2号线淮海路和南京路上的站、北京一些地铁车站	占用场地时间短，对地面干扰较小，安全	施工工序复杂，交叉作业，施工条件差	(1)建立合理的施工管理网络，交叉施工，流水作业； (2)地下小型施工机具； (3)作为永久衬砌支护的地下连续墙，钻孔桩柱施工质量控制和托换技术
5	逆作法（半逆作法）	车站上面有高层建筑，埋深较深，如上海地铁新闸路站	占用场地时间短，对地面干扰较小，安全	施工工序复杂，交叉作业，施工条件差	(1)建立合理的施工管理网络，交叉施工，流水作业； (2)地下小型施工机具； (3)作为永久衬砌支护的地下连续墙，钻孔桩柱施工质量控制和托换技术
6	异型盾构（或凿岩机法）	市区深埋车站，线路交会换乘下层车站	不影响地面地下生活运营，安全，机械化程度高	机械复杂，造价高，安装操作难度大	(1)开发研制国产大型三心圆、割圆异型盾构； (2)开发新型衬砌支护材料和施工技术
7	沉井法	软土地层或水域，较开阔的施工场地，深浅埋小型车站，如上海60年代地铁试验段车站	分节制作下沉，进度快，机械化施工，安全	周围地面沉降，地下水位变化，对居民生活有影响，下沉纠偏有一定困难	(1)大型沉井制作下沉施工技术； (2)相配套的小型挖土机，坑内外降水技术； (3)大型沉井纠偏技术，防止突沉、超沉、管涌流沙技术

3. 轻轨高架桥施工方法

轻轨高架桥类似于城市高架桥和公路高架桥的形式。高架桥跨越一般河流时，桥梁孔径应保证设计频率洪水、流冰及其他漂浮物或船只通过的安全要求。当高架桥跨越铁路、公路或城市道路时，桥梁孔径及桥下净空应满足有关规范规定限界。一般情况下，城市地势平坦，全线采用高架结构，为了节省轨道交通系统的造价，高架桥结构要求有较小的建筑高度。

轻轨高架桥结构主要有：基础、墩台、纵梁和桥面。轻轨高架桥系永久性城市建筑，设计应考虑在制造、运输、安装以及运营过程中应具有规定的强度、刚度及稳定性，且要求施工简便快速，对现有城市交通干扰少，并考虑城市景观，结构寿命应按50年以上考虑。

　　高架桥的基础工程施工常在地面以下或水中，涉及水及岩土的问题，从而增加了它的复杂程度，使高架桥基础无法采用统一模式。根据桥梁基础工程的形式大致可以归纳为扩大基础、桩(钻孔灌注桩、挖孔桩或预制打入桩、钢管桩)基础、沉井基础和组合基础几大类。上海明珠轻轨线高架桥的基础多为打入预制钢筋混凝土方桩，浇筑桩平台，其上浇筑桥墩。采用何种基础形式，主要受到工程地质、水文地质、环境要求、施工进度等因素控制。常用的高架桥基础施工方法及其优缺点如表 9-3 所示。

表 9-3　高架桥基础施工方法一览表

序号	施工方法		环境、场地、技术要求	优点	缺点	发展方向
1	明挖扩大基础		市郊施工场地开阔，软岩和土体，持力坚固地层相对较浅，中小型桥涵基础，地层软弱时，辅以降水、围堰、支撑，开挖水下浇筑混凝土	进度快，大面积施工，便于机械化施工，造价低	污染环境，阻断交通航运	(1) 有效井点或深层深井泵降水系统；(2) 钢板桩、预制混凝土桩、SMW 工法支护；(3) 高效挖土机
2	沉桩施工	打入桩	市郊远离居民，软黏土、粉砂、砂砾，承载基岩较深	施工速度快、质量有保证、承载力较高	振动、挤土影响大、噪声大、桩截面有限	(1) 发展轻型，易于拆卸安装，效率高的沉桩机；(2) 发展振动、射水等对土体、环境干扰小的机械；(3) 大口径各类正反循环周转钻机，适应各类土层施工
		挤压桩	市区房屋建筑相对远离，软黏土、粉质黏土，承载基岩较深	施工速度较快，可以直接得到桩的承载力，单桩的承载力较高	挤土明显，单桩承载力有限制	
		钻孔灌注桩	市区黏土、软岩、砂土、砾石各类地层，挖孔桩相对较浅，如广州、南京，钻孔灌注桩可以较深如上海	振动、挤土干扰小，各种土层中施工，桩径可大可小，单桩的承载力可很大，挖孔桩施工灵活	泥浆污染，施工质量有时难以保证	

续表9-3

序号	施工方法	环境、场地、技术要求	优点	缺点	发展方向
3	管桩基础	地质条件复杂,深水岩面不平,管桩体连接法兰盘和管靴,普通混凝土管桩适于入土深25 m,预制混凝土管桩入土深可超过25 m	适于复杂地质条件,预制分节下沉接高,便于机械化施工,效率高	机械化程度高,工艺较复杂,需要有船队配合,施工质量较难控制	预制大型混凝土管桩、钢管桩施工工艺研究
4	沉井基础	地面以下深处有较好的持力层,浅层或河中有较大卵石不方便桩基施工,河水深、冲刷大,占用场地不大,所需净空高度较低	埋深大、整体性强、稳定性好、承载力大	施工周期长,粉砂土易出现流沙,造成沉井倾斜,遇到孤石、沉船、树根、井底岩面倾斜,自重下沉困难时,采用泥浆润滑套沉井、浮式沉井、空气幕沉井等辅助工法	困难地质条件下沉井下沉施工机具及工艺

　　轻轨高架桥的桥墩主要有倒梯形、T形、双柱式和Y形桥墩,如图9-3所示。桥梁下部结构选型对整个桥梁结构设计方案有较大影响,不仅要满足强度稳定性的要求,而且要适应桥梁美学方面的要求。合理的选型能使桥梁上下结构一致、轻巧美观,能使轻轨高架桥与城市环境和谐匀称,使人有一种愉快感觉和美的享受。桥墩通常采用模注钢筋混凝土连续浇注,大型复合胶木模板,钢管支撑,内模衬塑料薄膜,注意拆模前后的养护,使轻轨高架桥墩外表光洁、棱角分明。

　　轻轨高架桥上部结构的施工方法受到桥梁类型、跨径、城市环境要求、施工机械化水平等因素影响,主要有现场浇注法、预制安装法、悬臂施工法、转体施工法、顶推施工法、移动模架逐孔施工法、横移施工法、提升与浮运施工法。上述这些施工方法各有其优缺点和适用条件。在选择施工方法时,桥梁的类型、跨径、施工技术水平、机具设备的条件、桥址的地形环境、安装方法的安全性、经济性和施工速度等都是必须考虑的因素。虽然桥梁施工方法很多,但对于不同桥梁类型,有的适合,有的不适合,有的则在特定条件下可以使用。表9-4列出各种桥梁上部结构主要可供选择的施工方法。表9-5为桥梁施工方法所常用的桥梁跨径范围。

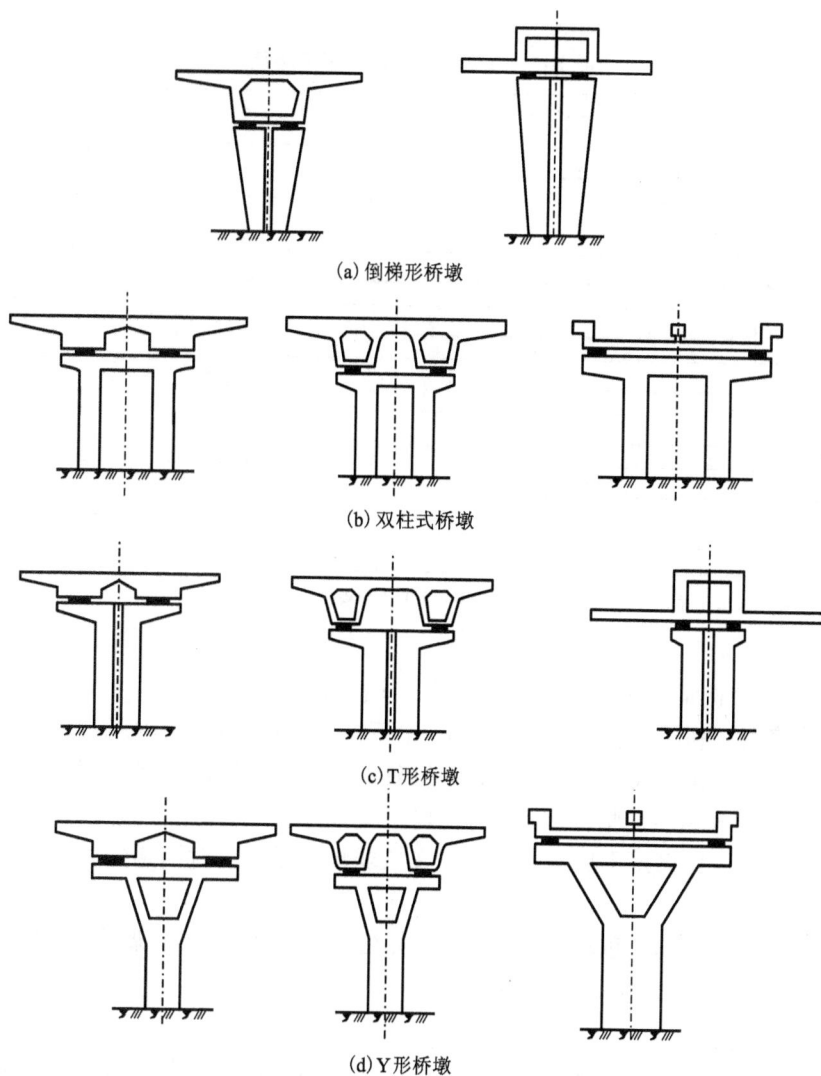

(a) 倒梯形桥墩

(b) 双柱式桥墩

(c) T 形桥墩

(d) Y 形桥墩

图 9-3　桥墩与上部结构布置图

表 9-4　各种类型桥梁可选择的主要施工方法

桥型	简支梁桥	悬臂梁桥 T 形刚构	连续梁桥	刚架桥	拱桥	组合 体系桥	斜拉桥	吊桥
现场浇注法	√	√	√	√	√	√	√	
预制安装法	√	√		√	√	√	√	√
悬臂施工法		√	√	√	√		√	√
转体施工法		√		√	√		√	√
顶推施工法			√		√		√	
逐孔施工法		√	√	√				
横移施工法	√	√	√			√	√	
提升与浮运施工法	√	√	√			√		

表 9-5 各种施工方法的适用跨径

跨径/m	0 20 40 60 80 100 120 140 160180 200　　　　300　　　　400　　　　500
现场浇注法	
预制安装法	
悬臂施工法	
转体施工法	
顶推施工法	
逐孔施工法	
横移施工法	
提升与浮运施工法	

注：桥梁跨径主要指混凝土桥，——常用跨径；----施工达到跨径。

桥梁施工方法选定，可依据下列条件综合考虑：

（1）使用条件。桥梁跨径、类型、墩高、梁下空间限制、平面场地限制、桥墩形状等。

（2）施工条件。工期要求、起重能力和机具设备要求、架设时是否封闭交通、架设时所需的临时设施、材料供应情况、架设施工经济核算等。

（3）自然条件。山区或平原、地质条件及软弱地层情况、对河道影响、运输线路的限制等。

（4）社会影响。对施工现场环境的影响，如公害、景观、污染、架设孔下的障碍、道路交通阻碍、公共道路的使用及建筑限界等。

4. 设备安装施工

城市轨道交通技术设备是技术密集型产品，涉及机械、电气（强电、弱电）、计算机、声学及光学等技术领域，与工业基础有密切联系。它主要包括机车车辆、空调系统、电气传动系统、计算机监控系统和诊断系统以及通信系统、消防报警系统和自动检票系统。所有这些设备应是可以用国产设备代替的，经过联合科技攻关可以开发的产品。因此，地铁设备应立足于国产化，以节约造价，缩短工期，解决运营所需设备的后顾之忧。对于那些直接影响行车和设备系统安全的装备，如果国内暂时还不能满足要求，应该选择引进设备。设备安装工程的绝大部分都可以由国内建筑设备安装公司承担。设备安装工程应和土建工程交叉施工，例如隧道推进到一定距离可以开始轨道铺设设备、供配电设备安装等工作，这样可以缩短建设工期。机电、通信、信号控制等设备制造安装投资占地铁总投资的 2/3 以上，只有立足技术设备国产化，安装工程队伍国内化，才能大大降低地铁工程的造价，加速地铁工程发展。

9.1.3 工程实例

1.天安门西站的施工

北京地铁"复八线"天安门西站是目前国内采用浅埋暗挖法施工规模较大的地铁车站。该车站的主要特点是：结合了浅埋暗挖法与盖挖法的优点，采取暗挖桩柱法施工，并已获得成功。

(1)总体施工顺序(如图 9-4 所示)。

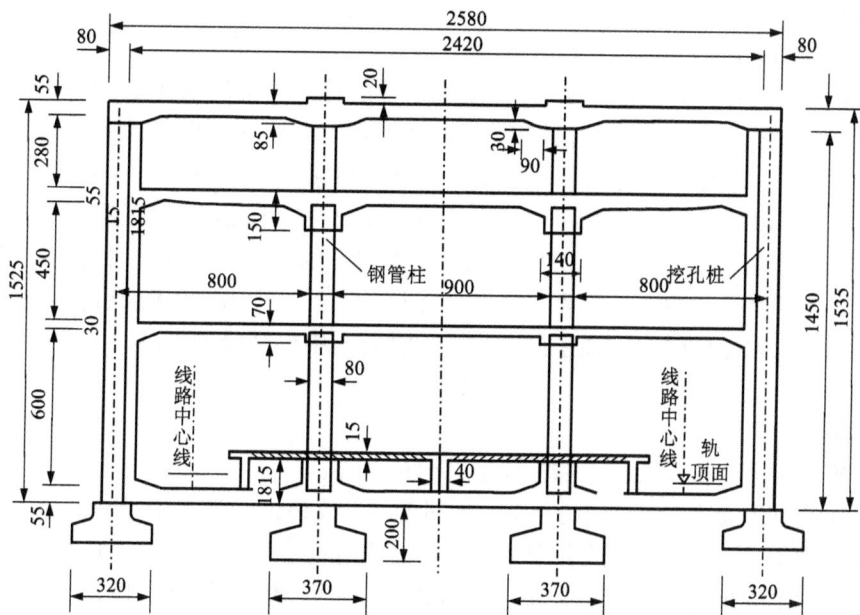

图 9-4　三跨两柱三层框架结构(尺寸单位：cm)

为确保车站结构施工安全必须尽快形成框架。首先施工 8 个导洞(上下各 4 个)；接着在导洞内施作承载结构和传力结构，包括条形基础、边桩、钢管柱、顶梁等；然后由上至下逆筑车站结构，包括三跨顶拱的初期支护和二次衬砌、站厅层和站台层等；最后进行修筑装修、设备安装等。具体施工流程如下：导洞开挖、支护→桩孔、柱孔开挖及护壁→条形基础施作→桩、柱吊装及灌注混凝土→桩、柱顶梁施作→三跨顶拱初期支护施作→花边墙施作→三跨顶拱二次衬砌施作→站厅层施作→站台层施作→站台板施作→建筑装修及设备安装。

(2)导洞施工。

首先开挖 8 个导洞(上下各 4 个)。先施工下导洞，后施工上导洞，上导洞落后下导洞 15~20 m。导洞施工采取正台阶法，上洞留核心土，台阶长度控制在 2~3 m，开挖前在起拱线以上轮廓线以外排设 $\phi32$ mm 小导管，管长 1.8~2.5 m，环向间距 0.3 m，压注改性水玻璃浆液超前加固地层。

(3)桩孔、柱孔的开挖和支护及条形基础施工。

①桩孔、柱孔的开挖和支护。

8 个导洞形成后，分别从上导洞往下开挖桩孔、柱孔。采用铁锹或风镐挖土，用结辘配钢丝绳提升出渣，采用自制圆形钢模板灌注 C15 混凝土作支护。每开挖 0.5 m 或 1.0 m（砂层 0.5 m，黏土层 1.0 m）施作支护一次。为防止塌孔，在下导洞需要开挖桩孔、柱孔部位的四周，打设 φ42 mm 小导管 4 根，进行预注浆加固地层。

②条形基础施工。

4 个下导洞形成后，在洞内施作条形基础。预埋中柱定位杆，安装调平基板，绑扎钢筋，通过竖井送料灌注混凝土。预埋定位杆、安装调平基板时，采用精度为 1/200000 的自动安平投点仪、激光测距仪及前方交会法，确定桩、柱基础的中心位置。

（4）桩、柱和顶梁的施工。

①桩、柱的施工。

条形基础形成并达到设计强度后，开始桩、柱的施工。桩的钢筋笼、柱的钢管分 4 节吊装，钢管各节之间采用高强螺栓连接。桩、柱下端与条形基础预留调平基板连接，上端用设在桩、柱孔上的定位器定位。边孔吊装 φ800～φ1000 mm 钢筋笼，中孔吊装 φ600 mm 钢管，在钢管周边填砂，上、中、下 3 处用厚 50 cm 的混凝土充填，起固定作用。除了用定位器定位外，还通过投点仪和激光测距仪确认桩（柱）的垂直度，看桩（柱）基的中心和桩（柱）的中心是否重合，能否达到精度要求。当上下闭合、连接准确无误后，采用导管灌注泵送混凝土。为确保桩（柱）混凝土的密实，在混凝土中掺缓凝剂 TMS，严格控制水灰比，并加强捣固。

②顶梁施工。

顶梁施工可分为桩顶梁施工和柱顶梁（天梁）施工。

在灌注边桩混凝土时，桩间的顶部也同时灌注，故桩顶梁施工相对来说比较简单。对钢筋绑扎并预留三跨顶拱初期支护节点板（其位置与柱上导洞预留节点板相对应）后，架立由钢模板和木模板组成的组合模板，并用 φ50 mm 可调钢管支撑，顶紧在导洞侧壁上，灌注泵送混凝土，人工振捣。

天梁施工时架设多功能可调脚手架作业平台，在梁下安装 3 排 U 形托支柱，在 U 形托内放一根 15 cm×15 cm 方木，在纵向方木上铺设钢模板（钢管柱托盘处使用 5 cm 厚木模）作为底模，然后绑扎天梁钢筋，经验收合格后封闭侧模，并预留与三跨顶拱二次衬砌相连的钢筋、排气孔和注浆管（如图 9-5 所示）。侧模采用工字钢（116）作为骨架，加工成天梁形状，每隔 1.5 m 设置 1 对，用 φ22 mm 钢筋拉杆拉紧，两侧用方木顶紧在导洞壁上。经检查合格后进行混凝土灌注。当混凝土达到一定强度后通过预留注浆管压注水泥砂浆（添加适量微膨胀剂），使天梁顶部充填密实。柱顶梁全长 226.1 m，采用分段灌注（分段长度除第一段外，其余均为 9.9 m），分段位置确定在钢管柱纵向柱间距的 1/4 处，其截面与梁中心垂直。

（5）三跨顶拱初期支护施工及花边墙施工。

①三跨顶拱初期支护施工。

车站承载结构和传力结构形成后，先后从车站两端、中央开辟 4 个掌子面施作三跨顶拱初期支护，如图 9-6 所示。中拱超前，两边拱紧跟（约落后中拱 2～3 m），中拱拉杆施工落后掌子面核心土开挖约 1.0 m，三跨顶拱采用弧形导坑开挖法，留核心土。

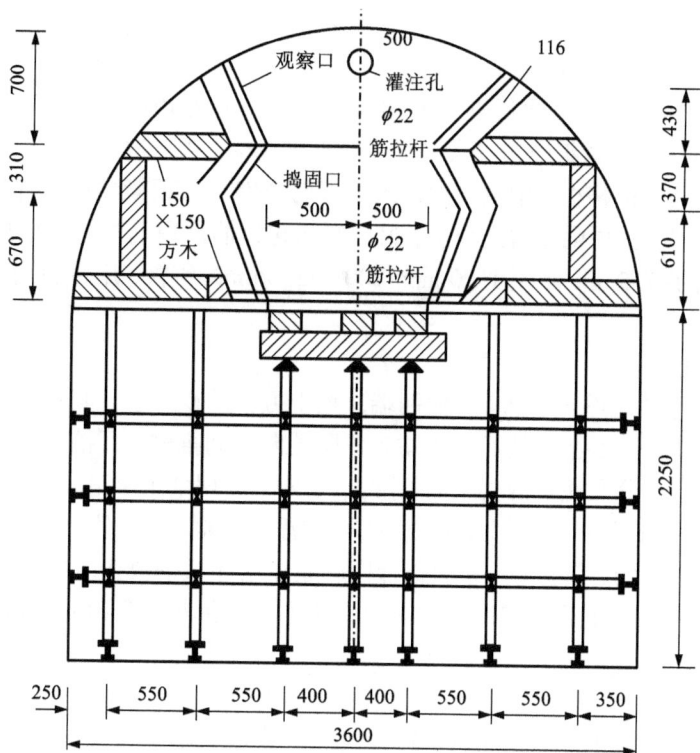

图 9-5 "葫芦形"柱顶梁(天梁)的模板和支撑(单位：mm)

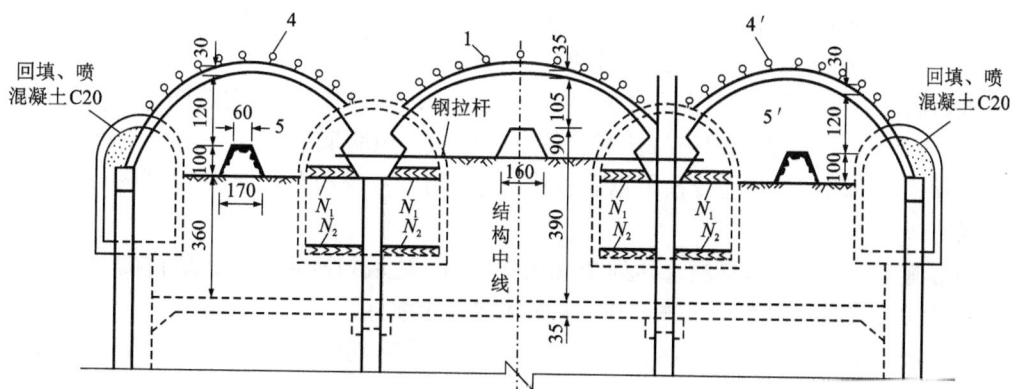

图 9-6 三跨顶拱初期支护的施工(尺寸单位：cm)

②花边墙施工。

为使三跨顶拱的二次衬砌紧跟其初期支护，保证车站施工安全，采用将边墙分块落底（花边墙施作）的方法，使车站尽快形成框架结构。施作花边墙的小竖井布设在两侧桩导洞内，挖井方法与桩(柱)孔开挖方法相同。车站边墙厚 0.5 m，花边墙预留 0.1 m 结构厚度，准备与车站结构大面积边墙同时灌注，以确保混凝土整体外观质量。花边墙立柱完成后即可施作车站通梁，施工方法与桩顶梁类同。花边墙的施工顺序为：花边墙竖井的开挖

249

超前于边拱初期支护的施工，花边墙立柱的施作紧跟边拱初期支护的施作，通梁施作落后于边拱初期支护的施作约 10 m。

(6)三跨顶拱二次衬砌的施工。

根据"初期支护先行、二次衬砌紧跟"的施工原则，在花边墙的通梁完成后，一般当初期支护完成 30 m，即可紧跟施作二次衬砌。施工作业中，拱二次衬砌之前，先拆除中柱上导洞内与其相邻两侧的格栅，中拱二次衬砌的钢筋分别与柱顶梁预留筋焊接，边拱二次衬砌的钢筋，其一侧与柱顶梁预留筋焊接，另一侧同花边墙预留筋焊接。中拱二次衬砌混凝土的灌注超前边拱 7.5 m。采用 1500 mm×200 mm×55 mm 钢模，用自制钢拱架作为钢模的支撑骨架。

(7)站厅层施工。

由 2 号施工竖井通道向车站东、西两端开挖土方，并破除上导洞初期支护。先开挖站厅层中跨土方至站厅板位置，然后由车站东西两端向中间推进，开挖边跨土方至站厅板位置。每开挖 33.5 m(分段灌注混凝土的长度)，用人工清理余土至站厅板底部标高，进行夯实，用红砖和 3~5 cm 厚的水泥砂浆做成地模，并涂脱膜剂，待脱膜剂成膜后绑扎钢筋，同时预留、预埋各种孔洞、钢管等，经检查合格后灌注站厅板混凝土。站厅板混凝土达到设计强度后进行站厅板以上边墙二次衬砌混凝土灌注，花边墙预留 10 cm 厚度与大面积边墙一起灌注。

(8)站台层施作。

土方开挖：站台层土方开挖先从中跨开始，分别从车站东、西、中部由 1 号风道、2 号风道及 1 号出入口进入施工。中跨开挖沿高度分三步进行，第一步站厅板以下 1.7 m 范围内人工开挖，同时凿除站厅板地模；第二步开挖至柱下条形基础顶面，采用机械开挖，配以人工拆除导洞初期支护；第三步开挖到底并施作底板初期支护和垫层。边跨土方开挖顺序同中跨开挖，边开挖边施作边跨的挂网并喷混凝土支护。

底板施工：铺设底部防水层，绑扎底部钢筋，同时预留站台板构造柱钢筋，每次混凝土灌注 13.2 m。中跨底板钢筋与柱基预留钢筋连接，边跨底板钢筋一侧与中跨柱基预留钢筋连接，另一侧则与花边墙预留钢筋连接，连接的方式采用套筒连接(一端冷挤压、一端直螺纹)。

边墙施工：边跨底板混凝土达到 75% 的强度后，边墙衬砌紧跟。边墙衬砌 10 m 一段，采用移动式边墙模板台车，泵送 C30、S8 防水混凝土灌注。

站台板施工：站台板在车站框架形成后，在不影响其他工序作业的情况下进行平行作业。

(9)防水层施工。

天安门西站采用全封闭柔性防水层。采用无钉铺设双焊缝焊接，局部采用手工焊。针对各节点防水要求的特点，均采用多道防水措施。天安门西站柱顶梁与三跨拱脚衔接处，除铺设封闭式柔性防水层 ECB 外，在其下面增设一条 600 mm 宽同质材料的盲沟。边墙及底板连接处防水层的最后一道焊缝采用手工焊，然后外贴一条 10 cm 宽的同质防水材料，做充气试验。变形缝增设止水带，外填双组分聚硫橡胶，施工缝设两条复合式膨胀橡胶止水条。对各部位防水层预留部分，根据不同情况采取不同的保护措施：天梁处采用背贴 1 mm 钢板和石棉布，花边墙立柱采用三合板，柱下条形基础两侧采用双层木板加塑料泡沫垫层。目前天安门西站外部防水已经过多个雨季的考验未出现渗漏情况。

2.黄陂南路站逆筑法施工

黄陂南路站位于淮海中路、黄陂南路与淡水路之间。车站长 223.6 m，宽 21 m，深 14~18 m，总平面如图 9-7 所示。

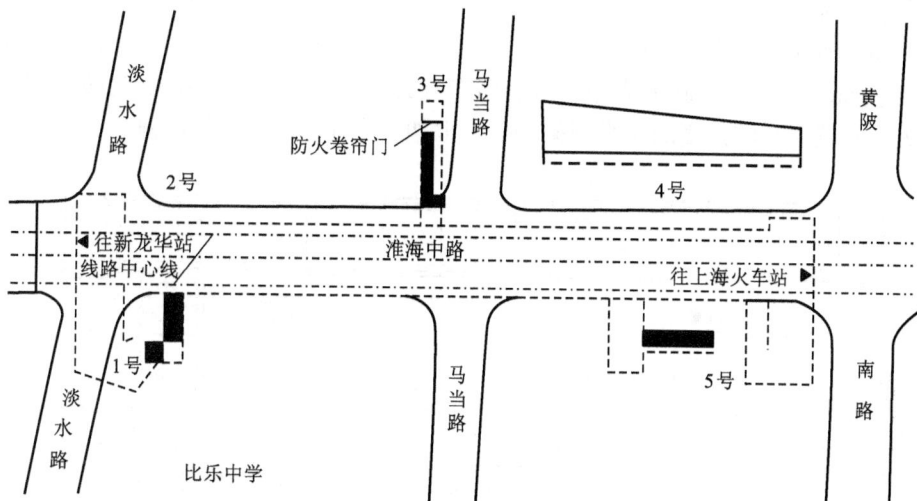

图 9-7　黄陂南路站总平面图

车站两侧建筑物密集，商店林立，房屋建造年代久远，有的基础下建有简易结构的地下人防通道，基坑离五层民房的最近距离仅 1.8 m。车站两侧有许多地下管线需保护，商业网点还要继续营业。因此，黄陂南路站深基坑施工对环境保护的要求很高。为适应环境保护和道路封锁时间的要求，车站采用地下连续墙围护的逆筑施工法，其横剖面如图 9-8 所示。其主要施工程序及流程分述如下：

（1）钢管桩打入。

逆筑法施工期间车站结构重量及其封顶后的附加荷载需由钢管桩承担，因此，钢管桩打入是一道关键性的工序。

沿车站中心线两侧打设两排 46 根钢管桩。钢管桩外径 90 mm，壁厚 20 mm，每根长 60 m，分四节，每节 15 m。钢管桩接头采用半自动焊机焊接。在距钢管桩顶部 18.5 m 处焊接支承中腿和环形支承板以供 H 形钢柱安装时固定位置之用。桩基持力层为灰色粉细砂层。

（2）H 形钢柱安装。

采用一桩一柱在钢管桩内安装 H 形钢柱，在施工阶段为临时结构支柱。H 形钢柱规格形式为 404 mm×407 mm，每根柱长约 21.0 m。

（3）地下连续墙施工。

①施工程序。

先施工东、西端头井及东、西通风亭地下连续墙，再施工标准段及出入口地下连续墙。

②成槽施工。

采用 MHL-80120 型液压挖槽机施工地下连续墙，同时配备 KH-180 型 50 t 大吊车。为提高地下墙的承载力和减小地下墙沉降，采用了墙趾注浆的技术措施，以提高墙底土体的强度和承载力。墙趾注浆的有效范围宽、深方向各 2 m，经分层注浆加固后的土体强度明显提高，地下墙的沉降小于 1 cm。

③钢筋笼制作及吊放。

设计的钢筋笼标准段长 27.5 m(端头井长 305 m)，最重达 20 t 左右。采用一辆 100 t 大吊和一辆 50 t 大吊实施起吊方案，吊点用三点式(实际是九点受力)，为防止起吊中变形，在笼内布置了足够强度的水平框架和竖向框架，并对起吊点进行加强。

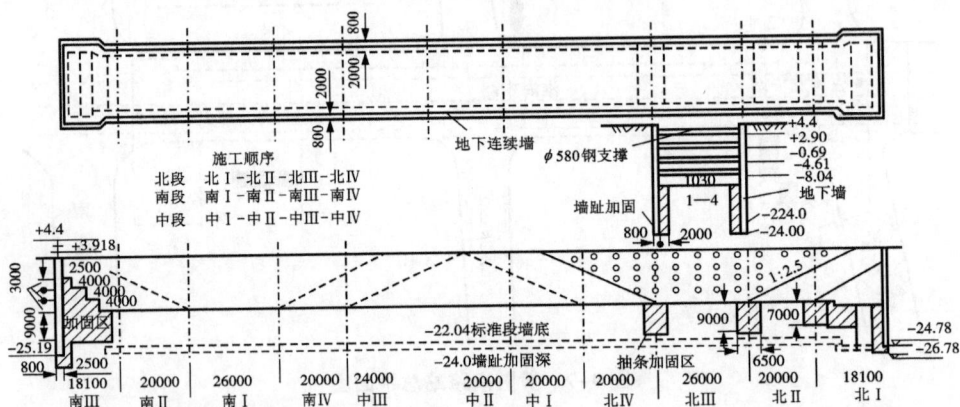

图 9-8　逆筑法施工的黄陂南路站横剖面图(尺寸单位：mm，标高单位：m)

(4)扩大的端头井施工。

逆筑法施工的车站在浇筑完顶板、恢复路面交通以后，盾构的安装、拆卸，管片和渣土的运输，以及机电设备的下井安装等均需在路边进行，因此，端头井的长度比一般车站要长。淮海路的三座车站扩大后端头井的平面最大尺寸为 15 m×42 m。黄陂南路站的东、西两端头井的平面如图 9-9 所示，东端头井南侧为风井。

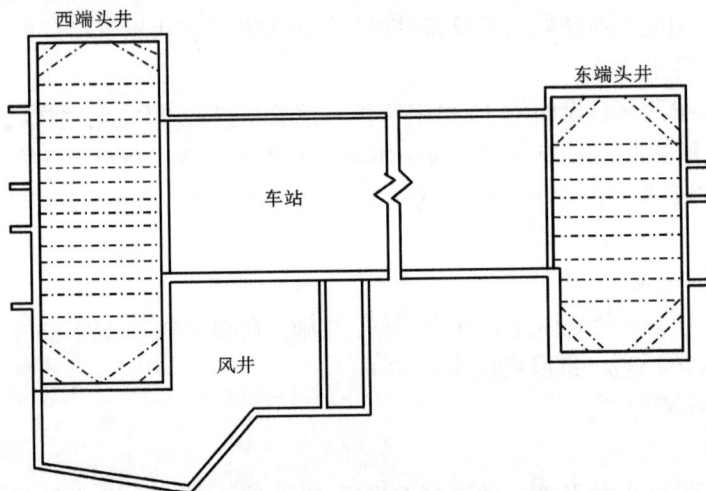

图 9-9　黄陂南路站东、西端头井平面支撑方案图

端头井支撑形式以单向直支撑为主,四个角部各设两道斜撑(如图 9-9 所示),以控制南、北墙体的位移变形。井内设 5 道钢支撑,按设计轴力的 80%~100% 施加预应力,同时对第 3、4、5 道斜撑进行加强。端头井采用地下连续墙围护,与车站标准段的连通部分也用地下连续墙作封堵墙,待车站结构完成后凿除,如图 9-10 所示。端头井先于车站标准段开挖,采用"先端部、后中间"的原则,先在南、北两端挖土,撑好斜支撑后再开挖中间段土方。

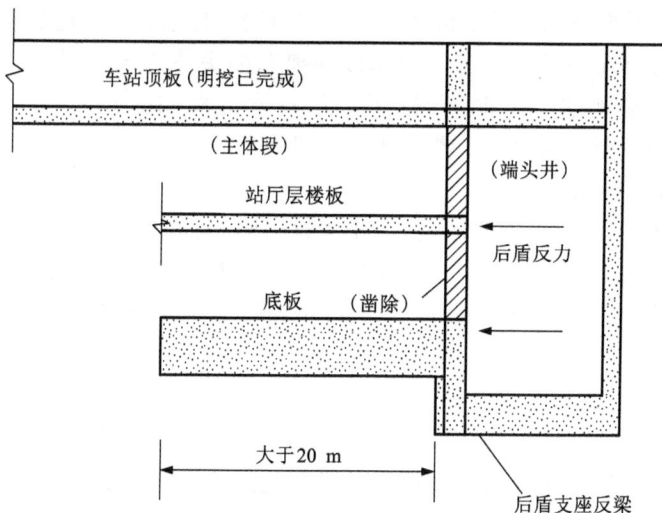

图 9-10　车站端头井与标准段施工示意图

(5)车站标准段深基坑施工。

①标准段结构施工顺序及流程。

a.标准段结构一期工程施工。

标准段一期基坑开挖分东西两段分别同时施工。施工流程为:地下连续墙的导墙凿除→基坑开挖→支撑安装、钢平台安装→顶板及部分站厅板结构施工→支撑拆除→防水层施工。

b.标准段结构二期工程施工准备和施工流程。

二期施工为"暗挖"施工,施工流程如图 9-11 所示。

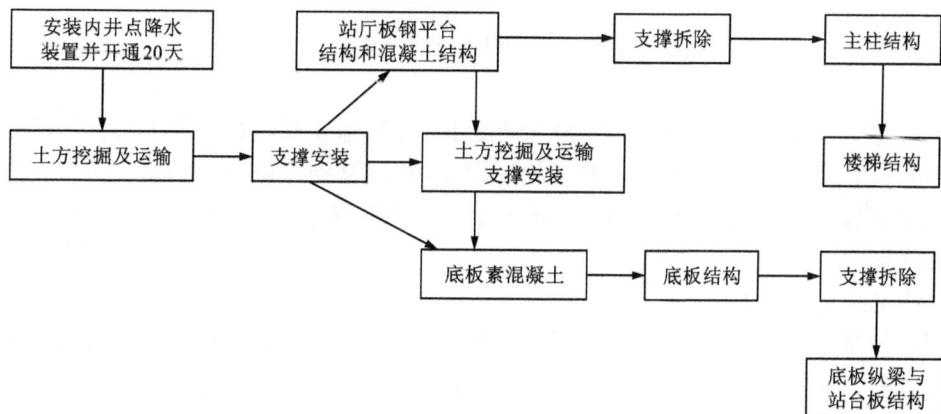

图 9-11　二期标准段施工流程图

②基坑开挖施工。

车站的下卧层为灰色淤泥质粉质黏土,含水饱和、孔隙比大,属高压缩性土。为稳定基坑和控制邻近建筑物沉降,采取坑底土体加固和施工监测相结合措施。

a. 基坑土体明挖施工。

车站基坑明挖施工分东西两段同时施工。西段在西端头井施工完后,由端头井开始由西向东开挖施工,履带吊和履带挖机在车站平面内挖土作业,边挖边退。基坑纵向放坡为1:2,开挖深度为-5.6 m 和-10.5 m。东段在离东端头井约 50 m 处由西向东开挖施工,履带吊停放在基坑南侧挖土作业,开挖深度为-5.6 m 和-10.5 m。开挖-10.5 m 共有三段,每段 20 m,明挖至中板以下,属"二明一暗"施工。

b. 基坑土体暗挖施工。

全部车站顶板混凝土和部分中板混凝土浇筑完毕后,车站基坑转入暗挖逆筑施工。挖土顺序先从出入口和东、西端头井入口开始,土方采用分层开挖,随挖随支撑,挖土和水平运输土方采用小型机械设备,每层挖土放坡不超过 1:1,如有几层土同时施工,总坡度控制在 1:2。

③钢支撑安装施工。

部分地段挖至 10.4 m 处,同时也完成了四道支撑,这样给逆筑支撑施工带来了许多方便,在顶板以下逆筑区段第四道支撑需从外面运进去,第三道支撑由第二道支撑下移,如图 9-12 所示。

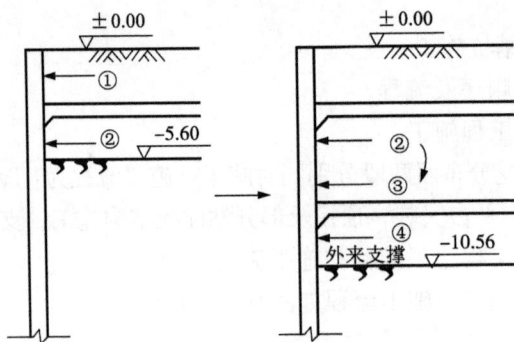

图 9-12　钢支撑下移示意图

明挖施工中板的区段,在合理安排和调度下,第三道支撑由第二道下移,第四道由做好的中板以上的支撑下移。其中支撑运输采用 5 t 电动葫芦水平运输和垂直运输,挖出一根位置就安装一根,并施加预应力,见图 9-13。中板和底板混凝土强度达到 70% 以上,方可拆除支撑。

④内部结构板施工。

根据逆筑法施工特点,顶板及中板底模支托采用钢平台吊模。东端头井采用混凝土泵车软管布料,西端头井采用混凝土泵车硬管布料。顶板防水层采用防水卷材。将车站顶板和上翻梁包住,在两侧地下连续墙上翻 50 cm,再加 5 cm 厚砂浆和 15 cm 厚素混凝土保护层。中板亦采用钢平台支托底模。中板厚 45 cm 及 40 cm,在明挖阶段,采用混凝土泵车软管布料；逆筑阶段采用混凝土泵车硬管布料，并养护。标准底板共分8节，厚0.8 m，采用商品混凝土，混凝土泵车硬管布料，混凝土浇筑后需要养护。

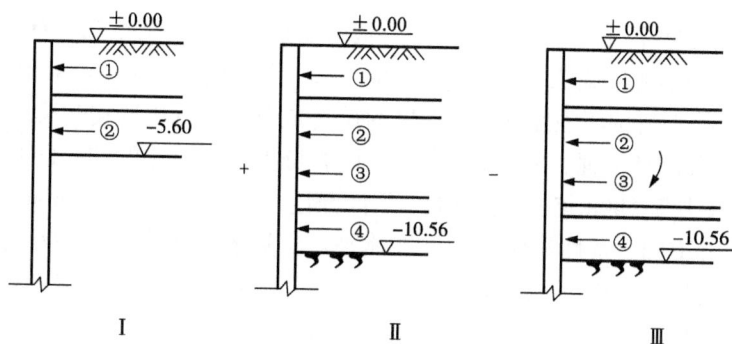

图9-13　钢支撑施加预应力图

9.2　区间隧道施工

9.2.1　山岭地区区间隧道的施工

1. 矿山法

深埋于坚硬岩体中的区间隧道，采用传统钻爆法或悬臂式和门架式多臂凿岩台车钻眼施爆，使用人工或装渣机出渣，大型自卸柴油机车运输的开挖方法称为矿山法，矿山法也称为钻爆法。钻爆法的基本工序为：钻孔、装药、放炮散烟、出渣、支护、衬砌。它的辅助工作还有测量放线、通风、排水以及必要的监测记录工作、后勤支持工作等。以上各个工序中，钻孔、出渣是开挖过程中需时最多的主要工序，支护是保证施工能安全、顺利、快速进行的重要手段。开挖工作的机械化和先进与否，主要也体现在这三个主要工序之中。衬砌是与开挖工作相对应的另一施工程序，一般是指混凝土衬砌、钢板衬砌回填混凝土，也包括采用其他材料的承重性衬砌、装饰性或防水性衬砌等。衬砌所需费用及工期往往和开挖差不多。在硬岩中建造地下洞室，如果围岩自稳没有问题，最好省去这些衬砌，这是节约造价、加快施工的最有效措施。

2. 隧道掘进机施工法（TBM 法）

隧道掘进机（Tunnel Boring Machine）适用于中等坚硬岩石中隧道的施工，体现高度的施工机械化、自动化。全断面隧道掘进机适宜打长隧洞，它对通风要求较低，开挖洞壁比较光滑，若能不做衬砌，则其开挖面积与钻爆法开挖面积相比，可以小很多。全断面掘进机对围岩破坏小，对围岩稳定有利，超挖也少，若用混凝土衬砌，可以大大减少混凝土回填量。西安至安康的铁路秦岭隧道设计为两座平行单线隧道，其中2号线隧道总长为18.456 km，使用钻爆法施工；1号线隧道总长为18.460 km，使用隧道掘进机施工。该掘进机由德国 Wirth 公司设计制造，由主机、辅助设备、后配套辅助设备等部分组成。在直径为8.8 m 的刀盘上装有71 把盘形滚动刀具，机身全长235 m，重量达3000 t，总装机容量 5400 kV·A，总掘进力 21000 kN，掘进速度 1~3.5 m/h。全套设备采用计算机控制、闭路电视监控，集液压、电气、机械等多项技术、多工种和多行业于一体，是高科技水平的综合显示。为了配合大型隧道掘进机组装和掘进施工，需要建设大量的临时设施，包括公路便桥、运渣机轨道便桥、仰拱块成品预制厂、混凝土搅拌工厂、翻车机和石渣装运场、洞口 TBM 组装及卸车存放场、施工用电用水、TBM 预备洞和出发洞等。TBM 开挖速度对围岩的特性很敏感，除围岩抗压强度外，对围岩的矿物成分，岩石构造均匀程度，特别对围岩的节理裂隙程度关联性很强，适用于钻爆法的围岩分类，用于预测 TBM 的开挖速度已不适应。自 1998 年 1 月至 1998 年 10 月 10 日，累计开挖 2390 m，月平均 276 m，最高月进度达 402 m。从秦岭隧道围岩特性和使用机械性能来看，基本上 Ⅱ 类围岩 200~250 米/月，Ⅲ 类围岩 350~400 米/月，Ⅳ 类围岩 400~420 米/月，Ⅴ、Ⅵ 类围岩 250 米/月。TBM 施工速度快，相关环节多，对于施工组织和施工技术管理要求严格，稍有疏漏，损失很大。2001 年黄河万家寨分流工程施工中，一台罗宾斯（Robbins）双护盾 TBM 创造月进尺为 1821.51 m 的最高纪录（包括预制管片安装），意味着每天成洞 60 m。

TBM 施工目前仍存在以下问题，有待进一步研究解决。

（1）隧道施工造价高。TBM 机械电气构造复杂，制造技术难度大，造价高；TBM 施工耗电、耗水，能源消耗大。

（2）TBM 多为圆形长大隧道施工，不适合于方形、椭圆形断面隧道的施工。

（3）TBM 对岩石特性依赖性大。常用的全断面掘进机，其刀盘直径 3~12 m 不等。刀盘上装有切刀，切刀直径小的 30 cm，大的可达 45 cm。刀盘旋转时，这些切刀就在掌子面上挤压旋转，把岩石挤碎。特别坚硬的岩石，TBM 要经常更换切刀，刀具损耗率高，增加施工成本。特别破碎的软岩、淤泥黏土，TBM 必须与盾构结合，才能保持开挖面的稳定。如果围岩中有较大断层，TBM 主机部分一旦陷入，可能造成进退两难的困境。

（4）TBM 施工管理技术要求严格，对操作工人技术素质要求高。

针对上述不足，应加速我国 TBM 的引进消化吸收，研制新型刀具，实现 TBM 的国产化。结合工程地质和水文地质的状况选择 TBM 的形式，发挥 TBM 的特长，提高效率和效益。

9.2.2 软土地区深埋隧道的施工

1. 盾构法

盾构机（Shield Machine）作为软土地层隧道施工的工具得到日益广泛的应用。20 世纪 50 年代以前，世界上主要使用手工掘进的闭胸、敞胸或者网格式盾构。60 年代末，土压平衡盾构、泥水盾构问世，在城市地铁、市政公用隧道施工中取得成功。80 年代开始，日本、德国着手研制高精度全自动的现代化盾构。现代化盾构从传统的注重保持工作面稳定的问题中解放出来，适合城市隧道需要的多样化。现已开发出适合于深层地下空间、特殊地质条件的双心圆、三心圆、复圆盾构，异型断面盾构，超大型断面盾构，球体盾构和微型盾构等丰富多彩的应用技术。

盾构法隧道前进依靠设在盾尾的分组千斤顶克服盾构机重和周围土体产生的正面和侧壁阻力，千斤顶支撑在已拼装好的环形隧道衬砌上，每拼装一环管片，千斤顶向前顶进一个衬砌环间宽度。理论上盾构法施工隧道前进的阻力不受隧道长度增加而增加的影响。

2. 顶管法

顶管法动力来自始发工作井内作用在后背井壁上的分组千斤顶，顶管千斤顶将带有切口和支护开挖装置的工具管顶出工作井井壁。以工具管为先导，逐步将预制管节按设计轴线顶入土层中，直至工具管后的第一个管节进入目标工作井。顶管法推进的阻力随管道长度增加而增加。为了克服长距离顶管顶进力不足，管道中间设置一个至几个中继接力环，并在管道外周压注触变泥浆减少顶进摩擦，如图 9-14 所示。通常隧道内径大于 4 m，使用顶管法没有用盾构法施工经济合理，对内径小于 4 m 或更小的管道，特别是用于城市市政工程的管道，使用顶管法有其独特的优越性。

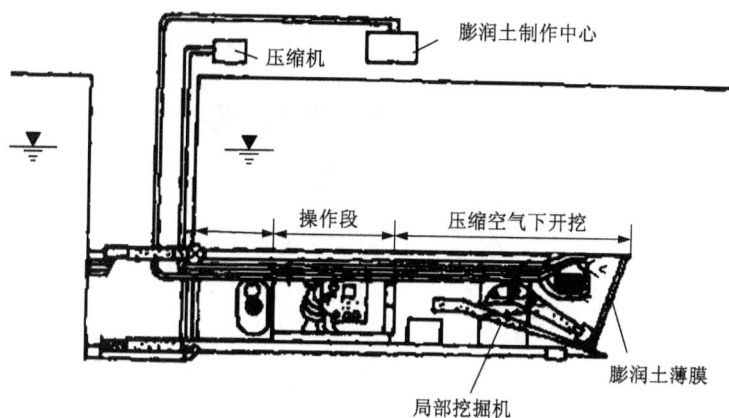

图 9-14　薄膜顶管施工方法原理

国内已使用的顶管工具管的形式有手掘式、挤压式、局部气压水力挖土式、泥水平衡式、土压平衡式。手掘式工具管是正面敞胸，人工开挖，它适用于有一定自立性的硬质黏土。挤压式工具管，正面有网格切土装置，它适用于沿海淤泥质黏土。对于地质条件复杂，周围环境要求严格，长距离大口径顶管，必须采用气压、泥水或土压平衡式工具管。气压平衡式工具管，正面网格后设密封舱，在其中加适当气压支承正面土体。密封舱内设高压水枪和水力扬升器，用以冲挖正面土体，并将泥浆送入通过密封舱隔墙的水力运泥管，泵入贮池。泥水平衡式工具管正面设有刮土刀盘，其后设密封舱，通过密封舱向工作面上注入用于稳定正面土体的护壁泥浆，使开挖土体的表面形成不透水的泥皮或薄膜层。一旦挖土机反铲抓土破坏了薄膜层，从喷嘴中新喷射出的膨润土泥浆不断地补修泥皮层，沉在密封舱下面的泥水，由压力管道泵送至地面泥水处理装置。普通土压平衡式工具顶管，头部设密封舱，密封隔板上装有数个刀盘切土器，在顶进中螺旋出土速度与工具管推进速度相协调，使工具管正面土体的顶进压力和初始的侧向土体压力基本相等。随着顶管技术发展，顶管法和盾构法隧道的施工技术相互渗透，基本的原理和施工工艺越来越趋向一致。

顶管施工的技术难题如下：

（1）地面沉降。

（2）轴线和高程控制。

（3）液压千斤顶顶力和密封性能。

（4）转弯、纠偏定向装置和管节接头技术。工具管必须设有专门顶头，其根部连接有一组一定顶力的液压千斤顶，通过一个整体压力环将一组千斤顶与工具管的第一管节连接。依靠每个千斤顶不同的顶力和行程，控制顶进的方向和行程路径。顶头带动工具管沿直线也可沿设计的弧线顶进开道。在相邻管节的环缝中充填三夹板楔块，适应弧线顶进。为了保证整个管线沿准确曲线顶进，除了用顶头开道之外，还必须通过后续混凝土管道的特殊接口来达到。图9-15所示为F形的适应曲线顶进的管道的特殊接口，它既可以在混凝土管间随推进保持一定的张口以造成曲线，又可保证管节处不发生渗漏。

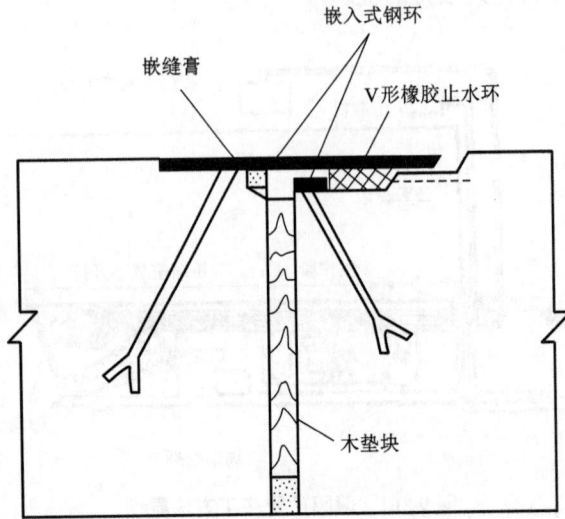

图9-15　F形管（壁厚330 mm）接头改造示意图

（5）注浆。为了减少顶进过程中管壁与土体间的摩阻力，应在顶进时不断地向管外壁压注膨润土泥浆，泥浆的组成类似于连续墙工法的护壁泥浆。

（6）其他。管道顶进中，由于巨大的顶进力，使管节接头挤压破碎，因此管道之间安放软木、橡胶垫层，既可分散受力，又能使接头防水性能提高。有的钢筋混凝土管节接头加上了钢板护套，效果更好。顶进中有时出现管道在土中旋转，主要由工具管姿态不正确、千斤顶施力不均衡引起。顶进过程中经常检查工作井千斤顶支撑壁，如果发现较大变形应及时加固，否则可能酿成大的工程事故。

地铁区间隧道穿越铁路线、地面建筑物或构筑物短距离隧道施工，用顶管法比用盾构法更经济。

9.2.3　水下沉管隧道的施工

沉管法是跨越江、河、湖、海水域修建隧道的重要方法之一。沉管隧道是由若干预制的管段，分别浮运到现场，一个接一个地沉放安装，并在水下相互连接而成，如图9-16所示。早在1910年美国人就用沉管法修建了跨越美国与加拿大之间的底特律河双线铁路隧道，至1994年底美国已建成25条沉管隧道。在美国沉管隧道大部分由钢壳管节组成。从1940年开始，欧洲荷兰、德国、瑞典、法国和比利时开始用钢筋混凝土管节修建沉管隧道。

到 1994 年底,荷兰已建成 19 条沉管隧道。日本也是使用沉管法修建隧道最多的国家之一。我国的台湾地区、香港特区在 20 世纪 40 年代、60 年代用沉管法修建了 4 条海湾隧道。中国大陆第一条沉管隧道——广州珠江隧道于 1992 年底建成通车。第二条甬江水底隧道于 1995 年 9 月 2 日经过交工验收,开始试通车。因为沉管隧道与通常的掘进式隧道相比有很多优点,如可缩短工期、节约造价,所以我国有关沉管隧道跨越江河水域的方案不断提出。如京沪高速铁路在南京跨越长江。

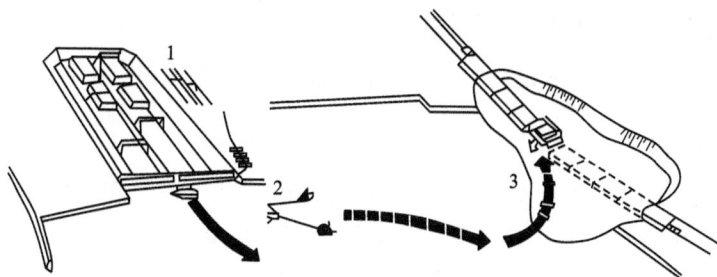

1—管段制作;2—浮运;3—沉设。

图 9-16　沉管隧道

9.2.4　地铁区间隧道联络通道施工

在城市地铁隧道建设中,两站间的区间隧道长度约为 1 公里,上下行隧道间通常要设置联络通道又称旁通道。在地铁运营时,当一条隧道内发生火灾、涌水、倒塌等突发性事件时,乘客可就地下车经联络通道转移到另一条隧道中,并迅速向地面疏散。

联络通道作为主体隧道之间的联系,在设计上常将其与地下泵站结合起来建设。其基本构造形式有全贯通式、上行侧式、下行侧式、上下行侧式和深井侧式泵站等,如图 9-17 所示。它与主体隧道施工最大的不同在于它的断面和开挖长度一般较小,施工环境条件更为复杂,施工过程的安全防护系统不如主隧道完备。

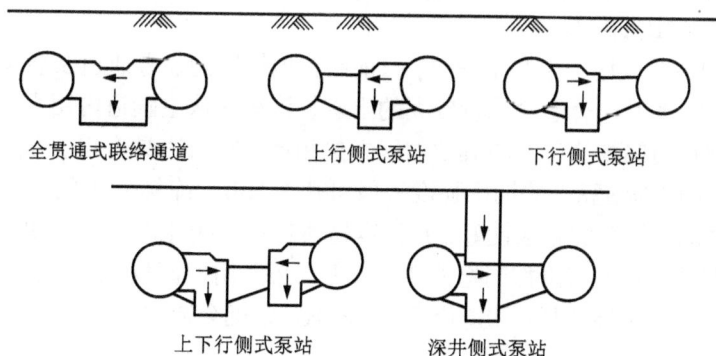

全贯通式联络通道　　　上行侧式泵站　　　下行侧式泵站

上下行侧式泵站　　　深井侧式泵站

图 9-17　联络通道泵站形式图

联络通道断面跨度为 2.0~3.0 m,墙高 2.5~3.5 m,断面为矩形、圆形或者直墙拱形。

隧道长度通常只有6~15 m，土体开挖量较小，一般小于200 m³。旁通道工程量虽小，但风险极大，如施工方法选择不当，不但会引发联络通道本身的工程事故，还会影响主隧道的稳定。2003年7月1日凌晨，上海轨道交通4号线越江隧道联络通道因大量流沙涌入，引起隧道受损及周边地区地面沉降，造成3幢建筑物严重倾斜，以及防汛墙出现裂缝、沉陷等险情。南京地铁区间隧道联络通道施工中，最初因工法选择不当，出现土体塌方、主隧道渗漏水、变形、工期延误等困难，有时不得不改变施工方案。由此可见，联络通道施工工法的比选及优化必须引起充分的重视。

1.联络通道常用的施工工法及对比

旁通道施工方法主要有明挖法、管棚法、土体加固暗挖法（矿山法）、顶管法、小型盾构（顶管）法等。

（1）土体加固矿山法。

当旁通道周围地层为透水性强、自稳能力差的松散砂土或饱和软黏土时，必须对施工区域土体进行加固以保证施工安全及减小对周围环境的影响。土体加固多使用冻结加固和灌注加固技术。灌注加固包括三重管高压旋喷注浆技术、深层搅拌桩加固技术、钻孔灌注桩技术和分层劈裂注浆技术等。

①矿山法侧向暗挖施工。

该法联络通道开挖构筑施工以新奥法施工的基本原理为指导，在打开钢管片之后，在隧道内采用矿山暗挖法施工，边开挖边施加临时支护，视围岩压力的不同，二次支护可采取喷混凝土、钢筋锚杆、钢筋网和钢拱架单独使用或相互组合支撑的形式。该法在土体加固质量较好时，施工安全快速，风险较小。但如果土体加固质量控制不好，高压旋喷桩（或深层搅拌桩）可能出现桩与桩之间咬合不好或者出现断桩现象，加固土体不能连成一体，在开挖过程中容易造成掌子面坍塌以及冒顶漏水等现象。该法造价相对较低，在南京、上海等软土地区使用最为广泛。

②矿山法竖井开挖施工。

竖井矿山法是在联络通道的中部从地面向下开凿临时工作竖井，利用工作井向两端开挖，具有两个工作面，施工速度较快，并且开挖时不需打开钢管片，对主体隧道稳定有利。该法占用地面道路，对地面活动有影响。

③冻结加固矿山法施工。

冻结法最初主要应用于矿井工程中，目前已在地铁隧道、旁通道及盾构进出洞等工程中得到广泛应用，尤其适合于含水量较大的土层。该法先从主隧道内用水平冻结技术加固其周围土体，然后再暗挖施工。与其他加固方法相比，冻结法具有以下优点：①冻结帷幕强度较高：-10℃时冻结黏土的抗压强度一般可达5 MPa，冻结砂土的抗压强度一般可达8 MPa以上；②冻土帷幕的止水性好，并且容易通过在冻土帷幕内设水文孔来检验；③对所处地层扰动较小，地面沉降控制把握性大；④不必占用地面场地。但是，冻结法加固土体也有其缺点：①施工周期长；②造价高；③冻胀、融沉会造成一定的地面隆沉。

（2）顶管法。

顶管法适合于含水量较少、土体自立性较好的粉质黏土、硬质黏土等土层。它与加固土体暗挖法最大的不同在于，管节作为结构构件的同时也起着开挖面支护的作用，既不影响交通，也不破坏原有管线，对环境影响小，机械化程度高，施工速度快。为防止顶管顶进的顶力作用在主体隧道上产生的不利变形，须对主体隧道进行加固处理并采用合理的后顶装置。

（3）联络通道常用工法综合指标比较，如表 9-6 所示。

表 9-6　联络通道常用工法综合指标比较

施工方法	适用范围、施工难度及风险	进度	造价	环境影响
矿山法侧向暗挖施工	①适用于冲积软黏土地区，工艺成熟，南京地铁旁通道 60%～70% 由此法施工；②土体加固质量好时，施工安全快速风险小；③土体加固质量不好时，开挖时易引起掌子面坍塌以及冒顶漏水现象	较快（约 75 天）	较高（约 100 万元，其中土体加固费用占到一半以上）	土体搅拌加固时要封锁交通，有泥浆、噪声污染及地面沉降
矿山法竖井开挖施工	①施工中不占用隧道，且具有两个工作面，施工速度快；②施工到最后才打开钢管片，对主隧道影响小；③土体如加固不好，易造成工作井坍塌或发生涌沙涌水现象	快（约 60 天）	较高（约 120 万元）	土体搅拌加固时以及开挖过程中要封锁交通，有泥浆、噪声污染及地面沉降
冻结加固矿山法施工	①主要用在含水量较高的土层中；②土体加固强度高、止水性能好，且不占用地面场地；③施工周期长、造价高，对地面的隆沉有一定影响	较慢（约 100 天）	最高（约 300 万元，电费占大部分，且夏季施工费用高于冬季施工）	地面无污染无噪声，冻融控制不好会引起地面的隆起或下沉
顶管法	①适用于含水量小、自立性好的土层；②千斤顶的顶力作用在管片上，对管片以及主体隧道的稳定性有影响；③须对主体隧道进行加固处理并设置合理的后顶装置	最快（约 45 天）	总造价较高（约 180 万元），但顶进设备可重复使用，综合造价低	地面地下无污染，地表可能稍有沉降，顶力控制不好会引起主体隧道的位移

9.3　高架桥线路施工

城市轨道交通高架和城市道路高架是两种最重要和最常见的城市桥梁形式，它们均具有线路较长、跨径较小、结构形式较为标准的共同特点。城市轨道交通由于只有双向两股交通，更具有结构较窄的特点。对于城市轨道交通高架桥梁，我国现阶段一般采用两种结构形式和相应的施工方法：一是预应力混凝土空心板，跨径一般在 20 m 左右，在预制厂预制后运至现场吊装就位；二是预应力混凝土箱梁，跨径一般为 30～40 m，一般搭设满堂脚手架后现浇施工。前者虽然结构形式简单，但跨径小，外观差，技术含量较低，已不能形成竞争优势和满足高新技术产业化的要求；后者虽然跨径增大，桥梁完成后也较美观，但由于采用落后的施工方法，施工时严重妨碍周围环境和现有交通，增加了施工组织的难度，难以把握施工质量，无法形成产业化。由于以上原因，这两种施工方法在国外的城市桥梁中已很少采用，取而代之的是预制节段与体外预应力技术结合的施工方法。预制节段与体外预应力相结合的施工方法融合了预制、节段施工、体外预应力三者的优势。工厂化预制可以缩短施工周期，容易控制施工质量，最大限度地减少现场施工；节段施工不但可以满足运输和吊装要求，而且使不同的跨径均可由标准化的节段组拼而成；而在预应力工艺中先进的体外预应力技术是发挥前两者优势的保障。

9.3.1 基础施工

城市轨道交通高架桥桥墩及车站框架柱对沉降要求严格，因此均采用独立承台下桩基础，对于车站框架结构则另加联系梁。

1. 桩基施工

桩基主要有：(1)预应力钢筋混凝土 PHC 桩，桩径 600 mm；(2)预制钢筋混凝土方桩，一般 450 mm×450 mm 断面；(3)钻孔灌注桩和挖孔桩，桩径有 ϕ800 mm、ϕ1200 mm 和 ϕ1500 mm 三种。桩长视地质情况和承载力要求，由设计单位确定。桩基础一般坐落于粉细砂层和基岩上。桩头需伸入承台底面 100 mm。

预制桩特别是 PHC 桩一般由工厂预制，场地许可情况下也可在现场制作钢筋混凝土方桩。预制桩分上、下两节，上节桩为 C40 混凝土，下节桩为 C35 混凝土。吊运时混凝土强度达到 85%，打桩时混凝土强度达到 100%，且龄期不小于 28 天。打桩要求满足贯入度 30~70 毫米/10 击，但应考虑以下两种情况：一是贯入度满足要求，但桩顶标高大于设计标高，其值小于 50 cm 时，继续锤击 30~50 次，如异常可停锤；如其值大于 50 cm 时，与设计单位联系研究决定。二是沉桩达到设计标高，但最后 10 击贯入度超过要求时，应超打 60 次，使贯入度满足要求。如贯入度仍不满足时，停锤 10 天后再复打，复打后仍不满足，同样需与设计单位联系研究决定。值得注意的是，与灌注桩距离小于 50 m 范围内的沉入桩，均应在灌注桩龄期 28 天后进行，或者先施工沉入桩，后施工灌注桩。

钻孔灌注桩采用水下 C25 级混凝土。根据上海地区地质情况和施工经验，使用 GPS-10 型和 GPS-15 型钻机，成孔时采用原土造浆正循环方法，对于 ϕ1500 mm 桩，钻到孔深后使用反循环泵进行清洗。由于桩尖持力层为粉细砂层，且孔径较大，为保持孔壁稳定，防止孔底坍塌，钻进时采用较浓的泥浆，特别是在孔深 30 m 以后进入粉细砂层，泥浆比重在 1.25 至 1.35 之间，待灌注混凝土前的二次清孔时再将比重调整至规范允许值。当钻进到设计高程后，利用钻机反循环系统的泥浆泵持续吸渣，使孔底沉渣基本清除，并同步灌入相对比重较小的泥浆。

2. 承台施工

承台的测量放样采用极坐标方法，在邻近的高层顶上设置控制点，然后由上至下投点。这样既可以控制较大的区域，又可以避免线路较长而视线受阻的影响。承台轴线的临时控制点，校正后再使用。

承台土方开挖到桩顶标高时,要改为人工挖土,避免抓斗碰坏桩头。为防止土方塌陷,应采取放坡、打钢板桩、加木支撑等支护方式。承台位于沟浜范围内,承台底标高高于沟浜底标高时,挖去剩余淤泥,填充碎石,排清积水后再浇混凝土。

承台模板采用大型木模,尺寸为 1.83 m×0.914 m,表面为七夹板,模板拼装采用 12 mm 拉条螺栓,拆模后凿除外露螺栓,并用砂浆修补。

9.3.2　立柱施工

为保证立柱外观的光滑、平整及内在质量,又能加快施工进度,采用拆装方便的大型整体式钢模。施工时在现场预拼装,符合要求后,再由吊车整体吊装就位。在吊装前,对拼缝进行嵌密处理,钢模内表面涂两次脱模剂。立柱混凝土浇筑派专人负责,保证适当速度供料,防止间隔时间过长而产生冷缝。对于双柱有联系梁的立柱,由于立柱模板的模数不可能相当精确,为了保证立柱混凝土外观质量,采用立柱一次成型再做联系梁的施工方法。横梁内预留 16 mm 钢筋,采用预埋钢筋接驳器施工。

9.3.3　桥梁施工

1. 盖梁施工

盖梁分为预应力钢筋混凝土盖梁和普通钢筋混凝土盖梁两种,盖梁自重荷载较大,其支架下的地基进行预先处理。先对原状土进行压实,铺设 30 mm 砾石砂压实,再在支架投影范围内铺设 15 cm 厚 C25 素混凝土。

盖梁脚手架采用 φ48 mm 钢管脚手架,脚手管层高不大于 1.7 m,剪力管布置密度一般不小于立杆总数四分之一。脚手架的顶部水平管控制标高层,须严格按换算标高布置,并且该管的连接扣件需加强。

盖梁模板采用大模板形式,九夹板直接铺设于下层的 50 mm×150 mm 木板之上,50 mm×150 mm 木板平铺于下层 75 mm×150 mm 木格栅和牵杆之上。铺设前预先计算好夹板尺寸,使拼缝对称合理,并牢固密封。盖梁侧模也为木模,木模外侧设围檩,采用对拉方式固定。

预应力盖梁钢绞线一般采用高强度低松弛钢绞线,抗拉标准强度为 1860 MPa。采用超张拉工艺,张拉分两阶段进行,第一阶段混凝土强度达 90% 后进行张拉,第二阶段待板梁吊装完毕后再进行张拉。

2. 板梁施工

板梁分为先张法预应力空心板梁和后张法预应力空心板梁。板梁长度大,重量重,吊装高度高,一般采用双机抬吊的方法。使用两部 50 t 履带吊,把杆长 22 m,把杆仰角 75°～80°,起重量 19～31 t,幅度 7～15 m,吊钩高度 19 m。实施双机抬吊作业的关键是因地制宜地选择吊车的最佳作业位置和动作协调,大都采用隔跨同向位或同跨同向位作业,板梁运输进入的位置基本和架设方向平行。

3. 箱梁的施工

上海轨道明珠线的设计采用单箱双室截面,桥跨结构主要采用简支梁,标准跨径为 30 m,主梁高 1.90 m,梁宽 9.05 m,腹板厚 20～30 cm。标准截面如图 9-18 所示。设计中预应力钢采用美国 ASTM 标准的 270 级 ϕ15.24 mm 高强度低松弛钢绞线，标准强度 1860 MPa，预应力系统采用 7 股钢绞线，在标准跨径截面上配置了 21 根，锚固系统采用 OVM 集团 OVM15-7。预应力钢束在截面上的配置如图 9-19 所示。

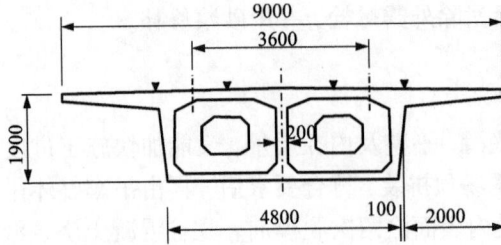

图 9-18 轨道明珠线 30 m 跨标准截面(尺寸单位：mm)

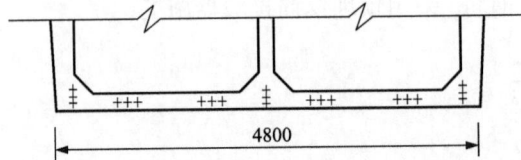

图 9-19 轨道明珠线 30 m 跨预应力布置(尺寸单位：mm)

(1)满堂脚手支架现场浇筑施工技术。

箱梁施工流程：地基处理→测量放样→脚手架→底模→第一次钢筋绑扎→钢绞线及波纹管安装→第一次混凝土浇筑→第一次拆模→第二次钢筋绑扎→钢绞线及波纹管安装→第二次混凝土浇筑→拆模→张拉落架。

①基础处理。

施工过程中分批施加预应力，箱梁自重逐步从临时支架移到永久桥墩上，在此施工过程中临时支撑出现较大反力，因此搭设支架前必须对地基进行处理。处理方式同盖梁脚手架搭设对地基处理要求。

②支模体系。

支模采用两种形式：一是 ϕ45 mm 钢管满堂脚手排架，用于不影响交通的部位，在脚手管上端放置 75 mm×150 mm 板组成牵杆格栅，满铺九夹板。二是 580 号钢支撑平台排架用于交通要道处，保证交通的正常通行。图 9-20 为跨越快车道和人车混行车道模板搭设的方式。以 30 号工字钢作横梁搭设在 ϕ580 钢管支撑上，横梁上搁置 28 号工字钢纵梁，上面用 5.08 cm 厚木板满铺作为操作平台，再在平台上搭设满堂支架，ϕ48 mm 钢管下用 75 mm×150 mm 板横桥向布置作为垫木。

箱梁箱孔内的模板采用大模板形式，并用木架支撑、固定。为保证在使用阶段不出现底部受集中力作用，箱梁内不允许留有支撑，在每舱两头各开一个洞，作为入孔，底模可不拆，但竖向支撑必须拆除。

③扎筋及预应力波纹管。

由于采用预应力后张法，钢筋用量不多，但在梁端头钢筋较密，因此在钢筋绑扎同时，

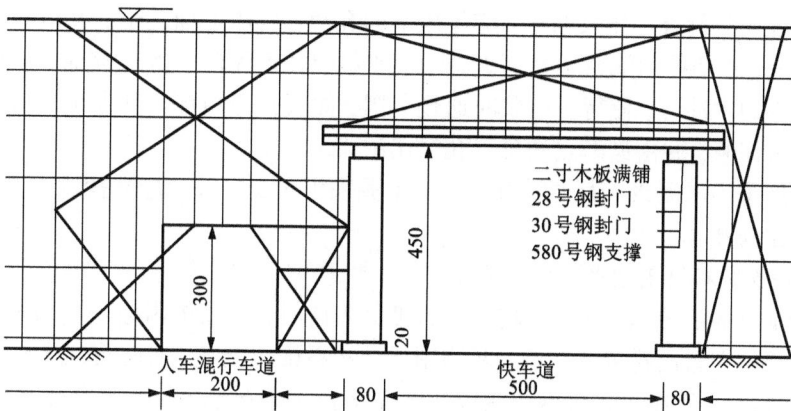

图 9-20　箱梁跨越公路脚手搭设（尺寸单位：cm）

要考虑到波纹管安放的位置，部分钢筋要等到波纹管穿好后再进行绑扎。波纹管在安装中一是要注意位置的正确性，二是要注意线型的和顺性。管道与管道的接口用密封胶带缠紧，保证接口的严密性，张拉端与固定锚垫板后设有螺旋筋和钢筋网。在浇筑混凝土前把钢丝束穿好，浇筑混凝土时要间隔抽动钢束，以防管道漏浆造成张拉困难。

另外，钢筋焊接时严格控制火星溅落，防止烧焦。对于使用的张拉设备，提前进行标定检查，保证油表数据的准确性。

④混凝土施工。

箱梁混凝土分两次浇筑：第一次施工箱梁翼缘以下部分，第二次施工翼缘以上部分。采用 C50 商品混凝土，长臂软管泵送。混凝土施工缝严格按图纸设置，水平方向在翼缘的下口设置。第二次浇筑混凝土前，按要求对施工缝进行凿毛处理。由于第一次浇筑混凝土土方量较大，因此在每一次浇筑前需协调混凝土供应，充分做好混凝土浇筑准备工作，每次混凝土浇筑在初凝前完成。要求混凝土供应有连续性和控制混凝土初凝时间。混凝土浇筑由一端向另一端进行（由低向高处），泵车放料控制好速度，浇筑高度要均匀。在混凝土浇筑过程中，避免振捣器碰撞波纹管和预埋件等，同时对支架体系及模板体系进行观测，防止发生过大变形。箱梁混凝土标号高，在养护过程中必须严防发生裂缝等现象，采用湿润养护。当混凝土收水结束后，用土工布覆盖并浇水保持浸湿状态。对于冬季施工，要采用必要的防冻措施。一般在收水后先盖一层塑料薄膜，再覆盖土工布进行保温养护。

⑤预应力张拉和压浆。

箱梁采用的锚具是 OVM 系列群锚体系，固定采用的是 P 锚。张拉时采取双控，即以应力控制为主，伸长量为校核，实际伸长值与理论伸长值相比较，误差应保持在 6% 以内，一旦发现伸长值为异值时，要停止张拉，进行分析，找出原因后，经监理同意再继续施工。张拉时为对称张拉，先中心轴附近各束，后上下各束。张拉采用超张拉工艺，张拉程序为：$0 \rightarrow$ 初应力 $\rightarrow 105\%\sigma_k$（持荷 5 min）$\rightarrow \sigma_k$（锚固）。张拉结束后，应随即压浆，一般不超过 24 h，最迟不超过 3 d，以免预应力筋松弛。在压浆前要先用压力水冲洗孔道，并用压缩空气排除孔内积水。浆液由波纹管一端向另一端压入，管端部设置排气孔，当出现原浆后即可堵住气孔，并再增压两次，保持 3 min 左右再关闭阀门。在压浆施工前，应提前 2 h 用快

265

速水泥封堵夹具与钢束间的缝隙,防止漏浆。另外需对排气孔、压浆孔等全面检查,并对压浆设备系统安装检查。压浆顺序:应先压下面孔道,后压上面孔道,并应将集中一处的孔道一次压完,以免孔道漏浆堵塞邻近孔道,如集中孔道无法一次压完时,应将相邻未压浆的孔道用压力水冲洗,使得再压浆时通畅无阻,曲线孔道由侧向压浆时,应由最低点的压浆孔压入水泥浆,并由最高点的排气孔溢出浓浆。

压浆浆液采用水泥浆,膨胀剂为 U 型,水泥采用 425 号普通硅酸盐水泥,配置完成的水泥浆水灰比为 0.4。

(2)桩基支墩和贝雷架平台支模方案。

对于特别软弱的地基,又要跨越一定跨度的障碍时,可以选用桩基支墩和贝雷架平台支模方案。跨中布置两排桩基支墩,两侧用原结构系梁作支墩,实际形成 8 m+9 m+8 m=25 m 的跨度布置。跨中每排桩基支墩设 3 个支承台,每个支承台下布置 2 根 ϕ400 mm 长 20 m 的水泥粉煤灰碎石桩,如图 9-21 所示。

贝雷架平台以纵横梁形式布置,横梁为主梁,双棉贝雷片组合,横桥向搁置于支承台上。纵梁为次梁,双棉贝雷片组合,纵桥向搁置于贝雷片横梁上。在贝雷桁架平台上布置双棉 20 号槽钢枕梁,间距为 1 m。槽钢枕梁之上为常规的 ϕ48 mm 钢管支架及竹夹板底模,如图 9-22 和图 9-23 所示。

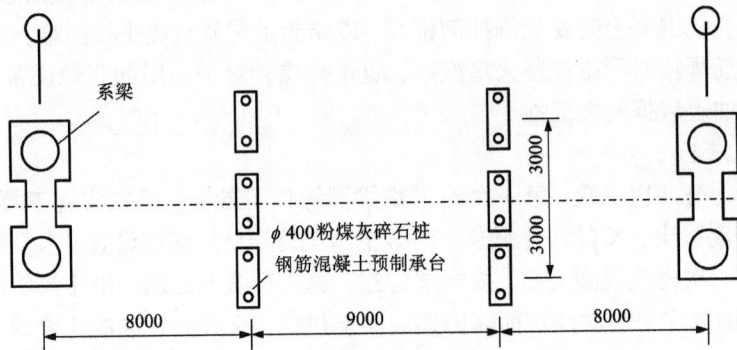

图 9-21 标准跨箱梁下支墩基础平面布置图(尺寸单位:mm)

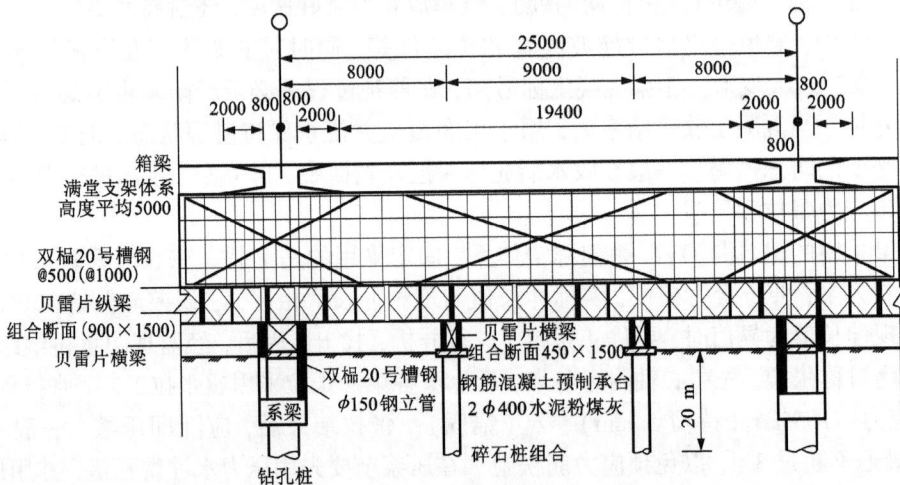

图 9-22 标准跨箱梁支架体系纵断面图(尺寸单位:mm)

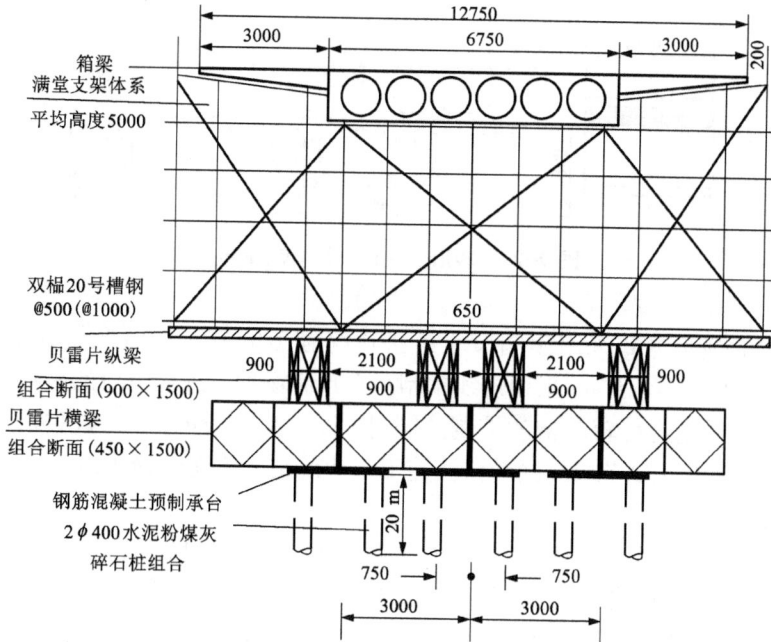

图 9-23　标准跨箱梁支架体系跨中处断面图(尺寸单位：mm)

(3)预制节段拼装施工技术。

为了充分发挥标准化施工的优势，使结构在较宽的跨径范围内具有通用性，所以在设计中采用模块设计，整个线路可以只有两种预制节段，即 3 m 的标准节段和 1.5 m 的墩顶锚固节段。

由于轨道荷载较重，考虑最大跨径为 36 m，跨径可设置为 36 m、33 m、30 m、27 m、24 m、21 m 等，全跨结构即由上述两种节段组拼而成，跨径布置可根据现场具体情况决定。结构形式主要采用简支结构，主梁采用等截面斜腹板单箱单室箱梁，高度均为 2.2 m，腹板厚度为 35 cm，在腹板中设置了复式剪力键(compound shear key)提供抗剪，上下翼缘板中设置了结构齿块以满足节段镶合需要，节段间采用干接缝。在标准节段中间设置混凝土偏转块供预应力钢束的偏转。标准节段和墩顶节段分别如图 9-24 和图 9-25 所示。

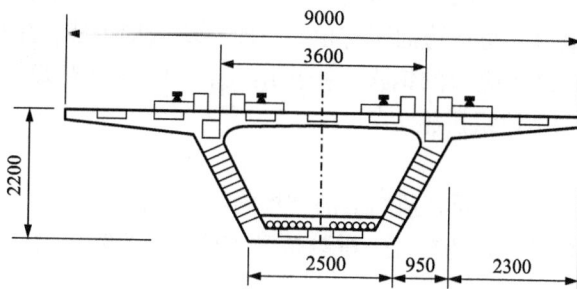

图 9-24　标准节段(尺寸单位：mm)

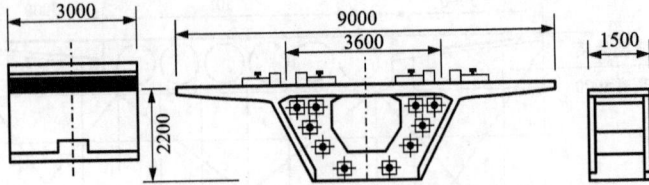

图 9-25 墩顶节段(尺寸单位：mm)

桥跨结构的施工方式采用预制节段组拼逐跨施工的方法。标准预制节段的重量约30.5 t，节段长度为3~3.5 m，采用短线预制。在预制场地上进行节段的短线预制，可以在预制阶段对施工质量进行较严格的控制。同时，以一个节段的侧面为模板来预制下一节段，可以方便地进行预制节段之间的镶接施工。待预制节段充分养生后，即可以进行节段的现场拼装施工。

现场施工采用架在桥墩两侧支架上的钢制架设梁来架设预制节段。桥墩两侧的支架在桥墩施工时即预留固定位置，施工该跨上部结构时拼接钢制桥墩支架。拼装预制节段在钢制架设梁上进行，钢制架设梁比跨径略长，一般采用钢架的形式，如图9-26所示。

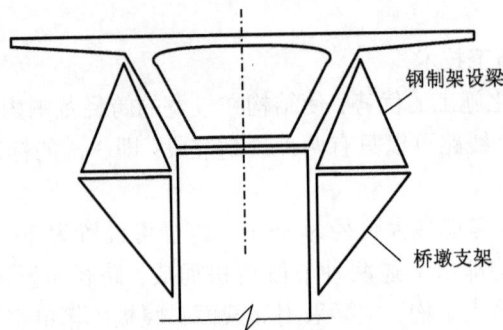

图 9-26 施工架设梁

同时，为适合各种不同的跨径，架设梁的设计也必须可以增减构件以调整长度。钢制架设梁在施工完成后，在其上组拼一跨的所有预制节段，为保证节段之间的密贴，在预制节段上均预留有安装齿块，将一跨的所有预制节段逐块镶接拼装，并全部在钢制架设梁上就位后，布置并张拉体外预应力的钢索。张拉结束后，将桥墩支架前移并安装到下一跨，随后进行下一跨的预制节段组拼施工。

桥施工的主要步骤为：

第①步，施工下部结构，同时预制上部结构的箱梁节段；

第②步，上部结构开始逐跨施工，拼装桥墩支架，架设架设梁，在架设梁上拼装一跨的所有预制的箱梁节段；

第③步，张拉体外预应力钢束，形成整跨结构；

第④步，前移桥墩支架和架设梁，进行下一跨施工。

思考题

1. 地铁车站有哪些施工方法？选择施工方法的依据是什么？
2. 简述明挖法的概念和工艺流程。
3. 浅埋暗挖法的地层预加固和预支护措施有哪些？
4. 盾构法隧道施工有什么优缺点？
5. 简述盾构开挖方式分类及各开挖方式的注意事项。

第 10 章　轨道交通引起的振动和噪声

随着社会经济、物质文化的发展和提高，人们的环境意识也在增强，广大人民怀着对美好生活的追求，希望能够生活在安静、舒适的环境中。但是，现实生活中，各种公共设施在建设、服役期间又会产生振动和噪声，严重时会影响到人们的生活和生产。

国家把环境保护作为基本国策之一，颁布了一系列法规、标准、规范等，加强环境管理，同时采取各种措施防治污染，保护环境。噪声与振动控制是环境保护、劳动保护、职业卫生的重要内容之一，涉及面广，与所有人都有关系，已引起各方面的高度重视。我国城市轨道交通的建设和发展颇具规模，极大地方便了人们的出行，但同时也会产生振动和噪声，严重时对沿线附近的居民和生产造成了影响，经常引起投诉。

本章主要介绍振动和噪声的基本概念，进而阐述城市轨道引发的振动和噪声问题。

10.1　振动基本概念

10.1.1　振动和振动污染

1. 振动

所有具有质量和弹性的物体、系统都能产生振动，即周期性的往复运动，其可以用时间的周期函数来描述。振动现象在现实生活、生产中随处可见：声、光、热等物理现象都包含振动；心脏搏动、耳膜和声带的振动则是人体的基本功能；桥梁和建筑物在阵风或地震激励下的振动、飞机和船舶在航行中的振动、机床和刀具在加工时的振动、各种动力机械的振动、控制系统中的自激振动、列车引起的轨道振动等。

2. 振动污染

振动超过一定的限值就会造成振动污染，对人体的健康和设施产生损害，对人的生活和工作环境形成干扰，或使机器、设备和仪表不能正常工作。振动污染具有如下特点：

（1）主观性：是一种危害人体健康和设备仪表工作性能的感觉公害；

（2）局部性：仅涉及振动源邻近的区域；

（3）瞬时性：是瞬时性能量污染，在环境中无残余污染物，不积累。振动源停止，污染即消失。

10.1.2　振动污染源

振动污染源可以根据其产生原因、呈现形式及动态特征进行区分。

1. 产生原因

振动污染源主要来源于自然振动源和人为振动源。自然振动源主要是由地震/火山爆发等自然现象引起的。自然振动源带来的灾害难以避免，严重的会造成房屋倒塌、人员伤亡、生产中断，只能加强预报以减少损失。人为振动源主要包括工厂振动源、工程振动源、交通振动源和低频空气振动源等。

（1）工厂振动源。

工业生产往往是在工厂中进行的，所以产生的振动源往往称之为工厂振动源，主要有旋转机械、往复机械、传动轴系、管道等，如锻压、铸造、切削、风动、破碎、球磨以及动力等机械和各种输气、液、粉的管道。

根据对工厂振动源附近开展的调查研究表明，其特征参数加速度级介于 80~140 dB；振动级介于 60~100 dB；峰值频率介于 10~125 Hz。

（2）工程振动源。

工程振动源主要来源于工程施工现场，主要有打桩机、打夯机、水泥搅拌机、碾压设备、爆破作业以及各种大型运输机车等。施工振动主要来自工地上汽锤打桩、用电钻打眼、采矿爆破、爆破拆除、打夯实、深基坑或隧道开挖，以及一般的重型机械施工活动。常见工程振动源附近的振动级介于 60~100 dB。

（3）交通振动源。

交通振动源主要包括道路振动源、铁路振动源、航空振动源和船舶振动源等。其中，道路和铁路振动源影响范围更为宽泛。道路振动源是各种机动车辆在道路上行驶时所产生的振动，铁路振动源则是轨道车辆在铁路、地铁、轻轨、磁悬浮线路上运行时所产生的振动。道路振动源的频率一般在 2~160 Hz 范围内，其中以 5~63 Hz 的频率成分较为集中；振级多在 65~90 dB 范围内。铁路振动源的频率一般在 20~80 Hz 范围内；离铁轨 30 m 处的振动加速度级范围为 85~100 dB，振动级范围介于 75~90 dB 内。

（4）低频空气振动源。

低频空气振动是指人耳可听见的 100 Hz 左右的低频振动，如玻璃窗、门产生的低频空气振动。这种振动多发生在工厂。

2. 呈现形式

按形式振动污染源可划分为固定式单个振动源和集合振动源，如一台冲床或一台水泵等，即为固定式单个振动源；而厂界环境振动、建筑施工场界环境振动则为集合振动源。

3. 动态特性

按振动源的动态特征环境振动污染源可分成如表 10-1 所示的四种类型。

表 10-1　环境振动污染源动态特征

动态特征	定义	示例
稳态振动	观测时间内振级变化不大的环境振动	往复运动机械，如空压机、柴油机等；旋转机械类，如发电机、发动机、通风机等
冲击振动	具有突发性振级变化的环境振动	建筑施工机械，如打桩机等；锻压机械，如冲床、纺锤等

续表10-1

动态特征	定义	示例
无规则振动	未来任何时刻不能预先确定振动级的环境振动	道路交通振动、居民生活振动、房屋施工、室内运动等
铁路振动	列车行驶带来的轨道两侧30 m外的环境振动	铁路机车的运行

10.1.3 振动的影响

1. 振动对生理的影响

振动对生理的影响主要是损伤人的机体，引起循环系统、呼吸系统、消化系统、神经系统、代谢系统、感官的各种病症，损伤脑、肺、心、消化器官、肝、肾、脊髓、关节等。下面介绍一下振动对睡眠的影响、振动病、人体对振动频率的反应、次声波。

（1）由振动对睡眠的影响试验（即锻锤振动—觉醒率试验，如图10-1所示）研究可知：

①睡眠深度1度（浅睡眠）：振动级60 dB以下无影响，69 dB以上则全部觉醒。

②睡眠深度2度（中度睡眠）：60~65 dB无影响，79 dB全部觉醒；因2度睡眠占8小时睡眠时间的一半以上，故影响这种睡眠的振动级最令人厌烦。

③睡眠深度3度（深睡眠）：74 dB以上方会觉醒，觉醒概率很低；

④睡眠深度REM（异相睡眠，指睡眠多梦期）：振动影响介于深度2度和3度之间。

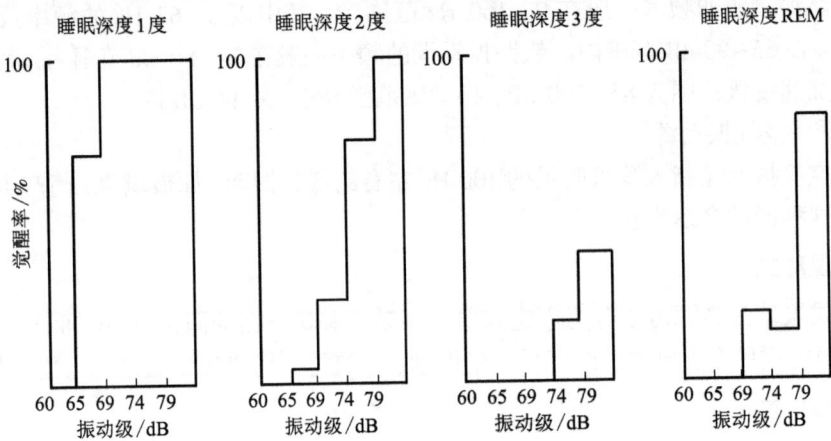

图10-1 由锻锤振动负荷引起的觉醒率

（2）振动病。

长期接触强烈振动，可出现一种以手部血管痉挛、骨关节改变和神经末梢感觉障碍为突出症状的疾病，叫振动病，亦称振动性白指或职业性雷诺现象，其主要表现有：夜间手剧痛，振动觉、痛觉、温热觉障碍，手指呈节段性苍白或白斑样分布，患者感觉手指麻木、僵硬，有蚁行感，严重影响工作与生活。

（3）人体对振动频率的反应。

研究结果表明，2 Hz 以上的频率的诱导振动不会使人体以一个整体为相同的自然频率振动，身体的不同部位对不同频率的诱导振动的反应各不相同。

由于人体不同部位和系统有各自的固有频率，所以当人体承受的振动频率接近或等于某一部位的固有频率时，就会产生共振，共振使得生理效应增大。如果是重要器官发生共振，则人体的反应最强烈。表 10-2 给出了振动频率与人体振动特性的关联关系。

（4）次声波。

次声波是频率为 0.0001~20 Hz 的声波，这个频段通常是人耳听不到的。由于人体各部位都存在细微而有节奏的脉动，这种脉动频率一般为 2~16 Hz，如内脏为 4~6 Hz，头部为 8~12 Hz 等。人体的这些固有频率正好处在次声波的频率范围内，一旦大功率的次声波作用于人体，就会引起人体强烈的共振，从而造成极大的伤害。次声波穿透人体时，不仅能使人产生头晕、烦躁、耳鸣、恶心、心悸、视物模糊、吞咽困难、胃痛、肝功能失调、四肢麻木，而且还可能破坏脑神经系统，造成脑组织的重大损伤，次声波对心脏的影响较为严重，甚至出现死亡。

次声波具有极强的穿透力，有一种见缝就钻的性能，不仅可以穿透大气、海水、土壤，而且还能穿透坚固的钢筋水泥构成的建筑物，甚至连坦克、军舰、潜艇和飞机也能穿透。次声武器就是利用次声波的这种特性，使之与人体发生共振，使共振的器官或部位发生位移和变形而造成人体损伤以致死亡的一种武器。

表 10-2　振动频率与人体振动特性

振动频率	人体振动特性
3~4 Hz	颈椎骨强烈共振
3~6 Hz	胃部共振
4 Hz	腰椎部共振最大
4~5 Hz	手部共振（难以做瞄准动作）
4~6 Hz	心脏共振
5 Hz	肩胛部位共振强烈（位移会发生高达两倍的增加）
5~20 Hz	喉部共振（声音改变）
5~30 Hz	头部共振
10~18 Hz	膀胱共振（引发尿急）
20~70 Hz	眼球共振（难以睁眼）
100~200 Hz	下颌骨共振

2. 振动对心理的影响

人们在感受到振动时，心理上会产生不愉快、烦躁、不可忍受等各种反应。

除振动感受器官感受到振动外，有时也会看到电灯摇动或水面晃动，听到门、窗发出的声响，从而判断房屋在振动。

人对振动的感受很复杂,往往是包括若干其他感受在内的综合性感受。

3. 振动对工作效率的影响

振动引起人体的生理和心理变化,导致工作效率降低。

振动可使视力减退,用眼工作时所花费的时间加长。

振动使人反应滞后,妨碍肌肉运动,影响语言交谈,复杂工作的错误率上升等。

4. 振动对构筑物的影响

振动通过地基传递到构筑物,导致构筑物破坏。如基础和墙壁龟裂、墙皮剥落,地基变形、下沉,门窗翘曲变形,构筑物坍塌,影响程度取决于振动的频率和强度。

由于共振的放大作用,其放大倍数可由数倍至数十倍,因此带来了更严重的振动破坏和危害。谈到共振的破坏力,可能不少读者都知道在 19 世纪的欧洲,曾多次发生过士兵齐步过桥引发桥体共振,使大桥倒塌的悲剧。

10.1.4 振动的评价与标准

1. 振动的评价指标

振动的评价指标主要包含振动的振动量(位移、速度和加速度)和振动级。

描述振动的物理量有频率(波长)、位移、速度和加速度,位移、速度和加速度可称之为振动量,即指被测系统在选定点上选定方向的运动量。

振动的形式可能是非常复杂的,但都可以通过傅立叶变换分解成若干个简谐振动的形式,因此可以只分析简谐振动的情况。

简谐振动的位移:

$$x = A\cos(\omega t - \varphi) \tag{10-1}$$

式中:A 为振幅;ω 为角频率;t 为时间;φ 为初始相位角。

简谐振动的速度

$$v = \frac{\mathrm{d}x}{\mathrm{d}t} = \omega A\cos\left(\omega t - \varphi + \frac{\pi}{2}\right) \tag{10-2}$$

简谐振动的加速度

$$a = \frac{\mathrm{d}^2 x}{\mathrm{d}t^2} = \omega^2 A\cos(\omega t - \varphi + \pi) \tag{10-3}$$

速度相位相对于位移提前了 $\pi/2$,加速度相位则提前了 π。加速度的单位为 $\mathrm{m/s^2}$,有时也用重力加速度 g 表示,$g = 9.8\,\mathrm{m/s^2}$。

位移、速度和加速度的换算关系如图 10-2 所示。

(1)振动级。

环境振动测量中,一般选用振动加速度级(振动级)作为振动强度参数,单位为分贝(dB)。振动加速度级定义为

$$L_{\mathrm{a}} = 20\lg(a_{\mathrm{e}}/a_{\mathrm{ref}}) \tag{10-4}$$

式中:a_{e} 为加速度有效值,$\mathrm{m/s^2}$,对简谐振动 $a_{\mathrm{e}} = \frac{1}{\sqrt{2}}a$;$a_{\mathrm{ref}}$ 为加速度参考值,$\mathrm{m/s^2}$,国外一般取 $a_{\mathrm{ref}} = 1 \times 10^{-6}\,\mathrm{m/s^2}$,我国取 $a_{\mathrm{ref}} = 1 \times 10^{-5}\,\mathrm{m/s^2}$。

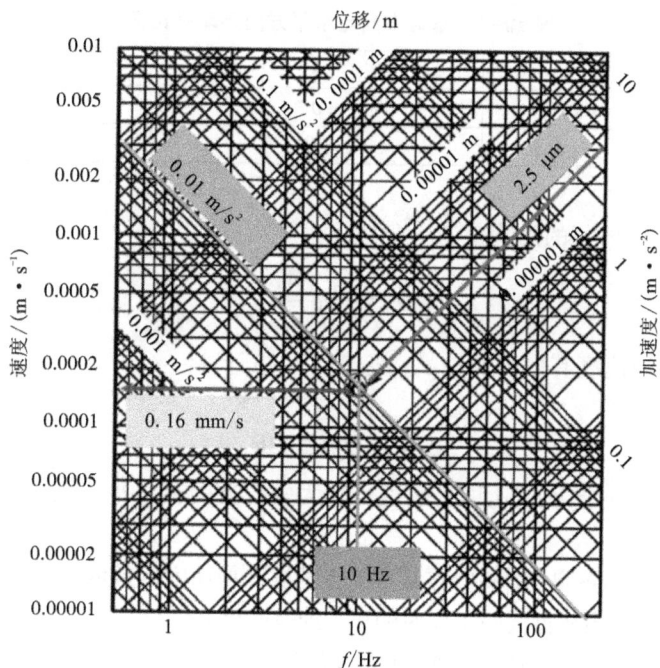

图 10-2　振动量换算图

人体对振动的感觉与振动频率的高低、振动加速度的大小以及在振动环境中暴露时间长短有关，也与振动的方向有关。

（2）振动的方向。

综合诸多因素，国际标准化组织建议采取如图 10-3 所示的等感度曲线。

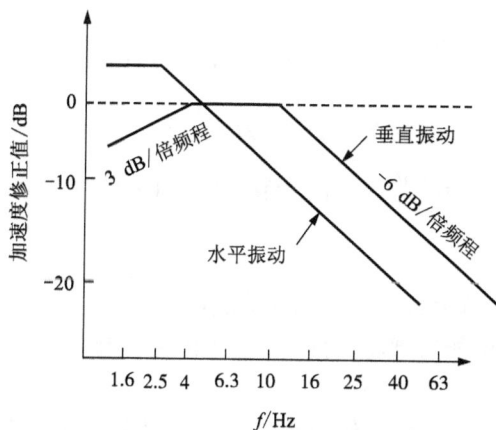

图 10-3　等感度曲线

振动级定义为修正的加速度级，用 L_a' 表示，即

$$L_a' = L_a + \Delta \tag{10-5}$$

式中：Δ 为修正值，与频率有关，其取值见表 10-3。

表 10-3　垂直方向与水平方向振动修正值

中心频率/Hz	1	2	4	8	16	31.5	63
垂直方向修正值/dB	−6	−3	0	0	−6	−12	−18
水平方向修正值/dB	3	3	−3	−9	−15	−21	27

振动级也可以用修正的加速度有效值表示：

$$L'_a = 20\lg \frac{a'_e}{a_{ref}} \tag{10-6}$$

式中：a'_e 为修正的加速度有效值，m/s^2，按式（10-7）计算。

$$a'_e = \sqrt{\sum a_{fe}^2 \cdot 10^{\frac{\Delta_f}{a_{fe}}}} \tag{10-7}$$

式中：a_{fe} 为频率为 f 的振动加速度有效值；Δ_f 为垂直方向或水平方向的振动修正值，如表 10-3 所示。

【例 10-1】2 台机器各自工作时，在某点测得的振动加速度有效值分别为 $2.68 \times 10^{-2} m/s^2$ 和 $3.62 \times 10^{-2} m/s^2$，试求 2 台机器同时工作时的振动加速度级。

解法 1：2 台机器同时工作时的振动加速度有效值为

$$a_e = \sqrt{2.68^2 + 3.62^2} \times 10^{-2} m/s^2 = 4.5 \times 10^{-2} m/s^2$$

于是，由式（10-4）求得 2 台机器同时工作时的振动加速度级为

$$L_a = 20\lg \frac{a_e}{a_{ref}} = 20\lg \frac{4.5 \times 10^{-2}}{10^{-5}} dB = (20\lg 4.5 + 20\lg 10^3) dB = (13+60) dB = 73\ dB$$

解法 2：2 台机器各自工作时，其振动加速度级分别为

$$L_{a1} = 20\lg \frac{a_{e1}}{a_{ref}} = 20\lg \frac{2.68 \times 10^{-2}}{10^{-5}} dB = (20\lg 2.68 + 20\lg 10^3) dB = (9+60) dB = 69\ dB$$

$$L_{a2} = 20\lg \frac{a_{e2}}{a_{ref}} = 20\lg \frac{3.62 \times 10^{-2}}{10^{-5}} dB = (20\lg 3.63 + 20\lg 10^3) dB = (11+60) dB = 71\ dB$$

于是，2 台机器同时工作时的振动加速度级为

$$L_a = 10\lg \sum_{i=1}^{n} 10^{0.1 L_{ai}} = [10\lg(10^{0.1 \times 69} + 10^{0.1 \times 71})] dB = 73\ dB$$

2. 振动的评价标准

振动强弱对人体的影响大致可分为四种情况：

(1)感觉阈：人体刚刚能够感觉到振动，对人体无影响。

(2)不舒服阈：使人感到不舒服。

(3)疲劳阈：使人感到疲劳，工作效率降低。工况下以此阈为标准，超过者即认为存在振动污染。

(4)危险阈：此时振动会使人产生病变。

但频率一定时，振幅越大，对肌体的影响越大。人体对振动的感受程度，目前国际上趋于用速度和加速度来评价，尤其是用加速度来评价。振动工具的加速度越大，冲击力越大，对人体危害就越大。

在生理学中，振动强度习惯以 g 为单位表示加速度。人体对振动的感觉是：刚感到振动是 $0.003g$，不愉快感是 $0.05g$，不可容忍感是 $0.5g$。振动有垂向、横向、纵向之分，人体对垂直振动比对水平振动更敏感。

国际标准化组织推荐使用 ISO 2631/1—1985 标准作为评价人体在振动环境中疲劳界限标准。我国根据这个标准制定了相应的国家标准《人体全身振动暴露的舒适性降低界限和评价准则》（GB/T 13442—1992）。

人在居住区域承受环境振动的评价，一般以刚刚感觉到的振动加速度（感觉阈）为允许界限，在界限以下可以认为基本没有影响。国际标准化组织推荐使用 ISO/DIS 2631 给出的环境振动标准，如表 10-4 所示。

表 10-4　ISO 建筑物内振动标准

地点	时间	振动级（$a_{ref} = 1 \times 10^{-6} m/s^2$）/dB					
		连续振动、间歇振动、重复振动			每天数次的振动		
		$X(Y)$	Z	混合轴	$X(Y)$	Z	混合轴
严格控制区	全天	71	74	71	71	74	71
住宅	白天	77~83	80~86	77~83	107~110	110~113	107~110
	夜间	74	77	74	74~79	77~100	74~97
办公室	全天	83	86	83	113	116	113
车间	全天	89	92	89	113	116	113

10.2　声音基本概念

10.2.1　声音基本概念

1. 声源和声音的传播

声音来源于振动的物体，辐射声音的振动物体称之为声源。

声源发声后要经过一定的介质才能向外传播，而声波是依靠介质的质点振动向外传播声能的，介质的质点只是振动而不移动，所以声音是一种波动。介质质点的振动传播到人耳时引起人耳鼓膜的振动，通过听觉机构的"翻译"，并发出信号，刺激听觉神经而听到声音。

声音的形成是由振动的发生与传播这两个环节组成。没有振动就没有声音，没有介质来传播振动也听不到声音。

2. 声音的频率（周期）、波长和传播速度

声音的频率（周期）、波长、传播速度是描述声波的三个重要的物理量。

声源完成一次振动所经历的时间成为"周期"，记作 T，单位是秒（s）。频率是指声源 1 秒钟内振动的次数，以 f 表示，单位为赫兹（Hz），或周/秒，它是周期的倒数，如式（10-8）

所示：

$$f = \frac{1}{T} \qquad (10-8)$$

人耳能感受到的频率是 20~20000 Hz。在声频范围内，声波的频率愈高，声音显得愈尖锐；反之，显得低沉。

波长是声波在媒介中一个波动的周期内传播的距离，记作 λ，单位为米（m）。

声速是声波在媒介中传播的速度，用 c 表示，单位为 m/s。

频率、波长和声速之间的关系如式（10-9）所示：

$$\lambda = cf \qquad (10-9)$$

在一定的介质中声速是确定的，因此频率越高，波长就越短。通常，室温下空气中的声速为 340 m/s（$\theta = 15℃$），100~4000 Hz 的声音，波长为 3.4~8.5 cm。

3. 声压和声压级

声压是指媒介中有声波存在时的压力与没有声波存在时的静压之差，是表示声音强弱的物理量，其物理单位是帕斯卡（Pa）。一个健康的人可以感知到的最微弱的声音是 2×10^{-5} Pa。2×10^{-5} Pa 的压力波很低，只能引起内耳耳膜的不足一个原子直径的偏移。耳朵同样可以忍受最高至 20 Pa 的声压。

为适用如此广泛的声压范围，人们引入了一个对数来衡量声压——声压级，其单位为分贝（dB）。声压级指声压与该基准声压之比的以 10 为底的对数乘以 20。声压级用听力的最低极限 2×10^{-5} Pa 为基准声压。其表达式如式（10-10）所示：

$$SPL_{dB} = 20 \lg \frac{P}{P_0} \qquad (10-10)$$

式中：SPL_{dB} 代表声压级，单位为分贝（dB）；P 为声压，单位为 Pa；P_0 为基准声压，即 2×10^{-5} Pa。

正常人耳刚能听到的最低声压称为听阈声压，使人耳产生疼痛感觉的声压称痛阈声压。

4. 频谱和频谱分析

各种声源发出的声音大多是由许多不同强度、不同频率的声音复合而成的。具有不同频率（或频段）成分的声波具有不同的能量，这种频率成分与能量分布的关系称为声的频谱。将声源发出的声音强度按频率顺序展开，使其成为频率的函数，并考察变化规律，称为频谱分析。

5. 频带和倍频程

可听频带范围很大（20 Hz~20 kHz），不可能逐个对声音的每个频率进行分析，这样做工作量很大，有时也没有必要如此精细。因此，为了便于实际测量和分析，人为地把声频范围划分为若干小的区段，成为频带。在每一个频段中，有个下界频率 f_1 和上界频率 f_2，而 $\Delta f = f_2 - f_1$（Hz）称为频带宽度，简称带宽；f_1 和 f_2 的几何平均 f_c 称为频带中心频率，$f_c = \sqrt{f_1 f_2}$。

频带是人为划定的，常用倍频程（也称倍频带）和 1/3 倍频程（也称 1/3 倍频带）表示。倍频程常用于一般工程，1/3 倍频程用于较高精度的实验室测量或研究。由此提出了倍频

程数 n 的概念, 即后一频率是前一频率的 2^n 倍。除了倍频程、1/3 倍频程以外, 还可以更细地划分为 1/12 倍频程、1/24 倍频程, 甚至无限细。

倍频程数 n 用式(10-11)表示:

$$n = \log_2 \frac{f_1}{f_2} \tag{10-11}$$

即:

$$\frac{f_1}{f_2} = 2^n$$

式中: n 为倍频程数, 当 $n=1$ 为 1 个倍频程; $n=1/3$ 为 1/3 倍频程。

为了统一起见, 国际标准化组织(ISO)规定了倍频程和 1/3 倍频程的中心频率, 倍频程的中心频率及频率范围见表 10-5。

表 10-5　倍频程的频率范围

中心频率/Hz	31.5	63	125	250	500
频率范围/Hz	22.5~45	54~90	90~180	180~354	354~707
中心频率/Hz	1000	2000	4000	8000	16000
频率范围/Hz	707~1414	1414~2828	2828~5656	5656~11212	11212~22424

6. 声音的响度级与响度

声压和声强都是客观物理量, 声压越高, 声音越强; 声压越低, 声音越弱, 但是它们不能完全反映人耳对声音的感觉特性。人耳对声音的感觉, 不仅和声压有关, 也和频率有关。一般对高频声音感觉灵敏, 对低频声音感觉迟钝, 声压级相同而频率不同的声音听起来可能不一样响。为了既考虑到声音的物理量效应, 又考虑到声音对人耳听觉的生理效应, 把声音的强度和频率用一个量统一起来, 人们仿照声压级引出了一个响度级的概念, 即人耳对声音的感觉特性响度级是人们对噪声进行主观评价的一个基本量, 用 L_N 表示, 单位为方(phon)。

使用等响试验方法, 可以得到一族不同频率、不同声压级的等响度曲线。试验时用 1000 Hz 的某一强度(例如 40 dB)的声音为基准, 用人耳试听的办法与其他频率(例如 100 Hz)声音进行比较, 调节此声音的声压级, 使它与 1000 Hz 声音听起来响度相同, 记下此频率的声压级(例如 50 dB)。再用其他频率试验并记下它们与 1000 Hz 声音响度相等的声压级, 将这些数据描在坐标上, 就得到一条与 1000 Hz、40 dB 声压级等响的曲线。这条曲线用 1000 Hz 时的声压级数值来表示它们的响度级值, 单位为方, 这里就是 40 方。同样以 1000 Hz 其他声压级的声音为基准, 进行不同频率的响度比较, 可以得出其他的等响度曲线。经过大量试验得到的并由国际标准化组织(ISO)推荐为标准的等响度曲线如图 10-4 所示。

声音的响度是人耳对声音强度所产生的主观感觉量, 它与人对声音响亮程度的主观感觉成正比, 响度以 N 表示, 单位为宋(song), 响度与响度级的关系式如式(10-12)所示。

$$L_N = 40 + 33.22 \lg N \tag{10-12}$$

式中: N 是响度(宋); L_N 是响度级(方)。

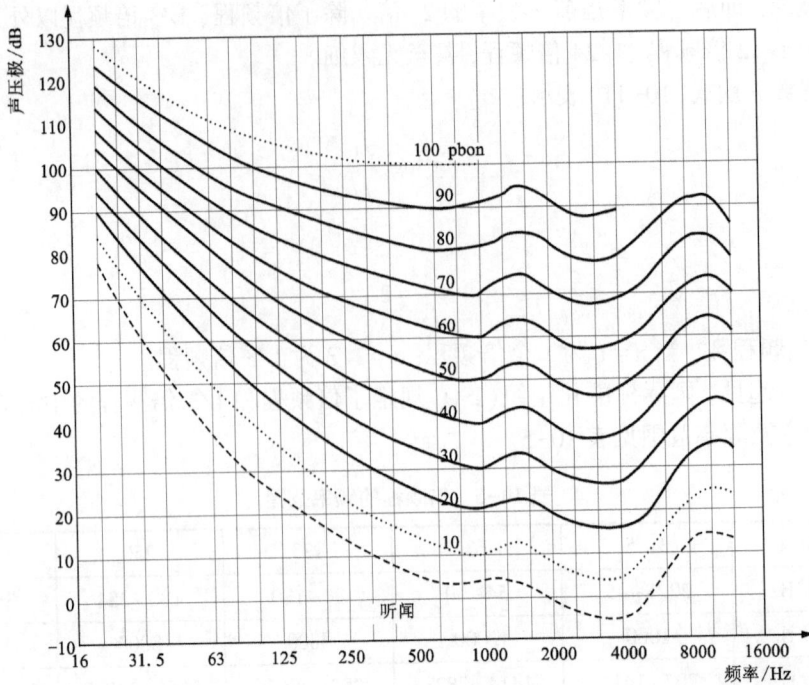

图 10-4 等响度曲线

响度与声音的频率和强度有关，当声压级一定时，频率越高，人耳感觉越响；而当频率一定时，声压级越高，人耳感觉越响。

7. 声级和计权声级

为使噪声测量结果与人对噪声的主观感觉量一致，通常在声学测量仪器中，引入一种模拟人耳听觉在不同频率上的不同感受特性的计权网络，对被测噪声进行测量。通过计权网络测得的声压级称为计权声级，简称声级。它是在人耳可听范围内按特定频率计权而合成的声压级。

在声学测量仪器中，通常根据等响度曲线，设置一定的频率计权电网络，使接收的声音按不同程度进行频率滤波，以模拟人耳的响度感觉特性。一般设置 A、B 和 C 三种计权网络，其中 A 计权网络是对强度在 55 dB 以下噪声的频率特性的模拟（相当于模拟人耳对 40 方纯音的响度）。B 计权网络是对 55~85 dB 中等强度噪声的频率特性的模拟（相当于模拟人耳对 70 方纯音的响度）。C 计权网络是对 85 dB 以上噪声的频率特性的模拟（相当于模拟人耳对 100 方纯音的响度）。

不同计权网络测量的结果，分别标以 dB(A)、dB(B) 或 dB(C)，称为 A 声级、B 声级、C 声级。

近年来研究表明，无论声强多大，A 声级都能较好地反映人耳的响应特征，所以，如无特殊说明，基本都用 A 声级表示噪声评价指标。当人们遇到的噪声是起伏的不连续的噪声时，用等效连续声级评价。等效连续声级是指某一段时间内的 A 声级能量平均值，简称等效声级或平均声级，用符号 Leq 表示，单位是 dB(A)。表 10-6 给出了几种常见声源的 A 声级。

表 10-6　几种常见声源的 A 声级(测点距离声源 1~1.5 m)

A 声级/dB	声源
20~30	轻声耳语
40~60	普通办公室内
60~70	普通交谈声,小型空调机
80	大声交谈,收音机,较吵的街道
90	空压机站,泵房,嘈杂的街道
100~110	织布机,电锯,砂轮机,大鼓风机
110~120	凿岩机,球磨机,柴油发动机
120~130	风铆,高射机枪,螺旋桨飞机
130~150	高压大流量放风,风洞,喷气式飞机,高射炮
160 以上	宇宙火箭

10.2.2　噪声及其对人的影响

1. 噪声

噪声最简单的定义就是人们不想听到的让人烦躁的声音。噪声的主要来源如下:

(1)工业噪声:工业噪声主要包括空气动力、机械和电磁噪声;

(2)交通噪声:交通噪声主要指机动车辆、火车、飞机和船舶噪声;

(3)建筑施工噪声:建筑施工噪声声音强度很高又属于露天作业,因此污染也十分严重;

(4)社会噪声:社会噪声主要指社会活动和家庭生活所引起的噪声。

2. 噪声的影响

(1)对听力的影响。

强烈而重复的剧烈的声音刺激可以导致听力下降。听力损伤的类型主要有:

暂时性听力损伤(或者叫听觉疲劳):当遭受强烈的声音刺激之后,人们常常会感觉听力暂时下降了,在停止接触噪声后,听觉的恢复可从几分钟延长到几小时甚至几十小时。这种现象特征是暂时的听阈漂移或听觉疲劳。

爆发性耳聋:当声压很大时(如爆炸、炮击),鼓膜内外产生较大压差,导致鼓膜破裂,双耳完全失聪,这种情况的耳聋称为爆发性耳聋。

永久性听力损伤:永久的听阈漂移成为永久性听力损伤,即耳聋。根据国际标准化组织(ISO)1964 年的规定,500 Hz、1 Hz、2 Hz 三个频率的平均听力损失超过 25 dB 称为噪声性耳聋。长期在噪声环境中工作产生的听觉疲劳不能及时恢复导致永久性听阈位移,当听阈位移达 25~40 dB 时为轻度耳聋;当听阈位移达 40~55 dB 时为中度耳聋;当听阈位移达 55~70 dB 时为显著耳聋;当听阈位移为 70~90 dB 时为严重耳聋;当听阈位移为 90 dB 以上为极端耳聋。

与年龄有关的听力损失如表 10-7 所示。

表 10-7　不同年龄的人的平均听力损失情况

年龄	平均听力损失
50 岁	10 dB
60 岁	25 dB
70 岁	35 dB

(2)噪声对生理和心理影响。

噪声会导致如下生理影响：血压升高、心跳加快、皮肤血管收缩、新陈代谢加快、降低消化能力和加大肌肉张力等。噪声环境会对睡眠造成如下影响：严重缩减睡眠的整体时间、减少深度睡眠时间，增加醒着或者轻度睡眠的时间、增加被唤醒的次数、延长进入睡眠的时间，导致烦躁。经验告诉我们，许多噪声会影响人们的情绪。

(3)对工作绩效的影响。

噪声对体力劳动的影响很小，但对那些需要集中精神思考和反应的脑力劳动来说，吵闹的环境比安静的环境要艰难得多。归纳起来，噪声对绩效的负面影响包括以下三个方面：第一，打扰复杂的脑力活动，影响需要较高技能和信息阐述等活动的特定绩效。第二，使得学习某些技巧变得更加困难。第三，断断续续的或者意外的高强度噪声(90 dB 以上)会损害脑力劳动的绩效。

(4)办公室的噪声影响。

办公室的噪声来源的调查问卷统计如表 10-8 所示。

表 10-8　对噪声来源的调查问卷统计

噪声来源	统计结果占比/%
交谈	46
办公设备	25
电话	19
来回走动	7
外部噪声	3

(5)噪声对语言交流的影响。

在工作场所进行语言交流，一个声音由于其他声音的干扰而使听觉发生困难，需要提高声音的强度才能产生听觉，这种现象称为声音的掩蔽效应。语言干扰级是评价噪声对语言通信干扰程度的评价参量，国际标准化组织最新规定：500 Hz、1000 Hz、2000 Hz、4000 Hz 为中心频率的 4 个声压级的算数平均值定义为语言干扰级。谈话声压级比语言干扰级低 10 dB，就完全听不清。噪声对信号的掩蔽作用，常给生产带来不良结果。

10.2.3　噪声的评价标准

噪声控制标准分三类：一是基于对作业者的听力保护提出的，以等效连续声级为指标；二是基于降低人们对环境噪声烦恼度而提出的，以等效连续声级为指标；三是基于改善工作条件、提高效率而提出的，以语言干扰声级为指标。城市区域环境噪声标准如表10-9 所示。

表 10-9　城市区域环境噪声标准

地区	白天(7~21 时)	夜间
特别需要安静的地区	45	35
一般居民、文教区	50	40
居民、商业混合区	55	45
市中心商业区、街道工厂区	60	45
工业集中区	65	55
交通干线两侧	70	55

10.3　轨道交通引起的振动和噪声

10.3.1　轨道交通引起的环境振动特性

随着我国城市化的深度发展，众多大中城市轨道交通已经发展成为一个庞大的公共交通网络，涵盖了城市的重要区域，几乎遍布于城市的每个角落。因此，城市轨道交通产生的振动和噪声影响也是备受关注、越来越受重视。

城市轨道交通列车运行时与轨道结构相互作用而产生振动，经轨道结构传递到下部支承结构(路基、桥梁、隧道)结构上，然后经过地层再向周围传播，激励周边地下结构或地面建筑物产生振动，并进一步诱发室内结构和家具的二次振动和噪声，对建筑物的结构安全、建筑物内人们的工作和生活、敏感仪器的有效工作产生影响。

影响地面城市轨道交通系统环境振动的因素主要有车辆类型、载重、行车速度、线路的平顺性、车轮的圆顺度、线路病害(如接头、焊缝、剥离掉块、波磨等)、轨道结构的减振特性等。

影响高架轻轨系统环境振动的因素主要行车速度、车辆重量、桥上轨道结构的特性、桥梁形式和基础类型、桥跨的跨度、刚度和变形、桥梁支座的类型和减振性能、桥梁接缝以及路桥过渡段的刚度变化特征等，因此列车与桥梁的相互作用也会加大其振动效应。

而对于地下铁道，影响环境振动的因素主要有列车速度、车辆重量、隧道的埋深、隧道基础和衬砌结构类型、轨道类型、列车与轨道结构的相互作用等。振动的强弱不仅与隧道结构和地层特性密切相关，还受到轨道结构特性和列车速度的影响。其衰减特性则主要取决于隧道结构和地层的阻尼特性。此外，列车的移动重力加载也是引起隧道和周围地层振动的重要原因。

地铁列车行进所产生的行进波，是移动荷载的波前作用所产生的振动波，它会先于列车到达观察位置。这种振动波与列车轮轴分布和轨道支承方式无关，其波速取决于隧道结构和地层的动力特性，而波动的强弱则随行车速度和行车密度而变化。地铁列车的行进速度通常不超过 100 km/h，小于一般地层的 Rayleigh（瑞利）波波速，因此在地铁列车诱发的环境振动中，这种振动波不占主要成分。

地铁列车振动在隧道结构与周围地层之间的传播与隧道结构和地层的性质以及它们之间的接触状态有很大关系。隧道结构一般分为矿山法施工的现浇混凝土衬砌结构和盾构施工的预制钢筋混凝土管片结构，两者的纵横向刚度有所不同。但起主导作用的还是地层条件，取决于是软土地层、洪（冲）积地层，还是软、硬互层的风化岩石地层。地层与隧道结构的动态刚度差异决定着列车振动波由隧道传递到地层的频率组成和强弱。不同城市的地铁列车振动的响应频率特性以及影响范围可能相差较大，主要就是这个因素的影响。

根据研究结果，地铁列车振动经由地层传递到地面，在地面引起的动应变一般不会超过 10^{-4} 量级。因此，在研究地铁列车振动的环境影响时，其波动响应可作为弹性波来进行分析。

地铁列车诱发的振动波在地面演化为 Rayleigh（瑞利）波，在成层地层条件下还会出现 Love（勒夫）波，随着列车的行进以一定波速向线路两侧传播出去。这种波在离开线路中线的一定距离，会出现列车前部的波与列车后部的波相互叠加的现象，这是埋置于地层中引起地铁列车振动的一种特殊现象，其出现的位置与隧道结构的埋深、列车速度、行车密度及线路条件相关。

轨道交通网络完善的城市，其往往成为人们选择的主要出行交通工具，其运营时间一般为 5—23 h，运营时间大部分在 18 个小时左右，且行车间隔短，往往为 2~6 min。调查研究表明，一列地铁列车通过时，在地面建筑物上引起振动的持续时间为 10~15 s。上下班高峰时段，地铁两个方向每小时内可通过 25~30 辆列车，可估算得到其振动作用的持续时间可达地铁总工作时间的 15%~20%，并且随着列车运行间隔的缩短，还有不断增长的趋势。由此可见，地铁引起的环境振动具有持续时间长、循环次数多的特点，其产生的振动影响不容忽视。

调查表明，轨道交通引起的环境振动频率范围在几个赫兹到 30 Hz 之间，而幅度却非常小；引起的地基土动应变一般为 10^{-5} 量级或更小，完全属于弹性变形阶段。因此，轨道交通环境振动及防治措施的研究范围常常是在振幅小于 1 mm、速度小于 1 mm/s、加速度小于几十个微 G（重力加速度）、地基土动应变为 10^{-4} 量级的微振动。

土介质往往是成层分布的，各种频率的振动在不同地层中衰减的程度不同。地面轨道交通引起的地层表面的振动强度最大，随着土层深度的增加，从表面向下很快衰减，大约在一个波长左右深度振动就基本消失了。距离轨道中心线越近，地面轨道列车引起的振动越大，反之则越小。振动强度的变化还与地层土的密度有密切的关系，一般土的黏弹性系数越大，衰减越快；密度越高，振动的衰减就越慢。

研究表明，地铁列车在隧道内高速运行时所引起的地面振动，在隧道正上方的平均值为 81 dB，距轨道中心线水平距离 24 m 处为 71.6 dB。这说明随着距轨道水平距离的增加，地面振级将很快衰减。但是各频率的衰减梯度并不相同,地铁列车引起的地面加速度的主要频段一般在 160 Hz 以内,其中 40~90 Hz 占主要成分。竖向和沿列车行进方向的水平地面振动(加速度、速度、位移)在隧道正上方总是最大的。随着远离隧道中心线,振动响应逐渐衰减,其中超过 40 Hz 以上的振动衰减梯度较大,10 Hz 以内的振动衰减梯度较小。而且水平向振动的衰减梯度要小于竖向振动。

地铁列车引起的地面振动在离开线路一定距离后不再衰减,而是出现一定程度的反弹,水平向振动尤其明显,成为振动放大区或第二峰。过了这个区域之后,振动会再度衰减,第二峰的最值一般不会超过线路中心线上方地面振动的量值,其位置主要与隧道深度有关,一般在距线路中心线 40~60 m 处。加速度、速度和位移的第二峰可能不重叠,也可能会部分重叠,重叠范围宽窄有所不同。

地铁列车地面振动的影响取决于隧道的埋深、列车速度和荷载重量、隧道结构、轨道形式等。隧道埋深越深,影响范围越小;车速越高,振动干扰越强(一般认为列车速度每提高一倍,隧道和地面的振动增加 4~6 dB),影响范围也越大;而隧道的重量每增加一倍,地面振动可降低 7~8 dB。

一般城市地铁埋深在 30 m 以内,对于采用普通减振轨道地段的地铁,列车引起的地面振动影响范围一般不超过 120 m。但是对于精密仪器特别敏感的 10 Hz 以下的低频振动,其影响范围可能会大得多。如果采用浮置板等高等级的轨道减振措施,就能够有效地减少这个范围。

10.3.2　轨道交通引起的噪声特性

城市轨道交通噪声污染是个非常复杂的问题,其与车辆形式、轮轨接触、轨道结构及其支承基础(路基、桥梁、隧道)、车站结构、列车运行速度、是否有噪声的防护措施(如声屏障)以及周边环境等有密切关系。

城市轨道交通按线路布设方式可分为地下、地面和高架三种。其主要噪声源可以归纳为以下几个方面:轮轨噪声、集电弓与接触网摩擦产生的集电系统噪声、设备噪声、空气动力噪声、结构噪声等。

轮轨噪声主要包含滚动噪声、轮轨冲击噪声和摩擦噪声等。轮轨接触面积大概有 $100~mm^2$,滚动噪声主要是由轮轨相互作用过程中不可避免的滑动而造成的;轮轨冲击噪声是车轮通过钢轨接头、焊缝、剥离掉块、擦伤部分以及部分特殊构造物(道岔转辙器和辙叉部分)时所产生的噪声;而摩擦噪声是当车辆通过小半径曲线时,车轮沿着钢轨滚动时不可避免地出现滑动,由此产生轮轨接触表面的黏着和空转,引起车轮共振而产生强烈的窄频带尖叫噪声(啸叫)。

设备噪声主要是由通风机、压缩机、牵引电机、齿轮传动等引起的噪声,是地铁的主要噪声之一,其中由通风机和压缩机引起的噪声随列车运行速度的提高而明显增大,其程度有时会大于轮轨噪声。

地铁运行车辆一般运行于地面以下,虽然可以避免噪声通过空气直接向地面传播,但是运行中地铁列车引起轨道结构的振动,可通过隧道结构、地层向外传播,引起周围建筑物的振动而向其内辐射噪声,这种噪声给人的感觉是低频的隆隆声,有时也会伴随着由门窗等振动产生的高频噪声,频率范围一般为 20~200 Hz。

地面上运行的轨道列车引起的振动，通过轨道结构向周围土层传播，引起周围建筑物的振动而向其内辐射噪声。

在高架上行驶的轨道列车，结构噪声是由轮轨表面相互作用产生的振动通过轨道、桥梁、地基等传递导致桥梁、地下结构、附近减振墙壁、楼板振动而辐射噪声。

10.3.3 地铁噪声与振动控制规范

随着社会经济的快速发展，城市规模不断扩大，人们对生活品质的要求日益提高。作为缓解大城市交通压力重要手段之一的地铁系统，其引起的振动和噪声对人们的生产、生活和建筑物及仪器的正常服役都造成了影响。

2005年中华人民共和国建设部制定并发布了国家标准《住宅建筑室内振动限值及其测量方法标准》，并于2018年颁布了新版本，对于已建住宅建筑，根据现场实测资料，利用标准可方便地对建筑室内振动情况做出评价。

为规范城市轨道交通列车运行引起沿线建筑物振动与室内二次辐射噪声的限值及其测量方法，中华人民共和国住房与城乡建设部于2009年颁布了《城市轨道交通引起建筑物振动与二次辐射噪声限值及其测量方法标准（JGJ/T 170—2009）》，适用于城市轨道交通列车运行引起沿线建筑物振动与室内二次辐射噪声的控制和测量，振动的频率范围为4~200 Hz，二次辐射噪声的频率范围为16~200 Hz。运行列车引起沿线固体介质的往复运动而导致地面、建筑物基础或结构的振动，这种由轨道路基扩散的振动在岩土体中以压缩波和剪切波或地表面瑞利波的形式激励建筑物基础。被激励产生振动的建筑构件，其固体表面振动向周围空气介质辐射的声压波，亦称固体噪声，二次辐射噪声的评价指标为等效A声压级。

为贯彻《中华人民共和国环境保护法》《中华人民共和国环境影响评价法》和《建设项目环境保护管理条例》，防治环境污染，改善环境质量，规范城市轨道交通建设项目环境影响评价工作，中华人民共和国环境保护部颁布了国家标准《环境影响评价技术导则 城市轨道交通（HJ 453—2008）》，并于2018年颁布了更新版本 HJ 453—2018，规定了城市轨道交通建设项目环境影响评价的一般性原则、工作内容、方法和要求，该标准适用于城市轨道交通（含地铁、轻轨、跨座式单轨交通、现代有轨电车交通、中低速磁浮交通）建设项目的环境影响评价，市域快速轨道交通、悬挂式单轨交通等建设项目的环境影响评价亦可参照执行。

10.3.4 轨道交通减振降噪措施

城市轨道交通一般穿越于城市中心区域，该区域通常是居民住宅、办公机构集中的区域，轨道列车在运行过程中所产生的振动将对沿线建筑和居民造成较大的破坏和影响。轨道交通系统中的减振降噪技术的对象，主要存在于振源和初始传递的轨道结构上。

1. 针对振源的减振降噪措施

（1）降低车辆噪声。

①对车轮镟削，获得适当的表面光洁度和外形尺寸。通过调节摩擦系数和控制外形，不仅控制了磨损、波浪磨耗的形成、列车轰鸣、轮缘磨耗噪声和车轮的尖叫声，而且还可减小轮轨间的转向力，使轮对的蛇行和车体的摆动最小化，从而减少了令人讨厌的噪声和

振动。

②曲线运行噪声直接与车轮运行方向和曲线之间的夹角有关，其临界角为 0.3°，超过时就会出现噪声。轴距的大小直接影响夹角的大小，选择适合最小曲线半径的轴距有利于减振降噪。

③提高防滑控制水平，减少轮轨的不规则磨损和瞬态尖叫噪声。

④在车轮上装设谐振消声器和采用弹性车轮，通过采用消声车轮和弹性车轮来降低轮钢和辐板产生的振动，吸收能量。

⑤车辆采用轮缘润滑装置和撒沙装置都有一定的减振降噪效果。

⑥在车体下面延伸部分装设侧裙，可起到阻挡牵引系统和轮轨噪声向外辐射的作用。车裙和车下吸引装置相结合后能使混凝土高架铁路上的牵引系统噪声降低 5 dB。使用车裙和车下吸声装置可使声屏障的需要减少到一半。

⑦采用较小的地铁车辆或车体采用铝合金材料，降低轴重也会减少一些噪声。

⑧对于非轮轨系统噪声，从抑制噪声源本身来讲没有什么特殊的方法，主要是提高车辆制造工艺水平，增加减振垫等。

（2）采用合适的线路及轨道工程。

①研究表明，混凝土高架线路的动力系统噪声级比地面道床轨道上的噪声级高 5 dB。因为高架铁路轨道下缺少吸音材料，如道砟、泥土等。

②线路采用较大的曲线半径。

③打磨轨面或轨距面，降低粗糙度，以及选择具有抑制"卡制—滑动效应"的钢轨材料。

④采用合适的轨道扣件和道床可降低噪声

⑤对于高架线路可以采用声屏障和吸音材料来遮挡和吸收噪声。

2. 振动初始传递的固体介质——轨道结构

优化轨道结构是降低振源强度的关键。轨道结构主要由钢轨、扣件、轨枕、道床等部件组成，轨道不同部位有不同的减振效能，可根据工程的需要，采用不同的减振措施。

（1）钢轨。

①钢轨型号。重轨具有寿命长、稳定性能和抗振性能良好等特点，较重的钢轨具有抗弯刚度大，承受荷载大而变形小，因而传递给下层轨道结构的冲击就小；与 50 轨相比，采用 60 轨可降低振动强度 2~4 dB。

②无缝线路。钢轨接头的振动是非接头部位的 3 倍。无缝线路可消除车轮对轨道接头的撞击，降低振动强度 5 dB 左右，并可减少养护轨道的维修工作量。因此，轨道交通正线一般都铺设无缝线路，大大降低了列车运行产生的环境振动。

③钢轨平顺状态。

定期研磨钢轨和车轮，使其保持良好的平顺性，可减少轨道的振动。研究表明，钢轨和车轮打磨后可降低 100 Hz 以上的地面振动 10 dB 左右。

（2）轨道结构。

采用合适的道床和轨道结构形式，可以增加轨道的弹性，减少振动。

研究表明，有砟轨道可降低振动和噪声 5~8 dB，一般适用于地面和高架轨道线路，而地下线作业空间有限，为减少维修工作量，一般都采用无砟轨道。

采用新型轨道结构是降低振源振动水平最有效的方法之一。国内外经过多年的研究，已经研制了多种性能良好的新型减振轨道，其地面振动水平可以降低 2~10 dB。

轨道减振一般情况下可分为一般减振、较高减振和特殊减振。

通常采用的减振扣件都属于一般减振，减振量通常在 5 dB 以下，例如 DTIV、DTV、DTVI、DTVII 等系列扣件。

较高减振措施减振量为 5~15 dB，如 I 型、II 型、III 型轨道减振器扣件，Vanguard 扣件，Lord 扣件等。

特殊减振措施减振量在 15 dB 以上，常见的有浮置板轨道、梯式轨道等。

这些减振降噪型轨道结构可归纳为 3 类：弹性扣件、弹性支承块和浮置板。下面对目前流行的几种减振降噪型轨道结构进行简要介绍。

①弹性支承块轨道结构(LVT)。这种轨道结构由弹性支撑块、道床板、混凝土底座及配套扣件构成。这种轨道结构减振降噪的效果较为明显，对于城市轨道交通中对振动和噪声敏感的地段，特别是高架结构，弹性支承块式无砟轨道结构是一种比较理想的减振方案。

②Edilon 钢轨埋入式轨道结构。荷兰 Edilon 公司研制了一种以纵向连续支承取代传统的分散点支承，增加了轨底支承系统应力水平的埋入式轨道结构，这种轨道结构在钢轨周围使用了一种 Edilon cork elast(爱迪龙软木弹性体)材料，取得了较好的隔声和隔振效果。

③浮置板式轨道结构。这种轨道结构的基本原理是在轨道上部结构和基础之间插入一个固有频率很低的线性谐振器，防止振动渗入基础。浮置板轨道系统主要包括浮置板、板下弹性阻尼元件、侧向垫板和纵向垫板。浮置板式轨道结构按板下弹性阻尼元件可采用橡胶或钢弹簧，钢弹簧支承浮置板减振效果更好，但造价较贵，通常作为高等级减振措施在一些特殊敏感地段采用。

④弹性减振轨枕。这种轨枕用钢管和弹性材料制成，具有良好的阻尼性能，能够在 31.5~125 Hz 频段提供大于 20 dBV 的插入损失，从而有效地减轻传给道床的车辆荷载。

⑤弹性支承的梯式轨枕轨道。这是一种新型的低振动、低噪声的轨道系统，它由梯式轨枕、弹性支墩、混凝土底座构成。梯式轨枕由 PC 纵梁和钢管连接件构成，形状如梯子。在这种轨道中，PC 梁起到在钢轨之外的第二纵梁的作用。钢轨和 PC 梁共同承载列车荷载，组成了刚性较大的"复合轨道"，提高了轨道分散动荷载的性能，因而具有良好的减振降噪性能。

⑥D 形可更换式弹性整体道床轨道。荷载传递路径从上往下依次为钢轨、轨下胶垫、PC 轨枕、枕下胶垫和道床，其特点是可以不破坏周边混凝土而方便地进行枕下胶垫的更换及高低调整。

(3)减振扣件。

常用的具有较高减振效果的扣件主要由轨道减振器扣件系列、ALT.1 扣件、Vangourd 扣件、Lord 扣件、双线性扣件等。

(4)弹性垫层。

弹性垫层是增加轨道弹性的重要组成部分。轨道隔振的主要形式是分别在轨下、枕下铺设弹性垫层，以缓冲列车的动力作用。

思考题

1. 简述振动的概念、振动污染及振动污染源。
2. 振动对人体有哪些影响?
3. 振动的评价指标主要有哪些?
4. 简述振动强弱对人体的影响。
5. 简述声源和声音的传播机理。
6. 描述声波的三个物理量。
7. 噪声的主要来源有哪些?
8. 简述轨道交通引起的环境振动特性。
9. 简述轨道交通引起的噪声特性。
10. 简述轨道交通减振降噪的主要措施。

参考文献

[1] 毛保华，姜帆，刘迁，等.城市轨道交通[M].北京：科学出版社，2001.

[2] 王明生.城市轨道交通概论[M].北京：人民交通出版社，2012.

[3] 易思蓉.城市轨道线路规划与设计[M].北京：科学出版社，2013.

[4] 余振，欧志新.城市轨道交通概论[M].成都：西南交通大学出版社，2014.

[5] 周平，金锋.城市轨道交通概论[M].北京：中国铁道出版社，2015.

[6] 顾保南，叶霞飞.城市轨道交通工程[M].3版.北京：清华大学出版社，2014.

[7] 柳拥军，佟关林.城市轨道车辆[M].北京：科学出版社，2016.

[8] 李建国.图解城市轨道交通[M].北京：机械工业出版社，2016.

[9] 姚林泉，汪一鸣.城市轨道交通概论[M].武汉：华中科技大学出版社，2019.

[10] 李德华.城市规划原理[M].3版.北京：中国建筑工业出版社，2007.

[11] 杨贵恒，杨雪，何俊强，等.噪声与振动控制技术及其应用[M].北京：化学工业出版社，2018.

[12] 吕玉恒.噪声与振动控制技术手册[M].北京：化学工业出版社，2019.

[13] 夏禾.交通环境振动工程[M].北京：科学出版社，2010.

[14] 住宅建筑室内振动限值及其测量方法标准(GB/T 50355—2018)[S].北京：中国建筑工业出版社，2018.

[15] 城市轨道交通引起建筑物振动与二次辐射噪声限值及其测量方法标准(JGJ/T 170—2009)[S].北京：中国建筑工业出版社，2009.

[16] 环境影响评价技术导则 城市轨道交通(HJ 453—2018)[S].北京：中国建筑工业出版社，2018.

[17] 毛保华，等.城市轨道交通规划与设计[M].2版.北京：人民交通出版社，2011.

[18] 地铁设计规范(GB 50157—2013)[S].北京：中国建筑工业出版社，2013.

[19] 市域铁路设计规范(T/CRSC 0101—2017)[S].北京：中国铁道出版社，2017.

[20] 城市轨道交通技术规范(GB 50490—2009)[S].北京：中国建筑工业出版社，2009.

[21] 城际铁路设计规范(TB 10623—2014)[S].北京：中国铁道出版社，2014.

[22] 跨座式单轨交通设计规范(GB 50458—2008)[S].北京：中国建筑工业出版社，2008.

[23] 刘志义.城市轨道交通工程设计[M].北京：中国铁道出版社，2020.

[24] 张庆贺，等.地铁与轻轨[M].北京：人民交通出版社，2017.

[25] 周晓军，周佳媚.城市地下铁道与轻轨交通[M].成都：西南交通大学出版社，2008.

[26] 高峰.城市地铁与轻轨工程[M].2版.北京：人民交通出版社，2019.

[27] 毛保华，姜帆，刘迁，等.城市轨道交通[M].北京：科学出版社，2001.

[28] 傅鹤林.地下铁道[M].北京：人民交通出版社，2016.

[29] 高波，王英学.地下铁道[M].北京：高等教育出版社，2013.

[30] 崔玖江.隧道与地下工程修建技术[M].北京：科学出版社，2005.

[31] 赵惠祥，谭复兴，叶霞区.城市轨道交通土建工程[M].北京：中国铁道出版社，2000.

［32］刘钊，佘才高，周振强.地铁工程设计与施工［M］.北京：人民交通出版社，2004.

［33］建筑基坑支护技术规程（JCJ 120—2012）［S］.北京：中国建筑工业出版社，2012.

［34］铁路桥涵设计规范（TB 10002—2017）［S］.北京：中国铁道出版社，2017.

［35］地下铁道工程施工标准（GB/T 51310—2018）［S］.北京：中国建筑工业出版社，2018.

［36］城市轨道交通技术规范（GB 50490—2009）［S］.北京：中国建筑工业出版社，2009.

［37］铁路隧道设计规范（TBJ 10003—2016）.北京：中国铁道出版社，2016.

［38］施仲衡.地下铁道设计与施工［M］.西安：陕西科学技术出版社，1997.

［39］叶霞飞，等.城市轨道交通规划与设计［M］.北京：中国铁道出版社，2001.

［40］孙章，何宗华，徐金祥.城市轨道交通概论［M］.北京：中国铁道出版社，2005.

［41］蔡君时.城市轨道交通［M］.上海：同济大学出版社，2000.

［42］耿永常，赵晓红.城市地下空间建筑［M］.哈尔滨：哈尔滨工业大学出版社，2001.

［43］朱合华.地下建筑结构［M］.北京：中国建筑工业出版社，2005.

［44］夏明耀，曾进伦.地下工程设计施工手册［M］.北京：中国建筑工业出版社，1999.

［45］周顺华.城市轨道交通结构工程［M］.上海：同济大学出版社，2004.

［46］孙钧.地下工程设计理论与实践［M］.上海：上海科学技术出版社，1996.

［47］公路桥涵设计通用规范（JTG D60—2015）［M］.北京：人民交通出版社，2015.

［48］童林旭.地下建筑学［M］.济南：山东科学技术出版社，1994.

［49］工业建筑供暖通风与空气调节设计规范（GB 50019—2015）［S］.北京：中国计划出版社，2015.

［50］城市轨道交通照明（GB/T 16275—2008）［S］.北京：中国标准出版社，2009.

［51］占玉林，等.城市轨道交通高架桥设计与施工（DB11/995）［M］.北京：科学出版社，2013.

［52］陶建岳，郭建.城市轨道交通工程防水设计及施工指南［M］.北京：中国建筑工业出版社，2018.

［53］周顺华.城市轨道交通结构设计与施工［M］.北京：人民交通出版社，2017.

［54］洪开荣，邹翀，等.钻爆法修建水下隧道的创新与实践［M］.北京：中国铁道出版社，2015.

［55］侯学渊，洪胜.盾构掘进对隧道周围土层扰动的理论与实测分析［J］.岩石力学与工程学报，2003，22（9）.

［56］张弥，占生，王梦恕.盾构掘进对隧道周围土层扰动的理论与实测分析［J］.岩土力学，2009，30（6）.

［57］建筑基坑交护技术规程（JCJ 120—2012）［S］.北京：中国建筑工业出版社，2012.

图书在版编目（CIP）数据

城市轨道交通 / 黄戡，肖丹，傅敏主编. —长沙：
中南大学出版社，2022.6
ISBN 978-7-5487-4925-7

Ⅰ. ①城… Ⅱ. ①黄… ②肖… ③傅… Ⅲ. ①城市
铁路—轨道交通 Ⅳ. ①U239.5

中国版本图书馆 CIP 数据核字（2022）第 095022 号

城市轨道交通
CHENGSHI GUIDAO JIAOTONG

黄戡　肖丹　傅敏　主编

□责任编辑	胡小锋
□责任印制	唐　曦
□出版发行	中南大学出版社

社址：长沙市麓山南路　　　　邮编：410083
发行科电话：0731-88876770　　传真：0731-88710482

□印　　装　广东虎彩云印刷有限公司

□开　　本	787 mm×1092 mm 1/16	□印张 19	□字数 483 千字
□版　　次	2022 年 6 月第 1 版	□印次 2022 年 6 月第 1 次印刷
□书　　号	ISBN 978-7-5487-4925-7
□定　　价	68.00 元